MIT IDEEN ZUM ERFOLG

Technologiemanagement in der Praxis

Dieter Spath (Hrsg.)

FRAUNHOFER VERLAG

MIT IDEEN ZUM ERFOLG

TECHNOLOGIEMANAGEMENT IN DER PRAXIS

Dieter Spath (Hrsg.)

Herausgeber	Prof. Dr.-Ing. Dr.-Ing. E.h. Dieter Spath
	Institutsleiter, Fraunhofer-Institut für Arbeitswirtschaft und Organisation IAO und
	Institut für Arbeitswissenschaft und Technologiemanagement IAT der Universität Stuttgart
Redaktion	Rolf Ilg, Peter Ohlhausen
	Claudia Garád, Juliane Segedi
Design/Layout	Susanne Ilg
Grafiken	Robert Hämmerl, Janine Lichtenberg
Titelbild	© SVLuma - Fotolia.com
Bildnachweis	RTS Rieger Team Werbeagentur GmbH (11, 21, 89, 127, 181, 249)
Verlag	Fraunhofer Verlag
	Nobelstraße 12, 70569 Stuttgart
	Telefon +49 711 970-2500
	verlag@fraunhofer.de
Erscheinungsjahr	2011
ISBN	978-3-8396-0267-6
Copyright	© Fraunhofer-Institut für Arbeitswirtschaft und Organisation IAO
	Nobelstraße 12, 70569 Stuttgart

Alle Rechte vorbehalten. Dieses Werk ist einschließlich seiner Teile urheberrechlich geschützt. Jede Verwertung, die über die engen Grenzen des Urheberrechtsgesetzes hinaus geht ist ohne schriftliche Zustimmung der Autoren unzulässig und strafbar. Dies gilt insbesondere für Vervielfältigungen, Übersetzungen, Mikroverfilmungen sowie die Speicherung in elektronischen Systemen.

VORWORT

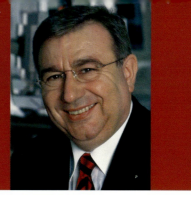

Das Fraunhofer-Institut für Arbeitswirtschaft und Organisation IAO in Stuttgart feiert 2011 sein 30jähriges Bestehen. Dieses freudige Ereignis nehmen wir zum Anlass, um unseren Partnern und Freunden sowie generell Interessierten mit diesem Buch einen Überblick über unser vielfältiges Wirken zu geben. Die hier dargestellten Projektberichte sind ein Ausschnitt der aktuellen Institutsarbeit und zeigen die Bandbreite unserer wirtschaftsnahen wissenschaftlichen Tätigkeiten.

Die Arbeitsgebiete des Instituts zeichneten sich bereits Mitte der 70er Jahre noch vor der eigentlichen Gründung ab. In der Hauptabteilung »Arbeit und Organisation« des Fraunhofer-Instituts für Produktionstechnik und Automatisierung IPA wurden erste Projekte zum Thema Arbeitsstrukturierung in der Produktion und Mitarbeiterqualifizierung durchgeführt. Aus dieser Hauptabteilung ist 1981 das Fraunhofer IAO entstanden. Zielsetzung der Institutsarbeit war die Bearbeitung von Projekten zur Verbesserung der Arbeitsbedingungen in der Produktion, zur ergonomischen Produktgestaltung und zur Qualifizierung. Dazu kam die Büroorganisation als Forschungsgegenstand und die Einführung von Informations- und Kommunikationstechnologien in den Unternehmen.

Professor Hans-Jörg Bullinger wurde nach der Gründung des Fraunhofer IAO zu dessen Institutsleiter berufen und übernahm an der Universität Stuttgart den Lehrstuhl für Arbeitswissenschaft. Zu Beginn des Jahres 1991 übernahm er zusätzlich die Leitung des an der Universität Stuttgart neu eingerichteten Instituts für Arbeitswissenschaft und Technologiemanagement IAT, das durch einen Kooperationsvertrag mit dem Fraunhofer IAO verbunden ist. Mit der Neugründung des Universitätsinstituts IAT nutzte Professor Bullinger die Chance, das interdisziplinäre Forschungsgebiet des arbeitswissenschaftlich orientierten Technologiemanagements in Lehre und Forschung zu erschließen. Er definierte Technologiemanagement als die integrierte Planung, Gestaltung, Optimierung, Nutzung und Bewertung von technischen Produkten und Prozessen aus der Perspektive von Mensch, Organisation, Technik und Umwelt.

Zum Forschungsgebiet »Produktion« kam mit den Jahren konsequenterweise auch das Forschungsgebiet »Büro« und der immer wichtiger werdende Schwerpunkt wissensbasierter Dienstleistungen. Inzwischen sind die beiden Institute zum größten Institutsverbund Deutschlands auf dem Gebiet des arbeitswissenschaftlich orientierten Technologie- und Innovationsmanagements geworden. Sie gelten als Beispiel für die erfolgreiche interdisziplinäre Zusammenarbeit von Ingenieuren, Betriebswirten, Informatikern sowie Geistes- und Sozialwissenschaftlern untereinander und mit der Wirtschaft. Ganzheitliche Lösungen für die Praxis bedingen

immer auch der Kompetenz zur interdisziplinären, ganzheitlichen Aufgabenbearbeitung in der vorgeschalteten Forschungstätigkeit. Die Interdisziplinarität spiegelt sich auch in dem von Professor Bullinger initiierten Studiengang Technologiemanagement der Universität Stuttgart wider. Dabei handelt es sich um einen Ingenieurstudiengang mit einer integrierten betriebswirtschaftlichen Zusatzqualifikation.

Zahlreiche Produkt-, Prozess- und Strukturinnovationen belegen die erfolgreiche Forschungsarbeit an den beiden Instituten. Viele der erarbeiteten Neuentwicklungen führten zu nationalen und internationalen Patenten sowie zu Preisen und Auszeichnungen. Die Institute waren und sind für viele Mitarbeiterinnen und Mitarbeiter ein Sprungbrett in Wirtschaft oder Wissenschaft. In der Regel nach erfolgter Promotion verlassen sie die Institute, um ihr Wissen und ihre Erfahrung in die Wirtschaft einzubringen. Zahlreiche Ehemalige sind mittlerweile in leitenden Positionen tätig. Hinzu kommen Unternehmensneugründungen, die ihrerseits wieder neue Arbeitsplätze schaffen. So sind inzwischen über 35 Spin-offs der Institute mit über 700 Arbeitsplätzen entstanden.

Nachdem Professor Bullinger im Oktober 2002 Präsident der Fraunhofer-Gesellschaft geworden ist, habe ich seine Aufgaben in der Institutsleitung übernommen. Es war und ist mir ein Anliegen, seine Ziele der Institutsausrichtung konsequent weiterzuführen. Der Wissenstransfer von der Wissenschaft in die Wirtschaft ist bei mir ebenfalls ein wesentliches Element meines täglichen Denkens und Handelns. Grundlage ist stets die Überzeugung, dass unternehmerischer Erfolg in Zeiten globalen Wettbewerbs vor allem bedeutet, neue technologische Potenziale nutzbringend einzusetzen. Der erfolgreiche Einsatz hängt dabei von der Fähigkeit ab, kunden- und mitarbeiterorientiert Technologien schneller als die Mitbewerber zu entwickeln und anzuwenden. Hinzu kommen innovative und anthropozentrische Konzepte der Arbeitsorganisation. Die systematische Gestaltung wird erst durch die Bündelung von Technologie-, Management- und Innovationskompetenz ermöglicht. Daher sind auch Aspekte wie Geschäftsprozessmanagement, Unternehmens- und Organisationsentwicklung, Innovationsmanagement, Forschungs- und Entwicklungsmanagement, Produktentwicklung und Engineering, Personal- und Kompetenzmanagement, Arbeitssystem- und Arbeitsplatzgestaltung in den Technologiemanagement-Ansatz eingebunden. Die ganzheitliche Betrachtung gewährleistet, dass wirtschaftlicher Erfolg, Mitarbeiterinteressen und gesellschaftliche Auswirkungen immer gleichwertig berücksichtigt werden.

Einige Forschungsthemen werden derzeit von uns besonders forciert, um den aktuellen Technologie- und Innovationstrends gerecht zu werden. Zum einen ist dies die Elektromobilität mit ihren Auswirkungen auf die Automobilindustrie und die Lebens- und Arbeitswelten der Zukunft. Zum anderen untersuchen wir die Gestaltungsmöglichkeiten, die sich durch den Einsatz von LED-Technologien

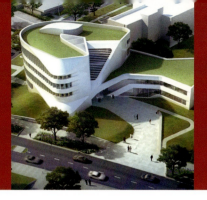

Einsatz von 3D-Simulationstechniken bei der Planung des Neubaus am Fraunhofer IAO, Stuttgart.

im Bereich von Beleuchtung und Displays ergeben. Das neu eingerichtete »LightFusionLab« zeigt dazu bereits erste erfolgversprechende Lösungen. Des Weiteren entwickeln wir Methoden zur Analyse der Innovationsfähigkeit und zur Beschleunigung des Innovationsprozesses in den Unternehmen. Es ist uns gelungen, einen ganzen Methodenkatalog für die einzelnen Phasen des Innovationsmanagements zur Verfügung zu stellen.

Unsere vielfältigen Forschungs- und Entwicklungsaktivitäten auf dem Gebiet des virtuellen Engineering und der Wissensarbeit konzentrieren wir in unserem Institutsneubau, bei dessen Planung und Fertigstellung die neuesten virtuellen Technologien bereits Anwendung gefunden haben (siehe Abbildungen). So wurde in der Planungs- und Bauphase jede Änderung im virtuellen Bauplan dreidimensional nachvollzogen und aktuell gehalten. Entscheidungen konnten so leichter und schneller gefällt werden.

Neben neuen Technologien sind für uns auch Standorte mit einer hohen wissenschaftlichen und industriellen Dichte wichtig. So haben wir unsere Aktivitäten auf die Standorte Friedrichshafen und Bozen ausgeweitet. In Kooperation mit der Zeppelin Universität Friedrichshafen ist das EFTEK Zentrum Technologiemanagement entstanden, das unsere Kompetenzen ortsnah potenziellen Partnern rund um den Bodensee anbieten kann. Mit dem Unternehmerverband Südtirol entstand Fraunhofer Italia und das Fraunhofer Innovation Engineering Center IEC, das mit der Freien Universität Bozen kooperiert.

Ziel ist, die mittelständische Industrie in Südtirol als Partner für die Forschungs- und Wissensgebiete der Fraunhofer-Gesellschaft zu gewinnen.

Ein Erfolgsgarant für unsere Forschungsexzellenz ist sicherlich auch die enge Kooperation mit dem Institut für Arbeitswissenschaft und Technologiemanagement IAT der Universität Stuttgart und damit die Einbindung in die Forschungs- und Lehraktivitäten der Universität. Über die beiden Institute werden über 1000 Studierende in mehreren Studiengängen betreut und zu wissenschaftlicher Tätigkeit angeleitet. Die Lehre ist inzwischen auch auf den Weiterbildungssektor erweitert worden. So werden in dem Weiterbildungsstudiengang »MASTER:ONLINE Logistikmanagement« über 60 Studierende neben ihrer beruflichen Tätigkeit über eine Lernplattform und durch virtuelle Sitzungen online ausgebildet. Von diesem starken Engagement in der Lehre profitieren beide Institute auch besonders beim Recruiting. Exzellente Abgänger aus den betreuten Studiengängen finden oft nach ihrer Ausbildung einen ersten Arbeitsplatz an den Instituten. Insgesamt arbeiten derzeit etwa 500 Mitarbeiterinnen und Mitarbeiter in den Fachabteilungen, in der Verwaltung und als wissenschaftliche Hilfskräfte am Fraunhofer IAO und am IAT der Universität Stuttgart.

In diesem Buch werden die breiten Anwendungsgebiete der Institutsarbeit in fünf Kapitel gegliedert, die den fünf Geschäftsfeldern des Instituts entsprechen: (1) Unternehmensentwicklung und Arbeitsgestaltung, (2) Dienstleistungs- und Personalmanagement, (3) Engineering-Systeme, (4) Informations- und Kommunikationstechnik sowie (5) Technologie- und Innovationsmanagement. Die Inhalte der einzelnen Beiträge sind jedoch vielfach geschäftsfeldübergreifend und entsprechen dem ganzheitlichen Ansatz der Institutsphilosophie.

Die Autoren sind Institutsmitarbeiterinnen und -mitarbeiter sowie Projektpartner aus der Industrie. Zusätzlich wird in zahlreichen Interviews mit Projektpartnern die erfolgreiche Institutsarbeit gewürdigt. Ich danke an dieser Stelle allen Autoren, die dazu beigetragen haben, dass dieses Buch zum 30jährigen Bestehen des Fraunhofer IAO entstehen konnte. Ein besonderer Dank geht an die Institutsmitarbeiter Herrn Dr.-Ing. Rolf Ilg und Herrn Dr.-Ing. Peter Ohlhausen, die sich um die Umsetzung kümmerten. Frau Janine Lichtenberg und Herrn Robert Hämmerl möchte ich für die Unterstützung bei der Grafikerstellung danken und Frau Claudia Garád, Frau Juliane Segedi und Frau Anette Grimmel für die Korrekturhinweise und die Druckvorbereitung. Dem Fraunhofer-Verlag danke ich für die drucktechnische Realisierung.

Ich wünsche Ihnen, dass Sie aus diesem Buch viele Anregungen für Ihre eigene Arbeit erhalten mögen und freue mich, wenn Sie auch in Zukunft die Kooperation mit dem Fraunhofer IAO suchen. Meinem Institut wünsche ich für die Zukunft gutes Gedeihen und interessante Projektthemen sowie der Wirtschaft und Gesellschaft nutzbringende Forschungsergebnisse.

Ihr

Dieter Spath
Prof. Dr.-Ing. Dr.-Ing. E.h.

WEITER DENKEN – WEITER FORSCHEN – WEITER VORN!

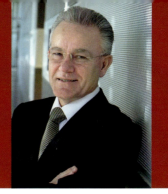

Es ist immer wieder ein schönes Ereignis, wenn ein Fraunhofer-Institut auf eine lange erfolgreiche Arbeit blicken kann. Zum einen zeigt sich dadurch, dass die bearbeiteten Forschungsfelder die richtigen waren und auch noch sind und zum andern, dass die Fraunhofer-Gesellschaft ein gut erprobtes Modell in der Forschungslandschaft darstellt. Zahlreiche Länder wollen unser Organisationsmodell kennenlernen und gegebenenfalls in ähnlicher Weise in ihre Forschungslandschaft einbringen. Dass dies nicht so einfach gelingt, zeigen immer wieder die vielen Anfragen nach Unterstützung und Expertise. Gerne werden auch unsere Internationalisierungsbestrebungen wohlwollend angenommen, denn einer seit über 60 Jahren erfolgreich gewachsenen Forschungsorganisation nimmt man ab, dass sie zur Übertragung ihres Modells in andere Länder fähig ist.

Der deutsche Historiker Michael Richter hat einmal gesagt: »Was bleibt, ist die Veränderung. Was sich verändert, bleibt!« Er beschreibt damit treffend die Geschichte der Fraunhofer-Gesellschaft, die am 26. März 1949 gegründet wurde. Damals galt es, nach der Zerstörung durch den Krieg, neue Strukturen für die Forschung zu entwickeln und Impulse für den wirtschaftlichen Wiederaufbau zu geben. Seither hat sich die Fraunhofer-Gesellschaft beständig gewandelt. In über sechs Jahrzehnten hat sie sich von einem kleinen Verein mit nur drei Angestellten zur führenden Organisation für die angewandte Forschung in Europa entwickelt. Heute erarbeiten über 18.000 Mitarbeiterinnen und Mitarbeiter in 80 Forschungseinrichtungen ein Forschungsvolumen von ca. 1,7 Milliarden Euro.

Diese erstaunliche Entwicklung wurde nur möglich, weil die Fraunhofer-Gesellschaft die aus der Not geborene Fähigkeit zur Veränderung zur Tugend machte und sich äußerst geschickt auf neue Bedingungen einstellte. Flexibel und anpassungsfähig wie keine andere Forschungsorganisation lernte sie in ihrer über 60jährigen Geschichte beständig, neue Herausforderungen anzunehmen (»weiter denken«) und Forschungschancen mutig zu ergreifen (»weiter forschen«). Für Unternehmen wie für Organisationen gilt: Wer sich nicht erneuert, veraltet. Die Fraunhofer-Gesellschaft bleibt »jung«, weil sie ihre Strukturen stets erneuert, vor allem aber weil sie auf junge, motivierte Mitarbeiterinnen und Mitarbeiter setzt. Die Kreativität und das Engagement unserer Wissenschaftlerinnen und Wissenschaftler, die klare Marktorientierung und das Prinzip »Wir belohnen Erfolg« sind das Geheimnis für die ungebremste Dynamik der Fraunhofer-Gesellschaft (»weiter vorn«).

Ich freue mich, dass das Fraunhofer-Institut für Arbeitswirtschaft und Organisation IAO in Stuttgart in diesem Jahr sein 30jähriges Jubiläum feiert. Gerne denke ich an die Gründung des Instituts, an der ich maßgeblich mitwirken durfte. Die erfolgreiche Entwicklung des Instituts zeigt deutlich, dass es die richtige Entscheidung war, die Ausgründung aus dem bestehenden Fraunhofer-Institut für Produktionstechnik und Automatisierung IPA vorzunehmen. Aus einer Teilung ist mehr geworden, als wenn die Forschungsfelder in der alten Struktur verblieben wären. Ich bin persönlich stolz auf die am Fraunhofer IAO geleistete Forschungsarbeit und die erzielten Ergebnisse. Für die Zukunft wünsche ich dem Institut, dass es mit seinen motivierten und kreativen Mitarbeiterinnen und Mitarbeitern immer den gewünschten Erfolg haben möge, nach dem Motto: weiter denken – weiter forschen – weiter vorn!

Ihr

Hans-Jörg Bullinger
Prof. Dr.-Ing. habil. Prof. e.h. mult. Dr. h.c. mult.
Präsident der Fraunhofer-Gesellschaft

30 Jahre
Fraunhofer IAO

INHALT

VORWORT 5
Dieter Spath

WEITER DENKEN – WEITER FORSCHEN – WEITER VORN! 9
Hans-Jörg Bullinger

UNTERNEHMENSENTWICKLUNG UND ARBEITSGESTALTUNG

WILHELM BAUER

DIE BANK DER ZUKUNFT 23
Innovationen und Effizienzsteigerung durch verteilte Wertschöpfung
Claus-Peter Praeg, Christian Vocke

LERNEN VON MORGEN 29
Lernen in Zeiten demographischen Wandels
Anna Hoberg, Josephine Hofmann, Gabriele Korge

PROCESS CHAIN 33
Prozessketten zwischen Wirtschaft und Verwaltung
Norbert Fröschle, Claus-Peter Praeg

DER BÜRO-ARBEITSPLATZ 37
Im technologischen Wandel für mehr Produktivität
Udo-Ernst Haner, Nikolay Dreharov

OFFICE 21® 41
Archetyp eines Innovationsverbunds
Wilhelm Bauer, Stefan Rief
INTERVIEW mit den OFFICE 21® Partnern Hannes Schwaderer, Geschäftsführer und 45
Managing Director Central Europe der Intel GmbH, Dirk Boll, Sales & Marketing Director
Central & Eastern Europe der Interface GmbH und Hermann Hartenthaler, Informations-
und Kommunikationsmanagement der Deutschen Telekom AG, T-Labs

GREEN OFFICE 47
Potenziale nachhaltiger Arbeits- und Bürogestaltung
Wilhelm Bauer, Stefan Rief, Mitja Jurecic

FUTUREHOTEL 55
Visionen und Lösungen für die Hotels von morgen
Vanessa Borkmann
INTERVIEW mit Otto Lindner, Vorstand, Lindner Hotels AG 59

PFLEGE 2020 61
Lebensstil-Orientierung in der Versorgung älterer Menschen
Beate Risch
ERFAHRUNGSBERICHT von Frau Petra Bayer, Direktion Altenhilfe, Diakonie Neuendettelsau 65
und Michael Doser, Leitung neue Geschäftsfelder, Herbert Waldmann GmbH & Co. KG

NEUBAU VOLLER WERTSTRÖME 69
Fertigungsinseln, Supermärkte und Kundenaufträge
Axel Korge, Frank Ziegler (NEUGART GmbH)

INTERVIEW mit Herrn Bernd Neugart, geschäftsführender Gesellschafter, NEUGART GmbH, Kippenheim — **75**

WERTSTROM-ENGINEERING — **77**
Lean Production und Wertstrom-Engineering im Maschinenbau
Moritz Hämmerle, Wolfgang Schweizer

VOLATILE MÄRKTE — **83**
Bestandssenkung bei volatilen Märkten
Manfred Bender, Peter Rally

DIENSTLEISTUNGS- UND PERSONALMANAGEMENT

WALTER GANZ

VIRTUAL MEETING — **91**
Management räumlich verteilter Kommunikation und Interaktion
Karin Hamann

INTERVIEW mit Dr. Hans-Georg Wagner, Head of Unit Information and Communications Technology at the European Medicines Agency (EMA) — **95**

eCOLLEAGUES — **97**
Interaktiver Support für Servicetechniker im Maschinenbau
Simone Martinetz

FIT FÜR INNOVATION — **101**
Strategische Partnerschaft fördert Innovationsfähigkeit
Walter Ganz, Andrea Koren

INTERVIEW mit Dr. Manfred Wittenstein, Vorstandsvorsitzender der WITTENSTEIN AG und Sprecher der Strategischen Partnerschaft »Fit für Innovation« — **105**

KOMPETENZMANAGEMENT — **107**
Strategieorientiert Kompetenzen entwickeln
Alexander Karapidis, Bernd Dworschak, Hartmut Buck

DIENSTLEISTUNGSPRODUKTIVITÄT 111
Produktivität von Dienstleistungen verstehen, messen und gestalten
Walter Ganz, Inka Mörschel

GESUNDHEITSPRÄVENTION 115
Geschäftsmodelle im ungeregelten Gesundheitsmarkt
Daniel Zähringer, Florian Kicherer

HYBRIDE PRODUKTE 119
Innovationsbewertung für produktbezogene Dienstleistungen
Mike Freitag, Thorsten Rogowski

SERVICE ENGINEERING 123
Forschungs- und Entwicklungsmanagement für Dienstleistungen
Thomas Meiren

ENGINEERING-SYSTEME

MANFRED DANGELMAIER

VIRTUELLE SICHTEN 129
Die richtige Perspektive für alle – Immersive Mehrbenutzersysteme
Manfred Dangelmaier, Roland Blach

VIRTUELLE BEMUSTERUNG 133
Ein Beispiel für den produktiven Virtual Reality-Einsatz
Matthias Bues, Günter Wenzel, Phil Westner

LIGHTFUSION 139
Neue Lichttechnologien für Beleuchtung und Displays
Matthias Bues, Oliver Stefani, Achim Pross

CUSTOMIZE-TO-ORDER 145
Schlanke Auftragserfüllung durch mechatronische Ansätze
Joachim Lentes, Holger Eckstein

SCHNELLER ZUM PRODUKT 149
Effiziente Produktrealisierung mit digitalen Werkzeugen
Joachim Lentes, Jochen Eichert

ALLES IM GRIFF 155
Beratung zur Ergonomie des Schreiblernsystems »griffix®«
Katrin Meinken, Harald Widlroither

AM LAUFENDEN BAND 159
Optimierung der manuellen Gepäckverladung bei Passagierflugzeugen
Martin Braun

FUTURECAR 165
Innovationschancen auf dem Weg zur elektromobilen Gesellschaft
Florian Rothfuss, Simon Voigt

E-MOBILITÄT 171
»Modellregionen Elektromobilität« in Deutschland
Florian Rothfuss, Simon Voigt
INTERVIEW mit Dr. Andreas Hunscher, Geschäftsführer, 177
Langmatz GmbH

INFORMATIONS- UND KOMMUNIKATIONSTECHNIK

ANETTE WEISBECKER

docuFIT 183
Prozess- und Dokumentenmanagement bei der Odenwald-Chemie GmbH
Mirjana Stanišić-Petrović, Christoph Altenhofen, Dietmar Kopperger und
Hans-Peter Augele, Walter Scholl (Odenwald-Chemie GmbH)

GRID UND CLOUD COMPUTING 187
Steigerung der Flexibilität für mittelständische Unternehmen
Jürgen Falkner, Oliver Strauß, Anette Weisbecker

STAMMDATENMANAGEMENT 193
Ein stabiles Fundament für Unternehmensprozesse
Jochen Kokemüller, Wolf Engelbach, Jens Drawehn

ZIVILE SICHERHEIT 197
Akteursübergreifende Integration von IT-Anwendungen
Wolf Engelbach, Sandra Frings, Heiko Roßnagel

INTERNET DER DIENSTE 201
Innovative Geschäftsmodelle als treibende Kraft
Nico Weiner, Holger Kett, Thomas Renner

WEB INTELLIGENCE 207
Analyse unternehmensstrategisch relevanter Informationen
Jan Finzen, Maximilien Kintz, Harriet Kasper

REGIONALES INTERNET 213
Marketing für kleine und mittlere Unternehmen
Holger Kett, Claudia Dukino

PROZESSMANAGEMENT 219
Agiles Prozessmanagement in der Cloud
Monika Weidmann, Thomas Renner, Krešimir Vidačković

SELF CHECK-IN 225
Usability Engineering bei der Deutschen Lufthansa
Matthias Peissner, Sandra Sproll

INTERVIEW mit Bernd Rattey, Direktor IT-Stationssysteme, 229
Deutsche Lufthansa AG

HUMAN MACHINE INTERFACE 231
Ergonomische Bedienung von Abfüll- und Verpackungsanlagen
Janina Bierkandt, Matthias Peissner, Michael Schlegel (KHS GmbH)

IWARD 237
Team von Service-Robotern bringt neuen Schwung ins Krankenhaus
Simon Thiel

ERLEBNIS AUTOMAT 243
Neue Ansätze zur Kundeninteraktion im Self-Service
Wolfgang Beinhauer, Elisabeth Büllesfeld

TECHNOLOGIE- UND INNOVATIONSMANAGEMENT

JOACHIM WARSCHAT

TECHNOLOGIEANALYSE 251
Strategische Bewertung von Digitaldrucktechnologien
Helge Spindler, Marc Rüger

TECHNOLOGIESTRATEGIE 257
Hilfe für den Mittelstand am Beispiel der Paul Vahle GmbH & Co. KG
Antonino Ardilio, Michael Pavlidis (Paul Vahle GmbH & Co. KG)
INTERVIEW mit Herrn Michael Pavlidis, technischer Geschäftsführer, 261
Paul Vahle GmbH & Co. KG

RESSOURCENEFFIZIENZ 263
Durchführung eines »Ressourceneffizienzradars«
Michael Bucher, Nico Pastewski, Frieder Schnabel

KREATIVE SEITENSPRÜNGE 267
Innovationspotenzial anderer Branchen finden und nutzen
Sabine Brunswicker, Ulrich Hutschek

VORSPRUNG DURCH INNOVATION 271
Mit dem Innoaudit® gemeinsam die Innovationsfähigkeit steigern
Anne Spitzley, Alexander Slama
STATEMENTS von Ralf Hedrich, Geschäftsführer, Hedrich vacuum systems 274
und Jürgen Rühl, Leiter Technologiemanagement und Patentwesen, Lti Drives

DAS INNOVATIONSPOTENZIAL VON DIVERSITY 275
Neue Produkte durch Kundengruppenmanagement
Anne Spitzley, Peter Ohlhausen

TEXT-MINING 279
Die stetig wachsende Informationsflut bewältigen
Yvonne Siwczyk, Nguyen-Truong Le

TECHNOLOGIE-ROADMAP 283
Oberflächen- und Beschichtungstechnologien für Haushaltsgeräte
Sven Schimpf, Mehmet Kürümlüoglu, Judith Finger
INTERVIEW mit Mrs. Iffet Iyigün Meydanlı, R&D Systems Development Manager 287
und Mr. Fatih Özkadı, R&D Manager, Arçelik A.Ş., Türkei

PRODUKTENTWICKLUNG 289
Neue Produkte für einen Weltmarktführer
Flavius Sturm, Antonino Ardilio, Frank Wagner

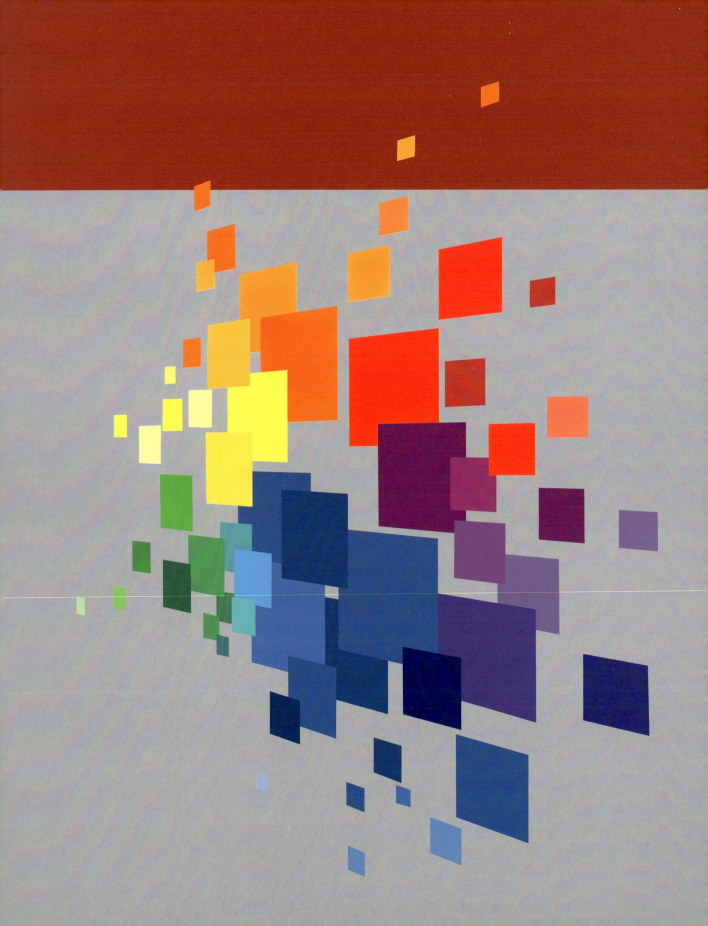

UNTERNEHMENSENTWICKLUNG UND ARBEITSGESTALTUNG

UNTERNEHMEN ZUKUNFTSORIENTIERT ENTWICKELN

ARBEITSWELTEN PERFEKT GESTALTEN

PROZESSE EFFIZIENT VERNETZEN

WILHELM BAUER (GESCHÄFTSFELDLEITER)

UNTERNEHMEN ZUKUNFTSORIENTIERT ENTWICKELN

Der Erfolg eines Unternehmens hängt wesentlich von der Innovationsfähigkeit seiner Akteure ab. Erfolgreiche Innovationsarbeit benötigt flexible Strukturen, nahtlose Prozesse, förderliche Arbeitswelten und eine motivierende Unternehmenskultur. Wir machen Unternehmen und Organisationen fit für Innovation und unterstützen die nachhaltige Sicherung des Geschäftserfolgs.

ARBEITSWELTEN PERFEKT GESTALTEN

Das gemeinsame Ziel unserer Beratungs- und Umsetzungsprojekte ist es, Unternehmen reaktionsfähiger, innovativer und produktiver zu machen und für die Beschäftigten optimale Voraussetzungen für gute Arbeit und nachhaltige Beschäftigung zu schaffen. Wir gestalten die Arbeitssysteme der jeweiligen Organisation und unterstützen diese dabei, leistungsförderliche und menschengerechte Arbeitsumgebungen zu planen und einzuführen.

PROZESSE EFFIZIENT VERNETZEN

In Projekten zur Unternehmensentwicklung und der Konzeption von Business-Modellen gestalten wir die Geschäftsprozesse, die Führungs- und Steuerungssysteme sowie die Geschäftsmodelle eines Unternehmens aus einer ganzheitlichen Perspektive. Wir unterstützen Dienstleistungs- und Produktionsunternehmen sowie Verwaltungen dabei, ihre Strukturen und Prozesse zu verbessern und dadurch dauerhaft leistungsfähiger zu werden.

UNSERE SCHWERPUNKTTHEMEN

- Entwicklung und Umsetzung performanter Unternehmens- und Geschäftsmodelle
- Business Performance und Collaboration Productivity Management
- Arbeitsgestaltung für die Wissensarbeit
- Gestaltung und Einführung innovativer Arbeitswelten und Workspace Design
- Wertstrom-Engineering für wandlungsfähige Produktionssysteme
- Konzeption und Auswahl flexibler Montagesysteme

DIE BANK DER ZUKUNFT

INNOVATIONEN UND EFFIZIENZSTEIGERUNG DURCH VERTEILTE WERTSCHÖPFUNG

CLAUS-PETER PRAEG, CHRISTIAN VOCKE

Der Bankenmarkt ist seit Jahren von erheblichen Veränderungen geprägt. Vor allem die zunehmende Regulierung der Finanzmärkte zwingt Banken dazu, neue Wege zu gehen. Die Finanzmarktkrise hat ihren Teil dazu beigetragen, dass Banken immer neuen Herausforderungen gegenüberstehen. Insbesondere der Vertrauensverlust bei den Kunden macht der Finanzbranche nachhaltig zu schaffen.

Für Banken bedeutet dies im Umkehrschluss, dass sie sich einem grundlegenden Wandel in ihren

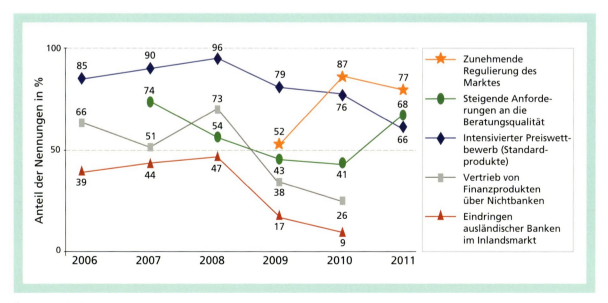

1 *Herausforderungen im Bankenmarkt – Längsschnittuntersuchung der vergangenen sechs Jahre (Spath (Hrsg.), 2006-2011).*

Organisationsstrukturen, ihrem Leistungsportfolio sowie ihrem Auftreten gegenüber den Kunden unterziehen müssen, um langfristig erfolgreich im Wettbewerb bestehen zu können. Das Innovationsforum »Bank & Zukunft« unter der wissenschaftlichen Leitung des Fraunhofer IAO arbeitet seit Jahren an erfolgreichen Lösungen, die den Banken diesen Wandel ermöglichen und sie bei der Umsetzung unterstützen.Die Arbeiten des Innovationsforums umfassen alle Bereiche des Bankgeschäfts, vom Vertriebsmanagement, über Struktur- und Prozessoptimierung im Back-Office-Bereich bis zur Gestaltung von innovativen IT-Lösungen in Banken.

Dabei zielen die erarbeiteten Lösungen auf folgende Bereiche des Bankmanagements ab:

1. Effizienz und Innovationsfähigkeit der Banken steigern
2. Kundenorientierung verbessern
3. Wertschöpfung für Banken optimieren

EFFIZIENZ UND INNOVATIONSFÄHIGKEIT STEIGERN

Eine besondere Herausforderung der Arbeiten ist die Verknüpfung von Innovationen in Organisationsstrukturen, von Leistungen sowie des Vertriebsmanagements mit den Forderungen einer Effizienzsteigerung für die gesamte Bank. Dabei wurden in der Vergangenheit Effizienzforderungen und Innovation im Bankenumfeld als Gegenpole betrachtet, die nur schwer miteinander vereinbar sind.

Effizienz wird allgemein als Relation zwischen einem erzielten Output in Bezug auf den Einsatz unterschiedlicher Ressourcen (Input) angesehen. Wie in Abb. 2 dargestellt ergeben sich somit für Banken im Kontext der Effizienzsteigerung vielfältige Gestaltungsoptionen. Einerseits können Maßnahmen dazu beitragen, den Ressourceneinsatz zu verringern, andererseits können mittels Innovationen neue Erlösquellen erschlossen werden.

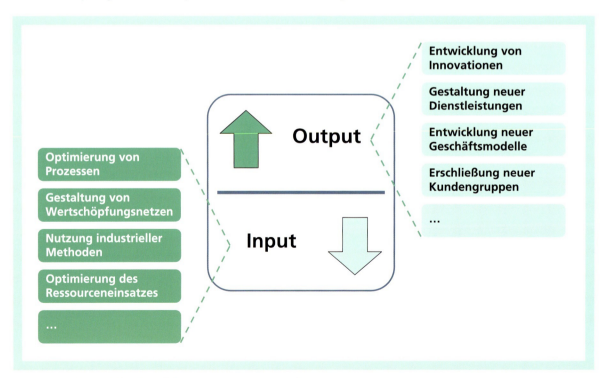

2 *Ausgewählte Stellhebel des Effizienzmanagements bei Banken.*

Nach Jahren der Fokussierung auf die Optimierung der Kostenstrukturen und Verbesserung der Effizienz, rücken wieder Gestaltungsthemen auf die Agenda von Kreditinstituten. Es setzt sich langsam die Erkenntnis durch, dass eine ausschließliche Konzentration auf die Optimierung der Strukturen und Prozesse oftmals keinen nachhaltigen Wettbewerbsvorteil für Banken generiert.

Evaluierungstoolset zur Analyse der Geschäftsprozesse

Um Banken bei der notwendigen Strukturoptimierung unterstützen zu können, wurde im Rahmen des Innovationsforums »Bank & Zukunft« ein Evaluierungstoolset entwickelt, mit dessen Hilfe eine systematische Analyse der Geschäftsprozesse hinsichtlich ihres Prozessreifegrads ermöglicht wird. Aufgrund der Analyseergebnisse werden Methoden und Instrumente vorgeschlagen, mit deren Hilfe identifizierte Lücken und Potenziale zielgerichtet verbessert werden können. Diese Lösung wird inzwischen in vielen Banken eingesetzt.

Das Geschäftsprozessmanagement ist eine bedeutende Grundlage zur Umsetzung von zukunftsweisenden Strukturen und Lösungen für die Bank der Zukunft. Wer erfolgreich sein will, muss sich vom Wettbewerb mit innovativen Leistungen differenzieren. Dies verlangt auch in Banken die Schaffung eines systematischen Innovationsmanagements. Es hilft bei der Generierung und Bewertung von Ideen, die aus unterschiedlichen Quellen stammen können. Gleichzeitig unterstützt es die Institute bei der systematischen Umsetzung dieser Ideen in marktfähige Lösungen. Dabei müssen Innovationen nicht immer eine radikale Neuentwicklung von Produkten oder Prozessen sein. Oftmals sind kleine Änderungen ebenso wertvoll, um Probleme lösen und auf bestimmte Kundenanforderungen reagieren zu können.

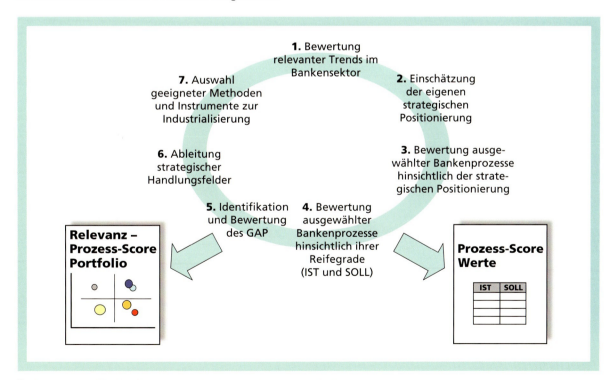

3 *Anwendung des Geschäftsprozess-Reifegrad Evaluierungstoolset.*

KUNDENORIENTIERUNG VERBESSERN

Für Banken als Finanzdienstleister sollte eine intensive Kundenorientierung selbstverständlich sein. Die Analysen des Innovationsforums »Bank & Zukunft« zeigen jedoch, dass es hier noch vielfältige Potenziale für Banken zu erschließen gilt.

Eine Intensivierung der Kundenorientierung zeigt sich unter anderem in der Einbeziehung von Kunden in den Innovationsprozess von Banken. Vor allem im Bereich der Ideengenerierung zeigen sich neue Möglichkeiten für Banken, sich hier noch stärker mit ihren Kunden auszutauschen. Vergleicht man die Intensität der Kundeneinbindung in die einzelnen Phasen des Innovationsprozesses, so zeigt sich, dass die Einbeziehung des Kunden in vielen anderen Bereichen, wie etwa in der Konsumgüterindustrie, sehr viel früher und intensiver als bei Banken stattfindet.

Allerdings gibt es bereits innovative Institute, die Kunden schon sehr frühzeitig in den Innovationsprozess mit einbeziehen. So nutzt beispielsweise eine Bank die Kreativität ihrer Community-Mitglieder einerseits für einen intensiven Dialog rund um den Bedarf der Kunden, andererseits aber auch, um neue Ideen für zukünftige Produkte und Leistungen generieren zu können. Daraus resultiert eine Vielzahl unterschiedlicher Ideen und Anregungen, die dann systematisch bewertet und gegebenenfalls weiterentwickelt werden.

Den Kundendialog mittels Social Media intensivieren

Dieses Vorgehen hat mehrere Vorteile für die Bank. Erstens bekommt sie vielfältige Hinweise, welche Leistungen und Angebote Kunden erwarten. Zweitens ist die Erfolgswahrscheinlichkeit dieser Leistungen am Markt höher, als dies für klassische Produkte ohne Berücksichtigung von Kundenwünschen der Fall ist. Drittens sind Banken in der Lage, aufgrund der engen Einbeziehung von Kunden den wichtigen und intensiven Dialog zwischen Bank und Kunden wiederzubeleben.

Dabei können insbesondere Social Media Lösungen eine wichtige Rolle spielen, da sie die Chance bieten, die in den letzten Jahren aufgetretene Distanz zwischen Banken und Kunden wieder zu verringern. Ein echter Dialog zwischen Banken und Kunden findet derzeit nur sehr vereinzelt statt. Mögliche Gründe dafür sind Bedenken hinsichtlich gesetz-

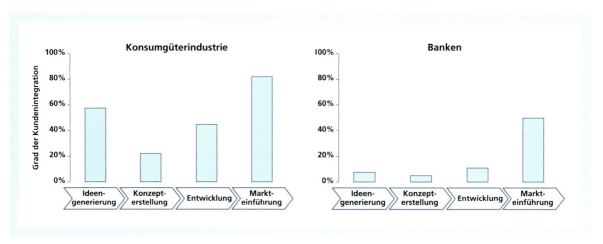

4 *Integration der Kunden in unterschiedlichen Phasen des Innovationsmanagements (eigene Darstellung, in Anlehnung an Lüthje, C. (2000)).*

licher Regelungen, fehlender Geschäftsmodelle oder anderer Prioritäten innerhalb der Bank. Dabei etablieren erste Finanzdienstleister bereits eigene Stellen für Social Media Verantwortliche.

Ergebnis ist, dass sich zukünftig sowohl die Kommunikation zwischen Banken und Kunden als auch die Anforderungen hinsichtlich des Leistungsportfolios sehr stark ändern werden.

Angebote werden kundenspezifischer

Banken müssen zukünftig sowohl im Privat- als auch im Firmenkundengeschäft einerseits ihre Leistungen schnell und effizient an sich verändernde Rahmenbedingungen anpassen, andererseits wird sich die Art der Leistungen stark wandeln müssen, um wettbewerbsfähig zu bleiben. Dies wird unter anderem zu einer Abkehr von standardisierten Produkten führen. Stattdessen wird der zukünftige Wettbewerb über kundenspezifische Leistungsbündel entschieden werden.

Dazu müssen jedoch Strukturen in den Banken geschaffen werden, die es ermöglichen, externe Partner in die Entwicklungs- und Wertschöpfungsprozesse von Banken zu integrieren und sogenannte Wertschöpfungsnetzwerke zu schaffen.

WERTSCHÖPFUNG FÜR BANKEN OPTIMIEREN

Ziel der Schaffung von Wertschöpfungsnetzwerken ist es, die verschiedenen mit einer Bank verbundenen Partner in den arbeitsteiligen Prozess der Leistungserstellung einzubinden. Die flexible Zusammenarbeit erlaubt kurzfristigere Reaktionen auf veränderte Kundenansprüche und Marktbedingungen sowie das Durchführen von Aufträgen, zu denen nicht-kooperierende Unternehmen nicht in der Lage wären. Mit der kooperativen Leistungserstellung in Wertschöpfungsnetzwerken ist in der Regel die Konzentration der einzelnen Partner auf ihre Kernprozesse verbunden. Bestimmte Teilprozesse können auf Unternehmen mit einem höheren Spezialisierungsgrad ausgelagert werden. Für Banken bedeutet dies im Umkehrschluss, dass diese neue, bisher nicht vorhandene Kompetenzen aufbauen müssen. Dazu gehört u.a. die Fähigkeit, unterschiedliche Partner entsprechend auswählen und steuern zu können, um die notwendigen Prozesse effizient umsetzen und betreiben zu können.

Bei der Gestaltung und Umsetzung von Wertschöpfungsnetzwerken wurde im Rahmen des Innovationsforums »Bank & Zukunft« ein Instrumentarium erarbeitet, welches Banken bei der Realisierung von verteilten Wertschöpfungsnetzwerken unterstützen und mittels einer Bewertungssystematik den Erfolg eines Netzwerks insgesamt sowie den Wertbeitrag einzelner Partner abbilden kann. Dazu wurden geeignete (quantitative und nicht quantitative) Indikatoren erarbeitet, die den Erfolg eines Wertschöpfungsnetzwerks abbilden.

Dabei werden auf der strategischen Ebene Zielplanungen und Strategieentwicklungen für das Wertschöpfungsnetzwerk unterstützt. Die operative Ebene deckt das organisationsübergreifende Geschäftsprozessmanagement ab. Auf der technischen Ebene müssen diese Prozesse mit geeigneten IT-Anwendungen unterstützt werden. Neben diesen organisatorischen und technischen Aspekten sind neue Geschäfts- und Betreibermodelle entwickelt worden, die auf die Potenzialerschließung auf Netzwerkebene ausgerichtet sind.

Die Bank der Zukunft kundenorientiert gestalten

Zusammenfassend zeigt sich, dass Innovation und Effizienz in Wertschöpfungsstrukturen bei Banken keine gegensätzlichen Positionen darstellen, sondern dazu geeignet sind, neue Wege im Banking zu eröffnen. Selbstverständlich ist die Gestaltung von Wertschöpfungsnetzwerken kein Selbstzweck für Banken, sondern eine notwendige Kompetenz, um zukünftig im Wettbewerb bestehen zu können. Grundlage für die Gestaltung und Umsetzung von Netzwerken müssen dabei die Kunden und deren Bedürfnisse sein. Dies wird zukünftig zu einer wahrnehmbaren Veränderung von Banken führen müssen. Das Innovationsforum »Bank & Zukunft« arbeitet in diesem Bereich intensiv daran, neue Lösungen für Banken und deren Partner zu entwickeln, um das Leitbild einer »kundenorientierten Bank« zukünftig umsetzen zu können.

LITERATUR

Lüthje, C.: Kundenorientierung im Innovationsprozess: Eine Untersuchung der Kunden-Hersteller-Interaktion in Konsumgütermärkten, Wiesbaden: Deutscher Universitätsverlag, 2000.

Spath, D. (Hrsg.); Engstler, M.; Praeg, C.-P.; Vocke, C.: Trendstudie »Bank & Zukunft 2006« – Wettbewerbsfähigkeit durch Innovationen im Vertrieb und industrialisierte Prozesse, Stuttgart: Fraunhofer IRB, 2006.

Spath, D. (Hrsg.); Engstler, M.; Praeg, C.-P.; Vocke, C.: Trendstudie »Bank und Zukunft 2007« – Mit Prozessexzellenz und Vertriebsinnovationen die Bank der Zukunft gestalten, Stuttgart: Fraunhofer IRB, 2007.

Spath, D. (Hrsg.); Engstler, M.; Praeg, C.-P.; Vocke, C.: Trendstudie »Bank und Zukunft 2008« – Wie sich Banken auf die Herausforderungen von morgen bereits heute vorbereiten, Stuttgart: Fraunhofer IRB, 2008.

Spath, D. (Hrsg.); Engstler, M.; Praeg, C.-P.; Vocke, C.: Trendstudie »Bank & Zukunft 2009« – Innovationsstrategien in turbulenten Zeiten, Stuttgart: Fraunhofer IRB, 2009.

Spath, D. (Hrsg.); Engstler, M.; Praeg, C.-P.; Vocke, C.: Trendstudie »Bank & Zukunft 2010« – Die Wiederentdeckung der Kunden – Innovationen durch verteilte Wertschöpfung, Stuttgart: Fraunhofer IAO, 2010.

Spath, D. (Hrsg.); Praeg, C.-P.; Vocke, C.: Trendstudie »Bank & Zukunft 2011«, Stuttgart: Fraunhofer IAO, 2011.

WEITERE INFORMATIONEN

www.bankundzukunft.de

LERNEN VON MORGEN

LERNEN IN ZEITEN DEMOGRAPHISCHEN WANDELS

ANNA HOBERG, JOSEPHINE HOFMANN, GABRIELE KORGE

Rente mit 67 oder später – die aktuellen Diskussionen spiegeln eine demographisch unumgängliche Konsequenz. Damit stehen Mitarbeiterinnen und Mitarbeiter den Unternehmen länger als Ressource zur Verfügung. Vor dem Hintergrund der zurückliegenden geburtenschwachen Jahrzehnte, rückläufiger Bevölkerungszahlen und weniger nachkommenden Fachkräften ist dies eine wichtige zusätzliche Kapazität für die Wirtschaft. Werden die Unternehmen aber mit einer zunehmend alternden Belegschaft der Geschwindigkeit technologischer und organisatorischer Entwicklungen und dem steigenden Konkurrenz- und Wettbewerbsdruck auf den Märkten hinreichend begegnen können? Der zunehmenden Dynamik des Umfelds nur mit dem Vorhalten von Ressourcen zu begegnen, wird zu kurz greifen. Die Unternehmen sind auf strategischer Ebene gefordert, sich mit dem Prozess des Alterns in der eigenen Belegschaft auseinanderzusetzen. Erfolgreich wird in Zukunft sein, wer die Leistungsfähigkeit des einzelnen Mitarbeiters zu entwickeln und bis zum Schluss zu erhalten weiß.

Ein erfolgreiches Agieren in einem wirtschaftlich und technologisch dynamischen Umfeld wird in Zeiten des demographischen Wandels davon abhängen, den Mitarbeiterinnen und Mitarbeitern ständiges Lernen und kontinuierliche Entwicklung zu ermöglichen.

LERNEN IST EIN LEBEN LANG MÖGLICH

Die vielversprechende Botschaft, die die Neurowissenschaften angesichts dieser Herausforderung verkünden, lautet: Lernen ist ein Leben lang möglich. Der bekannte Spruch »Was Hänschen nicht lernt, lernt Hans nimmermehr« ist so nicht richtig. Auch in fortgeschrittenem Alter kann Neues dazugelernt werden, vorausgesetzt, der Mensch hat das Lernen nicht »verlernt«. Damit Menschen lernen, bedarf es keines besonderen, gar monetären Anstoßes. Vielmehr ist der Mensch von sich aus neugierig; wer bereits die Erfahrung gemacht hat, welche Befriedigung sich einstellt, wenn eine bedeutende Herausforderung erfolgreich gemeistert wurde, der ist auch künftig offen für Neues. Alles, was es dann für erfolgreiches Lernen weiter braucht, ist ein Minimum an Eigenständigkeit oder Selbstbestimmtheit im Lernprozess selbst und ein Gefühl des Eingebundenseins in die übergreifenden betrieblichen Abläufe.

Aber die Neurowissenschaften mahnen auch: Das Gehirn ist in gewisser Weise vergleichbar mit einem Muskel. Wird es nicht trainiert, so verliert es seine Fähigkeit, effizient zu lernen: »Use it or loose it«.

Nun sind die Akteure in den Unternehmen gefragt, das Lernen ein Berufsleben lang aktiv zu unterstützen. Das ist ein Auftrag, der sich zuerst einmal an die einzelnen Beschäftigten – die Lerner – selbst richtet, aber auch an deren Führungskräfte. Unternehmen, in denen kontinuierliches Lernen nahe am Arbeitsplatz zum Selbstverständnis gehört, schaffen damit die Voraussetzungen, dass aus Lernen Veränderung wird, aus Veränderung Innovation und aus Innovation Lernen.

Das Management hat im Unternehmen die strategische Funktion, die Arbeitsbedingungen seiner Beschäftigten auszugestalten. Jede Unternehmensführung gestaltet einen Raum, der ein unterschiedliches Maß an Beteiligung zulassen kann, wie und inwieweit die Beschäftigten zu Veränderung und Innovation beitragen können. Werden Arbeiten und Lernen nicht mehr – künstlich – getrennt ausgestaltet, wird die Arbeitsumgebung unmittelbar auch zur Lernumgebung, für den Einzelnen wie für das gesamte Unternehmen.

DAS »LERNHAUS«

Das vom Fraunhofer IAO entwickelte »Lernhaus« als konzeptionelle Basis verbindet die Arbeits- und Lernsicht und bietet dem Management ein speziell entwickeltes Orientierungssystem. Es wurde im Rahmen des mit dem Weiterbildungs-Innovationspreis 2010 des Bundesinstituts für Berufsbildung (BIBB) dotierten Projekts »länger leben. länger arbeiten. länger lernen.« erarbeitet und beschreibt, an welchen Stellen im Produktionssystem eines Unternehmens Lernchancen angesiedelt sein können.

Der Arbeitskreis »Lernchance Produktionssystem«, der von Vertretern unterschiedlicher Unternehmen der Metall- und Elektroindustrie gebildet wurde, identifizierte für dieses Lernhaus insgesamt acht tragende Säulen, die für das kontinuierliche Lernen in den Unternehmen stehen. Sie spiegeln die aus der Projekterfahrung und unserem Wissen heraus als zentral erkannten Bereiche wider. Jede einzelne dieser Säulen kann mit Hilfe unterstützender Unternehmenswerte und einem adäquaten Führungssystem, durch umgesetzte Mitarbeiterorientierung, zielführende Prozessgestaltung und die Bereitstellung von notwendigen Ressourcen zum Heben vorhandener Lernschätze genutzt und ausgestaltet werden. Das Gestaltungssystem Lernhaus ermöglicht so ein arbeitsinitiiertes, tägliches Lernen für jeden Beschäftigten.

NEUE AUFGABE FÜR FÜHRUNGSKRÄFTE

Die Führungskräfte werden in ihrer Verantwortung für ihre Beschäftigten zukünftig mehr und mehr den Auftrag übernehmen, deren Lernen und Entwicklung bestmöglich zu fördern. Wie dies gelingen kann, zeigen zwei Trainingskonzepte, die im Projekt »länger leben. länger arbeiten. länger lernen.« entwickelt wurden. Hier wurden Führungskräfte als Lerncoach fit gemacht und erhielten in einer Abfolge von gezielten Inputphasen und Diskussionen, Übungen und kollegialer Fachberatung Aufgaben, die sie direkt bei ihren eigenen Mitarbeitern umsetzten. Als Unterstützung für die alltägliche Arbeit wurden konkrete Werkzeuge erstellt, mit den zukünftigen Lerncoaches in der Praxis erprobt und bedarfsgerecht angepasst.

Um die Rolle als kritisch-konstruktiver Begleiter auszufüllen wurden ferner Vorschläge zu Veränderungen organisatorischer Rahmenbedingungen entwickelt, wie etwa die Integration der Lerncoachaktivitäten in den Führungsalltag oder die notwendigen Veränderungen im Führungs- und Steuerungssystem.

SELBSTORGANISIERTES LERNEN 2.0

Die Beschäftigten selbst können nun, unterstützt von Führungskräften und einem entsprechend gestalteten organisatorisch-technischen Rahmen im Produktionssystem, ihre Entwicklung eigenverantwortlich vorantreiben. Wie selbstorganisiertes Lernen im Team mit Kollegen funktionieren kann, wird im Vorhaben »Selbstorganisiertes Lernen 2.0« erarbeitet, das vom Bundesministerium für Bildung und Forschung (BMBF) gefördert wird. Die Lernenden werden in einer Mischform aus Präsenzveranstaltungen und Selbstlernphasen dazu angeleitet, den Lernprozess je nach eigener Vorerfahrung möglichst vollständig selbst zu gestalten und dabei auch die Lernmaterialien mit zu gestalten.

Erprobt wird das Lernkonzept derzeit im Fernlehrgang für staatlich geprüfte Berufspädagogen. Die Teilnehmer berichten nach einem Kursjahr von gesteigerter Eigenständigkeit. »Es war für mich eine völlig neue Methode«, erzählt ein Teilnehmer, »selber aktiv zu werden, selber auf die Mitlernenden zuzugehen, um Informationen einzuholen. Dadurch bin ich in meiner Tätigkeit als Ausbilder viel selbstsicherer geworden.« Am meisten profitiere man von der Projektarbeit, weil man »dabei aufgefordert (ist), Themen auch für sich in der Arbeit wertvoll zu integrieren. Im beruflichen Alltag bleibt oft keine Zeit zur Reflexion, was aber gerade bei Projektarbeit gut nachgeholt werden kann.« Einen weiteren wichtigen Erfolgsfaktor im Konzept bilden die

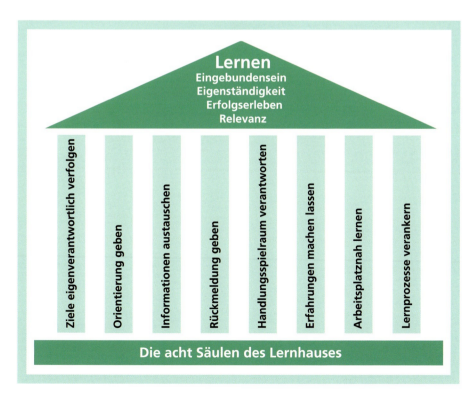

1 »Lernhaus« als Orientierungssystem für das Management.

Präsenzphasen mit den anderen Teilnehmern, »in denen kann man sehen, wie die anderen die Aufgaben erledigt haben. Diese praktischen Beispiele sind enorm wichtig.«

Durch den direkten Austausch in der Gruppe wird Erfahrungswissen ausgetauscht, durch die Perspektiven der anderen Beschäftigten das eigene Wissen gefestigt. Selbstorganisation und Zusammenarbeit werden in der Verbindung zur zentralen Größe, die Beschäftigte gegenseitig und dauerhaft in die aktive Mitgestaltung einbindet.

In Bezug auf die Mitarbeiter konnte zudem im Vorhaben »länger leben. länger arbeiten. länger lernen.« gezeigt werden, dass auch Lernentwöhnte mit negativen Lernerfahrungen, sprachlichen Schwierigkeiten o.ä., wieder an das Lernen herangeführt werden können. Gezielte Maßnahmen, die einen anstehenden Veränderungsprozess begleiten, können aus einem Mix an Inputphasen und Diskussion sowie eigenständiger Arbeit und kollegialer Beratung bestehen, unterstützt durch praxisorientierte Hilfsmittel wie z.B. dem »Lern-Logbuch«. In ihm können eigene Lernpläne und -ziele festgehalten sowie eigene Verantwortlichkeiten und auch Fortschritte sichtbar gemacht werden.

DER ENTWICKLUNGS-BEGLEITER

Wertvolle Unterstützung erhalten die Akteure des Unternehmens von einem »Entwicklungsbegleiter«, einer neuen Rolle, deren Ausgestaltung das gleichnamige BMBF-Vorhaben leisten wird. Dieser Entwicklungsbegleiter, so das Konzept, bringt viel Erfahrung in Bezug auf das Unternehmen, sein marktliches und technologisches Umfeld und seine Prozesse mit, kennt die Unternehmensziele, ist jedoch keine weisungsbefugte Führungskraft. Er begleitet den individuellen Mitarbeiter in seiner beruflichen Entwicklung, hilft, Lernstrategien zu entwickeln sowie Lernziele zu definieren und justiert gemeinsam mit dem Mitarbeiter mögliche Entwicklungspfade. Der Entwicklungsbegleiter genießt insofern viel Vertrauen von Seiten der Beschäftigten, der Führungskräfte und des Managements. Er moderiert zwischen Unternehmensleitung und Führungskräften einerseits und dem Mitarbeiter andererseits. Sein Auftrag ist es, die Entwicklungspotenziale und -wünsche der Beschäftigten mit den Entwicklungsbedarfen des Unternehmens bestmöglich zu vereinen: damit Entwicklung ein Berufsleben lang erfolgt und zur win-win-Situation wird.

Alle Akteure bekommen so eine aktive Rolle. Nehmen sie diese wahr, erhält man im Ergebnis ein Arbeitsumfeld, in dem es integraler Teil der Arbeit ist, zu lernen und damit sowohl die persönliche Entwicklung als auch die des Gesamtunternehmens voranzubringen. Lernfähigkeit und Veränderungsbereitschaft sind die maßgeblichen Treiber für Innovation und Erfolg.

PROCESS CHAIN

PROZESSKETTEN ZWISCHEN WIRTSCHAFT UND VERWALTUNG

NORBERT FRÖSCHLE, CLAUS-PETER PRAEG

»Wenn der Bosch wüsste, was der Bosch weiß…!« Mit diesem geflügelten Wort wird oft zutreffend das Dilemma des Wissensmanagements in einer Organisation auf den Punkt gebracht. Denn es ist klar: wenn die eine Hand nicht weiß, was die andere tut, entstehen Informationslücken, Missverständnisse und Doppelarbeit. So verursachen suboptimal gestaltete Geschäftsprozesse unnötige Kosten und zusätzlichen Aufwand an Arbeitsstunden.

Organisationsübergreifende Schnittstellen wie beispielsweise zwischen Wirtschaft und Staat sind besonders gefährdet, zu einem bürokratischen Brennpunkt zu werden. Man kann noch davon ausgehen, dass beide Seiten ihren eigenen Bereich, der sie verbindenden »Datensteckdose« und die Prozesse dahinter noch ganz gut kennen, aber der jeweils andere Bereich stellt oft eine unbekannte Blackbox dar. Keine einfache Aufgabe also, gesamte Prozessketten über mehrere Organisationen vom einen bis zum anderen Ende zu optimieren – für die Unternehmen und für die Steuerzahler.

VOM PROZESS ZUR PROZESSKETTE

Prozesse transformieren Inputfaktoren zu einem Outputfaktor. Mehr und mehr auf die Agenda geraten derzeit allerdings nicht einzelne Prozesse, sondern sogenannte »Prozessketten« (vgl. die BMI Prozessketten Machbarkeitsstudien: Krcmar et al. 2009 zu Umwelt; Fröschle et al. 2009 zu Finanzdienstleistungen; Eckert et al. 2009 zu Informations- und Meldepflichten für Arbeitgeber).

Prozessketten können als eine logische Verknüpfung von Prozessen gesehen werden. Prozessketten stellen damit eine Kette zusammenhängender Prozesse dar, die zur Erstellung einer Dienstleistung oder eines Produkts dienen (Wertschöpfungsorientierung). Prozessketten als Untersuchungsansatz angewandt, besitzen vor allem folgende zwei alleinstellende Charakteristika:

- Der Ansatz hebt auf die relative Länge und höhere Komplexität von durchgängigen Prozessen ab, wenn mehrere Akteure auf Wirtschaftsseite und mehrere Akteure auf staatlicher Seite zur Erreichung eines Ziels über die organisatorischen Grenzen ihrer Institutionen hinaus interagieren.
- Es wird auf die End-zu-End-Beziehung zwischen den Akteuren auf Wirtschaftsseite und den staatlichen Akteuren im weiteren Sinne bzw. auf die Schnittstelle zwischen beiden im engeren Sinn fokussiert.

VISUALISIERUNG DURCH PROZESSKETTENBROWSER

Moderne Internet-Browser sind der Inbegriff intelligenter Navigation. Deshalb hat sich das Fraunhofer IAO gängige Browser zum Vorbild genommen und einen Browser für Prozessketten zwischen verschiedenen Organisationen entwickelt. Die Vision des open-source-basierten Prozesskettenbrowsers ist es, den Bürokratieabbau zu unterstützen, Verwaltungen zu modernisieren und Wachstumspotenziale anzuregen. Gefüttert wurde der Prototyp mit realen Daten aus der Machbarkeitsstudie »Entwicklung von Prozessketten zwischen Wirtschaft und Verwaltung: Finanzdienstleistungen«, die im Auftrag des Bundesinnenministeriums von Fraunhofer IAO, ISST und SIT mit der Commerzbank AG, der GAD eG und der Universität Tübingen im Jahr 2009 erstellt wurde. In der Studie wurden 154 Prozessketten der Branche empirisch untersucht.

Der Prozesskettenbrowser spannt auf Basis der eingegebenen Prozessbibliothek-Daten eine visuell interaktive Prozesslandkarte auf. Abstrakte Prozessketten zwischen Wirtschaft und öffentlicher Verwaltung werden such- und findbar, interaktiv aufrufbar und bildlich in ihrem Gesamtzusammenhang verstehbar.

In nächsten Ausbaustufen könnten existierende Metadaten wie Checklisten oder Prozessreferenzbilder statisch hinterlegt oder z.B. Statistiken als Mashup-Webservices dynamisch eingebunden werden.

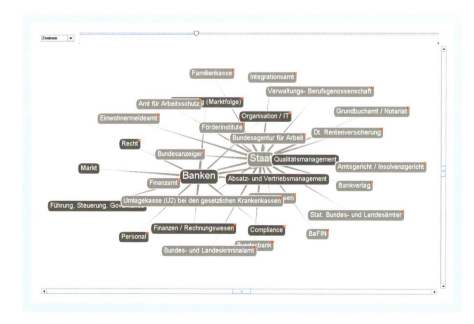

1 *Beispieldarstellung eines Prozesskettenbrowsers – Banken und Staat (www.prozessketten-browser.de).*

Dadurch wird es politischen und wirtschaftlichen Entscheidungsträgern, Anwendern und Bürgern ermöglicht, einen digitalen Zugang zur Verwaltung zu ermitteln und Chancen sowie Einsparpotenziale zu identifizieren.

Durch die interaktive Prozesslandkarte am Beispiel Finanzdienstleistungen in Deutschland kann die aktuelle Situation der Geschäftsprozessketten in der Ampellogik (rot-gelb-grün) als Bestandsaufnahme angezeigt werden. Es werden drei evolutionäre Reifegrade unterschieden:

- 61 Prozent der 154 existierenden Prozessketten sind papiergebundene Prozessketten der Generation 1 (Papierformulare, Gelbe Post, Kurierdienste),
- 17,5 Prozent sind IT-anwendungsorientierte Prozessketten der Generation 2 (unterschiedliche Formate, Medien, Netze),
- und nur 21,4 Prozent sind innovative infrastrukturorientierte Generation 3-Prozessketten, mit ganzheitlich umgesetzten Geschäftsprozessen, Hochleistungsportal-Funktionalitäten des Web 2.0, orts-, zeit- und situationsabhängigem Informations-Push sowie föderativem Identitätsmanagement.

VORGEHENSWEISE ZUR GESTALTUNG UND UMSETZUNG VON PROZESSKETTEN

Weiteres Ergebnis der Machbarkeitsstudie war die Ableitung von allgemein übertragbaren Instrumenten für Wirtschaft und Verwaltung, um Prozessketten zu gestalten und umzusetzen.

- Prozessketten-Screening. Das Prozessketten-Screening ist eine in der Machbarkeitsstudie entwickelte wissenschaftliche und praktische Methode, um Prozessketten in Bezug auf die wichtigsten Merkmale und deren Merkmalsausprägungen zu »screenen«, d.h. zu durchleuchten. Die Methode lässt sich je nach Einsatzzweck auf

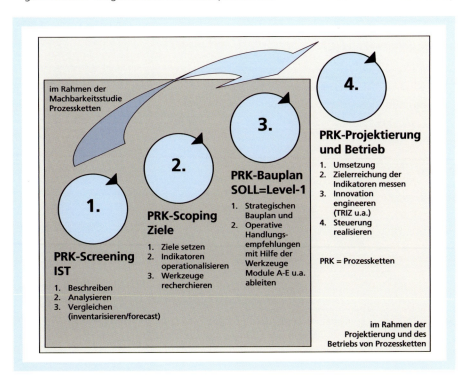

2 *Vorgehensweise zur Gestaltung und Umsetzung von Prozessketten.*

unterschiedliche Analyseebenen (z.B. vergleichende Analyse von Prozessketten bzw. Fallstudie etc.) anpassen.
- Prozessketten-Scoping. Das Prozessketten-Scoping ist eine Methode, um zu erreichende Ziele von Prozessketten zu planen – wirtschaftlich/prozessual/organisatorisch, IT-architektonisch, sicherheitstechnisch und juristisch.
- Prozessketten-Bauplan. Die Prozessketten-Planung ist eine Methode, um eine Skizze für die Umsetzung von Prozessketten zwischen Wirtschaft und Verwaltung zu erstellen. Dazu werden auf Basis der Ergebnisse des Einsatzes des Screenings und Scopings und mittels Anwendung von dokumentierten Werkzeugen, Checklisten, Beispielen etc. die notwendigen Handlungsempfehlungen systematisch abgeleitet.

Der Methodenleitfaden ist öffentlich verfügbar.

LITERATUR

Krcmar, H.; Sharafi, A.; Wolf, P.; Bermek, D.; Günther, H.; Komm, M.; Ortmann, E.; Schäfer, M.: Machbarkeitsstudie Entwicklung von Prozessketten zwischen Wirtschaft und Verwaltung: Umwelt, im Auftrag des Bundesinnenministeriums des Innern (BMI), 2009, www.cio.bund.de/cln_093/DE/E-Government/E-Government-Programm/Prozessketten/prozessketten_node.html

Fröschle, N.; Praeg, C.-P.; Baum, J.; Gerblinger, M.; Heiler, P.; Kraft, R.; Kuper, K.; Nentwig, L; Ringwald, G.; Rosenmüller, R.; Rubart, U.: Machbarkeitsstudie Entwicklung von Prozessketten zwischen Wirtschaft und Verwaltung: Finanzdienstleistungen, im Auftrag des Bundesinnenministeriums des Innern (BMI), 2009, www.cio.bund.de/cln_093/DE/E-Government/E-Government-Programm/Prozessketten/prozessketten_node.html

Eckert, K.-P.; Schilling, P.; Tschichholz, M.; Jeswein, T.; Kienle, A.; Steffens, P.; Steinbach-Nordmann, S.; Reichelt, P.; Brockmann, C.; Kanzler, D.; Söllner A.; Vorgel, P.; Wassef, R.; Brüggemeier, M.; Schulz, S.; Knopp, M.; Roßnagel, A.; Giese, C.: Machbarkeitsstudie Entwicklung von Prozessketten zwischen Wirtschaft und Verwaltung: Informations- und Meldepflichten für Arbeitgeber, im Auftrag des Bundesinnenministeriums des Innern (BMI), 2009, www.cio.bund.de/cln_093/DE/E-Government/E-Government-Programm/Prozessketten/prozessketten_node.html

WEITERE INFORMATIONEN

www.cio.bund.de
www.prozesskettenbrowser.de

DER BÜRO-ARBEITSPLATZ

IM TECHNOLOGISCHEN WANDEL FÜR MEHR PRODUKTIVITÄT

UDO-ERNST HANER, NIKOLAY DREHAROV

Wie sieht der Büro-Arbeitsplatz der Zukunft aus? Das ist eine uns oft von Journalisten gestellte Frage, aber häufiger noch von Führungskräften und Verantwortlichen aus den unterschiedlichsten Bereichen. Der Facility Manager fragt möglicherweise nach Platzbedarf und Grundausstattung, der Personal- oder Organisationsleiter interessiert sich vielleicht für die Möglichkeiten der Kommunikation und Zusammenarbeit, der IT-Verantwortliche sucht eher nach leistungsfähigeren technologischen Lösungen. Alle zusammen fragen sich aber, wie kann der Arbeitsplatz als Werkzeug besser eingesetzt werden, um den Mitarbeitern Produktivitätspotenziale bei gesteigertem Wohlbefinden am Arbeitsplatz zu bieten?

Die Relevanz der Fragen wurde im Rahmen des OFFICE 21®-Projekts zum Anlass genommen, um eine eigene Vision des Arbeitsplatzes mit verfügbaren technologischen Lösungen umzusetzen. Allerdings muss auch die Frage gestattet sein: Gibt es in Zukunft überhaupt noch »den Arbeitsplatz«?

Klar ist, dass Arbeitsplätze den jeweiligen Tätigkeitsanforderungen genügen müssen. Aber was benötigt ein Wissensarbeiter für seine Tätigkeit? Die empirische OFFICE 21®-Studie »Information Work« (Spath, 2009) hat gezeigt, dass Wissensarbeiter sich sehr wohl anhand der Neuartigkeit ihrer Tätigkeit, der Komplexität der jeweiligen Aufgaben und anhand der verfügbaren Autonomie unterscheiden. Interessantes Ergebnis ist, dass mit zunehmendem Anspruch an die Tätigkeit und insbesondere mit steigender Autonomie die verfügbare Arbeitsinfrastruktur der Wissensarbeiter vielfältiger und mobiler wird.

DER INFORMATION WORKER'S WORKPLACE

So reichen für viele Anwendungen im Arbeitsprozess eines Wissensarbeiters schon Laptop plus Handy plus Netzwerk. Warum soll überhaupt der Weg in ein Büro noch angetreten werden? Wozu soll noch ein »Arbeitsplatz« zur Verfügung gestellt werden? Es gibt zwei kritische Faktoren, die ein Wissensarbeiter für eine performante Ausübung seiner Tätigkeit braucht: seine Kollegen und eine gute Arbeitsinfrastruktur. Die im Rahmen von OFFICE 21® generierte Arbeitsplatzlösung, der Information Worker's Workplace (IWWP), verbindet diese

Anforderungen und bietet eine Arbeitsinfrastruktur für Einzelne und Kleingruppen, die zur Perfomance-Steigerung am Arbeitsplatz beitragen kann.

Der ursprüngliche Prototyp des IWWP fällt zunächst optisch durch seinen Aufbau auf (siehe Abb. 1): Drei große auflösungsstarke Bildschirme ermöglichen zahlreiche Visualisierungsoptionen, der Tisch bietet Einzelnen und kleinen Teams bis zu drei Personen eine sehr gute Arbeitsgrundlage.

Um den flexibel nutzbaren Information Worker's Workplace in Betrieb zu nehmen, meldet sich der einzelne Nutzer mit seinem Betriebsausweis, einer passiven RFID-Karte, an. Ein einfaches, berührungsloses Schwenken der Karte an einem der RFID-Sensoren am Arbeitsplatz bewirkt in Kombination mit einer bereits früher vorgenommenen oder aber auch spontan gewünschten Arbeitsplatzbuchung, dass sein persönliches Arbeitsplatzprofil von der Infrastruktur übernommen wird. Das persönliche Arbeitsplatzprofil kann neben Kommunikationseinstellungen auch Elemente der Arbeitsplatzsteuerung (z.B. die Höhenverstellung des Tischs auf die persönliche Komforthöhe) als auch der Raumsteuerung (z.B. Lichtsteuerung im Rahmen ergonomisch sinnvoller Grenzen) enthalten.

Dem einzelnen Nutzer bietet der IWWP besondere Visualisierungsmöglichkeiten. Wie am physischen Schreibtisch lassen sich auch an den drei zu einem Desktop zusammengeschlossenen Bildschirmen die einzelnen Vorgänge bzw. Fenster nebeneinander anordnen, um eine bessere Übersicht zu erhalten und Dinge effektiver und effizienter abarbeiten zu können. Klassische Wissensarbeitsprozesse benötigen heute schon parallele, d.h. gleichzeitige, Sicht auf mehrere Fenster – z.B. ein Fenster für E-Mails, ein Fenster für die aktuell zu erstellende Dokumentation und ein Fenster für ein Referenzdokument. Kommen dann noch weitere Informationen und/oder Instant Messaging und/oder Web Conferencing hinzu, dann wird offensichtlich, dass der Platz auf einem herkömmlichen Bildschirm schon lange nicht mehr ausreicht.

Neben der virtuellen Kommunikation und Kooperation unterstützt der IWWP auch Präsenzmeetings

1 *Information Worker's Workplace.*

(face-to-face). Durch einfaches Drehen der asymmetrischen Tischplatte kann der Einzelarbeitsplatz zu einem (Klein-)Teamarbeitsplatz werden. Eine frühere Studie im Rahmen des Forschungsprojekts OFFICE 21® hat gezeigt, dass heute etwa zwei Drittel aller Besprechungen mit maximal vier Personen stattfinden. Viele dieser Meetings kommen ungeplant zustande und sind eher informeller Natur. Dementsprechend finden diese nicht nur an dafür vorgesehenen Orten wie Besprechungsräumen oder -ecken, sondern häufig auch am Arbeitsplatz eines Kommunikationsteilnehmers statt. Dieser Arbeitsplatz unterstützt diesen Meetingmodus (siehe Abb. 2) nicht nur durch eine sinnvolle Möblierung, sondern insbesondere auch informationell, d.h. wiederum per RFID kann für alle Teilnehmer das zugehörige Rufumleitungsprofil eingeschaltet werden. Zusätzlich kann jedem neu hinzugekommenen Meetingteilnehmer per Knopfdruck am Tisch jeweils ein Bildschirm zugewiesen werden, um auch als Team die Visualisierungsmöglichkeiten optimal nutzen zu können. So kann jeder der bis zu drei Meetingteilnehmer gleichzeitig seine Präsentation darbieten, was insbesondere in Arbeitsmeetings Effizienz steigernd wirkt. So kann in Projektsteuerungsmeetings der Status von mehreren Teilprojekten gleichzeitig angezeigt werden. Auch in Konferenzsituationen mit zugeschalteten Teilnehmern wirkt sich die Infrastruktur des IWWP vorteilhaft aus. Es wird die Integration der informatorischen mit der physischen Arbeitsumgebung »in einem Guss« ermöglicht.

Dass der im Rahmen von OFFICE 21® entwickelte Arbeitsplatz auch tatsächlich herkömmlichen Arbeitsplätzen überlegen ist, konnte in einer Laborstudie gezeigt werden. Die statistisch signifikanten Ergebnisse des Experiments weisen nach, dass die beim IWWP eingesetzte Multi-Monitor-Lösung (drei 19"-Monitore) im Vergleich zu einer Ein-Bildschirm-Lösung (ein 19"-Monitor) zu einer Produktivitätssteigerung bei der gewählten komplexen, wissensbasierten Aufgabe von über 35 Prozent geführt hat. Hierbei wurden sowohl Effektivität (Richtigkeit) als auch Effizienz (Geschwindigkeit) berücksichtigt. Parallel dazu stieg auch die Zufriedenheit der Nutzer mit der verbesserten Visualisierungsmöglichkeit signifikant an. Dieses Ergebnis konnte auch im Rahmen der Studie »Information Work« bestätigt werden.

2 *Meetingmodus des Information Worker's Workplace.*

WEITERE BÜRO-ARBEITS-PLATZENTWICKLUNGEN

Dass die Entwicklungen am Arbeitsplatz noch nicht zu Ende sind, zeigen andere Projekte am Fraunhofer IAO.

Im Rahmen des Projekts Lab2020 und im Lab Innovation Center konnte gezeigt werden, dass auch der Arbeitsplatz des Wissensarbeiters im Labor bzgl. der Produktivität optimiert werden kann. In Forschung und Entwicklung müssen labor- und entwicklungsbezogene Arbeit und Dokumentationsarbeit im klassischen Sinne miteinander verzahnt werden. Die Entwicklungszyklen werden kürzer, die zeitnahe Dokumentation von Ergebnissen in einer zeitkritischen Produktentwicklung immer bedeutender. Die Zeitspannen, die mit tatsächlicher – klassischer – Labor- bzw. Entwicklungsarbeit zusammenhängen, haben sich verkürzt, während sich die anteilige Arbeitszeit am Computer und in hochautomatisierten Arbeitsumgebungen erhöht hat. Deswegen ist es zunehmend notwendig, hybride Arbeitsplätze zu gestalten, an denen neben der informatorischen Dimension auch die Test- und Umsetzungsdimension der Arbeit berücksichtigt ist.

Im LightFusionLab wird daran gearbeitet, die Visualisierung am Arbeitsplatz noch weiter zu verbessern. Die dynamische Entwicklung der LED-Technologien ermöglicht zunehmend neue Display- und Beleuchtungskonzepte. Eine erste Weiterentwicklung des am Fraunhofer IAO entwickelten Büroarbeitsplatzes ist der »nLightened Desktop«. Dieser nutzt die hohe Auflösung und zusätzliche Interaktionsmöglichkeiten der neuesten Bildschirmgeneration gezielt, um beispielsweise das »Ablegen« von Arbeitsunterlagen oder »Blättern« effektiver zu gestalten. Dafür sind zusätzlich zum gewohnten, vertikalen Display links und rechts im Arbeitstisch zwei horizontale, hochauflösende Multitouch-Displays integriert. Die auf diesem virtuellen Desktop dargestellten Fenster sind frei skalier- und drehbar.

Auswirkungen auf das Leistungsvermögen am Arbeitsplatz hat allerdings nicht nur die Art und Anordnung der Bildschirme oder anderer Arbeitsgeräte. Wie anstrengend für die Augen und damit auch ermüdend für den gesamten Organismus die Wissensarbeit ist, hängt zu einem erheblichen Teil von den Lichtverhältnissen in den Büros ab. Und auch bei der Beleuchtung bieten LED- und OLED-Technologien eine Vielfalt neuer Möglichkeiten, um die heute noch üblichen statischen Lichtquellen zu ersetzen. Um Arbeitsplätze »ins beste Licht« zu rücken, haben die Lichtforscher am Fraunhofer IAO »Heliosity« entwickelt, eine LED-Arbeitsplatzleuchte, die Licht mit vollem, variablem Farbspektrum erzeugen kann. Statt des konventionellen Kunstlichts lassen sich damit natürliche Lichtverhältnisse schaffen, die dem Verlauf des Tages entsprechen oder, sofern erforderlich, auch an spezifische Arbeitssituationen angepasst werden können. Durchgeführte Studien zeigen die positive Wirkung der dynamischen Veränderungen des Farblichts im Büro auf Befinden und Leistung der Nutzer.

Die Anforderungen an den Büro-Arbeitsplatz der Zukunft nehmen zu, die technologischen Entwicklungen gehen weiter. Das Fraunhofer IAO hat es sich zur Aufgabe gemacht kontinuierlich neue Arbeitsplatzlösungen zu entwickeln.

LITERATUR

Spath, D. (Hrsg); Kelter, J.; Rief, S.; Bauer, W; Haner, U.-E.: Information Work 2009. Über die Potenziale von Informations- und Kommunikationstechnologien bei Büro- und Wissensarbeit, »OFFICE 21®« Studie, Stuttgart, Fraunhofer-Verlag, 2009.

OFFICE 21®

ARCHETYP EINES INNOVATIONSVERBUNDS

WILHELM BAUER, STEFAN RIEF

Im Jahr 1996 hat das Fraunhofer IAO das Verbundforschungsprojekt OFFICE 21® initiiert. Es besteht damit fast halb so lange wie das Institut selbst – eine ungewöhnlich lange Zeit für ein Forschungsprojekt. Es diente als Vorläufer für mehrere spätere Innovationsverbünde und ist damit eine Erfolgsgeschichte für das Fraunhofer IAO und seine Forschungspartner.

Ziel von OFFICE 21® ist es, gemeinsam mit Herstellern und Anwendungspartnern die zukünftigen Entwicklungen in der Büro- und Wissensarbeit vorauszudenken, sich hieraus ergebende Anforderungen zu erforschen und Konzepte für produktivitätsförderliche räumliche und virtuelle Arbeitsumgebungen zu entwickeln. So wirken sich die Herausforderungen einer globalisierten Welt mit engmaschig vernetzten Wertschöpfungsstrukturen und sich drastisch verkürzenden Innovationszyklen nicht nur auf die Organisation an sich, sondern auch auf die Gestaltung von Büro- und Wissensarbeit aus.

Im Fokus des Projekts stand von Beginn an die Fragestellung, wie sich unterschiedliche organisatorische, technologische und räumliche Gestaltungsansätze auf die Performance, die Leistungsbereitschaft, das Wohlbefinden aber auch die Kreativität von Mitarbeitern und Organisationen auswirken. Aber die reine Erforschung der entsprechenden Zusammenhänge wäre unseren zum Teil langjährigen Partnern zu wenig. Vielmehr geht es darum, auf Basis der gewonnenen Erkenntnisse innovative Konzepte zur Steigerung dieser Schlüsselfaktoren für den Unternehmenserfolg zu entwickeln und in die Praxis zu überführen.

Für die Projektarbeit wird auf nahezu alle Methoden der arbeits- und zukunftswissenschaftlichen Forschung zugegriffen. Diese reichen von literaturbasierten Metastudien, Trendstudien und Delphi-Befragungen über empirische Befragungen und experimentelle Laboruntersuchungen bis hin zur Entwicklung von Zukunftsbildern auf Basis der Szenariotechnik. Offene und kooperative Methoden auf Basis von Web 2.0-Technologien ergänzen die klassischen Instrumente.

FORSCHUNG FÜR DIE PRAXIS

Projektarbeiten zum Büro der Zukunft

Eine zentrale, wissenschaftlich abgesicherte Erkenntnis vorweg: »Die Gestaltung von Büros hat massiven Einfluss auf die Performance, die Motivation und das Wohlbefinden der Mitarbeiter«. Unterschiedliche Studienergebnisse aus dem Verbundforschungsprojekt beweisen die positive Relation zwischen einer aufgaben- und anforderungsgerechten Arbeits- und Infrastrukturgestaltung und der sogenannten »Office Performance« (Studien »Office Performance«, »Soft Success Factors« und »Information Work«).

Ein erstes zentrales Ergebnis aus den Anfangstagen des Projekts war im Jahr 1998 die Entwicklung des Zukunftsszenarios »Genius«, das das Bild einer hoch flexiblen und mobilen Arbeitswelt vorauszeichnete. Die Aussage »Arbeite wann und wo Du willst« erschien zahlreichen Menschen außerhalb des OFFICE 21® Verbunds seinerzeit noch weitestgehend abwegig und wenn, dann überhaupt nur für einen Bruchteil der Büroarbeiter möglich zu sein. Heute, etwas mehr als zehn Jahre später, ist dieses Zukunftsbild für Millionen von Büro- und Wissensarbeitern tagtägliche Realität. Sie arbeiten mobil, mit Smartphone und Notebook drahtlos vernetzt von unterwegs, von zu Hause, in den Büros ihrer Unternehmen oder teilweise bereits in sogenannten Co-Working-Zentren. Aber auch innerhalb der Büros hat sich das Bild in den vergangenen Jahren massiv verändert. Die Räume sind deutlich offener und transparenter geworden, um die spontane und persönliche Kommunikation und Zusammenarbeit zwischen den häufig hoch mobilen Mitarbeitern zu fördern.

Die Menge an papiergebundenen Informationen hat sich in Folge der rasanten Entwicklung der Informations- und Kommunikationstechnologie massiv reduziert und somit auch die Flächen für Regale, Schränke und Archive. Die freigewordenen Flächen

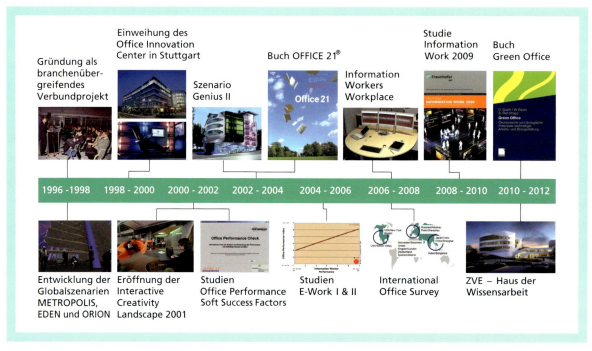

1 Ergebnisse und Rückblick der letzten zehn Jahre im Verbundforschungsprojekt OFFICE 21®.

2 *Szenario Genius.*

werden heute in Form von Kommunikationszonen, Rückzugsräumen oder Rekreationsangeboten genutzt. So hat sich in Folge dieser im Verbundprojekt bereits frühzeitig und klar identifizierten Entwicklungen für unsere Forschungspartner aus der Büromöbelindustrie ein neues Anforderungsprofil für die Ausstattung dieser Zonen entwickelt, so dass diese mit einer frühzeitigen Produktentwicklung auf entsprechende Marktveränderungen erfolgreich reagieren konnten.

Neben wissenschaftlichen Studien und der Entwicklung von Zukunftsbildern, die teilweise ausschließlich unseren Forschungspartnern zur Verfügung stehen, konnten über die Projektlaufzeit immer wieder Ergebnisse über Demonstratoren oder webbasierte Werkzeuge der breiten Öffentlichkeit zugänglich gemacht werden. So kann jeder Interessierte auf der Webplattform www.office-score.de kostenfrei seine Anforderungen an eine neue Bürofläche Schritt für Schritt einfach und dennoch professionell identifizieren.

Welche enormen Produktivitätsreserven in der anforderungsgerechten Gestaltung der Büroinfrastruktur verborgen liegen, zeigt eine experimentell-empirische Untersuchung, die an einem sogenannten Information Worker´s Workplace mit einem aus drei Bildschirmen bestehenden Multi-Monitor-Setting durchgeführt wurde.

Wie wir morgen leben und arbeiten werden

In der aktuellen Forschungsphase wird mit dem Forecast »Wie wir morgen leben und arbeiten werden« ein Blick in die Jahre 2020 bis 2025 geworfen, um unseren Partnern eine strategische Frühnavigation zu ermöglichen. Fragestellungen sind dabei z.B.: Wie verändert sich die Mobilität durch umfassende Nutzung von hochwertigen, bildbasierten Kollaborationswerkzeugen? Welche Arbeitsaufgaben werden wir zukünftig wo erledigen? Wie können uns Softwaretechnologien bei kreativen Aufgabenstellungen unterstützen? Welche Geräte werden wir benutzen? Bewegen wir uns nur noch in der Cloud mit kleinen und leichten Devices, die uns den Zugang zu allen relevanten Informationen ermöglichen? Wie werden Büros aussehen im Zeitalter von LED, OLED, geo- und gestenbasierter Steuerungen? Wie sehen unsere Büros aus, wenn wir bis ins hohe Alter arbeiten werden und wie können uns Ambiente und intelligente Räume mit großformatigen, touch- oder gestiksensitiven Oberflächen dabei unterstützen? Darüber hinaus werden bei dem Forecast-Prozess Fragestellungen bearbeitet, welche Erwartungen die junge Generation an Arbeitsgestaltung und Büros haben wird, wie sich diese für das eigene Unternehmen gewinnen lässt und wie sich ein deutlich nachhaltiger und ressourceneffizienterer Lebensstil auf die Organisation von Büroarbeit auswirken wird.

Diese und weitere Fragen werden mit Methoden der Zukunftsprojektion in einem offenen Innovationsprozess vorausgedacht, um schließlich ein konsistentes Bild der Zukunft zeichnen zu können.

Was bereits erkennbar wird, ist die Entwicklung von deutlich nachhaltigeren Formen und Ausprägungen der Arbeits- und Bürogestaltung. Die Gestaltung von Arbeit muss dazu beitragen, sowohl den Bedürfnissen der Menschen nach Vereinbarkeit von

Arbeit und Freizeit, Autonomie und Entfaltung, den Bedürfnissen von Unternehmen nach Kreativität, Leistungsfähigkeit und Performance und den Bedürfnissen der Umwelt und der nachfolgenden Generationen gerecht zu werden. Im Buch »Green Office – Ökonomische und ökologischen Potenziale nachhaltiger Arbeits- und Bürogestaltung« zeigen wir gemeinsam mit unseren OFFICE 21®-Partnern und weiteren Autoren auf, was bereits heute in der Unternehmenspraxis möglich ist und welche zukünftigen Entwicklungen denkbar sind. In der aktuellen Forschungsphase ist mit dem Schwerpunktthema »Sustainable Office Work« begonnen worden, die Wirkung unterschiedlicher arbeitsgestalterischer Maßnahmen und Lösungsansätze und deren Wirkung auf die soziale, wirtschaftliche und ökologische Performance zu erforschen.

Ergebnisse aus dem Schwerpunktthema »Sustainable Office Work« werden praxisnah im geplanten »Green Office Lab« im Neubau des Fraunhofer IAO implementiert und der Öffentlichkeit zugänglich gemacht. Das Green Office Lab, das in intensiver Kooperation mit den OFFICE 21®-Partnern entwickelt wird, erhält drei »Evolutionsstufen«, welche bereits die verfügbare Leading-Edge-Lösung des Jahres 2011, Weiterentwicklungen für das Jahr 2015 und zukunftsgerichtete Ideen und Ansätze für das Jahr 2020 umfassen werden.

ERFOLGSFAKTOREN FÜR DIE VERBUNDFORSCHUNG

Neben der wissenschaftlichen Exzellenz der Ergebnisse und einer praxisorientierten Forschungsarbeit, die von der Gemeinschaft der OFFICE 21®-Partner durch die Finanzierung der Arbeiten ermöglicht wird, stellt der branchenübergreifende Austausch und die disziplinenübergreifende Zusammenarbeit einen wesentlichen Erfolgsfaktor für das Projekt dar. Diese Konstellation ermöglicht es, Fragestellungen aus einer ganzheitlichen Perspektive bearbeiten zu können. Bereits frühzeitig können somit unterschiedliche Aspekte des Markts, die der Einführung neuer Ideen und Lösungsansätze entgegenstehen könnten und eine erfolgreiche praktische Umsetzung unmöglich machen könnten, berücksichtigt und umgangen werden. Voraussetzung für diese branchen- und disziplinenübergreifende Zusammenarbeit ist die Entwicklung einer vertrauensvollen und offenen Kultur des Austauschs und der Zusammenarbeit zwischen den Projektpartnern, die durch regelmäßige Projektsteuerungstreffen und die Zusammenarbeit in themenfokussierten Workshops gefördert wird. Aber auch der gemeinsame Besuch von Best-Practice-Lösungen im Rahmen der Projektsteuerungstreffen und die gemeinsame Diskussion und Reflektion des Gesehenen und Erlebten tragen zur Bildung einer offenen und vertrauensvollen Kultur der Zusammenarbeit bei.

OFFICE 21® stellt für die Partnerunternehmen einen wertvollen ThinkTank zur Entwicklung der zukünftigen Büro- und Wissensarbeit dar und liefert durch seine Forschungs- und Entwicklungsarbeiten wertvolle Hinweise für die eigene Weiterentwicklung im Hinblick auf die Ausrichtung von Produkten und die Entwicklung von Märkten. Ziel von OFFICE 21® ist es, einen Beitrag zur Innovationsführerschaft zum aktuellen und zukünftigen Erfolg seiner Partner zu liefern.

WEITERE INFORMATIONEN

www.office21.de

INTERVIEW

MIT OFFICE 21® PARTNERN

Hannes Schwaderer, Geschäftsführer und Managing Director Central Europe, Intel GmbH

Dirk Boll, Sales & Marketing Director Central & Eastern Europe, Interface Deutschland GmbH

Hermann Hartenthaler, Informations- und Kommunikationsmanagement, Deutsche Telekom AG, T-Labs

Fraunhofer IAO *Was motiviert Sie an der OFFICE 21® Initiative teilzunehmen?*

Hannes Schwaderer Der Arbeitsplatz von heute unterliegt einem nie dagewesenen Wandel. Die neuen Informations- und Kommunikationstechnologien nehmen immer mehr Einfluss auf unsere Arbeitsumgebung und vor allem, auf die Art, wie wir arbeiten. OFFICE 21® liefert uns Erkenntnisse, wie mittels dieser Technologien die Produktivität und Zufriedenheit von Mitarbeitern gewährleistet werden kann. Als Unternehmen, das fundamental an der technologischen Entwicklung beteiligt ist, ist uns der Austausch mit anderen sehr wichtig.

Dirk Boll Die detaillierte Arbeit von OFFICE 21® begeistert uns mitzumachen. Ebenfalls der fachliche Austausch mit anderen Gewerken ist interessant für die zukünftige Projektarbeit. OFFICE 21® verbindet die richtigen Unternehmen miteinander!

Hermann Hartenthaler Die Steigerung der Effizienz bei der wissensbasierten Arbeit muss ganzheitlich betrachtet werden. Die OFFICE 21®-Initiative versammelt sehr viele unterschiedliche Sichten auf diese Thematik in einem gut strukturierten Verbund. Wir können uns als Telekom hier gut einbringen und profitieren von den Erkenntnissen aller Partner.

Fraunhofer IAO *Wie können Sie die Ergebnisse in Ihrer Organisation nutzen?*

Hannes Schwaderer Die Ergebnisse im Projektverbund OFFICE 21® setzen Impulse und zeigen auf, auf was wir bei der Vermarktung unserer Produkte und Innovationen achten sollen. Ebenso wirken sich die gemeinsamen Aktionen mit dem Fraunhofer IAO auch auf die Stärkung unserer Märkte aus.

Dirk Boll Ziel ist es, die Ergebnisse in die zukünftige Produktentwicklung mit einzubeziehen. Wir werden mit ganz neuartigen Produkten arbeiten, Materialien anbieten, die bis jetzt noch in der Entwicklungsphase sind! Dies wird sehr spannend werden.

Hermann Hartenthaler Wir haben die Erkenntnisse aus OFFICE 21® bei der Gestaltung des Bürokonzepts für unseren FuE-Bereich, den T-Labs, umgesetzt. Die Diskussionen um das »Green Office« im Rahmen von OFFICE 21® sind in ein Projekt »GreenIT@T-Labs« eingeflossen und haben so zu einer IT-Infrastruktur geführt, die sich stark an Nachhaltigkeit orientiert.

Fraunhofer IAO *Welche Entwicklung wird unsere Arbeitswelt in den kommenden fünf Jahren am meisten verändern?*

Hannes Schwaderer Unsere Gesellschaft bewegt sich in Richtung Wissensgesellschaft. Technologien wie »Unified Communication«, sowie Sprach- und Gestenerkennung nehmen stark Einfluss auf die Gestaltung unseres zukünftigen Arbeitsplatzes. Innovative Informationstechnologie, der Umgang und die Integration von Informations- und Kommunikationstechnik in unsere Arbeitswelt, gewinnt zunehmend an Bedeutung. Durch diesen Trend, die Verfügbarkeit und den Zugriff auf Informationen immer und überall, bestimmen wir zunehmend selbst, wie und wann wir arbeiten.

Dirk Boll Die Nachhaltigkeit in ihrem vollen Umfang wird die zukünftige Arbeitswelt verändern. Materialien werden reduziert werden, natürliche Ressourcen geschont. Verschwendung wird es nicht mehr geben. Neben der Nachhaltigkeit wird das Entwickeln und Identifizieren von Top-Nachwuchskräften immer wichtiger werden. Das »Talent Management« wird erfolgreiche Unternehmen nachhaltig beschäftigen.

Hermann Hartenthaler Die Arbeitswelt wird in den nächsten Jahren vor allem durch mehr Flexibilität geprägt werden. Die Grenzen zwischen Arbeit und Freizeit verschwimmen, Arbeit ist jederzeit und überall möglich, Festanstellungen werden seltener. Wissensarbeit findet nicht mehr vorzugsweise im Büro statt, sondern auch zu Hause, unterwegs oder in Co-Working-Umgebungen.

Fraunhofer IAO *Herr Schwaderer, Herr Boll und Herr Hartenthaler, wir danken Ihnen für das Gespräch.*

GREEN OFFICE

POTENZIALE NACHHALTIGER ARBEITS- UND BÜROGESTALTUNG

WILHELM BAUER, STEFAN RIEF, MITJA JURECIC

Vor dem Hintergrund der globalen Klimaerwärmung und der Abhängigkeit von volatilen und steigenden Energie- und Rohstoffpreisen wird die zwingende Notwendigkeit, den Energie- und Ressourcenverbrauch drastisch zu senken, mittlerweile von immer weiteren Teilen der Gesellschaft nicht nur mitgetragen, sondern auch eingefordert.

NACHHALTIGKEITSORIENTIERUNG VON ORGANISATIONEN

Die Motive für Investitionen in und die Umsetzung von ökologisch nachhaltigen Maßnahmen sind vielfältig und reichen von der Erwartung von Umsatzsteigerungen über Kosteneinsparungen, die Verbesserung des Unternehmensimages bis hin zur Reduktion der Abhängigkeit von schwankenden Rohstoffpreisen und dem Wunsch, einen Beitrag zur Schonung der Umwelt zu leisten (vgl. Abb. 1).

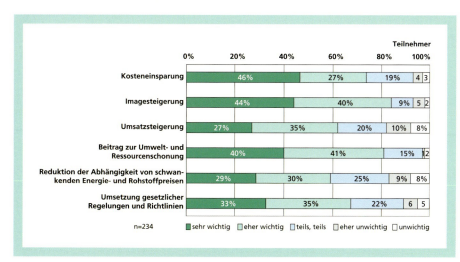

1 Motive für die Umsetzung ökologisch nachhaltiger Maßnahmen (Spath, 2010).

In einer Studie des Fraunhofer IAO, die im Rahmen des Verbundforschungsprojekts »OFFICE 21®« durchgeführt wurde, gaben die befragten Geschäftsführer Kosteneinsparungen und Imagesteigerungen als die beiden wichtigsten Motive für die Umsetzung ökologisch nachhaltiger Maßnahmen an.

Den direkten und indirekten Auswirkungen aus der Organisation und Gestaltung von Büroarbeit und ihren ökonomischen und ökologischen Potenzialen wird im Vergleich noch wenig Aufmerksamkeit geschenkt und dennoch ist auch hier der positive Gestaltungsspielraum enorm. So arbeiten nach Schätzungen allein in Deutschland über 17 Mio. Menschen in Büros (Kern, Schmauder, 2005). Betrachtet man den gesamten Wirtschaftsraum der Europäischen Union, kommt man leicht auf eine dreistellige Millionensumme an Menschen, die tagtäglich Büroarbeit in ihren unterschiedlichsten Formen und Ausprägungen verrichten und dabei im Rahmen ihrer Leistungserbringung Energien für die Konditionierung, Beleuchtung und Ausstattung von Büros, die Nutzung von Informations- und Kommunikationstechnologien sowie Mobilität in Anspruch nehmen.

Aber nicht allein die enorme Anzahl von Personen, die als so genannte Büro- oder Wissensarbeiter täglich ihrer Arbeit nachgehen, und ihr hoher Anteil an der Gesamtheit der Erwerbstätigen, sondern auch der Einfluss der Organisation und Gestaltung von stationärer und mobiler Büroarbeit auf die unterschiedlichsten Komponenten (Verkehr, Energie, Produktivität, Gesundheit etc.) lassen eine Auseinandersetzung mit den Potenzialen einer nachhaltig gestalteten Büroarbeit wertvoll erscheinen.

Der Fokus der Auseinandersetzung mit dem Thema nachhaltige Arbeits- und Bürogestaltung soll dabei allerdings nicht nur auf die Aspekte einer energie- und ressourceneffizienten Gestaltung von Büroarbeit gelegt werden, sondern ebenso positive wirtschaftliche und soziale Aspekte integrieren. Eine verbesserte Kenntnis der Zusammenhänge und Optimierungspotenziale in der organisatorischen, technologischen und räumlichen Gestaltung von stationärer und mobiler Büro- und Wissensarbeit ist ein zentrales Handlungsfeld für die zwingend notwendige Reduktion des Energie- und Ressourcenverbrauchs, aber eben auch für die Produktivität, Flexibilität, den Erfolg und das Wohlergehen von Organisationen und ihren Mitarbeiterinnen und Mitarbeitern.

GESTALTUNGSFELDER FÜR EIN »GREEN OFFICE«

Unter dem Begriff »Green Office« wird eine organisationsindividuelle, gleichermaßen an ökonomischen, ökologischen und sozialen Zielsetzungen ausgerichtete Gestaltung von Arbeits- und Bürokonzepten verstanden, die sich aufeinander abgestimmter, vernetzter Maßnahmen aus den drei Gestaltungsfeldern Gebäude und Raum (»Green Building«), Informations- und Kommunikationstechnologie (»Green IT«) und Nutzerverhalten (»Green Behaviour«) bedient (siehe Abb. 2).

Zur Entwicklung und Umsetzung einer nachhaltigen Arbeits- und Bürokonzeption im Sinne eines »Green Office« ist es erforderlich, eine organisationsindividuelle Strategie zu entwickeln (Motivation, Zielsetzung, Kosten, Ausgangssituation), die einen integrierten Maßnahmenplan mit geeigneten, d.h. zielorientierten Maßnahmen aus den drei Gestaltungsfeldern »Green Building«, »Green IT« und »Green Behaviour« umfasst.

Die Entwicklung einer solchen Konzeption erfordert die Analyse des Status quo des Unternehmens im Hinblick auf seine Arbeitsorganisation, seine Arbeitskultur sowie die bestehenden räumlichen und technischen Infrastrukturen. So lassen sich etwa durch die Einführung flexibler, technologisch unterstützter Formen der Arbeitsorganisation sowohl Büroflächen, die gebaut und betrieben werden müssen, als auch Mobilitätskosten für das Unternehmen selbst und seine Mitarbeiterinnen und Mitarbeiter senken und zudem die Work-Life-Balance und Performance der Mitarbeiterinnen und Mitarbeiter verbessern. Diese Wirkungen können z.B. durch eine rein energetische Sanierung eines Bürogebäudes ohne eine Veränderung arbeitsorganisatorischer Strukturen nicht erreicht werden. Im Folgenden werden die drei Gestaltungsfelder Gebäude und Raum, Informations- und Kommunikationstechnologie und Nutzerverhalten im Hinblick auf ihre Potenziale erläutert.

GEBÄUDE UND RAUMGESTALTUNG

»Green Building«

Betrachtet man den gesamten Energieverbrauch, so lässt sich feststellen, dass die Anteile der in Deutschland benötigten Energien zu ähnlichen Anteilen für die Produktion, die Mobilität von Personen und den Transport von Waren sowie für die Erstellung und Nutzung von Gebäuden aufgewendet werden (Deutsche Energie-Agentur, 2006). Vor allem durch die Erneuerung des Gebäudebestands und somit auch von Bürogebäuden können erhebliche Energien und Ressourcen eingespart und negative Auswirkungen auf unsere Umwelt (z.B. Wasserverbrauch, Bodenversiegelung, Abfall etc.) reduziert werden. Dies betrifft sowohl die Phase der Erstellung bzw. der Sanierung, aber vor allem auch die sich anschließenden Phasen der Nutzung und den Rückbau am Ende des Lebenszyklus.

Bereits seit einigen Jahren werden Konzepte (z.B. Geometrie des Baukörpers, Bauteilaktivierung etc.) und Technologien (Geothermie, Solarthermie, Photovoltaik etc.) für energieeffiziente Gebäude und Materialien (z.B. Smart Materials, Phase-Change-Materials etc.) erforscht und entwickelt, die inzwischen zunehmend bei der Erstellung und Sanierung von Gebäuden zum Einsatz kommen.

2 *Gestaltungsfelder nachhaltiger Arbeits- und Bürokonzepte.*

Vor allem bei den so genannten »Green Buildings« stellen entsprechende Komponenten oder Teilkomponenten einen essenziellen Bestandteil dar, wobei der Begriff des »Green Building« über ein ausschließlich energieeffizientes Gebäude bzw. Bürogebäude deutlich hinausgeht und zusätzliche ökologische (z.B. Mikroklima, Flächeninanspruchnahme etc.), soziokulturelle (z.B. Innenraumhygiene, Nutzereinbindung etc.), technische und prozessuale Aspekte und Qualitäten umfasst.

Für die Zertifizierung der Nachhaltigkeit von Gebäuden und Bürogebäuden wurden in den letzten Jahren auf internationaler, europäischer und nationaler Ebene verschiedene Bewertungs- und Zertifizierungssysteme entwickelt (z.B. DGNB, LEED, BREAM).

Unabhängig von der Zertifizierung eines Bürogebäudes stellt die ökologische Qualität eines Bürogebäudes ein zentrales Handlungs- und Gestaltungsfeld für ein »Green Office« dar. So geben über 70 Prozent der befragten Geschäftsführer einer Green-Office-Untersuchung des Fraunhofer IAO an, dass die Wichtigkeit der ökologischen Nachhaltigkeit beim Bezug, der Modernisierung oder dem Neubau von Büroflächen massiv an Bedeutung gewinnt (siehe Abb. 3).

Das Gestaltungsfeld Gebäude und Raum nimmt aufgrund der enormen Ressourcen- und Energieeinsparungsmöglichkeiten und auch aufgrund der Wirkung der räumlichen Umgebungsfaktoren auf Gesundheit, Wohlbefinden und Produktivität des Menschen eine herausragende Position im Hinblick auf die Gestaltung einer nachhaltigen Arbeitsumgebung im Sinne eines »Green Office« ein.

NACHHALTIGE KONZEPTE FÜR INFORMATIONS- UND KOMMUNIKATIONSTECHNOLOGIEN

»Green IT«

Mit etwa zwei bis drei Prozent und damit in etwa einem dem Flugverkehr entsprechenden Anteil am Gesamtenergieverbrauch schlägt die Nutzung von Informations- und Kommunikationstechnologien zu Buche (Gartner, 2007). Aufgrund der hohen Innovationszyklen und den kurzen Erneuerungsraten, die im Durchschnitt zwischen vier und fünf Jahren betragen, muss bei der Bewertung der Nachhaltigkeit von informations- und kommunikationstechnologischen Komponenten und Produkten neben der Energieeffizienz im Betrieb auch ihrer Produktion, den verwendeten Materialien und ihrer Rückführung in den Stoffkreislauf hohe Bedeutung beigemessen werden. Eine reine, vorwiegend auf Energieeffizienz in der Nutzung ausgelegte Bewertung greift zu kurz.

Ein beträchtliches Potenzial zur Reduktion von Energie- und Ressourcenverbräuchen und einer damit einhergehenden Entlastung der Umwelt durch

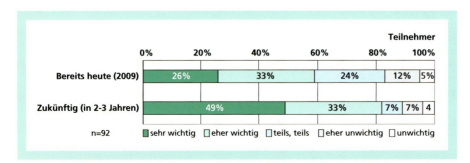

3   Wichtigkeit nachhaltiger Büroflächen bei Umzug oder Modernisierung aus Perspektive von Geschäftsführern (Spath, 2010).

Informations- und Kommunikationstechnologien liegt in der indirekten Vermeidung (z.B. Smart Metering, Gebäudeautomation, Reduktion des Papierverbrauchs etc.).

Ein zukunftsweisender Ansatzpunkt hierfür ist die Einführung und umfassende Nutzung von virtuellen Kollaborationstechnologien im Büro zur Reduktion von Geschäftsreisen und Pendelverkehren. So könnten bei einer angenommenen Reduktion der Geschäftsreisen in der Europäischen Union um ein Fünftel CO_2-Emissionen in Höhe von 24 Mio. Tonnen vermieden werden (Deutsche Energie-Agentur, 2009). Eine weitere wirkungsvolle Maßnahme, die mit Hilfe der Informations- und Kommunikationstechnologie in nachhaltigen Büros eingeführt werden kann, ist die Echtzeitinformation von Büronutzern über ihren aktuellen Ressourcenverbrauch (Strom, Heiz- und Kühlenergie, Papier etc.) als Feedback und mittels gleichzeitiger Sensibilisierung als Basis für eine Reduktion der Ressourceninanspruchnahmen durch den Einzelnen oder von Gruppen.

Die eigentliche Entwicklung von Green-IT-Konzepten für nachhaltige Arbeits- und Bürokonzepte geht somit weit über die häufig eingeschränkte Diskussion der Energieeffizienz hinaus und umfasst folgende Aspekte:

- Energieeffiziente Hard- und Softwarekomponenten für Arbeitsplatzsysteme, Peripheriegeräte und Infrastruktur (Server, Storage, Netzwerk)
- Ressourcen schonende, recyclingfähige Hardwarekomponenten für Arbeitsplatzsysteme, Peripheriegeräte und Infrastruktur von der Produktion über den Betrieb bis zur Entsorgung
- Energieeffizientes Konzept für Administration und Betrieb (z.B. Fernwartung)
- Entwicklung und Einführung von energieeffizienten und Ressourcen schonenden arbeitsorganisatorischen Konzepten auf der Basis innovativer Informations- und Kommunikationstechnologien
- Entwicklung und Einführung von Systemen zum Monitoring und Feedback des individuellen Ressourcen- und Energieverbrauchs in Echtzeit als Impulsgeber für »grünes« Mitarbeiterverhalten.

NACHHALTIGES VERHALTEN

»Green Behaviour«

Parallel zur Entwicklung und Einführung technischer und technologischer Lösungen mit dem Ziel der Steigerung der Nachhaltigkeit von Büro- und Wissensarbeit stellt das Verhalten der Mitarbeiterinnen und Mitarbeiter von Organisationen ein einflussreiches Mittel für mehr Nachhaltigkeit dar. Um die Potenziale, die im individuellen und kollektiven Verhalten verborgen liegen, zu nutzen, ist es wichtig, eine Unternehmenskultur zu etablieren, in der die Prinzipien des nachhaltigen Handelns implizit (z.B. Führungsverhalten) und explizit (z.B. Corporate Social Responsibility Strategy) verankert sind.

Zur Förderung eines entsprechenden Klimas in einer Organisation und zur Sensibilisierung der Mitarbeiterinnen und Mitarbeiter – auch auf den Führungsebenen – ist es wesentlich, konkretes Wissen zu Nachhaltigkeitsthemen zu vermitteln. Beide Komponenten verstärken sich dabei wechselseitig, d.h. die Schaffung eines Klimas bzw. einer Kultur, in der nachhaltiges Mitarbeiterverhalten erfolgreich sein kann, wird auch durch die Vermittlung von konkreten Informationen und Wissen über Zielsetzungen, Auswirkungen und Handlungsalternativen befördert. Neben der Nutzung von Expertenwissen ist die Einbindung der Mitarbeiterinnen und Mitarbeiter in die Entwicklung, Aufbereitung und Kommunikation entsprechender Maßnahmen von essenzieller Bedeutung (vgl. Abb. 4). Die Maßnahmen dürfen dabei in keinster Weise auf einer abstrakten Ebene bleiben, sondern müssen den Rahmenbedingungen der Organisation sowie den Arbeitsprozessen und -anforderungen der Mitarbeiterinnen und Mitarbeiter gerecht werden.

Neben Information und Sensibilisierung sind auch Wettbewerb, Erfolg und Freude essenzielle Mittel, um ein umweltgerechtes Verhalten und nachhaltige Arbeitsformen im Büro wirksam zu etablieren. Zu häufig werden geeignete Maßnahmen (z.B. Videokonferenzen, Webkonferenzen etc.) von den Beschäftigten mit rein ökonomischen Zielsetzungen und Verzicht (z.B. Verschärfung von Reiserichtlinien) in Verbindung gebracht. Daher müssen positive Elemente wie Freude und Modernität (z.B. Spaß an neuen Technologien), der Gewinn an persönlichem Gestaltungsspielraum oder Autonomie (z.B. Steigerung der persönlichen Produktivität, Work-Life-Balance, Freiheit etc.) assoziiert werden.

Die Nutzung von informationstechnischen Systemen zur Messung, grafischen Aufbereitung und Rückspiegelung von persönlichen und kollektiven Verbräuchen (z.B. Strom, Papier, Mobilität) stellt ein wirkungsvolles und mächtiges Mittel zur Unterstützung von nachhaltigem Mitarbeiterverhalten dar. So zeigen Beispiele Einsparungspotenziale zwischen 15 bis über 50 Prozent auf.

Die Rückspiegelung der Auswirkung des eigenen und kollektiven Handelns und das damit bei Mitarbeiterinnen und Mitarbeitern ausgelöste Interesse und die Kommunikation über ein entsprechendes Thema (z.B. Vergleich und Interpretation von Messergebnissen) und in Teilen auch die Freude am Wettbewerb – ohne dass dieser explizit ausgeschrieben sein muss – stellen wichtige Faktoren für den Erfolg von Green-Behaviour-Maßnahmen dar. Die durch Feedback ausgelöste Kommunikation kann dabei auch zu neuen und kreativen Ideen sowohl im Hinblick auf weitere Green-Behaviour-Maßnahmen als auch auf die Optimierung von Kernkompetenzen, Produkten, Dienstleistungen und Prozessen einer

4 *Wirkungskreis zum umweltfreundlichen Verhalten (eigene Darstellung in Anlehnung an Kuckartz, 2008).*

Organisation führen. »Green Behaviour« kann Stimulanz für Innovationen und neues Denken in der Organisation sein und damit zu einem Innovationstreiber im ganzen Unternehmen werden.

MASSNAHMEN ZUR GESTALTUNG NACHHALTIGER ARBEITS- UND BÜROKONZEPTE

Die Gestaltung von nachhaltigen Arbeits- und Bürokonzepten ist weder Selbstzweck noch Wunschtraum. Sie kann bewusst und zielgerichtet umgesetzt werden und mit entsprechend aktivierten Mitarbeiterinnen und Mitarbeitern zu einer ganz neuen und nachhaltigen Arbeitskultur beitragen. Bereits heute existieren zahlreiche ausgereifte Konzepte, um die Nachhaltigkeit von Büroarbeit zu steigern. Damit lassen sich Produktivität und Wirtschaftlichkeit, Work-Life-Balance und Wohlbefinden der Mitarbeiter sowie die ökologische Bilanz verbessern. Abb. 5 zeigt die wesentlichen Maßnahmen im Überblick.

So tragen Arbeitskonzepte, die den Mitarbeiterinnen und Mitarbeitern eine höhere zeitliche und räumliche Autonomie in der Gestaltung ihrer persönlichen Arbeitsorganisation erlauben, dazu bei, den Individualverkehr – in erster Linie durch Wegfall der Wege vom und zum Büro – zu reduzieren. Dies verringert unproduktive Zeiten der An- und Abreise und reduziert Mobilitätskosten. Gleichzeitig kann die Work-Life-Balance (z.B. Vereinbarkeit von Beruf und Familie) erhöht werden. Eine 2009 vom Fraunhofer IAO im Rahmen des Verbundforschungsprojekts »OFFICE 21®« durchgeführte empirische Studie zeigt zudem deutlich, dass die Performance, die Arbeitszufriedenheit und das Wohlbefinden von Wissensarbeitern höher liegt, wenn ihnen inhaltliche, zeitliche und räumliche Freiheitsgrade und Wahlmöglichkeiten in der Arbeitserbringung eingeräumt werden.

Räumliche und zeitliche Autonomie der Mitarbeiter	Ziele für nachhaltige Büroarbeitskonzepte:	Stärkung der virtuellen Kooperation
Reduktion Individualverkehr Steigerung der Work-Life-Balance Kostenreduktion für Mitarbeiter	**Produktivität Wohlbefinden Work-Life-Balance Wirtschaftlichkeit Ökologie**	Gesteigerte Produktivität Reduktion von Reisekosten Steigerung der Work-Life-Balance
Flexible und adaptive Bürokonzepte		**Informations- und Kommunikationstechnologien**
Reduzierte Flächen-/ Energiekosten Steigerung der Performance High-Performance Workplaces		Konsolidierung und Virtualisierung Energieeffiziente Komponenten Managed Office
Green Interior und Building	**Anreiz und Sensibilisierung**	**Reisemanagement**
Energieeffiziente Beleuchtung und Konditionierung Möblierung und Materialien Wohlbefinden und Gesundheit	Monitoring und Information von Ressourcennutzung Cultural-/Mind-Change Freude, Spaß und Emotion	Grüne Partnerhotels CO_2-reduzierter Fuhrpark CO_2-Information bei Reiseplanung »Grüne« Meilen

5 *Maßnahmen für nachhaltige Arbeits- und Bürokonzepte.*

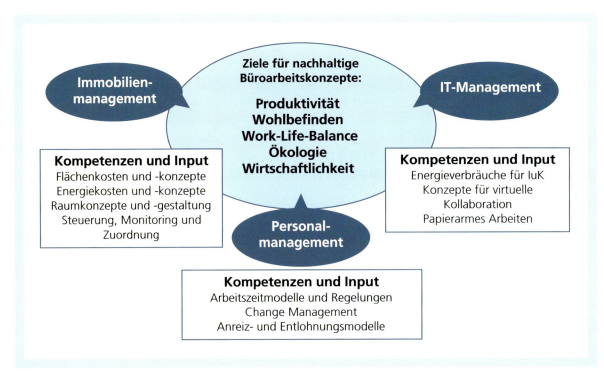

6 *Interdisziplinäre Zusammenarbeit als Erfolgsvoraussetzung.*

Um die eben beschriebenen Konzepte verwirklichen zu können und die Potenziale tatsächlich freizusetzen, ist ein enges Zusammenarbeiten der Verantwortlichen im Unternehmen in einem interdisziplinären Team notwendig. Hierzu gehören neben dem oberen Management vor allem das Immobilienmanagement, das IT-Management und das Personalmanagement (vgl. Abb. 6).

Die Zeit ist reif für nachhaltige Arbeits- und Bürokonzepte. Green Offices sind eine logische Folge von Megatrends, neuen Technologien und veränderten Anforderungen an die Gestaltung von Arbeit und Büroarbeit und die Berücksichtigung von Umweltinteressen.

LITERATUR

Deutsche Energie-Agentur (dena): Green IT: Potenzial für die Zukunft, Berlin, 2009.

Deutsche Energie-Agentur (dena): Green Building. Energieeffizienz in Nichtwohngebäuden, Berlin, 2006.

Gartner, Inc.: Gartner Estimates ICT Industry Accounts for 2 Percent of Global CO2 Emmissions, Pressemitteilung vom 26.04.2007, http://gartner.com/it/page.jsp?id=503867.

Kern, P.; Schmauder, M.: Einführung in den Arbeitsschutz für Studium und Betriebspraxis, München/Wien, 2005, S. 171.

Kuckartz, U.: Umweltbewusstsein und Umweltverhalten, in: Bundeszentrale für politische Bildung (Hrsg.): Informationen zur politischen Bildung, Heft 288, 2008.

Spath, D. (Hrsg); Bauer, W.; Rief, S.; Jurecic, M.: Studie »Green Office«, Stuttgart, Fraunhofer-Verlag, 2010.

FUTUREHOTEL

VISIONEN UND LÖSUNGEN FÜR DIE HOTELS VON MORGEN

VANESSA BORKMANN

Ein schwingendes Bett, ein Fenster, das sich auf Knopfdruck in eine Multimediawand verwandelt, ein Beleuchtungssystem, das sich über Spracheingabe steuern lässt und Service-Roboter, die den Gästen kleine Snacks und Getränke servieren – was zunächst wie ein Blick in die Glaskugel erscheint, kann schon bald zur Realität im Hotelzimmer werden. Im Rahmen des Verbundforschungsprojekts FutureHotel wurden verschiedene Szenarien entwickelt, wie ein Hotelzimmer im Jahr 2020 aussehen könnte. Im Mittelpunkt stehen dabei der Hotelgast und seine Bedürfnisse.

SHOWCASE »FUTUREHOTEL«

Der Dreh- und Angelpunkt einer Reise ist das Hotelzimmer. Dort hält sich der Gast am längsten auf, dort soll er sich wohlfühlen. Denn: Für viele Gäste werden Hotels mehr und mehr zum integralen Bestandteil des Lebens und somit zur erweiterten Wohnung oder zum erweiterten Büro. Das Hotelzimmer muss daher zum Wohlbefinden beitragen und verschiedene Dinge vereinen: Alltag, Technologie, Raum für Ideen, Möglichkeiten zum Austausch.

Mit dem Showcase »FutureHotel« wurde durch das Fraunhofer IAO ein visionäres Hotelzimmer umgesetzt, welches sich in allen Facetten von dem heutigen Entwicklungsstand der Hotelbranche abhebt und eine technologisch hochentwickelte Forschungsplattform bietet, die völlig neue Betrachtungen von Ausstattung, Dienstleistungsangebot, Design und Prozessgestaltung ermöglicht. Der Showcase dient als Testfeld, um im Auftrag von Unternehmen der deutschen Hotelbranche innovative Technologien zu evaluieren und prototypische Lösungen für das Hotel der Zukunft zu entwickeln. Bei der Realisierung des Showcase wurden technologische Trends und gestalterische Aspekte berücksichtigt, prototypisch umgesetzt bzw. durch Integration von bereits verfügbaren Technologien inszeniert. Das ermöglicht den Besuchern des Showcase bereits heute ein Hotelzimmer des Jahres 2020 selbst zu erleben und die neuartigen Raum- und Technikkonzepte zu erproben. Unter anderem kann der Besucher folgende Highlights entdecken:

- Der Check-in erfolgt über das Smartphone des Gastes, welches zugleich als digitaler Schlüssel für das Hotelzimmer dient; eine klassische Rezeption wird überflüssig.

- Das EnergyBed wird per Sprachbefehl in Schwingung versetzt und erzeugt in kurzer Zeit maximale Tiefenentspannung.
- Das LED-basierte Beleuchtungskonzept ist in der Lage, personalisierbare und stufenlos dimmbare Lichtstimmungen aus dem gesamten Farbspektrum darzustellen.
- Wellnessoase FutureSpa: Ein offenes Raumkonzept, konfigurierbare Lichtszenen und die Integration von Infrarotheizstrahlern im Wandsystem sowie ein Duftspender bieten ein entspannendes saunaähnliches Erlebnis. Ein Display im Großformat ist im Badspiegel integriert und aus der Whirlwanne optimal sichtbar.
- Per Knopfdruck verwandelt sich die transparente Panoramafassade des Hotelzimmers in eine transluzente großformatige Videowand, die Displayfassade der Zukunft (in Zukunft OLED-Technologie).
- Transport der Minibar: Bestellung durch einen autonom gesteuerten prototypischen Serviceroboter zwischen Hotelküche und Gastzimmer sowie Rücktransport des Leerguts.

Neben den technischen Möglichkeiten stehen die Bedürfnisse des Hotelgasts im Zentrum der Betrachtungen. Wie sieht das Zimmer der Zukunft aus, damit der Gast sich wirklich wohlfühlt? Als oberstes Ziel gilt hierbei: Aus einem anonymen Hotelzimmer soll künftig ein individuell gestaltbares Gästezimmer werden. Der Individualität sind dabei kaum Grenzen gesetzt. So können beispielsweise verschiedene Farb- und Lichtwelten nach Wunsch des Gasts installiert werden und es besteht die Möglichkeit, persönliche Bilder oder Videos auf ein Panoramafenster projizieren zu lassen. Zudem sollen runde Formen und weiche Linien, neue Technologien und individuelle Servicekonzepte das Wohlbefinden

1 *Neutrale und farbige Lichtstimmung im Showcase FutureHotel (Design LAVA, © Ernsting).*

2 *Badgestaltung im Showcase FutureHotel (Design LAVA, © gee-ly, Zürich und Fraunhofer IAO).*

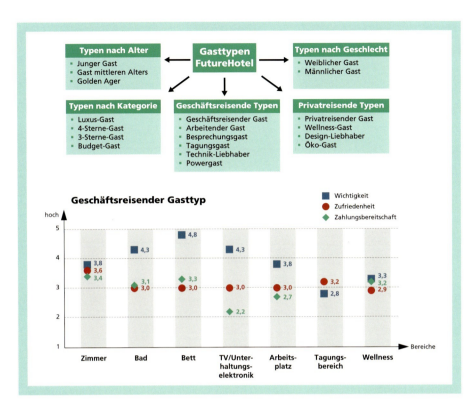

3 *Gasttypen der FutureHotel-Gaststudie und Angaben des geschäftsreisenden Gasttyps zu ausgewählten Themen.*

positiv beeinflussen. Kurzum: Das Hotelzimmer soll zu einem zweiten Zuhause werden.

FUTUREHOTEL-GASTSTUDIE

Was den Gästen während ihrer Reise besonders wichtig ist, wurde in der ersten Forschungsphase des Projekts (2008-2010) mit Hilfe einer umfangreichen Hotelgastbefragung mit fast 3 000 Teilnehmern erfasst. Durch die Befragung konnten insgesamt 17 verschiedene Gasttypen bzw. Hotelgastprofile beschrieben werden. Damit ermöglichen die Ergebnisse der FutureHotel-Gaststudie den Hoteliers und ihren Zulieferern, je nach Hotelkonzept und Zielgruppe maßgeschneiderte Lösungen anzubieten und ihr Investitionsverhalten bzw. ihr Produktangebot entsprechend zu optimieren. Das Hotel der Zukunft kann also auf die individuellen Anforderungen seiner Zielgruppe reagieren und ein einzigartiges Angebot schaffen.

Die Gastbefragung und die Erkenntnisse aus dem Showcase »FutureHotel« waren die Grundlage für die Entwicklung von Zukunftsszenarien für Hotels im Jahr 2020.

Erstmalig wurde ein Szenarioprozess für die Hotellerie unter wissenschaftlicher Leitung gemeinsam mit Hoteliers als Anwendungspartnern, Vertretern der Industrie als Produkt- und Komponentenherstellern, Dienstleistern aus der Branche sowie unter Einbeziehung des Hotelgasts durchgeführt. Insgesamt konnten im FutureHotel-Projekt sechs Zukunftsszenarien generiert werden, wobei drei dieser Szenarien die klassischen Kategorien (Budget, Mittelklasse, Luxus) für eine zeitgemäße Antwort im Jahr 2020 weiterschreiben und drei weitere Szenarien thematische Schwerpunkte formulieren, die sich entlang der Megatrends demographischer Wandel, Technologisierung & Mobilisierung und Globalisierung heraus entwickeln.

DAS HIGH-TAIN ZUKUNFTSSZENARIO

Die rasante technologische Entwicklung, insbesondere getrieben durch mobile Internetnutzungen und webbasierte Dienstleistungen und Kommunikationsformen, steht im Fokus des »The High-Tain-Szenarios«. Hightech-Lösungen und ein erweitertes Informations- und Entertainmentangebot bieten Nutzungsvorteile für den technikaffinen Gast. Dies beinhaltet neuartige, automatisierte Buchungsprozesse beim Zugang und Verlassen des Hotels, die Nutzung spezieller Services sowie den gesamten Bereich der Kooperation und Interaktion in Beruf und Freizeit. So könnte sich der Aufenthalt in einem High-Tain Hotel der Zukunft gestalten:

Im Jahr 2020 hat die erste Generation der »Digital Natives« bereits ein mittleres Alter erreicht. Diese »always-on«-Generation stellt hohe technologische Ansprüche an die Hotels. Die technikaffine Kundschaft schätzt die Möglichkeit des digitalen, beziehungsweise voll automatisierten Self-Bookings und Check-in/Check-out. So kann das Buchen, das Ein- und Auschecken sowie das Bezahlen z.B. über ein Smartphone erfolgen. Auf Seiten der Kundschaft besteht eine hohe Erwartungshaltung an das Infotainmentangebot des Hotels. Sämtliche Dienstleistungen, von Roomservice über Socialising- bis zu Fitnessangeboten sind über ein Interface überall im Hotel oder auf dem persönlichen Smartphone abrufbar. Auch verfügt das Hotel über infrastrukturelle und technische Möglichkeiten für kooperative Arbeitsprozesse. Co-Worker können flexible Raumkonzepte nutzen, die es Projektgruppen ermöglichen, ihre Zimmer tagsüber zu temporären Workareas oder virtuellen Telepräsenzräumen umzubauen. Weiterhin kann der Hotelgast sein individuelles Profil mit dem Hotelnetz abgleichen. So wird er individuell mit hotelspezifischen Informationen versorgt und entsprechend seinem Musik- und Filmgeschmack mit Angeboten versorgt. Außerdem passt das Hotel automatisch die Lichtgestaltung, bevorzugte Raumtemperatur sowie Nahrungsmittelvorlieben seinem Profil an. Beliebt ist auch ein »Wildcard-Bot« (automatischer Wildcard-Roboter), der gezielt Abläufe verändert und ungewohnten Content einspeist. Auch werden diese Hotels gerne von Early Adoptern (engl.: frühzeitige Anwender) gebucht, um neue Technologieanwendungen, wie OLED-Tapeten (Organic Light Emitting Diodes) oder Telepräsenzsysteme live auszuprobieren, bevor man sich entscheidet, sie für die eigene Praxis zu erwerben.

Dieses Zukunftsszenario ist heute noch fern unserer gewohnten Realität. Allerdings werden im Showcase »FutureHotel« schon heute einige Elemente davon erprobt und auch der Blick in andere Branchen lässt diese Zukunft voraus ahnen. So sind Bausteine des Szenarios wie der automatisierte Self-Checkin bereits an Flughäfen Realität und der Trend zum Co-Working in den meisten deutschen Städten bereits räumlich dokumentiert. Im Verbundforschungsprojekt FutureHotel zeigt das Fraunhofer IAO den Unternehmen der Hotelbranche die Potenziale innerhalb dieser Szenarien auf und erarbeitet schrittweise gewünschte Zukunftslösungen.

WEITERE INFORMATIONEN

www.futurehotel.de
www.inhaus.de

2 *Displayfassade mit eigenem Foto des Gastes*
(© Deutsche Welle TV »Das Hotel der Zukunft«, 29.12.2008).

INTERVIEW

MIT OTTO LINDNER

*Otto Lindner,
Vorstand, Lindner Hotels AG*

Fraunhofer IAO *Die Lindner Hotels AG ist als Anwendungspartner aus der deutschen Hotellerie von Anfang an beim FutureHotel aktiv. Herr Lindner, mit welchen Erwartungen sind Sie in das Projekt FutureHotel gestartet?*

Otto Lindner Die Lindner Hotels AG hat in der deutschen Hotellerie seit jeher den Ruf, Vorreiter für Innovationen zu sein. Wir haben zum Beispiel das erste Multimedia-, das erste Stadion-Hotel in Deutschland und das erste Tierpark-Themenhotel erfunden, d.h., die Mitarbeit an einem innovativen Projekt wie dem FutureHotel passt zu uns. Es bietet uns die Möglichkeit, unsere Ideen und Visionen vom Hotel der Zukunft einzubringen – ohne dabei sofort den Restriktionen von Investoren, Immobilienfonds und Architekten unterworfen zu sein.

Fraunhofer IAO *Wie sind Sie an das Projekt herangegangen und welchen hotelspezifischen Beitrag konnten Sie dabei leisten?*

Otto Lindner Natürlich haben wir unser Hotel-Know-how eingebracht. Das fing bereits bei der Definition des Forschungsschwerpunkts an. Dafür haben wir gemeinsam mit Fraunhofer unter anderem die verschiedenen Stationen beleuchtet, die ein Gast vor, während und nach seinem Aufenthalt im Hotel durchläuft. Diese sogenannte »Gästereise« beginnt mit dem Interesse an dem Hotel, geht über die Anfrage, Buchung, Begrüßung und Check-in bis zur Abreise und der hotelinternen Nachbereitung. Die wichtigste Station für den Gast, das wissen wir auch aus der FutureHotel Gastbefragung, ist dabei das Hotelzimmer. Das wurde im Rahmen des Projekts genauer unter die Lupe genommen.

Fraunhofer IAO *Was muss sich an den Hotelzimmern von heute verändern, damit der Gast von morgen zufrieden ist und sich wohlfühlt?*

Otto Lindner Viele Hotels in Deutschland sind austauschbare Bettenburgen, hinter denen keine eigene Idee steckt. Dies spiegelt sich auch in der Anonymität der Hotelzimmer wider. Der langfristige Trend geht weg vom anonymen Hotelzimmer hin zum zweiten Zuhause. Der Gast möchte sich wohlfühlen und die Möglichkeit haben, sein Zimmer individuell zu gestalten.

Fraunhofer IAO *Das Projekt hat bestätigt, dass Licht, Farbe und individuelle Gestaltbarkeit wichtige Faktoren für den Gast bei der Gestaltung seines Zimmers sind. Können Sie sich vorstellen, einige der bisherigen Ergebnisse aus dem aktuellen Projekt in Ihren Hotels umzusetzen?*

Otto Lindner Auf jeden Fall: Es könnte beispielsweise sein, dass der Gast künftig aus verschiedenen Farb- und Lichtwelten wählen und so seinem Zimmer eine individuelle Atmosphäre geben kann. Als zusätzlichen Service könnten wir sein persönliches Lichtprofil speichern und es empfängt ihn immer automatisch, wenn er bei uns eincheckt. Eine weitere Möglichkeit besteht darin, dass der Gast seinen Ausblick aus dem Fenster selbst bestimmen kann. Möchte er beispielsweise den Blick auf die Niagara-Fälle – kein Problem, ein Knopfdruck und auf der Fensterscheibe erscheint der spektakuläre Ausblick auf die Wasserfälle. Was er sehen möchte, bestimmt er selbst.

Fraunhofer IAO *Das FutureHotel-Projekt hat sich als eine Art Innovations-Thinktank etabliert, dem sich weitere Vordenker der Branche anschließen. Welche Vorteile hat Ihnen die Mitarbeit an dem Forschungsprojekt bislang gebracht?*

Otto Lindner Die enge Zusammenarbeit mit Wissenschaftlern und anderen Projektpartnern hat uns wichtige Erkenntnisse für unsere tägliche Arbeit geliefert. Der dadurch entstandene Wissensvorsprung erlaubt uns eine frühzeitige Orientierung innerhalb der für uns relevanten Zukunftsthemen. Abgesehen davon arbeiten wir derzeit selbst an neuen Hotelkonzepten, auch dafür bekamen wir wichtigen Input.

Fraunhofer IAO *Helfen Ihnen die Zukunftsszenarien bei der strategischen Planung neuer Konzepte oder ist das Jahr 2020 für aktuelle Planungen noch zu weit entfernt?*

Otto Lindner Hotels werden immer für die nächsten 20 Jahre geplant, d.h. unsere Zukunftsfähigkeit hängt extrem davon ab, wie früh wir wichtige gesellschaftliche Entwicklungen erkennen und umsetzen können. Die Ergebnisse aus dem FutureHotel-Projekt liefern wertvolle Impulse. Die nächste unmittelbar vor uns liegende Herausforderung stellt aber die nächste Projektphase dar: Darin sollen unter anderem die bisherigen Ergebnisse in einer realen Hotelumgebung getestet werden.

Fraunhofer IAO *Von der eigenen Hotelgruppe zur gesamten Branche – was bringt ihr das Projekt FutureHotel?*

Otto Lindner Wir im FutureHotel-Verbund arbeiten an konkreten Lösungen und Konzepten für das Hotel von morgen – selbstverständlich sind da nicht nur Vorreiterunternehmen wie Lindner interessiert. Die gesamte Branche ist abhängig von guten zukunftsweisenden Ideen, insofern arbeiten wir hier für alle in der Branche.

Fraunhofer IAO *Herr Lindner, wir danken für das Gespräch.*

PFLEGE 2020

LEBENSSTIL-ORIENTIERUNG IN DER VERSORGUNG ÄLTERER MENSCHEN

BEATE RISCH

Das Fraunhofer IAO widmet sich seit 15 Jahren dem Thema der zukünftigen Seniorenversorgung aus sozialwissenschaftlicher Sicht. Forschungsarbeiten zu Versorgungsstrukturen, neuen Technologien, Mitarbeiter-Qualifizierungen sowie Kompetenzen und Anforderungen der zukünftigen Kundinnen und Kunden zeigen die verschiedenen Herausforderungen für diesen Zukunftsmarkt auf.

Der demographische Wandel unserer Gesellschaft ist in das Bewusstsein Aller gerückt: Sei es in der Debatte um die wirtschaftlichen Leistungserbringer der Zukunft und somit die Finanzierung der Renten, die Frage nach der Ausbildung, Qualifizierung und Rekrutierung zukünftiger Fachkräfte, die zukünftige Versorgung der Bevölkerung oder auch die persönlichen Lebensmodelle im Alter. Unsere Gesellschaft altert und sie wächst zukünftig vor allem im Bereich der Hochaltrigkeit (80 Jahre und älter) stark an.

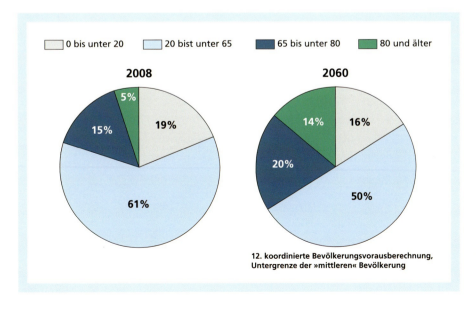

1 Bevölkerungsentwicklung bis 2060. Statistisches Bundesamt, 2009 (www.destatis.de).

Diese zunehmende Zahl älterer und hochaltriger Menschen in der Bundesrepublik Deutschland stellt einen Wachstumsmarkt für verschiedenste Bereiche des täglichen Lebens dar.

DIFFERENZIERTE ANFORDERUNGEN AN DIE SENIORENWIRTSCHAFT

Drei Aspekte stellen in der zukünftigen Seniorenversorgung die zentralen Anforderungen der Kunden dar: An erster Stelle steht der Erhalt der Selbstbestimmung und die Individualität der eigenen Versorgung. Der Wunsch nach Teilhabe am gesellschaftlichen Leben bestimmt die Anforderungen an die Ausgestaltung einer Seniorenwirtschaft und der Aspekt der Sicherheit zeigt die größten Sorgen auf, nämlich in Notfällen nicht gerüstet zu sein bzw. nicht sicher oder gut genug versorgt zu werden.

Die »neuen Alten« bringen neben ihren individuellen Wünschen an ein Leben im Alter auch individuelle Fähigkeiten und Fertigkeiten mit. So sind zunehmende Technikkompetenzen und eine wachsende Technikaffinität der zukünftig zu versorgenden Menschen eine große Chance, neue Technologien zur Alltagsunterstützung in den Markt hineinzubringen. Erfahrung mit Informations- und Kommunikationstechnik, Offenheit gegenüber Neuem und auch Neugierde erzeugen Verständnis für neue Produkte und Dienstleistungen und erhöhen die Zahlungsbereitschaft dafür. Insbesondere Gesundheitsthemen sind in der Gesellschaft zunehmend im Bewusstsein. Wissen, selbständige Informationsbeschaffung und Kompetenz zur Reflexion, z.B. telemedizinischer Angebote können hier für die Erschließung neuer Märkte gezielt angesprochen werden.

Parallel zu diesen Wünschen und Fertigkeiten wachsen aber auch die Anforderungen an die Versorgungsstrukturen durch eine Zunahme an Multimorbidität und gerontopsychiatrischen Erkrankungen bei gleichzeitig differenzierten Lebenslagen und -stilen. Die Anforderungen werden also vielfältiger und individueller. Die Berücksichtigung dieser Faktoren ist wesentlich für die zukünftige Ausrichtung von Produkten und Dienstleistungen im Seniorenbereich sowie in der Gestaltung neuer Wohnformen und der Implementierung neuer Technologien.

LEBENSWELTORIENTIERTE ANGEBOTE FÜR DIE »NEUEN ALTEN«

Eine Neuausrichtung des Altenhilfe-Markts ist somit unumgänglich und wie in anderen Branchen sollte eine kundenorientierte Versorgung das Ziel sein. Die individuellen Bedürfnisse fordern dabei auch ein Angebot unterschiedlicher Konzepte mit Fokus auf dem längstmöglichen Erhalt der Selbständigkeit und das Leben in den eigenen vier Wänden. Hier sind alltagserleichternde Dienstleistungen genauso gefragt wie Convenience-Produkte, Unterstützung durch neue Kommunikations- und Sicherheitstechnologien sowie persönliche Unterstützung und Begleitung bei der Ausübung individueller, differenzierter Interessen und Hobbies. Themen wie generationengerechte Stadtentwicklung, insbesondere Quartierskonzepte, gewinnen an Nachfrage und Bedeutung.

Die neuen Alten sind anspruchsvolle, reflektierende Kunden. Sie verlangen eine Orientierung an ihrer gewohnten Lebenswelt und ihrer individuellen Wohnform. Funktionalität wird bei allem groß geschrieben, so auch bei Neuerungen wie Wohn- und Betreuungsformen oder auch Kombinationen aus neuen Technologien, die an Dienstleistungen gekoppelt sind. Ein lokaler Bezug über Vernetzungskonzepte am eigenen Standort und individuell kombinierbare Verbundlösungen mit integrierten Dienstleistungen werden begrüßt. Maßgebliche Servicemerkmale müssen Alltagsnähe, Selbstbestimmung, Teilhabe und Sicherheit sein.

FRAGMENTIERUNG DES MARKTS ANHAND VON LEBENSSTILTYPOLOGIEN

Die bisherige Marktgestaltung der Altenhilfe ist geprägt durch die Erstattungssysteme der sozialen Sicherung. Die Pflegestufen umfassen dabei nur die körperlichen Defizite einer pflegebedürftigen Person. Der politisch gewollte »Neue Pflegebedürftigkeitsbegriff« soll neben den körperlichen auch die kognitiven Bedarfe einer hilfe- oder pflegebedürftigen Person erfassen. Beides berücksichtigt jedoch nicht den Hintergrund der Person und deren individuelle Lebenswelt. Neben der Bedarfstypologie wurde von den Mitarbeitern im »Health and Care« - Bereich des Fraunhofer IAO auch eine Lebensstiltypologie vorgenommen. Diese dient der Differenzierung im Hinblick auf eine Lebensstil-erhaltende Infrastruktur durch neue Versorgungsmodelle, Technologien, Produkte und Dienstleistungen.

Die vorhandenen, zunehmend heterogenen Milieus finden bisher keine definierte Beachtung in der professionellen Versorgung älterer Menschen. Für Personen, die aufgrund leichter körperlicher oder kognitiver Einschränkung ihren gewohnten Aktivitäten nicht mehr nachgehen können, bedeuten diese aber Identifikation und Sicherheit. Werden Lebensstil-bezogene Attribute bzw. Aktivitäten mit personeller oder technischer Unterstützung wieder ermöglicht, bedeutet dies einen Gewinn in der Selbständigkeit und Lebensqualität der betroffenen Personen und auch für deren Angehörige.

Sozialwissenschaftliche Untersuchungen bilden die Lebensstile hilfe- und pflegebedürftiger älterer Menschen nur unvollständig ab. Daher wurden Lebensstiltypologien erarbeitet, die die verschiedensten Facetten der Lebensstil-Ausgestaltung von Senioren berücksichtigen. Neben finanziellen und sozialen Ressourcen (Netzwerk) sowie den Wohnverhältnissen, wurden die Wertehaltung und das

2 Showcase »Pflege 2020« im inHaus2.

Konsumverhalten sowie das Alltagsmanagement der Hilfe- und Pflegebedürftigen detailliert analysiert. Die Bedeutung von Partizipation und die Affinität und Inanspruchnahme von Dienstleistungen und Technik sind den verschiedenen Lebensstiltypen zugeordnet.

INNOVATIVE PARTNER-UNTERNEHMEN PROFITIEREN VON DEN KUNDENTYPOLOGIEN

Die Partner im Verbundforschungsprojekt »Pflege 2020« gestalten die Forschungsphasen mit und haben somit Einfluss auf und Einblick in die neuesten Projekt-Aktivitäten. Die genannten Kundestiltypologien wurden in Praxisworkshops verifiziert, verdichtet und weiterentwickelt. Unternehmen, die sich auf verschiedenste Arten mit dem zukünftigen Altenhilfemarkt auseinandersetzen, nutzen die gemeinsam erarbeiteten Erkenntnisse für die kritische Reflexion ihres Produkt- oder Dienstleistungsportfolios und überführen diese zeitnah in die innovative Service- und Produktangebote, die sowohl kundenorientiert als auch ressourceneffizient gestaltet werden. Dabei ist ihnen die Anwendungsnähe durch das Netzwerk aus Betreibern und Dienstleistern bzw. Herstellern innerhalb des Konsortiums von großem Vorteil.

ERFAHRUNGSBERICHT

VON PETRA BAYER

*Petra Bayer, Direktion Altenhilfe,
Diakonie Neuendettelsau*

Das Verbundforschungsprojekt Pflege 2020 mit seiner Fokussierung auf die lebensstilorientierten Kundentypen, den interdisziplinären Austausch von Wissenschaft, Betreibern, Dienstleistern und Trägern der Altenhilfe sowie die Vernetzung von Wissenschaft und Praxis, vereint in besonderer Weise drei wesentliche Aspekte für richtungsweisende Strategien und Konzepte für die Pflege der Zukunft.

Fundierte Praxis-Erfahrungen als Träger der Altenhilfe einbringen:

Der Diakonie Neuendettelsau als eine der großen Altenhilfe-Träger in Bayern, bietet die Beteiligung an diesem Forschungsprojekt die Möglichkeit, fundiertes Wissen aus der Praxis durch die langjährige Erfahrung mit über 22 Komplexeinrichtungen und der damit verbundenen Ausrichtung des Systemangebotes in der Versorgungskette sowie den verschiedenen Standorten im europäischen Ausland, in die Forschungs- und Innovationsaktivitäten einzubringen und die Altenhilfelandschaft mitzugestalten.

Gerade die Erfahrungen aus dem Systemangebot formten maßgeblich den Facettenreichtum der Teilprojektergebnisse. Hierzu wurden unsere Mitarbeitenden aus den verschiedenen Einrichtungen sowie Seniorenvertreter und Angehörige aus unserem Kundenstamm eingeladen, sich in Workshops mit den Forschungsergebnissen über lebensstilorientierte Bedarfe auseinanderzusetzen. Die Erfahrungen der Experten aus der Praxis einerseits und die Wünsche und Bedürfnisse der Betroffenen und zukünftigen Kunden andererseits trugen zu einer Verfeinerung der Forschungsinhalte bei und erhöhen die Chance auf richtungsweisende Strategien und Konzepte.

Enge Verzahnung von Wissenschaft und Praxis – Umsetzungsmöglichkeiten und Nutzen:

Die Bildung von Lebensstilen unter Berücksichtigung der sozialgerontologisch relevanten Merkmale des Alters liefern wertvolle Erkenntnisse für ein ganzheitliches Bild der Lebensstile älterer Menschen. Die Bedarfe der Kundentypen werden durch eine weitere Differenzierung beeinflusst, was wiederum Auswirkungen auf die Gestaltung der Angebotspalette zur Folge hat.

Mit dieser verdichteten Sichtweise auf die künftig steigende Individualität der uns anvertrauten Menschen kann auf eine passgenaue Versorgung hingewirkt werden, und die Chance, dass der Kunde das Angebot wahr- und annimmt, steigt um ein Vielfaches. Hierzu trägt insbesondere die Berücksichtigung der individuellen Lebensstile bei, die in den Kundentypen durch die individuelle Wertehaltung beschrieben sind.

Die Diakonie Neuendettelsau nutzt diese Kenntnisse zur differenzierten Einordnung ihrer bestehenden Kunden in den unterschiedlichen Regionen, um ggf. das Angebot auf die Bedarfe anzupassen. Erste Anregungen und Impulse hierfür wurden bereits aus den Workshops mitgenommen, z.B. wurden die Erkenntnisse über die Kundentypen aufgegriffen und neben der Kundenorientierung auch das zugehörige Netzwerk angesprochen, das über die Familie hinausgeht, z.B. über Vereine.

Da die Diakonie Neuendettelsau sich in weiteren Forschungsprojekten auch mit innovativer Technik beschäftigt, sind die Kenntnisse darüber, welche Kundentypen Technikaffinität aufweisen und auch dafür zahlen wollen, eine wertvolle Entscheidungshilfe für die strategische Planung in diesem Bereich. So gilt es zu analysieren, in welchen Regionen wir es mit technikaffineren Kunden zu tun haben, um mit Ergänzungsangeboten von innovativer Technik bis hin zu Ergänzungsangeboten wie begleitetes Reisen, auch diese Kundentypen zu bedienen. Der Nutzen dieses Verbundforschungsprojektes fließt demnach in beide Richtungen: Wissenschaftlich fundierte Erkenntnisse werden als Impulse und Entscheidungshilfen in die Strategieüberlegungen für zukunftsfähige Dienstleistungs- und Produktentwicklungen der Projektpartner aufgenommen. Andererseits werden die Erfahrungen aus der Praxis für eine angewandte Forschung herangezogen.

Interdisziplinärer Austausch – ein Gewinn:

Durch den interdisziplinären Austausch mit den verschiedenen Projektpartnern aus der Wissenschaft, von Betreibern und Dienstleistern, wird der Innovationsprozess zusätzlich forciert. Darüber hinaus entstehen durch die persönlichen Dialoge neue Impulse und Möglichkeiten der angebotserweiternden Zusammenarbeit. Wichtige Kontakte für die strategische Weiterentwicklung der eigenen Produktpalette werden geknüpft.

Die Diakonie Neuendettelsau begrüßt diese wertvolle Art der Verbundforschung durch das Fraunhofer IAO, weil dadurch der Innovationsprozess forciert, die Lebensqualität der zunehmend individualisierten Kundenstruktur durch passgenaue Unterstützungsangebote gesichert und optimiert werden kann und auch dem Unternehmen wertvolle Impulse und Entscheidungshilfen für die eigene strategische Produkt- und Dienstleistungsplanung geboten werden. Außerdem entstehen bereichernde Synergien bei gemeinsamen Veranstaltungen sowie die Möglichkeit von Online-Präsentationen des eigenen Unternehmens. Nach dem Motto »Leben gestalten – Menschen bewegen« freut sich die Diakonie Neuendettelsau auf eine weitere Forschungsphase und dankt allen Beteiligten für die außerordentlich wertvolle Zusammenarbeit!

ERFAHRUNGSBERICHT

VON MICHAEL DOSER

Michael Doser, Leitung neue Geschäftsfelder »Business Development«, Herbert Waldmann GmbH & Co. KG

Durch das Verbundforschungsprojekt Pflege 2020 sehe ich uns langfristig in der Lage, auf die zukünftigen Bedürfnisse unserer Kundinnen und Kunden reagieren zu können.

Erfahrungen durch das Verbundforschungsprojekt »Pflege 2020«:

Der Pflegemarkt befindet sich in einem permanenten Wandel durch Gesetzgebung, demographische Entwicklung, wirtschaftliche Einflüsse und neue Entwicklungen in der Wirtschaft und Pflege. In diesem Projekt wurden Trends aufgezeigt und mögliche Lösungen erarbeitet. Speziell die Mischung von einzelnen Disziplinen, wie Forschung, Pflege, Arbeitsschutz, Finanzierung, Projektentwicklung und Industrie ergaben eine sehr breit gefächerte Betrachtung, die zu interessanten Lösungsansätzen geführt hat. Insbesondere die Diskussionen zu den einzelnen Themenbereichen waren neben den Praxisworkshops sehr interessant. Sehr informativ ist auch die Darstellung des ShowCase »Pflege 2020« im inHaus2 in Duisburg und die damit verbundene innovative Ausstellung des Pflegebereiches insgesamt.

Spielraum zur Mitgestaltung und Mehrwert für das Unternehmen:

In den Befragungen konnten wir Fragestellungen einbinden, die unsere Produktentwicklung beeinflusst haben und weiter beeinflussen werden. Nicht zuletzt habe ich persönlich durch diese Arbeit profitiert, da ich in meinen Beratungsgesprächen auf eine breite Wissensbasis zurückgreifen kann. Insgesamt kann ich dieses Projekt als sehr positiv bewerten und hoffe, dass es noch weitere Projektphasen geben wird.

NEUBAU VOLLER WERTSTRÖME

FERTIGUNGSINSELN, SUPERMÄRKTE UND KUNDENAUFTRÄGE

AXEL KORGE, FRANK ZIEGLER (NEUGART GMBH)

Die NEUGART GmbH hat sich auf die Entwicklung und Herstellung von Planeten- und Sondergetrieben sowie Verzahnungsteilen spezialisiert. Das Familienunternehmen mit 250 Mitarbeitern und rund 31 Millionen Euro Jahresumsatz wächst beständig. Statt in Osteuropa oder Fernost in neue Produktionsstätten zu investieren, hat das Unternehmen in Kippenheim gebaut. Rund zwölf Millionen Euro hat das Familienunternehmen in ein neues Werk in unmittelbarer Nachbarschaft zum bestehenden Firmensitz investiert. In der rund 7.500 Quadratmeter großen Halle wird produziert und im offen

1 *Das neue Werk für Standardgetriebe der NEUGART GmbH.*

angrenzenden, ebenfalls neuen Verwaltungsbereich, arbeitet die Logistik mit technischer Abteilung und Vertrieb.

Mit dem neuen Werk setzt NEUGART die Strategie der Trennung von Sonderprodukten und Standardgetrieben um. Das bestehende Werk 1 produziert Sondergetriebe und Verzahnungsteile, das neue Werk 2 produziert Standardgetriebe. Bei Sonderprodukten liegt das Hauptaugenmerk auf kundenspezifischen Lösungen und hoher Flexibilität. Standardgetriebe dagegen erfordern kürzeste Lieferzeiten bei wettbewerbsfähigen Preisen.

HERAUSFORDERUNG NEUBAU

Konsequente Optimierung für die Produktion und den Vertrieb von Standardgetrieben – diese Herausforderung galt es mit dem Bau des neuen Werks umzusetzen. Im Vorfeld suchte NEUGART gezielt nach innovativen Lösungen zur Gestaltung schneller und effizienter Prozesse. Ein Seminar am Fraunhofer IAO zu sogenannten »Ganzheitlichen Produktionssystemen (GPS)« zeigte Lösungen auf, wie man Prozesse ins Fließen bringt (Fluss) und eine ziehende Steuerung realisiert (Pull). Führungskräfte von NEUGART vertieften die Anregungen, indem sie mehrere geeignete Unternehmen besuchten. Um eigene Erfahrungen aufzubauen, probierte das Unternehmen verschiedene neue Lean-Lösungen pragmatisch aus. Ein Beispiel ist die Gestaltung eines hybriden Montagesystems nach dem Konzept der U-Linien mit One-Piece-Flow und Teileversorgung von außen. Das bot die Gelegenheit, Mitstreiter aufzubauen und es entstand ein überzeugendes Anschauungsbeispiel.

KLARE PROZESSORIENTIERUNG

Ein Schwerpunkt im Planungsprozess lag in der Konzeption von Bereichen, die entsprechend den Prozessen gegliedert sind. Die Lösung lag in Fertigungssegmenten, die jeweils eine Teilegruppe vollständig fertigen und in Kanban-Regalen für die Montage bereitstellen. Kanban dient als Wellenbrecher zur Glättung bei schwankendem Auftragseingang. Außerdem wird damit die Lieferzeit von der Durchlaufzeit entkoppelt, denn die Teile können kundenneutral vorgefertigt werden. Alle Getriebe werden nach Kundenauftrag montiert. Die Segmente sind in der Aufbauorganisation und im Layout abgebildet, die Maschinen sind entsprechend dem Materialfluss angeordnet.

VORGEHENSWEISE BEI DER UMSETZUNG

Gewachsene Strukturen und fest etablierte Prozesse mussten aufgebrochen und grundlegend neu geordnet werden. Ein derartig revolutionärer Schritt beinhaltet Chance und Risiko zugleich. Ein Unternehmen tut gut daran, die Chancen dieser Veränderung möglichst zu maximieren und die entsprechenden Risiken zu minimieren. Eine wertvolle Hilfe für NEUGART war dabei die Begleitung durch ein professionelles Expertenteam des Fraunhofer IAO. Allerdings delegierte NEUGART die Planungs-

2 *Hybrides Montagesystem.*

3 *Vorbereitung durch Planspiel.*

4 *Vor-Ort-Schulungen der Mitarbeiter.*

aufgabe nicht an die Berater, sondern nutzte die Mitwirkung des IAO als Hilfe zur Selbsthilfe, denn unternehmens- und produktspezifische Lösungen zu entwickeln, kann nicht delegiert werden. Außerdem identifizierte sich das Projektteam voll mit der geplanten Veränderung und wollte das Heft in der Hand behalten.

Eine Vielzahl von Menschen tritt Veränderungen prinzipiell distanziert gegenüber. Diese Erkenntnis trifft durchaus auch auf ein Industrieunternehmen zu. Veränderung kann Ängste und Vorbehalte erzeugen. So besteht latent die Gefahr, Identifikation, Motivation und Leistung der Mitarbeiterinnen und Mitarbeiter negativ zu beeinflussen. Es können verschiedenste Wege zur Vermeidung dieser Gefahr beschritten werden, wobei die psychologische Komponente in keinem Falle unterschätzt werden darf. Auf Anregung des Fraunhofer IAO hat NEUGART mit der kompletten Führungsmannschaft, von der Geschäftsleitung bis zu den Meistern, das Planspiel Life! durchgeführt. Anhand einer Musterfabrik konnten die Teilnehmer die innovativen Konzepte spielerisch erproben.

Weitaus weniger planbar und vielmehr Anspruch an die Führung ist hingegen die Implementierung neuer Prozessabläufe. NEUGART nutzte die anstehenden Planungs- und Umsetzungsaufgaben, um die Mitarbeiterinnen und Mitarbeiter mit einzubinden. Dadurch wurden neue Lösungen geschult und Vorbehalte abgebaut.

WERTSTROM-ENGINEERING

Als sehr probates Werkzeug hat sich im Veränderungsprozess das Wertstrom-Engineering, eine Weiterentwicklung des Wertstromdesign für die Einzel- und Kleinserienfertigung erwiesen. Von der Analyse des Ist-Zustands gelangt man dabei zu der idealen Form des zukünftig angestrebten Zustands. Der prinzipielle Materialfluss, das Fertigungslayout, Art und Umfang der Läger lassen sich daraus ableiten. Diese Grobplanung wird systematisch und durch Tools gestützt verfeinert. Beispiele sind die Auslegung der Steuerparameter und Kanban-Regelkreise oder die Ausgestaltung der internen Logistik durch Milkruns mit Routenverkehr, Fahrplänen und Haltestellen.

ÜBERGREIFENDE PROZESSE

Eine Neugestaltung allein der Fertigung reicht nicht aus. Die Terminierung von Kundenaufträgen nach dem bisherigen Ablauf hätte fast die Hälfte der angestrebten kurzen Lieferzeit benötigt. Eine

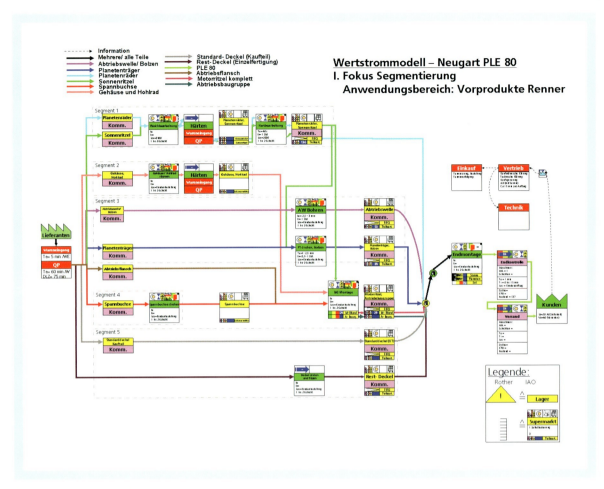

5 *Wertstrom-Engineering.*

Feinsteuerung auf Basis von Übergangszeiten und Prioritäten hätte den Fluss nach dem FiFo-Prinzip (First In – First Out) zerstört, die Reihenfolge der Auftragsbearbeitung ständig neu durchmischt und Bestände erzeugt. Deshalb wurde der gesamte Prozess, vom Vertrieb über die Produktion bis zur Prüfung und zum Versand neu gestaltet.

Die Terminierung der Kundenaufträge erfolgt nun durch einen sogenannten Beschaffungszeitkatalog. Er definiert in einer einfachen Matrix die Lieferzeiten für jedes Getriebe in Abhängigkeit von Stückzahl und Optionen. Der Vertrieb kann damit den Liefertermin beim Eingang der Kundenbestellung selbständig ermitteln.

Ein weiteres Instrument zur übergreifenden Koordination ist das Lieferobligo, eine Auswertungsfunktion des ERP-Systems. Es zeigt allen betroffenen Bereichen den Liefertermin und den aktuellen Fertigungsstand jedes Auftrags in einer einzigen Bildschirmmaske auf.

INBETRIEBNAHME UND OPTIMIERUNG

Beim Umzug und der Inbetriebnahme handelt es sich zweifelsohne um den spannendsten, arbeitsintensivsten und sichtbarsten Schritt der Unternehmensentwicklung. Dementsprechend fundiert und

6 *Blick in die neue Produktionshalle der NEUGART GmbH.*

detailliert sollten die einzelnen Maßnahmen vorbereitet sowie konsequent implementiert werden.

Die Reorganisation und Verlagerung von Betriebsmitteln in großem Umfang und während des laufenden Betriebs stellen eine Herausforderung der besonderen Art dar. Zur größtmöglichen Minimierung von Produktionsausfällen und der Vermeidung kostspieliger Korrekturmaßnahmen ist der Einsatz eines bewährten Projektmanagements unerlässlich. Es ist erforderlich, ausreichend Kapazitäten einzuplanen; der Aufwand sollte nicht unterschätzt werden. Beispielsweise muss für jedes einzelne Teil ein Lagerplatz physikalisch eingerichtet werden. Das Material muss über Werke hinweg umgelagert und umgebucht werden.

Einen sehr effektiven und vielfach bewährten Prozessablauf zu definieren und ihn durch Dokumentation und Publikation zum Standard zu erheben, erscheint relativ einfach. Diesen Standard hingegen in der täglichen Praxis des Industriebetriebes aufrechtzuerhalten, bedarf der ständigen Anstrengung und gestaltet sich zuweilen sehr schwierig. Die Erfahrung zeigt, dass zumindest in der Phase der Konsolidierung des soeben erreichten Neuzustands, eine permanente Absicherung unerlässlich ist. Als sinnvoll haben sich hierbei eine hohe Transparenz der standardisierten Prozesse, große Identifikationsfähigkeit der Prozessbeteiligten sowie ein etabliertes System der gegenseitigen Selbstkontrolle erwiesen. In Verbindung mit einem flächendeckenden Schulungs- und Weiterbildungssystem wird so die Grundlage für eine kontinuierliche und anhaltende Verbesserung aller betrieblichen Prozesse gebildet.

Mit der Umsetzung beginnen Optimierung und Weiterentwicklung. Bei NEUGART wurden beispielsweise Rüstworkshops an den wichtigen Maschinen durchgeführt. Im Mittelpunkt stand das Ausräumen von Engpässen. Durch Vor-Ort-Analysen und -Auswertungen von Daten und Kennzahlen wurden die Ursachen des Engpasses ermittelt. Mangelt es an technischen oder personellen Ressourcen? Oder stockt der Fluss wegen zu großer Lose und langen Rüstzeiten? Gemeinsam mit den Mitarbeiterinnen und Mitarbeitern werden für jeden Engpass spezifische Lösungen entwickelt.

ERFOLG MACHT STOLZ

Der von NEUGART beschrittene Weg der Unternehmensentwicklung ist sicherlich keine einzigartige »Erfolgsstory«, sondern darf vielmehr als eine fast schon evolutionär verlaufende Anpassung an die veränderten Erfordernisse eines hart umkämpften

Markts bezeichnet werden. Was einst als Vision in kleinem Kreise geboren wurde, hat innerhalb kurzer Zeit konkrete Gestalt in Form eines neuen Werks mit sehr schlanken und effizienten Prozessen sowie marktgerechten Lieferzeiten angenommen.

Die Prozesse sind heute übersichtlicher und die Leistungsdaten haben sich teilweise signifikant verbessert. Ein äußerst wertvoller Aspekt ist darüber hinaus auch das hierbei entstandene Selbstverständnis der Menschen, die diese neuen Prozesse leben und gestalten. Herr Frank Ziegler von NEUGART fasst dies so zusammen: »Dieses Selbstverständnis und der Stolz über das gemeinsam Geleistete verleiht uns ein Gefühl der Zusammengehörigkeit und der Stärke und gibt uns Zuversicht für die bevorstehenden Aufgaben. Beispielsweise im Projekt PLAWAMO: Gemeinsam mit dem Fraunhofer IAO erforscht NEUGART neue Wege zur wandlungsfähigen Montage, etwa schnelles Zu- und Abschalten von Montageprozessen einschließlich der dazu notwendigen Organisation und Logistik.«

INTERVIEW

MIT BERND NEUGART

Bernd Neugart und Thomas Herr,
Geschäftsführende Gesellschafter der NEUGART GmbH

Fraunhofer IAO Was waren die Gründe, das neue Werk in Deutschland zu bauen?

Bernd Neugart Wir haben hier unsere Wurzeln und hochqualifizierte Mitarbeiter. In Kippenheim und in der Region sind die Facharbeiter und Ingenieure, die das Unternehmen für sein Wachstum braucht. NEUGART hat heute Niederlassungen und Produktionsstätten in mehreren europäischen Ländern, in den USA, China und Brasilien. Die Kernkompetenz bleibt aber hier in Kippenheim. Hier wird entwickelt und hier werden die entscheidenden technischen Teile produziert. So manche deutsche Ingenieurkunst ist im Ausland kopiert worden, deshalb geben wir unsere Daten nicht aus der Hand.

Fraunhofer IAO Welche Wachstumsstrategie verfolgt NEUGART?

Bernd Neugart NEUGART setzt auf Tradition, Präzision und Innovation, und produziert »so gut wie's geht«, statt »so billig wie's hält«. Darauf aufbauend hat die Führungsmannschaft bereits im Jahr 2003 eine zehn Jahre Wachstumsstrategie erarbeitet, die inzwischen zu weiten Teilen umgesetzt ist. Sie umfasst vier Punkte: Internationalisierung erschließt neue Märkte und damit zusätzliche Kunden. Innovationen am Produkt münden in neuen Baureihen mit verbesserter Leistungsdichte und Geräuschoptimierung. Innovationen in der Fertigung gewährleisten Produktivität und Qualität. Besonders vielschichtig ist der vierte Punkt, Innovationen in den Prozessen. Die Resultate sind besonders in der Ausgestaltung des neuen Werks sichtbar.

Fraunhofer IAO *Wo liegen die Besonderheiten der Prozesse im neuen Werk?*

Bernd Neugart Entscheidend war die Trennung von Sonderprodukten und Standardgetrieben. So entstanden zwei strategische Geschäftsbereiche, die sich jeweils sehr eng an den Bedürfnissen des jeweiligen Zielmarkts orientieren können. NEUGART bleibt allerdings weiterhin eine Firma, die eine Marke repräsentiert. Beide Geschäftsbereiche verfolgen die gleichen Ziele, aber eine unterschiedliche Umsetzung bietet die Chance zur Spezialisierung. Die Effizienz und Leistungsfähigkeit der beiden autonomen Werke konnten hierdurch entscheidend gesteigert werden. Die Bereiche im neuen Werk 2 wurden konsequent nach Prozessen und Produkten gegliedert. Büros wurden mit direkter Anbindung und Sichtkontakt zur Produktion gestaltet. Dadurch wurde die Grundlage für Fluss und Pull geschaffen, denn das bisher verwendete Prinzip der Tayloristischen Arbeitsteilung führte zu zahlreichen Schnittstellen im Prozessablauf und erzeugte Liegezeiten, Bestände und Abstimmungsverluste. Heute hat NEUGART kundenorientierte Abläufe vom Vertrieb bis zum Versand realisiert. Ganzheitliche Arbeitsaufgaben ermöglichen gestalterische Eigeninitiative der Prozessbeteiligten. Die Lieferzeit konnte so auf ein Drittel verkürzt werden. Aktuell machen uns allerdings die Teileknappheit auf dem Markt und der schnelle Anstieg der Nachfrage nach der Krise zu schaffen.

Fraunhofer IAO *Warum haben Sie sich für eine externe Unterstützung durch das Fraunhofer IAO entschieden?*

Bernd Neugart Es war uns immer wichtig, die Veränderungen selber zu gestalten und voran zu treiben. Denn unternehmens- und produktspezifische Lösungen, mit denen sich die Mitarbeiter identifizieren und die sie bis ins Detail verstehen, können wir nur selber entwickeln. Wir hielten es aber für unnötig, »das Rad« - sprich Lean-Konzepte und Vorgehensweisen - vollständig neu zu erfinden. Deshalb haben wir uns zur Begleitung durch ein professionelles Expertenteam entschlossen. Das Fraunhofer IAO brachte reiche Erfahrungen in derartigen Umgestaltungen mit. Gemeinsam gelang es uns, den sehr engen Zeitplan einzuhalten und mit der Umsetzung schnell Leistungssteigerungen zu realisieren.

Fraunhofer IAO *Wo sehen Sie Ihre größte Stärke?*

Bernd Neugart Die große Stärke von Neugart liegt darin, dass wir alle Faktoren für einen langfristigen Markterfolg beherrschen. Gute innovative Produkte herzustellen reicht heute nicht mehr aus. Diese bilden die Basis und werden bei Neugart permanent optimiert und weiter entwickelt. Netzwerk, Serviceleistung vor und nach dem Kauf sind heutzutage wichtiger denn je. Wir selbst sind in allen Kernmärkten mit eigenen Niederlassungen vertreten. In den anderen Industriestandorten arbeiten wir mit fachkompetenten Partnern zusammen. Im Bereich Service stellen wir unterschiedlichste On- und Offline-Tools zur Verfügung, so dass beim Kunden kaum Wünsche offen bleiben. Selbstverständlich spielen eine marktgerechte Lieferzeit – Neugart hat über 98 % Liefertreue – und ein angemessenes Preis-/Leistungsverhältnis ebenfalls eine große Rolle. Nur wer alle Disziplinen beherrscht, wird langfristig erfolgreich sein.

Fraunhofer IAO *Herr Neugart, wir danken Ihnen für dieses Gespräch.*

WERTSTROM-ENGINEERING

LEAN PRODUCTION UND WERTSTROM-ENGINEERING IM MASCHINENBAU

MORITZ HÄMMERLE, WOLFGANG SCHWEIZER

Die letzte Wirtschaftskrise traf das produzierende Gewerbe in Deutschland besonders stark. Drastische Auftragseinbrüche führten dazu, dass die vorgehaltenen Kapazitäten nicht mehr vollständig ausgelastet werden konnten. Doch eine niedrige Auslastung der Kapazitäten bietet auch die Möglichkeit, Prozesse und Abläufe im Produktionsbereich ganzheitlich und nachhaltig zu verbessern. Um so eine schlanke Produktion zu erreichen, hat sich eine Vielzahl an Optimierungsmethoden etabliert. Die Wertstrommethode betrachtet die gesamte Wertschöpfungskette und ermöglicht so eine transparente Analyse von Material- und Informationsflüssen, um gezielt Verbesserungspotenziale zu erkennen und Schwachstellen aufzudecken. Alle Tätigkeiten, die notwendig sind, um ein Produkt vom Vormaterial über die Produktion bis in die Hände des Kunden zu bringen, werden in die Untersuchung einbezogen. Verschwendung wird reduziert und damit die Wertschöpfung gesteigert. Im Rahmen der Studie »Wertschöpfung steigern« untersuchte das Fraunhofer IAO Ende 2009 die Verbreitung von Prozessoptimierungsmethoden mit besonderem Fokus auf die Wertstrommethode. Die an der Umfrage teilnehmenden Unternehmen kommen zumeist aus den Branchen Maschinenbau und Automobil und haben größtenteils nicht mehr als 1.000 Mitarbeiter. Ihre Kundenaufträge wickeln diese Unternehmen vornehmlich auftragsspezifisch ab. Mischformen mit Rahmenaufträgen oder Lagerproduktion sind jedoch verbreitet. Auch sind gemischte Produktprogramme (Standard- und kundenspezifische Produkte) gängig. In der Produktion der Unternehmen herrscht hauptsächlich ein Mix aus Einzel- und Kleinserienfertigung bzw. Serienfertigung vor, was sich in oftmals heterogenen Produktionsstrukturen (Werkstatt- und Fließfertigung) widerspiegelt.

MIT WERTSTROM DIE PRODUKTIONSORGANISATION VERBESSERN

Nahezu die Hälfte der Teilnehmer ist mit der vorherrschenden Produktionsorganisation in ihrem Unternehmen nicht zufrieden. Daher setzen sie unterschiedliche Methoden zur Verbesserung ein. Die Wertstrommethode liegt dabei in Bezug auf ihre Verbreitung im Mittelfeld. Bei kleinen und mittleren Unternehmen (KMU) und Unternehmen, die hauptsächlich in Einzel- und Kleinserienfertigung arbeiten, kommt sie heute selten zum Einsatz (Abb. 1).

ERFOLGREICH DURCH ERFAHRUNG UND INTERDISZIPLINÄRE TEAMS

Die Befragungsteilnehmer geben an, dass sie mit Hilfe der Wertstrommethode in Bezug auf Produktivität, Durchlaufzeit und Bestand deutliche Verbesserungen erzielen konnten und mit den erreichten Ergebnissen zufrieden sind.

Besonders erfolgreich sind dabei Projekte, die von Wertstromexperten durchgeführt oder von internen Prozessberatern geleitet werden. Einzel- und Kleinserienfertiger sowie Wertstromanfänger erzielen häufig schlechtere Ergebnisse als der Durchschnitt. Durch das Hinzuziehen von externer Unterstützung erreichen Anfänger häufiger sehr gute Ergebnisse. Auch die Expertengruppe kann ihre Ergebnisse mit Hilfe externer Unterstützung noch verbessern. Wertstromprojekte werden am häufigsten von internen Prozessberatern, der Produktion oder der Planung geleitet. Die von der Produktion selbst geleiteten Projekte sind überdurchschnittlich häufig außergewöhnlich erfolgreich.

Ein weiterer wesentlicher Einflussfaktor auf den Erfolg von Wertstromprojekten ist die Zusammensetzung der Projektteams (Abb. 2). Es zeigt sich, dass bei besonders erfolgreichen Projekten der Kreis der Beteiligten deutlich größer ist als bei Projekten, in denen lediglich einfache Ergebnisse erzielt wurden. Wertstromexperten setzen dies gut um und beteiligen im Gegensatz zu Anfängern deutlich mehr Unternehmensbereiche (z.B. Einkauf, Vertrieb).

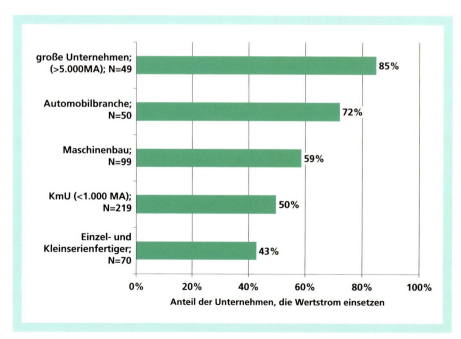

1 Die Wertstrommethode im Einsatz: Im Automobilbau etabliert, bei Einzel- und Kleinserienfertigern nicht gängig.

PROBLEME BESTEHEN BEI DER PROJEKTDURCHFÜHRUNG UND IN DER METHODE

Trotz der guten Ergebnisse, die mit Wertstrom erzielt werden können, erkennen die Unternehmen bei Wertstromprojekten auch Hinderungsaspekte. Die fehlende Kapazität und die fehlende Qualifikation der Mitarbeiter sind hier die Hauptargumente. Obwohl Experten generell weniger Hinderungsaspekte als Anfänger sehen, ist der Bedarf an Unterstützung bei Wertstromaktivitäten in allen Gruppen sehr hoch. Insbesondere Schulungsmaßnahmen für die Projektmitarbeiter werden von den Teilnehmern als erforderlich angesehen.

Defizite der Wertstrommethode sehen die Unternehmen auch auf der methodischen Seite (Abb. 3). Insbesondere bei Produktionen mit großer Typen- und Variantenvielfalt sowie bei unterschiedlichen Abläufen und bei kleinen Serien wird Verbesserungspotenzial erkannt. Gerade Unternehmen mit gemischten Strukturen (z.B. Einzel- und Serienfertigung) oder differenzierten Produktprogrammen (z.B. Standard und kundenindividuelle Produkte) sehen hierbei verstärkt Probleme.

WERTSTROMPROJEKTE UND PROZESSOPTIMIERUNG TROTZEN DER WIRTSCHAFTSKRISE

Die Wirtschaftskrise traf die teilnehmenden Unternehmen stark. Nahezu die Hälfte hatte mit Stückzahleinbrüchen von über 20 Prozent zu kämpfen. Die Wertstromaktivitäten waren davon bei den meisten Unternehmen jedoch nicht negativ betroffen und wurden häufig unverändert fortgesetzt. Ein kleiner Anteil an Unternehmen begann sogar in der Krise mit Wertstromanalysen.

WERTSTROM-ENGINEERING ALS LÖSUNGSANSATZ

Die Studie »Wertschöpfung steigern« zeigt auf, dass die bislang bekannte Wertstrommethodik für die Anwendung im mittelständischen Maschinenbau

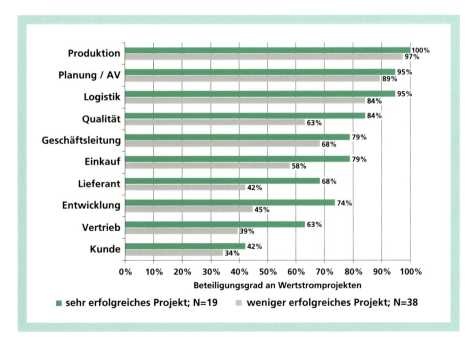

2 *Erfolgreiche Projektteams sind interdisziplinär aufgestellt und beteiligen Kunden und Lieferanten.*

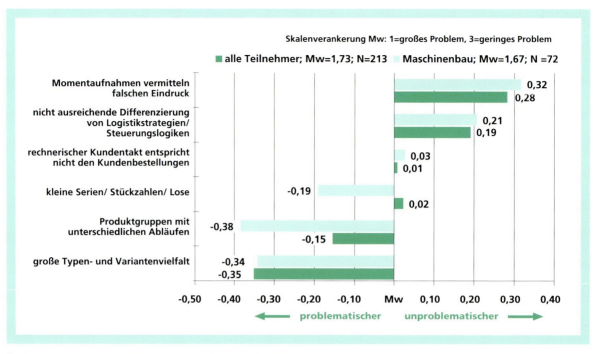

3 *Unternehmen sehen Verbesserungspotenzial in der Wertstrommethode.*

nur bedingt geeignet ist. Die Rahmenbedingungen der produzierenden Unternehmen in diesem Sektor unterscheiden sich deutlich von denen der Entstehungsbranche des Wertstromdesigns, dem Automobilbau. Einzel- und Kleinserienfertiger mit hoher Typen- und Variantenvielfalt müssen bei ihren Planungsaktivitäten andere Herausforderungen meistern als Serienhersteller der Automobil-Branche. Unterschiedliche Produktprogramme und gemischte Organisationsstrukturen im Produktionsbereich führen hier zu produktspezifisch unterschiedlichen Produktionsabläufen mit kleinen Produktionslosgrößen.

Für diese Rahmenbedingungen entwickelte das Fraunhofer IAO auf Basis eines Prozessmusteransatzes die bisher bekannte Wertstrommethode weiter und erarbeitete mit dem Wertstrom-Engineering eine Methode für effiziente Produktionsprozesse. Wertstrom-Engineering basiert dabei auf Wert erzeugenden Ketten, die in produzierenden Unternehmen wiederholt auftreten (Prozessmuster) und auf die spezifischen betrieblichen Rahmenbedingungen angepasst werden müssen. Das Erfolgsmodell des Wertstrom-Engineerings ist die Optimierung des vollständigen Wertstroms. Entsprechend den Studienergebnissen bezüglich der Beteiligung von Betroffenen aus der gesamten Prozesskette werden hierbei alle Bereiche des Auftragsdurchlaufs vom Kunden zum Kunden berücksichtigt. Neben der Produktion werden die vorgelagerten Bereiche Disposition, Konfiguration (im Sinne von anpassender Konstruktion) und Vertrieb mit in die Untersuchung involviert. Im Gegensatz zum Wertstrom-Mapping oder Wertstrom-Design werden diese Bereiche nicht nur in die Analyse mit einbezogen, sondern mit spezifischen Prozessmustern wertstromorientiert aufgestellt. Ferner bestehen Prozessmuster zur Gestaltung der innerbetrieblichen Logistikprozesse sowie für die Logistik zu den Lieferanten.

Zur Visualisierung von Wertströmen wird beim Wertstrom-Engineering eine eigene Notation (EN3 – Engineering Notation 3) verwendet. Diese

4 *Die Wertstrom-Landkarte dient als Diskussionsgrundlage.*

vergrößert den Abbildungsbereich indem mehrere Wertströme in einer Wertstrom-Landkarte (Abb. 4) und ihre Durchlaufzeiten in einem separaten Durchlaufzeitendiagramm dargestellt werden. So können nicht nur die unterschiedlichen Prozessketten verschiedener Produkte gemeinsam abgebildet werden. Auch die Prozesse der bei Einzel- und Kleinserienfertigung häufig auftretenden gemischten Produktprogramme mit Standard-Produkten (Katalogware) und kundenspezifischen Produkten werden in einer Darstellung visualisiert. Gemeinsam genutzte Ressourcen können so einfach erkannt und geplant werden. Zudem ermöglicht die Visualisierung in EN3 unterschiedliche Kundengruppen für ein Produkt in einer Wertstromlandkarte abzubilden. Damit kann die Herstellung eines Produkts nach verschiedenen Make-to-Order Strategien (Geschäftsmodellen) und der Order-Penetration-Point (Kundenentkopplungspunkt) kundengruppen- und produktspezifisch gestaltet werden. Die Indizierung der Wertschöpfung in den Prozessketten erfolgt bei EN3 durch eine Farbkennzeichnung der Prozesse. So ist schnell erfassbar, welche Prozesse wertschöpfend (grün) und welche unterstützend (magenta) sind, wo Lagerstufen (gelb) existieren und wo indirekte Bereiche (rot) verankert sind.

Eine deutliche Erweiterung bietet die Notation im Bereich der Prozessmuster für Logistikstrategien. Neben den bekannten, wie beispielsweise Kanban oder Supermarkt sind weitere Konzepte für die Materialbereitstellung, z.B. milkrun oder just-in-time, darstellbar. Darüber hinaus werden an jedem Prozess die Hauptmaterialien und die Art ihrer lokalen Pufferung mit ergänzenden Regelkreisinformationen abgebildet. Auch die Visualisierung der Steuerungslogik von Prozessen wird durch EN3 verbessert. So bietet das Wertstrom-Engineering über die bekannten Regelungen hinaus weitere Darstellungsmöglichkeiten zur Kapazitätsregelung (z.B. bedarfsorientierte Kapazitätsregelung) von Prozessen, um sicherzustellen, dass immer nur die Produkte produziert werden, die der nachfolgende Prozess auch benötigt und verarbeiten kann.

Um die weiterentwickelte Art des Wertstrom-Engineerings für produzierende Unternehmen nutzbar zu machen, wurde vom Fraunhofer IAO ein Schulungskonzept erarbeitet. Hierbei werden die Methoden an einem Referenzunternehmen, das mechatronische Produkte in unterschiedlichen Ausführungen für verschiedene Märkte in Serien- und Einzelfertigung herstellt, veranschaulicht. Die Teilnehmer gestalten dieses Referenzunternehmen von einem tayloristisch organisierten Betrieb in ein flexibles, am Wertstrom orientiertes Unternehmen um.

WEITERE INFORMATIONEN

www.wertstrom-engineering.de
mit kostenlosem Download der Studie
»Wertschöpfung steigern«

VOLATILE MÄRKTE

BESTANDSSENKUNG BEI VOLATILEN MÄRKTEN

MANFRED BENDER, PETER RALLY

Die 1998 gegründete Bruker Optik GmbH ist ein Teil des international agierenden Bruker-Unternehmensverbunds. Die Produkte der Bruker Optik GmbH basieren auf infrarot-optischer Spektroskopie und werden von Forschungseinrichtungen, Hochschulen, im Bereich Life Science und in zunehmendem Maße in der Industrie eingesetzt. Mit 250 Mitarbeitern produziert die Bruker Optik am Standort Ettlingen (nahe Karlsruhe) Spektrometer für den weltweiten Vertrieb. Service Center für den technischen Support befinden sich in ganz Europa, in Nord- und Südamerika sowie in Asien. Der Umsatz im Jahr 2009 betrug über 70 Mio. Euro. Der zunehmende Wettbewerb im Bereich optischer Messgeräte rückt auch für die

1 *Bruker Optik GmbH im Überblick.*

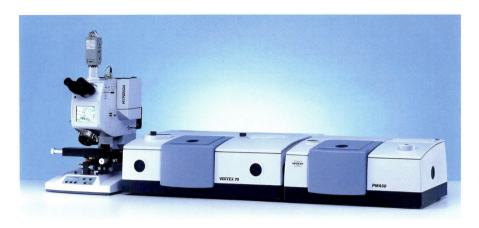

2 Vertex 70 System (mit PMA50 und Hyperion als Zubehöre).

Bruker Optik neben einer großen Marktpräsenz mit Kundennähe und einer hohen Flexibilität bei einer schnellen Reaktionszeit auf Marktveränderungen verstärkt in den Vordergrund. Zusätzlich zur steigenden Anzahl an Serienprodukten stellt der Trend zur Kundenindividualität neue Herausforderungen für die Bruker Optik dar.

Diese zunehmende Individualisierung und eine Häufung von Fehlteilen in der Montage hatten im Jahr 2006 die Bestände auf einen Wert von 17 Mio. Euro, bei 59 Mio. Euro Umsatz, anwachsen lassen. Mit den im Folgenden beschriebenen Maßnahmen, die vom Fraunhofer IAO in Zusammenarbeit mit der Bruker Optik GmbH erarbeitet wurde, konnte dieser Wert trotz Umsatzsteigerungen und starker Marktschwankungen um 30 Prozent gesenkt werden.

Ein Spektrometer besteht aus etwa 300 Teilen (Produktbeispiel siehe Abb. 2). Zirka 30 kundenneutrale Baugruppen werden in mehreren Stufen vormontiert. Die Baugruppen werden in Losen montiert und nach jeder Produktionsstufe in einem Zentrallager eingelagert. Nach Eingang eines Kundenauftrags werden die Spektrometer aus den Baugruppen kundenspezifisch endmontiert, justiert und geprüft. Die Einhaltung der Kundenanforderungen bezüglich einer hohen Messgenauigkeit und die individuelle Ausrüstung erfordert eine kundenspezifische Endmontage und Justage.

Die Produktion wurde in der Vergangenheit nach dem Push-Prinzip gesteuert, d.h. die verbrauchten Materialien und Baugruppen wurden, angestoßen durch die Disposition, plangesteuert nachbestellt und nachgefertigt. Die Planungsberechnungen basierten zum einen auf den Prognosen des Vertriebs, den bekannten Verbräuchen des vergangenen Jahres sowie den aktuellen Beständen bzw. den aktuellen Bedarfen. Dies hatte zur Folge, dass auch solche Teile oder Baugruppen nachgefertigt wurden, die im Moment eventuell nicht sofort benötigt wurden (z.B. Auffüllen der Mindestbestände).

Abb. 3 zeigt einen zweistufigen Baugruppen-Montageprozess mit anschließender Endmontage und Prüfung. Komplexere Baugruppen wurden in mehreren Stufen erstellt.

MASSNAHMEN ZUR BESTANDSSENKUNG UND ZUR DURCHLAUFZEITREDUZIERUNG

Einführung eines Produktionspuffers

Eine der ersten und wichtigsten Aktionen war die Einführung eines größeren Produktionspuffers für die Endmontagen der Spektrometer zur Lagerung der kundenneutralen Baugruppen. Grundlage für

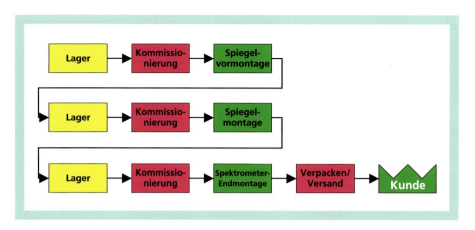

3 Zweistufige Baugruppenmontage mit anschließender Endmontage.

die Einführung dieses erweiterten Produktionspuffers waren die im Vorfeld ermittelten Zahlen der Umschlagshäufigkeit der einzelnen Baugruppen. Aus Abb. 4 lässt sich ablesen, dass sich mit 35 Prozent der gesamten Baugruppen bereits 75 Prozent der Jahreskapazität abdecken lässt.

Auf der Basis dieser Berechnungen wurden die Baugruppen grob in »Renner«- und »Exoten«-Baugruppen eingeteilt. Als »Renner«-Baugruppe werden Baugruppen bezeichnet, wenn diese standard- bzw. regelmäßig benötigt und nachproduziert werden und damit eine hohe Umschlagshäufigkeit aufweisen. Von einer »Exoten«-Baugruppe wird dann gesprochen, wenn eine Baugruppe nur wenige Male im Jahr benötigt und produziert wird (geringe Umschlagshäufigkeit). Die Unterscheidung der Baugruppen in »Renner« und »Exoten« wird für eine Zuteilung der Baugruppen zu einem Zentrallager bzw. dem neuen Produktionspuffer verwendet (siehe Abb. 5).

Die Lagerung von Baugruppen in einem Produktionspuffer hat den Vorteil eines schnellen Zugriffs auf die Baugruppen. Die Lagerung einer »Exoten«-Baugruppe im Produktionspuffer kann wegen des begrenzten Platzes nicht realisiert werden. Sie liegt somit lange ohne Lagerbewegung im Zentrallager, belegt aber keinen kostbaren Platz im Produktionspuffer. Bei einer »Renner«-Baugruppe ist die Umschlagshäufigkeit wesentlich höher und der Vorteil des schnellen Zugriffs kann häufig genutzt werden.

Die Umlagerung der »Renner«-Baugruppen vom Zentrallager in den Produktionspuffer (Regale im Produktionsbereich) hat durch den Entfall der Ein- bzw. Auslagerung eine Durchlaufzeitreduzierung

Anzahl Baugruppen	Anzahl Baugruppen in %	Jahreskapazität in %
40	25 %	50 %
55	35 %	75 %
75	50 %	90 %
150	100 %	100 %

4 Umschlagshäufigkeit von Baugruppen.

5 *Realisierter Produktionspuffer.*

von mindestens sechs Tagen und eine Verringerung des logistischen Aufwands als unmittelbares Ergebnis zur Folge. Da sich nun die Baugruppe in unmittelbarer Nähe der produzierenden Montagegruppe, die diese Baugruppe weiter verarbeitet, befindet, lässt sich als Nebeneffekt der echte aktuelle Bestand sofort visuell bestimmen und es kann die Baugruppe sofort nachproduziert werden, die tatsächlich benötigt wird.

Streichung von Lagerstufen

In einem weiteren Schritt wurden ausgehend vom erarbeiteten Wertstrom, in Zusammenarbeit mit der Disposition und den Montagemitarbeitern, die Baugruppen herausgefiltert, bei denen eine Lagerstufe entfallen kann. Diese können nun zusammen mit der nächst höheren Baugruppe montiert werden, wenn sie im SAP-System auf einen »Dummy«-Status gesetzt werden. »Dummy«-Baugruppen sind reine Konstruktionsbaugruppen und werden nicht mit einem eigenen Fertigungsauftrag in der Produktion auf Lager gefertigt.

Die Reduzierung der Lagerstufen führte zu einem neuen und einfacheren Wertstrom (siehe Abb. 6). Die dadurch herausgearbeiteten Vorteile sind, neben der Reduzierung der Durchlaufzeit, vor allem der Entfall des Transports der Baugruppen in das Zentrallager und wieder zurück sowie das Freiwerden und der Entfall der Verwaltung des entsprechenden Lagerplatzes.

Streichung von nicht-wertschöpfenden Tätigkeiten

Um die Durchlaufzeiten weiter zu verringern, wurden innerhalb der betrachteten Gerätegruppe die einzelnen Tätigkeiten im Wertstrom betrachtet und bewertet. Wurden nicht-wertschöpfende Tätigkeiten identifiziert, die entfallen bzw. angepasst werden konnten, wurden diese Tätigkeiten durch Anpassung des jeweiligen Arbeitsplans verringert bzw. eliminiert. Hervorzuheben ist der Bereich Verpackung, hier konnten Produktivitätssteigerungen durch den Einsatz von Umlaufverpackungen erreicht werden. In solchen Fällen wurde der Schritt »Verpacken« komplett aus dem Arbeitsplan entfernt.

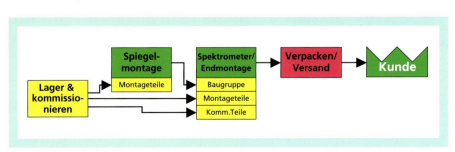

6 *Einstufige Baugruppenmontage mit anschließender Endmontage.*

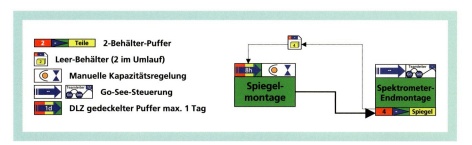

7 Pull-Steuerung zwischen Vor- und Endmontage.

Umstellung von Push- auf Pullprinzip

Im Zuge der Verkürzung der Durchlaufzeiten bzw. der Optimierung des Wertstroms wurden auch die unterschiedlichen Fertigungsprinzipien (Push und Pull) und deren Vor- und Nachteile in der Fertigung betrachtet.

Bisher wurde in der Fertigung und der Disposition bei der Bruker Optik GmbH nach dem Push-Prinzip gearbeitet. D.h. die verbrauchten Materialien und Baugruppen wurden, angestoßen durch die Disposition, plangesteuert nachgefertigt und nachbestellt. Aufgrund der vielen Lagerstufen hatte dieses Prinzip sehr lange Regelkreise und konnte sich bei Abweichungen von Plan bzw. Prognose nur sehr langsam ausregeln. Hinzu kamen die vielen Schnittstellen und Verantwortlichkeiten im Prozess (Disposition, Einkauf, Vormontage, Endmontage).

Im Gegensatz dazu liegen bei der Pull-Steuerung (Abb. 7) Ausführung und Verantwortung in einer Hand. Der entscheidende Vorteil der Pull-Steuerung ist, dass keine (falsche) Prognose verwendet wird, sondern ausschließlich die Teile oder Baugruppen nachgefertigt werden, die zum aktuellen Zeitpunkt von der Endmontage benötigt werden. Abbildung 7 verdeutlicht den kurzen Regelkreis zwischen Spiegelmontage und Spektrometer-Endmontage. Gut zu erkennen ist, dass in diesem Regelkreis der Spiegelmontage lediglich der Bereich Montage involviert ist, Bei der Push-Steuerung hingegen sind es mehrere Bereiche, die Verantwortung für den gesamten Regelkreis übernehmen müssen.

Die Disposition ist bei diesem Prinzip nicht mehr direkt für das Starten der Aufträge, sondern vielmehr für die Rahmenbedingungen der Pull-Steuerung (Festlegung Puffergröße, Umlaufbestände, Dispo-Strategien) verantwortlich. Für die Nachfertigung von verbrauchten Baugruppen steht die Montage selbst in der Verantwortung. Die Spektrometer-Endmontage erhält noch kundenspezifische Teile aus dem Lager, die auftragsspezifisch bereitgestellt werden. Die kundenspezifischen Teile werden nach der Konfiguration im Vertrieb im Zentrallager kommissioniert und in der Endmontage bereitgestellt.

FAZIT

Mit diesem neuen Wertstrom kann die Endmontage kundenindividuelle Produkte in kürzester Zeit montieren und ausliefern und dies bei abgesenkten Beständen und verkürzten Durchlaufzeiten. Obwohl die Märkte für die Fa. Bruker Optik in den letzten Jahren immer volatiler wurden, konnten mit den umgesetzten Maßnahmen in den Jahren 2006 bis 2009 die Bestände von 17 Mio. Euro auf 12 Mio. Euro (minus 30 Prozent) gesenkt werden. Dies bei einer gleichzeitigen Umsatzsteigerung von 59 Mio. Euro auf 72 Mio. Euro (plus 22 Prozent). Die Durchlaufzeiten wurden dabei gleichzeitig, je nach Produktgruppe, zwischen 30 Prozent bis 50 Prozent gesenkt.

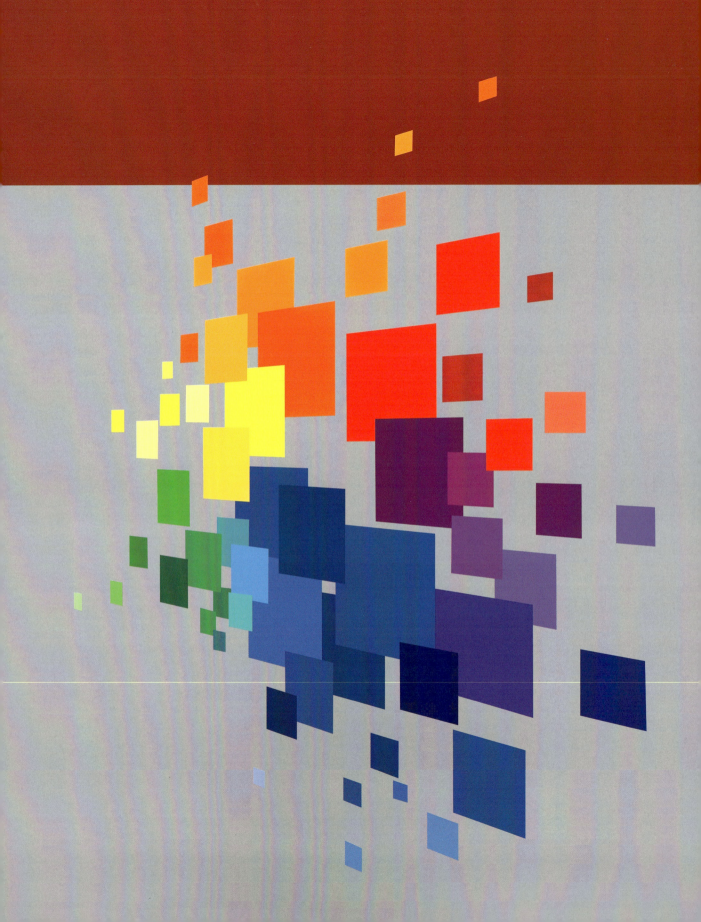

DIENSTLEISTUNGS- UND PERSONALMANAGEMENT

MITARBEITERPOTENZIALE
OPTIMAL AUSSCHÖPFEN

KOMPETENZEN
PASSGENAU ENTWICKELN

DIENSTLEISTUNGEN
KUNDENORIENTIERT
GESTALTEN

WALTER GANZ (GESCHÄFTSFELDLEITER)

MITARBEITERPOTENZIALE OPTIMAL AUSSCHÖPFEN

Mitarbeiter und Mitarbeiterinnen werden zum entscheidenden Erfolgsfaktor der Zukunft. Ihre Erfahrung, Kreativität und Motivation sind die Quelle von Wertschöpfung und der Motor für Innovation. Zukunftsweisende Arbeitskonzepte und der Einsatz moderner Technologien führen zu neuen Kooperations- und Wertschöpfungsformen im Unternehmen und an der Schnittstelle zum Kunden. Wir beraten Unternehmen bei der Frage, wie das Potenzial der Belegschaft durch innovative Personalmanagement-Lösungen entwickelt und wie Kooperationsprozesse effektiver gestaltet werden können.

KOMPETENZEN PASSGENAU ENTWICKELN

Das Ziel eines möglichst intelligenten Zusammenspiels von Organisation und Personal lässt sich erreichen, wenn sowohl die Strukturen und Prozesse des Unternehmens als auch das Know-how und Engagement der Mitarbeiter miteinander verzahnt und als Einheit weiterentwickelt werden. Im Mittelpunkt unserer Forschungsaktivitäten und Praxisprojekte stehen daher zwei Elemente: Zum einen die Gestaltung innovativer, lernförderlicher und attraktiver Arbeit. Und zum anderen die Entwicklung organisatorischer und personaler Kompetenzen.

DIENSTLEISTUNGEN KUNDENORIENTIERT GESTALTEN

Die Servicequalität ist längst nicht nur bei klassischen Dienstleistungsunternehmen das entscheidende Kriterium im Wettbewerb. Auch bei produzierenden Unternehmen sind Umfang und Ausgestaltung der Serviceleistungen zu einem Alleinstellungsmerkmal geworden. Hochwertige Dienstleistungsangebote entstehen aber nicht durch Zufall. Sie müssen professionell entwickelt und gemanagt werden. Wir unterstützen Unternehmen dabei, ihre Strukturen so auszurichten, dass Dienstleistungen effizient unterstützt und kundenorientiert gestaltet werden können.

UNSERE SCHWERPUNKTTHEMEN

- Management von Dienstleistungen
- Entwicklung neuer Dienstleistungen
- Innovative Lösungen für das Personalmanagement
- Arbeitsnahes Lernen und Kompetenzmanagement

VIRTUAL MEETING

MANAGEMENT RÄUMLICH VERTEILTER KOMMUNIKATION UND INTERAKTION

KARIN HAMANN

Technologien verändern die Art und Weise, wie Menschen kommunizieren und interagieren. Ebenso beeinflussen Veränderungen in der Kommunikation die Gestaltung von Technologien. Hinzu kommt, dass Reisekosten und Umweltbelastung dazu führen, alternative Kommunikationsmöglichkeiten zu suchen. Für die effiziente Nutzung einer neuen Kommunikationstechnologie müssen Organisationsstrukturen und Kommunikationsprozesse angepasst und neu definiert werden. Eine besondere Rolle spielen dabei die Erwartungen, Befürchtungen und die technologische Aufgeschlossenheit der Anwender.

Web Conferencing ist ein Beispiel für technologiebasierte räumlich verteilte Kommunikation, deren Potenzial zunehmend erkannt und genutzt wird. Der Beitrag schildert Erkenntnisse und Lösungsansätze, die bei der Einführung des Web Conferencing Systems »vitero« bei der Europäischen Arzneimittel-Agentur (EMA) gewonnen wurden. Der »virtual team room« vitero ist eine Entwicklung des Fraunhofer IAO, welche von der gleichnamigen Firma vitero GmbH, einer Ausgründung des Fraunhofer IAO, vermarktet und weiter entwickelt wird.

AUSGANGSSITUATION

Die EU Agentur EMA ist verantwortlich für die EU-weite Zulassung und Überwachung von Arzneimitteln. Zu den übergeordneten Zielen von EMA gehört, durch Förderung von Forschung und Innovation in einer wachsenden Europäischen Union zur Verbesserung der Gesundheit von Mensch und Tier maßgeblich beizutragen. Daraus ergibt sich eine der Kernaufgaben der Agentur – die Koordination des Wissensaustauschs zwischen über 4500 europaweit verteilten Experten aus Behörden, Wissenschaft und Forschung. Entsprechend hoch und komplex sind die Anforderungen an eine effiziente, technologiebasierte Kommunikation.

Die EMA war auf der Suche nach geeigneten, ihre Prozesse verbessernden Kommunikationstools und entschied sich im Jahr 2007 für das Web Conferencing Tool »vitero«. Ausschlaggebend für die Entscheidung war der Wunsch nach einem Tool, das insbesondere die Durchführung strukturierter und interaktiver Meetings ermöglicht.

EINFÜHRUNGSPROZESS

Mit einem Austausch zwischen 44 nationalen Zulassungsbehörden (NCAs) aus 27 Mitgliedstaaten und drei EEA-EFTA-Ländern gilt EMA als ein Archetyp einer effektiven lernenden Gemeinschaft, die in ihrem Bereich als international führend gilt. Bei EMA ist die Organisation des weltweiten Wissensaustauschs Teil des Geschäftsprozesses. Virtuelle Meetings sind deshalb nicht nur eine Frage der Kosten, sondern auch Basis zur Erfüllung ihres institutionellen Auftrags. Vor diesem Hintergrund ist der Nutzen von virtuellen Meetings offensichtlich.

Dennoch sind für eine effiziente und konsequente Nutzung einige Hindernisse zu bewältigen. Für die Entscheider in Organisationen steht die Kosten-Nutzen-Rechnung im Vordergrund. Besondere Herausforderung einer solchen Berechnung ist die Einbeziehung schwer messbarer »hidden costs« für technische und organisatorische Anpassungsleistungen, kontinuierliche Supportdienstleistung und Qualifizierung der Anwender. Im Blick der Nutzer steht vor allem eine persönliche Einschätzung des Aufwands für die Einarbeitung in die Funktionen eines neuen Tools versus des Nutzens in Form von Zeitgewinn, Reisebudgeteinsparung oder effizienteren Arbeitens.

Bei EMA ging nach Evaluation einer einjährigen Pilotierungsphase der »virtual team room« 2008 in Betrieb. Derzeit finden 20-30 virtuelle Meetings pro Monat statt, die entweder Telefonkonferenzen oder face-to-face-meetings ersetzen. Die Sitzungsleiter können vor der ersten Moderation eines virtuellen Meetings Moderationstrainings wahrnehmen, interessierte Erstnutzergruppen eine an die Teilnehmergruppe angepasste Einführung (vgl. Abb. 1).

An den virtuellen Meetings nehmen in der Regel zwischen fünf und 25 Personen teil. Die Teilnehmer der virtuellen Meetings setzen sich durchschnittlich aus ca. ein Drittel EMA internen und zwei Drittel externen Teilnehmern zusammen.

Die wichtigsten Schritte des Einführungsprozesses bei EMA lassen sich in folgende drei Ebenen gliedern: (1) Infrastrukturgestaltung und Systementwicklung, (2) Organisationsgestaltung und -entwicklung, (3) Qualifizierung und Akzeptanzsicherung.

Folgende Schlüsselaktivitäten auf diesen Ebenen haben bei EMA zu einer erfolgreichen Einführung von Web Collaboration beigetragen:

IT-Infrastrukturgestaltung und Systementwicklung

- Einrichtung von Schnittstellen zwischen vorhandenen IT Systemen: Die technische Integration der Software vitero in das bei EMA vorhandene »Meeting Management System« hat entscheidend

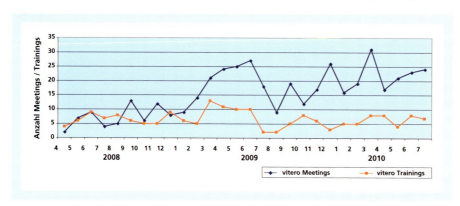

1 *Entwicklung der Anzahl virtueller Meetings und Trainings bei EMA (Juli 2010).*

2 vitero »Mixed Mode Setting«.

zur Vereinfachung der Organisation virtueller Meetings beigetragen. Die Anbindung an die EMA eigene Adressdatenbank wird in Zukunft das Usermanagement vereinfachen.

- Systematischer Einbezug externer Partner: Je mehr europaweit verteilte Institutionen an virtuellen Meetings teilnehmen, desto mehr unterschiedliche technologische Infrastrukturen müssen für den Datentransfer von Informationen durchlaufen werden. Ein systematischer Einbezug externer Partner in den Support hinsichtlich eventueller Anpassungen von Netzwerkparametern ist außerordentlich hilfreich für die Vorbereitung virtueller Meetings mit einer hohen Anzahl an Teilnehmern unterschiedlicher Institutionen.

- Bedarfsspezifische Weiterentwicklung von Meeting Settings: Sehr bald nach Einführung des vitero-Standard-Settings (alle Teilnehmer loggen sich einzeln an ihren PCs in den virtuellen Raum ein) begannen Nachfragen von Benutzern innerhalb und außerhalb von EMA nach einem Setting, das die Interaktion zwischen örtlich verteilten face-to-face-Gruppen in Besprechungsräumen mit einzelnen Gesprächsteilnehmern ermöglicht, welche direkt von ihrem Arbeits-PC teilnehmen.

Diese Anordnung wurde »Mixed Mode Setting« genannt, da sie sich aus face-to-face-Gruppen gemischt mit einzelnen Remote-Teilnehmern zusammensetzt.

Organisationsgestaltung und -entwicklung

- Planung personeller Ressourcen: Eine Ausschöpfung des Potenzials virtueller Meetings ist nur möglich, wenn von vornherein ausreichend Ressourcen für die organisatorische und technische Integration als auch für die Qualifizierung und den konstanten Support der Anwender eingeplant werden.

- Standardisierung von Abläufen: Das komplexe Zusammenspiel unterschiedlicher, sich zudem konstant verändernder organisatorischer Strukturen als auch IT Systeme, verführt dazu, Abläufe und Regeln flexibel zu improvisieren. Dennoch hat es sich bewährt, Abläufe möglichst schnell schriftlich zu formalisieren und zu standardisieren.

- Meeting monitoring: Eine statistische Erfassung von quantitativen und qualitativen Meetingparametern sowie die kontinuierliche Aufnahme der Anforderungen von Meetingteilnehmern an die

Gestaltung spezifischer Settings, ermöglicht deren Weiterentwicklung und die Schaffung entsprechender organisatorischer und technologischer Voraussetzungen.

Qualifizierung und Akzeptanzsicherung

- Informationsversorgung von Benutzern: Der Erstkontakt mit jedem Benutzer entscheidet über ein positives oder negatives Grundgefühl des Benutzers gegenüber der Anwendung. Standardisierte E-Mails mit leicht verständlicher und minimierter Information, angepasst an unterschiedliche Zielgruppen, reduzieren Rückfragen beim Support.

- Gestaltung von modularisierten Trainingseinheiten für Moderatoren: Für Moderatoren von virtuellen Meetings wurden an EMA angepasste Trainingsmodule entwickelt, in denen nur diejenigen Basisfunktionen vermittelt werden, die zuvor als erforderlich identifiziert wurden. Idealerweise erhalten Moderatoren die Möglichkeit des ‚Learning by Doing' durch Moderationssupport während der ersten Meetings.

- Gestaltung von Support Dienstleistungen: Eine tragende Schlüsselrolle für die Akzeptanz eines Tools kommt dem unmittelbaren Meeting Support zu. Technisches Know-how, Einfühlungsvermögen und eine zeitnahe Beantwortung jeder Useranfrage sind die Basis für einen erfolgreichen 1st-Level-Support. Die Identifikation und Weiterleitung von übergeordneten technischen Problemen an den 2nd- und 3rd-Level-Support tragen wiederum entscheidend zur Entlastung des 1st-Level-Supports bei.

AUSBLICK

Die Qualität technologisch basierter Kommunikation ist immer auch abhängig von der technischen Infrastruktur aller beteiligten Kommunikationspartner. Eine besondere Herausforderung der nächsten Jahre wird es sein, technische Systeme wie Telekonferenzen zwischen den EU-Mitgliedsstaaten zu vereinheitlichen und auf einen gemeinsamen Standard zu heben. Europaweit erhöhte Bandbreiten der Internetleitungen öffentlicher Institutionen werden dazu beitragen, den Transfer größerer Datenmengen zu erleichtern. Um von kollaborativen Tools bestmöglich zu profitieren sind jedoch neben den technischen Voraussetzungen auch die bisherigen Abläufe von Meetings (Agenda, Ziele, Konstellation an Teilnehmern) zu hinterfragen und neu zu definieren. Beispielsweise können virtuelle Meetings kurzfristiger in unterschiedlicher Teilnehmerkonstellation organisiert werden. Des Weiteren gibt es häufig mehr Raum für eine aktive Beteiligung aller Teilnehmer. Somit können virtuelle Meetings als Impulsgeber für die Gestaltung einer neuen Meetingkultur genutzt werden.

Virtuelle und face-to-face-Meetings werden sich hinsichtlich des Grads der Virtualisierung und des Grads der Interaktion als auch hinsichtlich der Anzahl aktiver und passiver Teilnehmer zunehmend vermischen. In unmittelbarer Zukunft sollen Tagungen der wissenschaftlichen Ausschüsse – nach Klärung der entsprechenden Gesetzesvorgaben – mit Hilfe von Broadcasting auch für externe Partner als Live-Streams zugänglich gemacht werden. Dabei wird angestrebt, solche Übertragungen nicht nur zur passiven Mitverfolgung sondern auch zur aktiven Beteiligung zu öffnen.

Je mehr Kommunikationspartner und -kanäle variabel zum Einsatz kommen, desto komplexer wird der Ablauf der Kommunikation und desto wichtiger ist eine »vorbereitende Kommunikation der Kommunikation«. Dazu gehört sowohl eine sorgfältige Definition der Schnittstellen zwischen Technologie und Organisation als auch die Definition von Kommunikationsregeln und Handlungsanweisungen für die Endanwender und den Support.

INTERVIEW

MIT DR. HANS-GEORG WAGNER

Dr. Hans-Georg Wagner,
Head of Unit Information and
Communications Technology at the
European Medicines Agency (EMA)

Fraunhofer IAO *Was waren die Gründe für die Einführung des am Fraunhofer IAO entwickelten »virtual team rooms« bei EMA?*

Hans-Georg Wagner Es wurde bereits vor einigen Jahren deutlich, dass die gegenwärtige Arbeitsmethodik in der Zukunft nicht ausreichend Bestand haben wird. In Anbetracht einer wachsenden EU und eines parallel wachsenden Arbeitspensums wurde sehr deutlich, dass vor allem eine verbesserte Effizienz der Interaktion dringend erforderlich ist. Deshalb wurde eine Reihe unterschiedlicher Web Conferencing Tools angeschaut und getestet. Der »virtual team room« (vitero) hat uns überzeugt, da dort eine ausgezeichnete Moderierbarkeit und Strukturierbarkeit von Meetings möglich ist, die bei anderen Tools nicht gegeben war. Ausschlaggebend für die Einführung des von vitero bei EMA waren die Erfordernis einer verbesserten Effizienz von Interaktion, die Eröffnung neuer Arbeitsmethodiken und Kommunikationswege, die bislang nicht möglich waren, und schließlich die Tatsache, dass im Fall einer Krise unter Umständen gar keine face-to-face-Meetings mehr möglich sind. Zudem sollte – entsprechend den übergeordneten Zielen von EMA – nicht nur die Effizienz sondern auch die Qualität der wissenschaftlichen Auswertung durch elektronische Kommunikationsmöglichkeiten gewährleistet bzw. verbessert werden.

Fraunhofer IAO *Wie bewerten Sie den bisherigen Einsatz des Web Conferencing Tools »vitero«?*

Hans-Georg Wagner Die Einführung von vitero für virtuelle Meetings ist als außerordentlich erfolgreich zu bewerten. Viele Arbeitsgruppen treffen sich inzwischen regelmäßig virtuell und haben die Zahl der face-to-face Meetings stark reduziert oder sogar fast komplett ersetzt. Hinzu kommt, dass sich Subgruppen von Committees zu zusätzlichen virtuellen Meetings treffen, beispielsweise für Vorbereitungsarbeiten von face-to-face-Meetings, die Fertigstellung von Dokumenten oder nochmalige Abstimmungen von Entscheidungen vor Deadlines, die zuvor gar nicht oder in wesentlich weniger strukturierten Telefonkonferenzen stattgefunden haben.

Fraunhofer IAO *Wie verändert der Einsatz von virtuellen Meetings die Kommunikationskultur und die Organisation an sich?*

Hans-Georg Wagner Eine der sichtbarsten und auch überraschenden Veränderungen war, dass in virtuellen Meetings ein deutlich höherer Anteil aktiver, sich in das Meeting einbringender, Teilnehmer zu beobachten ist als in face-to-face-Meetings. Die im Vorfeld häufig geäußerte Befürchtung, einer durch PC und Distanz bedingten unpersönlicheren und passiveren Kommunikation, hat sich erfreulicherweise nicht bewahrheitet. Vielmehr scheint nach bisherigen Erfahrungen geradezu das Gegenteil der Fall zu sein. Ziel der virtuellen Meetings war und ist es auch, nicht nur bestehende Möglichkeiten zu ersetzen bzw. zu verbessern, d.h. bisherige face-to-face-Meetings »eins zu eins« in den virtuellen Raum zu verlegen, sondern neue Dinge zu eröffnen, die vorher gar nicht möglich waren, wie z.B. eine inhaltlich und zeitlich intensivierte Interaktion.

Fraunhofer IAO *Was ist Ihre Vision idealer räumlich verteilter Interaktion und Kommunikation im Jahr 2020?*

Hans-Georg Wagner Im Jahr 2020 werden virtuelle Meetings der »Normalfall« sein und den größten Teil an face-to-face-Meetings ersetzen. Idealerweise erfolgt eine Umkehrung der gegenwärtigen Situation, das heißt, anstatt des gegenwärtigen Verhältnisses von ca. 80 Prozent face-to-face-Meetings zu 20 Prozent virtuellen Meetings wird bzw. sollte sich das Verhältnis umkehren.

Fraunhofer IAO *Herr Dr. Wagner, wir danken Ihnen für das Gespräch.*

eCOLLEAGUES

INTERAKTIVER SUPPORT FÜR SERVICETECHNIKER IM MASCHINENBAU

SIMONE MARTINETZ

Über den eigentlichen Maschinen- und Anlagenverkauf hinaus erwirtschaften Unternehmen der Branche einen steigenden Umsatz- und Gewinnanteil über produktbezogene, ergänzende und erweiternde Dienstleistungen, die für die Spitzenstellung von deutschen Maschinen- und Anlagenbauern im internationalen Wettbewerb von herausragender Bedeutung sind. Damit erhalten Serviceleistungen, die bisher nur wenig beachtete Endpunkte der Wertschöpfungskette darstellten, einen deutlich veränderten Stellenwert. Dieser Wandel vom Produkt- zum Lösungsanbieter ist verbunden mit strukturellen Veränderungen in vielen Bereichen: Dienstleistungen setzen Impulse für die Entwicklung neuer Geschäftsmodelle und Technologien, der Austausch zwischen in geringem Kontakt stehenden Unternehmenseinheiten intensiviert und organisiert sich neu und nicht zuletzt wandelt sich das Anforderungsprofil der Servicetechniker.

Trotz vielfältiger Bemühungen von Unternehmen, das Wissen der Servicetechniker aktuell zu halten und diese für ihre Einsätze fit zu machen, zeigt die betriebliche Praxis, dass die heutigen Lern- und Supportmedien alleine nicht mehr ausreichen. Und oftmals sind diese auch nicht für Servicetechniker geeignet, welche ständig im weltweiten Einsatz sind. Vor welchen Herausforderungen stehen die Unternehmen? Welche Chancen für Verbesserungen eröffnen sich durch den Einsatz von innovativen Kommunikations-, Informations- und Schulungssystemen und hier insbesondere durch den Einsatz von Web 2.0-Anwendungen? Neue Ansätze und Konzepte sind gefragt, die die Performanz von Servicetechnikern optimal unterstützen und den Wissensaustausch zwischen den Servicetechnikern vor Ort beim Kunden und mit den Kollegen in den vor- und nachgelagerten Unternehmenseinheiten anregen. Im Rahmen des Forschungsprojekts »eColleagues« begleitet das mit dem Fraunhofer IAO kooperierende Institut für Arbeitswissenschaft und Technologiemanagement der Universität Stuttgart die drei deutschen Maschinen- und Anlagenbauer HOMAG Holzbearbeitungssysteme AG, Oerlikon Textile GmbH & Co. KG sowie die TTS Tooltechnic Systems AG & Co. KG auf der Suche nach diesen neuen Ansätzen und Konzepten, die den Anforderungen des Umfelds und den der Servicetechniker Rechnung tragen.

eCOLLEAGUES – DAS PROJEKT

Das Verbundprojekt »eColleagues« verfolgt die Zielsetzung, ein bedarfsgerechtes, medial gestütztes On-demand-Lernsystem für Servicetechniker im Maschinen- und Anlagenbau zu konzipieren, zu entwickeln und in den Unternehmen pilothaft zu implementieren. Der innovative Ansatz dieses Vorhabens besteht darin, dass bei der Entwicklung auf Quellen impliziten Wissens zurückgegriffen wird, die in den Unternehmen bereits vorliegen, momentan aber noch nicht in ausreichendem Umfang zur Schulung und Qualifizierung strukturiert genutzt werden. Die betriebliche Praxis zeigt, dass solche Quellen, wie beispielsweise die Expertise von erfahrenen und hoch spezialisierten Mitarbeitern in Hotlines, Einsatzberichte und der informelle Austausch zwischen Servicetechnikern, bei der Problemlösung entweder nicht oder nur sehr unstrukturiert für Wissens- und Lernsysteme genutzt werden. Dennoch liegen genau in diesen Quellen Informationen und Inhalte vor, die eine hervorragende Basis für die benötigten Problemlösungen bieten und darüber hinaus auch auf eine hohe Akzeptanz bei den Servicetechnikern stoßen können, wenn sie entsprechend aufbereitet zur Verfügung gestellt werden.

Das Verbundprojekt »eColleagues« wurde im Rahmen des BMBF-Programms »Neue Medien in der Bildung« initiiert, das die Erweiterung der derzeitigen Konzepte und Technologien in der beruflichen Bildung zum Ziel hat. Neben den drei Maschinen- und Anlagenbauern sind der Verband Deutscher Maschinen- und Anlagenbauer (VDMA) und der Verband mittelständischer Industrie-Trainingszentren (VermIT) sowie ein IT-Dienstleister als Partner im Verbund.

1 *Servicetechniker bei der Arbeit.*

SERVICETECHNIKER HEUTE: EIN TURBULENTES UMFELD

Die schnelle und hoch kompetente Lösung von Serviceaufgaben wie Installation, Wartung und Reparatur wird zunehmend zum erfolgskritischen Faktor für Unternehmen im Maschinen- und Anlagenbau. Längere Ausfallzeiten kann sich ein erfolgreiches Unternehmen kaum noch leisten. Gleichzeitig nimmt die Komplexität und Spezialisierung der Maschinen und Anlagen ständig zu und verlangt den Servicetechnikern neben praktischem Know-how eine Expertise auch aus angrenzenden Wissensbereichen ab. Ihr Beitrag vor Ort zur Erreichung von Kundenzufriedenheit ist nicht zu unterschätzen. Sie sind das Gesicht des Unternehmens zum Kunden, sind Garant für Zuverlässigkeit und technische Exzellenz – vorausgesetzt, sie machen ihre Arbeit gut. Ob dies gelingt, ist mehr und mehr von einer ad-hoc-Unterstützung im Arbeitsprozess abhängig.

Eine zentrale Herausforderung besteht deshalb darin, die unter hohem Zeitdruck agierenden Servicetechniker kompetent, flexibel und zeitnah vor Ort zu unterstützen. Arbeitsbegleitendes Lernen ist in diesem Bereich bereits Realität, wobei die Maschinen und Anlagen zunehmend Lernzeitpunkt,

-inhalte und -tempo vorgeben. Für eine bedarfs- und zielgruppengerechte Qualifizierung ist es deshalb wichtig, dass sich die Techniker das benötigte Wissen, aktuelle Informationen und praxisnahe Inhalte schnell und unkompliziert abrufen und aneignen können, wo auch immer sie gerade im Einsatz sind. Eine komplexe Herausforderung, die klassische Lern- und Supportmedien nicht leisten können. Servicetechniker erhalten heute zumeist eine eher punktuelle Unterstützung im Arbeitsprozess durch verschiedene nicht integrierte Lernmedien. Präsenzseminare oder E-Learning sind nach wie vor wichtige Bausteine in unternehmensinternen Qualifizierungsangeboten. Jedoch können diese nicht immer die erforderliche Unterstützung für Servicetechniker bereit halten, wenn sich diese in weltweiten Einsätzen befinden und tragen oftmals auch nicht den unvorhersehbaren Problemen vor Ort Rechnung, da diese mehr und mehr hoch aktuelle Informationen zu deren Lösung erfordern. Benötigt wird dann eine schnelle und unkomplizierte On-demand-Unterstützung innerhalb des Arbeitsprozesses.

Jeder Techniker ist Experte auf einem bestimmten Gebiet und reichert diese persönliche Expertise mit jedem Einsatz vor Ort an. Das Wissen der Servicetechniker über Maschinen und Anlagen, das oftmals auch in der Interaktion mit Kollegen der Hotlines geteilt und erweitert wird, ist jedoch häufig flüchtig und steckt in den Köpfen der Mitarbeiter. Problemlösungen werden am Telefon diskutiert oder in knappen Einsatzberichten skizziert. Tritt dasselbe Problem noch einmal auf, kann auf diese Lösung nicht vollständig zurückgegriffen werden. Das ist ein großer Verlust für junge und noch unerfahrene Mitarbeiter, aber auch für Unternehmen. Denn das implizite Wissen über Produkte und Prozesse, über erfolgreiche und innovative Problemlösungen, die in Interaktionen zwischen den Servicetechnikern selbst und den Servicetechnikern und den Mitarbeitern in verschiedenen Unternehmenseinheiten weitergegeben wird, ist eine wertvolle Ressource.

SERVICE ERFORDERT INNOVATIVE KONZEPTE

Mit dem Ziel, dieses informelle Wissen auf eine breitere Basis verteilen zu können, setzen Unternehmen Ticketsysteme, ein Berichtswesen, elektronische Newsletter, Wissensdatenbanken und ähnliches mehr ein. Die Praxis zeigt jedoch, dass diese Systeme von den Mitarbeitern nicht gerne genutzt werden und häufig auch als zu kompliziert und als unproduktiv empfunden werden. Aufwändige Dokumentationen und das Ausfüllen von aufwändigen Berichtsformularen liegen den Servicetechnikern nicht, da sie sich bereits durch lange Arbeitszeiten und Einsätzen am Wochenende belastet fühlen. Damit stellt sich die Frage, welches der richtige Weg ist, um die Expertise, die praktischen Erfahrungen und das informelle Wissen der Servicetechniker auf einer breiteren Basis zur Verfügung zu stellen. Durch das Internet und insbesondere durch das Web 2.0 erscheint es einfach, Personen weltweit miteinander zu verbinden und zum Informations- und Wissensaustausch anzuregen. Dennoch bleiben hierbei einige Fragen noch offen: Welches Medium eignet sich, um die informelle Expertise von Servicetechnikern für eine breitere Basis zugänglich zu machen? Welche Anwendungen werden von den Servicetechnikern favorisiert? Und was motiviert Servicetechniker dazu, ihr Wissen zu teilen, das sie über viele Jahre oder Jahrzehnte im Feld erworben haben?

Eine wesentliche Voraussetzung ist hierbei, dass in den Unternehmen, aber auch auf Seiten der Mitarbeiter, ein Wandel stattfindet, der sich von dem derzeit noch vorherrschendem monopolisiertem »Wissen ist Macht« hin zu einem »Wissen teilen ist Macht« vollzieht. Web 2.0- Anwendungen wie Wikis und Blogs und die ihnen zugrunde liegenden Paradigmen des intrinsisch Motivierten, der Freiwilligkeit und der Selbstorganisation, spielen unter diesem Aspekt eine bedeutende

Rolle und setzen Impulse in den Unternehmen für eine veränderte (Lern-)Kultur im Umgang mit der Ressource Wissen. Das eColleagues-Lernsystem trägt durch die Integration von ausgewählten und von den Servicetechnikern akzeptierten (Web 2.0-)Anwendungen wichtigen Anforderungen der betrieblichen Praxis Rechnung und verbindet Lernen und Technik in einem harmonischen Gesamtkonzept. Die Servicetechniker selbst werden dabei in ihrer natürlichen Rolle als zugleich Lernende und Lehrende gestärkt und unterstützen sich gegenseitig bei Problemslösungen. Lernen, Informations- und Wissensaustausch wird im eColleagues-Lernsystem als ein kooperativer Prozess verstanden, unterstützt durch moderne Informations- und Kommunikationstechnologien. So wird die praktische Fachexzellenz der Servicetechniker als organisationale Ressource für Unternehmen bewahrt. Auch und insbesondere in turbulenten Zeiten.

WEITERE INFORMATIONEN

www.eColleagues.de

2 Das »eColleagues« Konzept: Kooperative On-demand-Unterstützung von Servicetechnikern für Servicetechniker.

FIT FÜR INNOVATION

STRATEGISCHE PARTNERSCHAFT FÖRDERT INNOVATIONSFÄHIGKEIT

WALTER GANZ, ANDREA KOREN

Das Credo von Innovation als Schlüssel zu Wachstum, Wohlstand und Beschäftigung scheint allgegenwärtig: Innovation als Ausweg aus der Wirtschaftskrise, Innovation als Motor, um gegenüber den kräftig aufholenden Schwellenländern im internationalen Wettbewerb nicht zurückzubleiben und nicht zuletzt Innovation als gesamtgesellschaftlicher Auftrag. Entsprechend zahlreich sind die Appelle, die Innovationsfähigkeit deutscher Unternehmen voranzutreiben und zahlreich sind auch die entsprechenden Bemühungen in Wirtschaft, Wissenschaft, intermediären Organisationen und Politik, der Innovationsfähigkeit auf die Sprünge zu helfen. Ist zum Thema Innovationsfähigkeit in Deutschland damit alles gesagt und alles getan? Und sind deutsche Unternehmen damit topfit für Innovation?

Die Nachfrage nach zukunftsgerichteten und ganzheitlichen Ansätzen zur Förderung der eigenen Innovationsfähigkeit und auch die Bereitschaft von Unternehmen, sich eigeninitiativ in den entsprechenden Forschungsdiskurs einzubringen, sind jedenfalls groß. Das zeigt die Beteiligung an der Strategischen Partnerschaft »Fit für Innovation«. Es sind ca. 90 Unternehmen und Organisationen aktuell in der Partnerschaft aktiv und stellen die dafür erforderlichen Ressourcen größtenteils auch selbst bereit. Sie alle zusammen arbeiten gemeinsam an der Frage, wie deutsche Unternehmen in Zukunft noch »fitter« für Innovation werden können.

ZIELSETZUNG UND AUFBAU

Als Wissens-, Transfer- und Lernforum hat sich die Strategische Partnerschaft das Ziel gesetzt, das Bewusstsein für die Bedeutung exzellenter Innovationsfähigkeit in Unternehmen weiter zu schärfen, die Innovationsdynamik zu stärken und die Entwicklung einer nachhaltigen und breit in der Gesellschaft verankerten Innovationsfähigkeit zu unterstützen sowie gemeinsame Lernprozesse von Wirtschaft, Sozialpartnern und Verbänden, Wissenschaft und Politik anzustoßen. Durch diese Form der Vernetzung soll auch die Multiplikation von bereits in der Forschung, der Unternehmenspraxis oder in intermediären Organisationen existierenden herausragenden Lösungen zur Förderung der Innovationsfähigkeit von Unternehmen unterstützt werden.

Die Vision der Strategischen Partnerschaft »Fit für Innovation« von einer nachhaltigen Förderung der Innovationsfähigkeit umfasst dabei folgende Facetten:

Innovationen beschleunigen

Der Engpass bei der Innovationsfähigkeit liegt nicht etwa in der Verfügbarkeit guter Ideen oder neuer Technologien, sondern in deren erfolgreicher und schneller Umsetzung in innovative marktgängige Produkte und Dienstleistungen. Nur Unternehmen, die in der Lage sind, ihre Innovationen schnell und erfolgreich auf den Markt zu bringen, sind »innovationsfähig« und der Konkurrenz stets einen Schritt voraus. Innovationsprozesse werden aber nur dann erfolgreich sein, wenn es gelingt, technologische Entwicklungen mit scheinbar »weichen Faktoren« wie z.B. der Personal- und Organisationsentwicklung zu verknüpfen.

Kompetenz und Leistungsfähigkeit entwickeln

Qualifizierte Fachkräfte und wandlungsfähige Unternehmen sind entscheidende Faktoren im Innovationswettbewerb. Es bedarf eines geeigneten Klimas und unterstützender Strukturen, um Einfallsreichtum, Kreativität, Risikobereitschaft und Mut zu Neuem entfalten zu können. Es geht darum, eine Unternehmenskultur zu schaffen, in der sich Motivation und Leistungsfähigkeit bei jedem und jeder Einzelnen entfalten können.

Innovative Arbeit in Netzwerken gestalten

Netzwerke sind für Innovationen unerlässlich. Neue Ideen beruhen oft auf den Beiträgen von Individuen, doch erst im Rahmen der Kooperation zwischen Partnern und der Verknüpfung der Beiträge unterschiedlicher Akteure werden entscheidende Innovationserfolge errungen. Deshalb gilt es, interaktive Innovationsarbeit in besonderer Weise zu unterstützen. Es gilt, dafür günstige technologische und organisatorische Rahmenbedingungen zu gestalten. Nur so lassen sich die internen und externen, lokalen und verteilt eingebundenen Innovationspartner zu einem leistungsfähigen Innovationsnetzwerk zusammenführen.

Sechs Arbeitskreise

Ausgehend von dieser Vision nimmt die Strategische Partnerschaft »Fit für Innovation« einen umfassenden Blick auf das Thema Innovationsfähigkeit ein und adressiert in sechs Arbeitskreisen zentrale Handlungsfelder. Wer Innovationsfähigkeit nachhaltig stärken möchte, sollte sie alle stets im Blick haben:

- Innovationsprozesse managen
- Innovationskultur stärken
- Innovationskompetenz entwickeln
- Innovation in Netzwerken aufbauen
- Innovationsarbeit gestalten
- Gesundheit als Treiber für Innovation

In den Arbeitskreisen findet ein Austausch zwischen Vertretern aus Wirtschaft, Wissenschaft und intermediären Organisationen statt. Dadurch

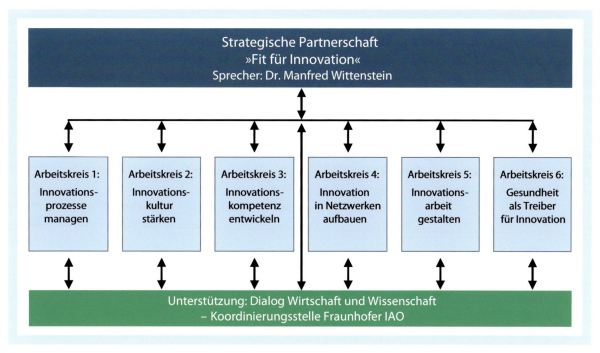

1 *Aufbauorganisation der strategischen Partnerschaft »Fit für Innovation«.*

fördern die Arbeitskreise den Erfahrungsaustausch zwischen Unternehmen und bringen den Dialog zwischen Unternehmen, Wissenschaft und Politik voran. Die Bandbreite der aktuell beteiligten Unternehmen umfasst dabei Kleinstunternehmen ebenso wie multinationale Konzerne, produzierende und Dienstleistungsunternehmen aus den verschiedensten Branchen, Traditionsunternehmen ebenso wie Unternehmen, die sich gerade erst am Markt etabliert haben.

Der Blick auf das jeweilige Arbeitskreisthema erfolgt dabei stets sowohl aus der Perspektive der angewandten Forschung als auch aus der betrieblichen Praxis heraus. Aktuelle Forschungsergebnisse werden durch praxisnahe Erfahrungsberichte der beteiligten Unternehmen ergänzt – und gegebenenfalls kontrastiert. Durch diese Zusammenführung erhalten Unternehmen direkten Zugang zum aktuellen Stand der Forschung und können diesen als Impulsgeber für die Weiterentwicklung der eigenen Innovationsfähigkeit nutzen. Gleichzeitig liefert die betriebliche Realität Anhaltspunkte dafür, welche Fragestellungen in diesem Zusammenhang eventuell noch nicht (ausreichend) beforscht sind.

»HORIZONTE 2020«

Gemeinsam werden in den Arbeitskreisen aktuelle Herausforderungen und zukünftige Entwicklungen in den Handlungsfeldern als »Horizonte 2020« diskutiert sowie Erfolgsfaktoren anhand herausragender Lösungen erörtert und wirksame Handlungsempfehlungen abgeleitet. Diese sollen Unternehmen und Beschäftigte in die Lage versetzen, Innovationen herbeizuführen und die dazu erforderlichen Veränderungen erfolgreich zu gestalten.

Begleitend zur Tätigkeit der Arbeitskreise wird ein Kompetenznetzwerk aufgebaut, das zur Aktivierung weiterer Organisationen für einen inhaltlichen Austausch zum Thema Förderung der Innovationsfähigkeit beitragen soll. Ihre Ergebnisse wird die Strategische Partnerschaft »Fit für Innovation« in Form von Broschüren und öffentlichen Workshops zur Verfügung stellen und so den Ergebnistransfer intensivieren und zum Aufbau eines nachhaltigen Netzwerks beitragen.

Die Arbeitskreise werden von namhaften Unternehmensvertretern geleitet und vom Fraunhofer IAO koordiniert und wissenschaftlich begleitet.

Sprecher der Strategischen Partnerschaft ist Dr. Manfred Wittenstein, Vorstandsvorsitzender der WITTENSTEIN AG.

WEITERE INFORMATIONEN

www.fitfuerinnovation.de

INTERVIEW

MIT DR. MANFRED WITTENSTEIN

Dr. Manfred Wittenstein, Vorstandsvorsitzender der WITTENSTEIN AG und Sprecher der Strategischen Partnerschaft »Fit für Innovation«

Fraunhofer IAO *Sehr geehrter Herr Dr. Wittenstein, Sie sind Sprecher der vom Bundesministerium für Bildung und Forschung und dem Europäischen Sozialfond geförderten Strategischen Partnerschaft »Fit für Innovation«. Wie steht es um den »Innovationsstandort Deutschland«?*

Manfred Wittenstein Deutschland positionierte sich in den einschlägigen internationalen Rankings der vergangenen Jahre wie z.B. dem Innovationsindikator des DIW zumeist im oberen Mittelfeld, teilweise auch in der Spitzengruppe. Dabei fällt jedoch auf, dass es anderen Ländern besser gelingt, ihre Innovationsfähigkeit weiter auszubauen, während Deutschland hierbei eher stagniert. Das ist sicher auch eine Frage der Innovationspolitik, die à jour sein muss. So ist in Deutschland leider immer noch Fehlanzeige zu konstatieren bei der steuerlichen Forschungsförderung. Die meisten OECD-Länder setzen längst auf dieses themenoffene Instrument. Um sich auf den Weltmärkten weiterhin erfolgreich behaupten zu können, ist Deutschland in Zukunft aber mehr denn je auf die Entwicklung und Vermarktung innovativer Produkte und Dienstleistungen angewiesen.

Fraunhofer IAO *Es gibt zur Zeit ja einige Initiativen, um die Innovationsfähigkeit und Innovationsdynamik von Unternehmen zu unterstützen. Was ist für Sie das Besondere an der Strategischen Partnerschaft »Fit für Innovation«?*

Manfred Wittenstein Ich glaube, diese Strategische Partnerschaft zeichnet sich durch zwei besondere Merkmale aus. Zum einen ist diese Form der Zusammenarbeit von Wirtschaft, Wissenschaft, Intermediären und Sozialverbänden sowie Politik ein innovatives Konzept, das ganz auf Netzwerke setzt. Der Zusammenschluss setzt Synergien frei, um gemeinsam Lösungsansätze zu entwickeln, wie das in Deutschland vorhandene Innovationspotenzial optimal ausgeschöpft und eine nachhaltige Innovationsfähigkeit gefördert werden kann.

Ein besonderes Merkmal der Partnerschaft ist für mich auch die Fokussierung auf die Frage »Wie gestalten wir die zukünftigen Arbeitswelten, damit Unternehmen ihre Innovationsfähigkeit erhalten können?« Innovationen werden von Menschen gemacht – daher gilt es, den einzelnen Menschen und seine Einbindung in die Organisation in den Blick zu nehmen, wenn man die Innovationsfähigkeit von Unternehmen in der Breite stärken möchte. Technologische Weiterentwicklungen und Durchbrüche sind notwendig, um verbesserte und neuartige Produkte am Markt anbieten zu können. Aber darüber hinaus sind auch soziale Innovationen in den Unternehmen zu fördern, welche gewissermaßen den Rahmen und die Grundlage hierfür schaffen.

Fraunhofer IAO *Was möchte die Strategische Partnerschaft erreichen und wie geht sie dabei vor?*

Manfred Wittenstein Zum einen geht es uns darum, wirkungsvoll und nachhaltig das gesellschaftliche Bewusstsein für die Bedeutung von Innovationsfähigkeit zu schärfen. Wir wollen aufzeigen, dass Innovationen erfolgsrelevant sind und Unternehmen dazu ermutigen, Neues zu wagen. Gleichzeitig möchten wir verdeutlichen, dass Innovationen »machbar« sind und den Mythos von der Innovation als Zufallseingebung einer genialen Einzelperson entzaubern. Auch bei Innovationen gilt: Erfolg hat viele Väter. Dies möchten wir erreichen, indem wir Unternehmen konkrete Beispiele guter Innovationspraxis sowie daraus abgeleitete Handlungsempfehlungen an die Hand geben, die sie als Impulse für die Gestaltung ihrer eigenen Innovationstätigkeit nutzen können.

Dazu haben wir unter der Federführung vernetzter Partner themenspezifische Arbeitskreise gebildet, in denen ein Erfahrungsaustausch zwischen Unternehmen und ein Dialog zwischen Unternehmen und Wissenschaft erfolgen. Die Arbeitskreise adressieren dabei sechs Handlungsfelder, die als besonders wichtig für die Förderung der Innovationsfähigkeit anzusehen sind: das Management von Innovationsprozessen, die Rolle der Unternehmenskultur, die Entwicklung von Innovationskompetenz, Aufbau von Innovation in Netzwerken, die Gestaltung von Innovationsarbeit sowie die Rolle von Gesundheit als Voraussetzung für Innovationsfähigkeit. Etwa 90 Beteiligte sind derzeit in den Arbeitskreisen aktiv und erarbeiten gemeinsam spezifische Zukunftsbedarfe, praxisnahe Handlungsempfehlungen und nachvollziehbare Darstellungen von herausragenden Unternehmensbeispielen im jeweiligen Themenfeld. Durch öffentliche Veranstaltungen der Arbeitskreise sollen weitere Unternehmen eingebunden und aktiviert werden. Alle Mitglieder der Strategischen Partnerschaft »Fit für Innovation« wirken dabei auch als Multiplikatoren für die Ergebnisse in ihren jeweiligen Netzwerken.

Fraunhofer IAO *Was sind für Sie die wesentlichen Kriterien und Bewertungsmaßstäbe für den Erfolg dieser strategischen Partnerschaft?*

Manfred Wittenstein Zentral ist hierbei für mich, ob es gelingt, neue gemeinsame Leitthemen zu identifizieren, welche die Arbeitskreise übergreifen und die für die Innovationsfähigkeit der Unternehmen in Zukunft von besonderer Relevanz sind. Zum anderen halte ich es für besonders wichtig, dass es gelingt, neben den aktuell Beteiligten weitere Akteure in diese Partnerschaft zu integrieren und nachhaltige Netzwerke aufzubauen, die über das Ende der Projektlaufzeit hinaus das Thema Innovationsfähigkeit vorantreiben.

Fraunhofer IAO *Herr Dr. Wittenstein, wird danken Ihnen für das Gespräch.*

KOMPETENZMANAGEMENT

STRATEGIEORIENTIERT KOMPETENZEN ENTWICKELN

ALEXANDER KARAPIDIS, BERND DWORSCHAK, HARTMUT BUCK

Hohe Innovationsfähigkeit und die Fähigkeit, sich immer wieder auf neue Wettbewerbsverhältnisse einzustellen, sind erfolgskritische Voraussetzung für den langfristigen Unternehmenserfolg. Eine zentrale Rolle spielen hierbei die Kompetenzen des Unternehmens, die sich durch Mitarbeiter und in intelligenten Prozessen und Strukturen der Organisation selbst manifestieren. Kompetenzen auf der Ebene der Mitarbeiter und der Ebene der Organisation, stellen somit die gesamte Fähigkeit des Unternehmens dar, sich auf neue Anforderungen einzustellen, um im Markt zu bestehen. Kompetenzen sind dabei für die Konkurrenz schwieriger zu kopieren als Produkte oder Technologien und stellen Markteintrittsbarrieren für potenzielle Mitbewerber dar.

Die Erschließung unternehmerischer Erfolgspotenziale, der zukünftige Innovationsbedarf sowie der Anstieg der Anforderungen an die Mitarbeiter stellen zentrale Ansatzpunkte für ein systematisches Kompetenzmanagement in Unternehmen dar. Die aktuelle Handhabung von Kompetenzmanagement in der Praxis – sofern überhaupt vorhanden – scheint jedoch noch wenig geeignet, die volle Wirkung und Leistungsfähigkeit des Ansatzes zu entfalten. Unternehmen stehen zunehmend vor der Aufgabe, sich rasch auf neue und veränderte Anforderungen einzustellen. Bei der Bewältigung dieser strategischen Managementaufgabe ist eine intelligente Organisations- und Personalentwicklung eine zentrale Stellschraube. Um die Unternehmen in dieser herausfordernden Situation wettbewerbsfähig zu halten, gilt es die Kompetenzen der Mitarbeiter und Organisationseinheiten aufzubauen, zu erhalten und zu entwickeln. Die Herausforderung besteht darin, das Kompetenzmanagement mit der Unternehmensperformance in Beziehung zu setzen sowie innerbetriebliche Lern- und Kompetenzentwicklungsprozesse darauf abzustimmen.

KOMPETENZEN MANAGEN

Der Versuch, Kompetenzen in Unternehmen zu managen, ist nicht neu: Seit Jahrzehnten stecken Personalabteilungen großer Unternehmen immense Aufwände in die Pflege und Fortschreibung von Fort- und Weiterbildungsprogrammen zur Entwicklung der Kompetenzen der Beschäftigen. Qualifikationsorientierte Konzepte orientieren sich dabei häufig an Abschlüssen oder Zertifikaten und adressieren die im Betrieb zu bewältigenden Arbeitsaufgaben nur unscharf. Im Gegensatz dazu sind Kompetenzmanagementkonzepte direkt auf Prozesse und Arbeitsaufgaben ausgerichtet und somit weitaus stärker für die Anforderungen in der Praxis ausgelegt. Während die klassische Personalentwicklung üblicherweise fast ausschließlich Maßnahmen wie Schulungen, Seminare, Kurse und Workshops für spezifische Tätigkeiten im Blick hat, geht Kompetenzmanagement darüber hinaus. Hier werden strategische Anforderungen und deren operative Umsetzung in Hinblick auf zu bewältigende Arbeitsaufgaben und Prozessanforderungen abgestimmt, synchronisiert und in spezifische Aktivitäten überführt. Dabei werden entsprechende Kompetenzen zur Bewältigung spezifischer Anforderungen entwickelt und nicht Weiterbildungsmaßnahmen nach dem »Gießkannenprinzip« mit geringen nachhaltigen Effekten durchgeführt. Eine besondere Rolle kommt hierbei Führungskräften zu, die die Kompetenzentwicklung von Mitarbeiterinnen und Mitarbeitern als eine ihrer Kernaufgaben begreifen müssen.

Strategieorientiertes Kompetenzmanagement erweitert die klassische Personalarbeit um eine strategische Komponente und eröffnet die Möglichkeit einer strategischen Anbindung. Trotz ausgefeilter Methoden der Strategieentwicklung wie z. B. Szenarioanalysen mangelt es nämlich beim Thema Kompetenz in den meisten Unternehmen nach wie vor an einer stringenten Anbindung der operativen »shop floor«-Ebene an strategische Unternehmensentscheidungen. Auch hier kommt Führungskräften – nicht zuletzt dem mittleren Management – eine besondere Rolle zu, obliegt ihnen doch oftmals die Aufgabe, die strategische Ausrichtung auf und für die operative Ebene zu »übersetzen«. Erst durch die Identifikation und Festlegung benötigter Kompetenzen und die Kompetenzbeurteilung mit integrierter Kompetenzentwicklung in Abstimmung mit innerbetrieblichen Lernprozessen wird eine effektive Anbindung der strategischen Unternehmensebene an den operativen Bereich ermöglicht.

LÖSUNGEN AUS DER PRAXIS FÜR DIE PRAXIS

Die bisherige Forschungslage zum Thema Kompetenzmanagement bietet kein ganzheitliches Modell, das alle Facetten des Kompetenzmanagements integriert. Dies schränkt die praktische Anwendung für Unternehmen ein. Einen für die integrative Nutzung zahlreicher Forschungsansätze entwickelten Ansatz bietet die DIN PAS 1093 »Personalentwicklung unter besonderer Berücksichtigung von Aus- und Weiterbildung – Kompetenzmodellierung in der Personalentwicklung«, die unter Mitwirkung des Fraunhofer IAO erarbeitet wurde. Die DIN PAS 1093 beschreibt einen Referenzrahmen, der unterschiedliche Facetten des Kompetenzmanagements darstellt und Vorlagen zur Nutzung beinhaltet.

Kompetenzaudit

Basierend auf der DIN PAS 1093 ist vom Fraunhofer IAO ein Kompetenzaudit entwickelt worden, das zur systematischen Bewertung und Optimierung von Kompetenzmanagement-Aktivitäten in Unternehmen dient.

Kern des Kompetenzaudits bildet eine Stärken-Schwächen-Analyse, die eine Bewertung mit konkreten Handlungsempfehlungen zur Optimierung von Kompetenzmanagement-Aktivitäten als Ergebnis liefert. Je nach Umfang des Erfüllungsgrads der im Audit enthaltenen Fragen werden ungenutzte Potenziale zur Optimierung der Kompetenzmanagement-Aktivitäten in Unternehmen identifiziert, d.h. anhand tatsächlicher Unternehmensaktivitäten in den Kompetenzbereichen Strategie, Modell, Messung, Bewertung, Entwicklung und Evaluation. Ausgerichtet auf die individuelle Unternehmenssituation und die jeweiligen Analyseergebnisse werden nach der Analyse konkrete Handlungsempfehlungen gegeben, die auf der Expertise des Fraunhofer IAO basieren.

Beratung zur Kompetenzentwicklung

Das Fraunhofer IAO unterstützt Produktions- sowie Dienstleistungsunternehmen bei der Analyse, dem Einsatz und der Optimierung von Kompetenzmanagement durch professionelle und zielorientierte Beratungsleistungen in Form von einzelnen Beratungstagen oder ganzen Projekten und überzeugt sowohl durch Erfahrung in vielen verschiedenen Bereichen des Kompetenzmanagements als auch durch Branchenexpertise. Auf Grundlage zahlreicher Projekte, Expertengespräche und -diskussionen baut das Fraunhofer IAO eine »Good practice«-Datenbank zu Aktivitäten, Modellen und Ansätzen des Kompetenzmanagements in Unternehmen auf, die den Kern der Beratungsaktivitäten darstellt.

Hieraus werden für Unternehmen erfolgreiche Beispiele abgeleitet, die zur Unterstützung spezifischer Fragestellungen in Fachseminaren und in Beratungsprojekten eingesetzt werden. Unternehmen können von dieser umfangreichen Sammlung guter Praxis profitieren und von den Erfahrungen anderer Unternehmen profitieren – durch die Expertise des Fraunhofer IAO werden Kompetenzmanagement-Aktivitäten in Unternehmen nachhaltig verbessert.

CHECK Kompetenzmanagement – Wie fit ist Ihr Unternehmen?

Ein Assessment-Tool des Fraunhofer IAO

1. Kompetenzstrategie

Gibt es in Ihrem Unternehmen eine Kompetenzstrategie, die schriftlich verfasst ist?
- Die Kompetenzstrategie im Unternehmen ist nicht schriftlich verfasst
- Die Kompetenzstrategie im Unternehmen ist nur teilweise schriftlich fixiert und lässt Spielräume für Interpretationen zu
- Im Unternehmen gibt es eine schriftlich verfasste Kompetenzstrategie
- keine Antwort möglich

Ist die Kompetenzstrategie im Unternehmen langfristig angelegt?
- Die Kompetenzstrategie des Unternehmens ist kurzfristig auf aktuelle Problemstellungen und/oder Einsatzszenarien angelegt
- Die Kompetenzstrategie des Unternehmens orientiert sich an mittelfristig auftretenden Fragestellungen des Unternehmens
- Die Kompetenzstrategie des Unternehmens orientiert sich an langfristig angelegten strategischen Fragestellungen
- keine Antwort möglich

Besteht eine einheitliche Kompetenzstrategie für das gesamte Unternehmen?
- Im Unternehmen gibt es verschiedene Kompetenzstrategien in für die unterschiedlichen Bereichen und die Mitarbeiter
- Im Unternehmen gibt es eine Kompetenzstrategie, die für das gesamte Unternehmen verbindlich ist, aber in Bezug auf die Mitarbeiter unterschiedlich angewendet wird
- Im Unternehmen besteht eine einheitliche Kompetenzstrategie, die für alle Bereiche und Mitarbeiter gleichermaßen gilt
- keine Antwort möglich

Gilt diese Kompetenzstrategie für alle Mitarbeiter im Unternehmen?
- Die Kompetenzstrategie wird für unterschiedliche Mitarbeitergruppen (wie z.B. FK, Service MA) unterschiedlich angewendet
- Die Kompetenzstrategie gilt für alle Mitarbeiter, wird aber nur bei einem Teil der Mitarbeiter eingesetzt bzw. angewandt
- Die Kompetenzstrategie gilt flächendeckend für alle Mitarbeiter im gleichen Maße, in welchem Bereich und auf welcher Hierarchiestufe sie sich auch befinden
- keine Antwort möglich

1 *Screenshot Kompetenzaudit.*

Industriearbeitskreise Kompetenzmanagement

Im Rahmen des Industriearbeitskreises »Kompetenzmanagement« wird ein auf die teilnehmenden Unternehmen zugeschnittenes, bedarfsgerechtes Beratungspaket zusammengestellt. Mit Hilfe der am Fraunhofer IAO entwickelten Kompetenzmanagement-Methodik werden jeweils fünf bis acht Unternehmen mit vergleichbaren thematischen Schwerpunkten gemeinsam Fragestellungen skizzieren und mit Fachexperten erste Lösungsansätze diskutieren und erarbeiten. Im Mittelpunkt steht die effektive Anbindung der operativen Ebene an die Unternehmensstrategie durch die Identifikation und Modellierung relevanter Kompetenzen sowie die Messung und Bewertung von Kompetenzpotenzialen. Ziel ist es, die für die Strategieerfüllung notwendigen Kompetenzlücken im Unternehmen zu schließen und dies im Rahmen einer Erfolgsmessung transparent zu machen. Der Austausch zwischen den teilnehmenden Unternehmen ermöglicht es von erfolgreichen Lösungsansätzen anderer Unternehmen zu profitieren und gleichzeitig unpraktikable Entwicklungsschritte im eigenen Unternehmen zu vermeiden. Durch die langjährige Praxiserfahrung des Fraunhofer IAO, bei Bedarf ergänzt durch weitere betriebliche Fachexperten im Bereich Kompetenzmanagement, wird ein nutzenorientiertes und effektives Vorgehen gewährleistet.

Kompetenzmanagement international

Die internationale Konferenz »Professional Training Facts«, die das Fraunhofer IAO seit 2005 jährlich ausrichtet, widmet sich aktuellen Entwicklungen und Trends im Themenfeld Kompetenzmanagement und betrieblicher Weiterbildung. Die Veranstaltung bietet potenziellen Anwendern und Entwicklern ein Forum, um Erfahrungen und Informationen aus der Personal- und Organisationsentwicklung auszutauschen. Auf dem Programm stehen sowohl neue Trends und Herausforderungen als auch Lösungen und Praxisbeispiele aus Unternehmensperspektive. Referenten aus Unternehmen und Forschungsinstituten stellen Methoden, Konzepte und Strategien vor, wie der Dreiklang aus »Learning-Competence-Performance« heute und in Zukunft gestaltet werden kann.

Die Professional Training Facts-Konferenz eignet sich in besonderer Weise für betriebliche Experten, die sich mit den Themen technologiegestützte Weiterbildung und Kompetenzmanagement professionell beschäftigen. Weitere Zielgruppen sind Entscheidungsträger aus der Industrie, Experten aus dem Bildungsbereich, der Wirtschaft und dem öffentlichen Dienst sowie der anwendungsorientierten Wissenschaft.

Im Rahmen der Veranstaltung können sich Unternehmen einen Überblick über die wichtigsten Themen, Herausforderungen, Trends und Lösungen verschaffen. Hier trifft man betriebliche Experten, lernt deren Standpunkte und Vorgehensweisen kennen und erweitert dadurch das eigene Kontaktnetzwerk in der nationalen und internationalen Bildungsszene. Von Unternehmen werden zahlreiche Praxisbeispiele präsentiert, die als Anregungen für eigene betriebliche Fragestellungen dienen. Darüber hinaus bestehen vielfältige Möglichkeiten, auch eigene Erfahrungen mit Referenten und Teilnehmern auszutauschen. Die Konferenz eignet sich auch in besonderer Weise, um Partner für Umsetzungsprojekte aus Wirtschaft und angewandter Forschung für eigene Aktivitäten zu identifizieren und zu gewinnen. Darüber hinaus erleichtern die zahlreichen Beiträge zu spezifischen Fragestellungen die Einschätzung, wie effektiv aufgezeigte Lösungen z.B. im Bereich der Performancesteigerung durch ein effektives Lernmanagement im Spannungsfeld zwischen Zeit, Kosten und Qualität sind.

WEITERE INFORMATIONEN

www.professional-training-facts.de

DIENSTLEISTUNGS-PRODUKTIVITÄT

PRODUKTIVITÄT VON DIENSTLEISTUNGEN VERSTEHEN, MESSEN UND GESTALTEN

WALTER GANZ, INKA MÖRSCHEL

Dienstleistungen sind zweifelsohne ein sehr wichtiger Wirtschaftsfaktor für Deutschland und in vielen Branchen zuhause. Sie sind es auch, durch die viele Unternehmen erst neue Geschäftsfelder, häufig auch in Verbindung mit neuen Technologien, erschließen. Rund um das Thema »Produktivität von Dienstleistungen« gibt es viele Fragen, auf die Wirtschaft und Wissenschaft Antworten suchen. Ziel ist es, Dienstleistungsproduktivität zu verstehen, zu messen und zu gestalten. Aber wie funktioniert das?

BEISPIEL TANGO-WORKSHOP

Zur Veranschaulichung des abstrakten Themas bzw. dessen Herausforderungen soll folgendes Beispiel aus dem Freizeitbereich skizziert werden: Ein Tanzunterricht – speziell ein Tango-Workshop. Auf der einen Seite haben wir den Veranstalter, die Tanzschule, auf der anderen Seite Teilnehmerinnen und Teilnehmer, die Kunden bzw. Tanzschüler.

Anbietersicht / Dienstleistersicht

Für einen konkreten Termin und Ort bietet die Tanzschule einen Workshop an und hat die Anforderungen im Vorfeld kommuniziert, z.B. Anmeldung eine Woche vor Termin notwendig, Vorkenntnisse durch Anfängerkurs sind vorteilhaft, Tanzschuhe sind mitzubringen, Teilnehmer ohne Tanzpartner müssen dies bei Anmeldung angeben.

Das Angebot ist im Internet ausgeschrieben. Um einen allgemeinen Eindruck bzw. Einblick der Tanzschule zu vermitteln, wurde ein Internetauftritt mit vielen Fotos, Berichten, Musik sowie Videos erstellt. Für den Workshop stellt die Tanzschule die Tanzlehrer, die Räumlichkeiten, die Musikanlage inkl. Musik und Verpflegung. Ihr Ziel ist, möglichst viele Teilnehmer von der Tanzschule sowie für Tango zu begeistern um die Profitabilität des Workshops und letztendlich der Tanzschule sicherzustellen. Auf Ebene des einzelnen Workshops bedeutet dies eine optimale Auslastung bzw. Belegung durch die maximale Teilnehmerzahl; ebenso wichtig sind zufriedene Kunden sowie zufriedene Mitarbeiter, hier Tanzlehrer und Servicepersonal. Ausschlaggebend ist wohl der einmalige Spaßfaktor und Lernerfolg und in diesem Zusammenhang auch die Kompetenz der Tanzlehrer, die Didaktik, der gesamte Ablauf der Veranstaltung, die Ausstattung, die Wahl und Akustik der Musik und schließlich auch die administrative Abwicklung. Über die Zufriedenheit der Teilnehmer soll eine langfristige Bindung aufgebaut werden, so dass nach dem Workshop weitere Veranstaltungen gebucht werden; darüber hinaus sind zufriedene Teilnehmer ein idealer Werbekanal für Mund-zu-Mund-Propaganda.

Die Tanzschule kann für einen optimalen Workshop ihre Inputfaktoren mit großer Sorgfalt vorbereiten und ein entsprechendes Qualitätsangebot an potenzielle Kunden unterbreiten. Für die konkrete Vorbereitung des Tango-Workshops kann sich die Tanzschule direkt bei den Teilnehmenden informieren, z.B. über Erfahrungen und Geschlecht, um einen möglichst optimal besetzten Termin veranstalten zu können.

Ebenso sollte sich die Tanzschule über die gewünschten Outputfaktoren bewusst werden. Die Leistung an sich wird allerdings erst durch die Interaktion mit dem Kunden erstellt, denn ohne Tanzschüler findet kein Workshop statt. Vor allem in dieser Interaktionskomponente liegt der eigentliche Unsicherheitsfaktor für die Tanzschule, z.B. wie zuverlässig sind die Teilnehmer in Bezug auf Erscheinen und Bezahlung; wie gut erfüllen sie die von der Tanzschule genannten Voraussetzungen zur Teilnahme; wie sieht es mit der Lernfähigkeit aus.

Kundensicht

Grundsätzlich kann davon ausgegangen werden, dass allen Teilnehmern ein Interesse am Erlernen des Tangotanzens gemein ist. Allerdings bringt jeder Einzelne individuelle Erwartungen im Sinne von Outputfaktoren und unterschiedliche Voraussetzungen mit. Diese kommuniziert der Teilnehmer eventuell vorher, z.B. welche Vorkenntnisse er hat oder ob er noch einen Tanzpartner benötigt. Die Teilnehmer bringen ausreichend finanzielle Ressourcen sowie eine Ausstattung entsprechend den Anforderungen der Tanzschule, z.B. Tanzschuhe, mit.

Ein potenzieller Teilnehmer informiert sich über verschiedene Kanäle und nimmt Kontakt zur Tanzschule auf. Die Gründe, warum sich die Teilnehmenden genau diese Tanzschule ausgewählt haben, sind wohl sehr unterschiedlich: positive Berichte von Freunden, ein Bericht in der Zeitung, Werbung im Internet/Zeitung/Zeitschrift oder Tanzvorführung von anderen Tanzschülern, usw. Mit diesem Bild kontaktieren sie die Tanzschule und gleichen ihre Anforderungen bewusst und unbewusst ab, z.B. Termin, Gebühr, Tanzstil, Voraussetzungen, zusätzliche Services.

In der Abb. 1 sind aus der jeweilgen Sicht (Anbieter/Kunde) Beispiele zu Produktivitätskomponenten, d.h. für Input- und Outputfaktoren sowie Qualitäts-aspekte zusammengefasst. Die Dienstleistungserbringung im engeren Sinne erfolgt, wenn der Tango-Workshop stattfindet, d.h. wenn alle so genannten Produktionsfaktoren zusammenkommen. Dabei findet Interaktion zwischen Mitarbeitern der Tanzschule und den Teilnehmern, aber auch zwischen den Teilnehmern statt.

Gerade beim Tango tanzen ist die Entstehung einer emotionalen Verbindung zwischen den Tanzenden das Highlight. Dieses ist aber auch ein Aspekt, der von vielen Faktoren abhängt. Auf den ersten Blick scheint es schwierig zu sein, Einfluss darauf zu nehmen, da dies durch die »Chemie« zwischen den Tanzenden entsteht. Schaut man genauer hin, sind aber auch die Vermittlung von Techniken, die Musik sowie das Service Setting, indem sich alle bewegen, nicht zu vernachlässigende Einflussfaktoren. Schließlich bleiben die Fragen, warum war es ein gelungener oder missglückter Tanz-Workshop und welche Faktoren haben welchen Einfluss?

DIE STRATEGISCHE PARTNER-SCHAFT »PRODUKTIVITÄT VON DIENSTLEISTUNGEN«

Das Beispiel des Tango-Workshops zeigt, wie schwierig es ist, den Begriff der Produktivität zu definieren, die Produktivität zu messen und zu gestalten. Um sich den Herausforderungen zu diesem Thema mit gebündelter Kraft zu stellen, wurde auf Initiative des Bundesministeriums für Bildung und Forschung (BMBF) eine strategische Partnerschaft zum Thema »Produktivität von Dienstleistungen« gestartet. Das Fraunhofer IAO begleitet diese strategische Partnerschaft, die eine enge Kooperation zwischen Wirtschaft, Wissenschaft und Politik nach dem Modell einer Public-Private-Partnership ist. Sie verfolgt die übergreifende Verknüpfung von Fragen der Dienstleistungsproduktivität mit zentralen Fragen des Innovationsmanagements für Dienstleistungen und treibt die forschungspolitische Diskussion in diesem Themenfeld voran. Ziel ist die inhaltliche Weiterentwicklung des gesamten FuE-Bereichs der Dienstleistungsproduktivität. Sie begleitet den gleichnamigen Förderschwerpunkt und das Förderprogramm »Innovationen mit Dienstleistungen« des BMBF.

Die übergreifende Verknüpfung von Fragen der Dienstleistungsproduktivität mit zentralen Fragestellungen des Innovationsmanagements für Dienstleistungen sowie das Vorantreiben der forschungspolitischen Diskussion zur Produktivität von Dienstleistungen sind dabei zentrale Ziele. Darüber hinaus verfolgt sie die inhaltliche Weiterentwicklung des gesamten Forschungs- und Entwicklungsbereichs der Produktivität von Dienstleistungen.

Die Aufgaben der strategischen Partnerschaft sind es, durch einen strukturierten Prozess den Förderschwerpunkt »Produktivität von Dienstleistungen« (inkl. Vernetzung der Forschungsvorhaben) zu begleiten und Impulse für die Weiterentwicklung des Förderprogramms »Innovationen mit Dienstleistungen« des BMBF zu liefern. Sie trägt zu einer aktiven Vernetzung mit nationalen, europäischen und internationalen Aktivitäten der Dienstleistungsforschung und Innovationspolitik bei und stärkt dadurch das Thema »Dienstleistungsproduktivität« im öffentlichen Bewusstsein. Die strategische Partnerschaft fördert die Untersuchung analytischer Voraussetzungen und treibt das Arbeiten an Indikatoren und Statistiken voran. Des Weiteren trägt sie zu einem breiten Wissenstransfer zwischen

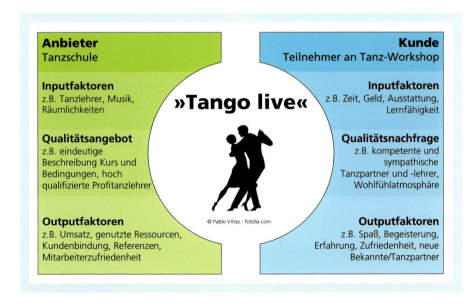

1 *Produktivitätskomponenten »Tango live«.*

2 *Arbeitsstruktur der strategischen Partnerschaft »Produktivität von Dienstleistungen«.*

Wissenschaft und Wirtschaft bei und formuliert FuE- und Handlungsempfehlungen an die Akteure (Unternehmen, Bildungsinstitutionen, Intermediäre, Politik, Wissenschaft) in Form von Produktivitätsleitlinien. Die Arbeitsstruktur ist in Abb. 2 dargestellt.

Das Wissensnetzwerk gestaltet die Austauschprozesse zwischen allen Beteiligten durch eine Vernetzung in Form von Arbeitskreisen. Vorrangige Aufgaben sind der Aufbau und die Intensivierung von Kooperationen auf nationaler und internationaler Ebene, die Nutzung von Synergien aus Forschungsarbeiten zum Thema »Produktivität von Dienstleistungen« und die Erprobung in der Praxis. Acht Arbeitskreise bilden aktuell den Kern des Wissensnetzwerks:

1. Produktivität von Dienstleistungssystemen
2. Produktivität in der Dienstleistungsentwicklung
3. Produktivität von Dienstleistungsarbeit
4. Dienstleistungsproduktivität mit Technologien
5. Controlling für die Dienstleistungsproduktivität
6. Dienstleistungsproduktivität mit KMU
7. Mikro-/Makroökonomische Aspekte der Dienstleistungsproduktivität
8. Wissenschaftliche Basis und Service Science

Ein Beirat unterstützt die Arbeit des Wissensnetzwerks. Er setzt sich aus hochrangigen Unternehmensvertretern, Wissenschaftlern, Intermediären, dem Innovationsbüro und dem BMBF zusammen. Die Mitglieder sind angesehene Experten auf mindestens einem Bedarfs-/ Innovationsfeld aus der Hightech-Strategie. Sie beraten in regelmäßigen Sitzungen über die Ergebnisse und die Weiterentwicklung der strategischen Partnerschaft sowie den Einfluss auf die Weiterentwicklung des gesamten FuE-Bereichs von Dienstleistungen, insbesondere bezogen auf Produktivität. Somit hat der Beirat eine Impuls-, Evaluations- und Öffentlichkeitsfunktion für die Forschungs- und Innovationspolitik.

Das Innovationsbüro beschäftigt sich mit inhaltlichen und organisatorischen Aufgaben innerhalb der strategischen Partnerschaft. Dazu gehören die Öffentlichkeitsarbeit sowie übergreifende internationale und nationale Aktivitäten (Monitoring, Vernetzung, Veranstaltung) und die Wissensrückkopplung. Das Innovationsbüro wird vom BMBF gefördert (Förderkennzeichen 01F09003).

WEITERE INFORMATIONEN

www.service-productivity.de

STRATEGISCHE PARTNERSCHAFT
PRODUKTIVITÄT VON DIENSTLEISTUNGEN

GESUNDHEITSPRÄVENTION

GESCHÄFTSMODELLE IM UNGEREGELTEN GESUNDHEITSMARKT

DANIEL ZÄHRINGER, FLORIAN KICHERER

GESUNDHEIT ALS POTENZIAL

Prävention und Gesundheitsförderung leisten einen wesentlichen Beitrag, um Menschen zu einem möglichst langen, selbstbestimmten und unabhängigen Leben zu verhelfen. Durch mehr Bewegung, eine ausgewogene Ernährung, Tabakabstinenz und die Vermeidung von Übergewicht lassen sich die typischen Krankheitspfade, wie z.B. Herz- und Kreislauferkrankungen, aber auch Erkrankungen der Atemwege, der Verdauungsorgane und des Muskel-Skelett-Systems, durchbrechen. Prävention und Gesundheitsförderung tragen dazu bei, dass die gesundheitsbezogene Lebensqualität erhalten oder verbessert wird. Neben dem individuellen Nutzen aus Prävention und Gesundheitsförderung – in Form von Leistungsfähigkeit und Mobilität – wird auch Nutzen auf gesellschaftlicher Ebene erwartet: Prävention und Gesundheitsförderung besitzen das Potenzial, Kurationskosten von Erkrankungen zu senken (vgl. Zähringer, Kicherer 2011 und die darin genannten Quellen).

Im Gegensatz zum »ersten Gesundheitsmarkt« – die klassische, größtenteils von den gesetzlichen und privaten Krankenversicherungen getragene Gesundheitsversorgung – hat sich in den letzten Jahren in Deutschland ein sogenannter »zweiter Gesundheitsmarkt« entwickelt. Dabei sind reine Anbieter von Technologien ebenso vertreten wie Unternehmen, die ausschließlich Dienstleistungen anbieten. Doch wer bietet welche Leistungen wie an? Wer sind dabei die Adressaten? Wie kann damit am Ende des Tages Geld verdient werden?

GESCHÄFTSMODELLE ALS ENTWICKLUNGS- UND GESTALTUNGSHILFSMITTEL

Der Geschäftsmodellansatz bietet eine »Blaupause« oder eine »Vogelperspektive« auf die Geschäftsstrategie und deren zentrale Gestaltungsmerkmale zur Umsetzung. Geschäftsmodelle verbinden eine Innen- und eine Außensicht auf die betrachten Einheiten. Die Innsicht macht deutlich, welche Rechte, Sachgüter und Dienstleistungen angeboten werden sollen und welche Vermögenswerte, Infra-

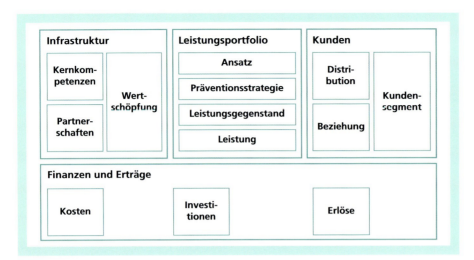

1 Geschäftsmodell mit seinen Facetten und Submodellen (Quelle: Zähringer, Kicherer 2011).

struktur und Ressourcen erforderlich sind, um das Leistungsangebot erstellen zu können. Die Außenperspektive betrachtet, an welche Kundensegmente die Leistungen über welche Vertriebskanäle und zu welchen Konditionen vertrieben werden sollen.

Für die einzelnen im Geschäftsmodell betrachteten Dimensionen – Infrastruktur, Leistungsportfolio, Kunden sowie Finanzen & Erträge – ergeben sich eine Vielzahl möglicher Gestaltungsmodelle. Welche Kompetenzen und gegebenenfalls welche Partner eingebunden sind, um die Leistungen erbringen zu können, wird z.B. in der Infrastrukturdimension beschrieben. Teile der zu gestaltenden Wertschöpfungskette können dabei auch an Partner ausgelagert sein. Die (Kern-) Kompetenzen haben erheblichen Einfluss auf das Leistungsportfolio, also die angebotenen Produkte und/oder Dienstleistungen. Die Kunden- und die Finanzdimension helfen, das Leistungsangebot konsequent am Markt auszurichten und den Kosten entsprechende Erlöse gegenüberzustellen.

Zahlreiche Akteure am deutschen Markt haben die Bedeutung von Leistungen zur Gesundheitsförderung erkannt. In den beschriebenen Fallbeispielen (Zähringer, Kircherer 2011) wurden neue Leistungen zur Gesundheitsförderung mit Hilfe einer systematischen Vorgehensweise entwickelt. Die einzelnen Geschäftsmodelle lassen sich dabei vier idealtypischen Geschäftsansätzen zuordnen: Dienstleistungsspezialisten, Technologiesystemanbieter, Orchestratoren und Integratoren.

TYPOLOGISIERUNG VON GESCHÄFTSMODELLEN BEI DER GESUNDHEITSPRÄVENTION

Unternehmen, die einem bestimmten Geschäftsmodelltyp zugeordnet werden können, unterscheiden sich von Unternehmen anderen Typs durch andere (Kern-) Kompetenzen, der Zusammenstellung des Leistungsportfolios und der Kundenansprache (vgl. Abb. 2).

»Dienstleistungsspezialisten« bieten ein breites Spektrum an Leistungen zur Gesundheitsförderung und Prävention an. Typischerweise erbringen die Unternehmen dieses Typs die angebotenen Leistungen gegenüber Kunden und Anwendern selbst. Für Dienstleistungsspezialisten ist die direkte Ansprache von Kunden mit z.T. erheblichem Marketingaufwand verbunden, da vielfach die Kundenbeziehung zu Endanwendern auf die Dauer der Teilnahme an einem bestimmten Programm befristet ist.

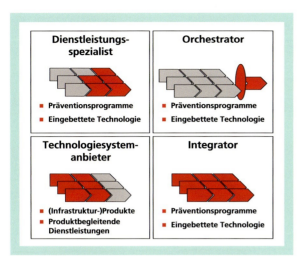

2   *Skizzenhafte Darstellung der Geschäftsmodelltypen (Quelle: Zähringer, Kicherer 2011).*

Mit dem Erreichen der Programmziele entlassen viele Dienstleistungsspezialisten Endanwender in die Eigenverantwortung, z.B. nach erfolgreicher Raucherentwöhnung. Auf der anderen Seite bedeutet dies allerdings auch, dass ständig neue Programmteilnehmer rekrutiert werden müssen. Dienstleistungsspezialisten versuchen daher dauerhafte Kundenbeziehungen zu Krankenkassen oder Unternehmen aufzubauen, da diese als Distributoren agieren und die Nachfrage bündeln.

»Technologiesystemanbieter« in der Gesundheitsprävention und -förderung entwickeln und produzieren Soft- oder Hardware. Diese unterstützt im Wesentlichen Interventionen zur Lebensstiländerung. Ergänzt wird das Leistungsportfolio um Dienstleistungen, die eng an die Produkte gebunden sind, wie Inbetriebnahme, Wartung oder Modernisierung. Technologiesystemanbieter setzen vergleichbar zu Dienstleistungsspezialisten ihre Leistungen größtenteils über Absatzkollektive wie Krankenkassen, Unternehmen oder Fitnessstudios ab. Ein eher kleiner Teil der Produkte und Software richtet sich direkt an Endanwender und wird an diese auch direkt vertrieben, wie z.B. elektronische Ernährungstagebücher.

»Orchestratoren« konfigurieren individuelle Leistungen aus der Vielzahl spezialisierter Angebote der Technologiesystemanbieter und Dienstleistungsspezialisten. Orchestratoren übernehmen in den Wertschöpfungsnetzen vielfach koordinierende Funktionen, oftmals ohne direkt in die Wertschöpfung bzw. Erbringung der Leistung zur Gesundheitsförderung bzw. Prävention eingebunden zu sein. Der Mehrwert der Orchestratoren liegt aus Perspektive der Anbieter und Partner im Netzwerk in der Bündelung der Nachfrage. Aus Perspektive von Endanwendern nehmen Orchestratoren eine Vorselektion aus der Vielzahl an Möglichkeiten vor, bieten den Endanwendern Orientierung und stehen mit ihrer Marke für qualitativ hochwertige Angebote.

»Integratoren« decken die Wertschöpfung von der Entwicklung und Herstellung von Software und Produkten über die Erbringung von Leistungen zur Gesundheitsförderung und Prävention gegenüber Kunden bis hin zur Kundenbetreuung weitgehend eigenständig und komplett ab. Sie besitzen fundierte Kompetenzen sowohl in technischen Bereichen als auch in den dienstleistungsorientierten Kompetenzbereichen wie Medizin/Pflege und Interaktion. Teilweise ergänzen Kompetenzen von Partnern die unternehmenseigenen Fähigkeiten beispielsweise bei Neuentwicklungen oder beim Erschließen neuer Kundengruppen. Das Leistungsangebot richtet sich sowohl an Kundenkollektive wie Krankenkassen und Arbeitgeber als auch direkt an Endverbraucher. Integratoren haben die Chance, direkt beim Endanwender die eigene Marke bekannt zu machen.

Technologiesystemanbieter bieten häufig sogenannte Persönliche Gesundheitssysteme (PGS) an. Potenzielle Käufer solcher PGS sind derzeit überwiegend Dienstleister (Dienstleistungsspezialisten oder Orchestratoren) – nicht die Endanwender selbst. Die dadurch hervorgerufene Problematik: die Endanwender bekommen ein PGS von ihrem Dienstleister, das sie nicht kennen bzw. nicht als eigenständige Marke wahrnehmen. Durch die fehlende Marke entfallen dann auch alle mit Marken verbundenen Vorteile, allen voran das einer (etablierten) Marke innewohnende Signal der Verlässlichkeit, Vertrautheit und Sicherheit. Es existieren aber auch Beispiele, bei denen Integratoren eigene PGS entwickeln, herstellen und vertreiben bzw. in eigene Lösungen einbetten. Die Mehrheit der PGS hat eine Dokumentationsfunktion. Endanwender bzw. Dienstleister können auf diese Daten zurückgreifen, um so z.B. Trainingspläne optimal zu gestalten. Einige PGS sind mit einer gewissen Intelligenz ausgestattet, so dass diese dem Anwender auch bei der Erfassung der jeweiligen Ausgangssituation bzw. der jeweiligen Trainingsplanung assistieren können. Eine dauerhafte Motivation oder weitgehende Assistenz kann aber derzeit nur in Kombination mit (menschlichen) Dienstleistern erfolgen.

MARKTERWARTUNG UND TREND

Von allen im Rahmen der Fallstudien befragten Unternehmen wird bei den Endverbrauchern eine verstärkte Sensibilisierung für Themen zur Gesundheitsförderung und Prävention wahrgenommen, was wiederum zur Erwartung von verstärkter Nachfrage solcher Produkte und Leistungen führt.

Krankenkassen zeigen aktuell bereits großes Interesse an solchen Leistungen und Anbieter setzen große Hoffnungen auf das Kundensegment der Arbeitgeber. Das Segment der Individualkunden gilt bislang jedoch eher als schwieriges Marktumfeld. Vor allem die Problematik der Kundengewinnung ist hier von hoher Bedeutung. Unternehmen die ein Geschäftsmodell vom Typ »Dienstleistungsspezialist« oder »Technologiesystemanbieter« verfolgen, haben hier wie bereits beschrieben mit größeren Schwierigkeiten zu kämpfen als bspw. »Orchestratoren« bzw. »Integratoren«. Um sowohl auf individueller als auch auf gesellschaftlicher Ebene das Potenzial zu erschließen, das Prävention und Gesundheitsförderung bieten, ist es weiterhin erforderlich, für die Bedeutung eines gesundheitsorientierten Lebensstils zu sensibilisieren.

LITERATUR

Zähringer, D.; Kicherer, F. (Hrsg.): Lifescience.biz – Geschäftsmodelle für kommerzielle Angebote zur Gesundheitsprävention: Fallstudien zu Geschäftsmodellen für Angebote zur Gesundheitsförderung und Prävention im deutschen Gesundheitsmarkt. Stuttgart: Fraunhofer Verlag, 2011.

WEITERE INFORMATIONEN

www.lifesciencebiz.de

HYBRIDE PRODUKTE

INNOVATIONSBEWERTUNG FÜR PRODUKTBEZOGENE DIENSTLEISTUNGEN

MIKE FREITAG, THORSTEN ROGOWSKI

Innovationen sind die Triebfedern für die Wettbewerbsfähigkeit deutscher Unternehmen und die Sicherung des Standorts Deutschland. Speziell der Mittelstand ist darauf angewiesen, Produkte und Dienstleistungen wettbewerbsfähig anbieten zu können, um neue Märkte zu erschließen und Arbeitsplätze zu schaffen.

Ein dringender Handlungsbedarf liegt daher in der Verbesserung des Managements von Innovationen und Dienstleistungen bei produzierenden kleinen und mittelständischen Unternehmen (KMU). Voraussetzung dafür ist, vorhandene Potenziale zu erkennen und konsequent zu nutzen.

Im Besonderen verstehen sich produzierende Unternehmen immer häufiger als Systemanbieter und -integratoren, das heißt, sie liefern ihren Kunden umfassende Lösungen, die in immer stärkerem Maße auch produktbegleitende Dienstleistungen beinhalten. Untersuchungen zeigen, dass diese Unternehmen durch den Ausbau ihres Servicegeschäfts nicht nur ihre Kundenbindung erhöhen, sondern auch deutlich höhere Gewinnmargen erwirtschaften.

Entscheidungsträger dieser produzierenden Unternehmen sehen daher in der Etablierung oder der Ausweitung des Dienstleistungsgeschäfts zunehmend einen Baustein und eine wichtige Zukunftsoption (Kuhn et al. 2009), da der Anteil von Dienstleistungen an der Wertschöpfung zunimmt (Dispan et al. 2009). Daher stehen Unternehmen vor der Herausforderung, ihre Innovationsfähigkeit ganzheitlich zu verbessern und dabei vor dem Hintergrund der aktuellen Herausforderungen produktbegleitende Dienstleistungen verstärkt zu betrachten. Allerdings müssen sich die Entscheidungsträger schnell in die komplexen Zusammenhänge der Dienstleistungsentwicklung einarbeiten, um so auch dieses Zukunftsfeld langfristig abdecken zu können. Eine Möglichkeit, sich einen einfachen Überblick darüber zu verschaffen, ist die Anwendung des Tools »InnoScore Service«. Damit wird Unternehmen die Möglichkeit gegeben,

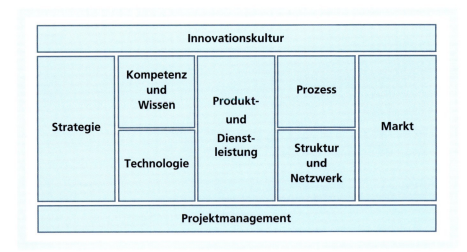

1 *Die neun Gestaltungsfelder für gutes Innovationsmanagement.*

mit geringen Aufwand erste Angriffspunkte zur Optimierung ihrer Dienstleistungsentwicklung zu erkennen. Anhand eines umfassenden Benchmarks ist es so möglich, die eigene Situation realistisch und objektiv einzuschätzen, Handlungsbedarf abzuleiten und methodische Unterstützung vorzuschlagen.

DAS »INNOSCORE SERVICE«

»InnoScore-Service« ermittelt die Innovationsfähigkeit eines Unternehmens auf Basis von neun Gestaltungsfeldern (vgl. Abb. 1). Der Test dauert 15 bis 20 Minuten. Die Ergebnisse der persönlichen Auswertung werden anhand eines Benchmarks von 126 Unternehmen aufgezeigt.

Es müssen insgesamt 31 Fragen mit je fünf Auswahloptionen von »gar nicht«, »eher weniger« bis zu »eher ja«, »trifft voll zu« und »keine Antwort« beantwortet werden. Am Ende des Online-Frageblocks steht eine individuelle Aus- und Bewertung der Innovationsfähigkeit des Unternehmens, dem der »InnoScore Service« als Selbstbewertungsinstrument dient. Zu denjenigen InnoScore Service-Indikatoren, die auf den jeweiligen Gestaltungsfeldern Verbesserungspotenzial aufweisen, liefert das Tool Handlungsempfehlungen und Praxisbeispiele von Unternehmen mit einer exzellenten Innovationsfähigkeit. Die persönliche Auswertung des Tools kann als wichtige Basis fungieren, aufgrund derer Entwicklungspotenziale identifiziert und anschließend auch ausgeschöpft werden können.

DAS INNOSCORE SERVICE-MODELL

Das InnoScore Service-Modell zur Bewertung und Steigerung der Innovationsfähigkeit für die Entwicklung produktbegleitender Dienstleistungen beruht auf dem Fraunhofer InnoScore-Modell (Spath at al., 2006). Das Modell hat den Anspruch, möglichst umfassend zu sein, aber gleichzeitig einen relativ hohen Detaillierungsgrad bei der Messung der Innovationsfähigkeit eines Unternehmens zu ermöglichen. Entlang des Innovationsprozesses gibt es neun relevante Gestaltungsfelder. Diese Gestaltungsfelder erlauben die Messung, die Bewertung und die gezielte Steigerung der Innovationsfähigkeit bei der Entwicklung produktbegleitender Dienstleistungen. Anhand der Ausprägung innerhalb dieser Gestaltungsfelder lassen sich innovative von weniger innovativen Unternehmen unterscheiden. Die neun Gestaltungsfelder sind in Abb. 1 dargestellt.

ERGEBNISSE DES ONLINE-TOOLS

Die Ergebnisse werden grafisch dargestellt. Die Auswirkung der Mittelwerte des Beispielunternehmens in Abb. 2 zeigt, dass dessen Innovationsfähigkeit über dem Benchmark liegt. Die Gestaltungsfelder »Strategie«, »Kompetenzen« und »Wissen« sowie »Prozess« wurden jedoch unterschiedlich bewertet. Hier liegen vermutlich hohe Verbesserungspotenziale. »InnoScore Service« liefert in direktem Anschluss an die persönliche Auswertung zusätzliche Informationen zu den einzelnen Gestaltungsfeldern.

Im direkten Anschluss an die persönliche Auswertung liefert das Tool als letzten Schritt spezifische Handlungsempfehlungen, die die Bewertung ergänzen. So erhalten die Unternehmen zusätzliche Informationen zu den Gestaltungsfeldern. Für die Felder mit dem größten Verbesserungspotenzial werden beispielhaft Methoden und Fallbeispiele angeboten.

Das Tool »InnoScore Service« gibt somit in kurzer Zeit einen Überblick über die Innovationsfähigkeit eines Unternehmens mit speziellem Fokus auf produktbegleitende Dienstleistung. Der komplette Prozess, von der Datenerhebung über das Benchmarking und erste Empfehlungen, ist geführt und kann mit wenig Aufwand das Bewusstsein schärfen und die Transparenz über wichtige Erfolgsfaktoren bei der Entwicklung produktbegleitender Dienstleistungen verbessern.

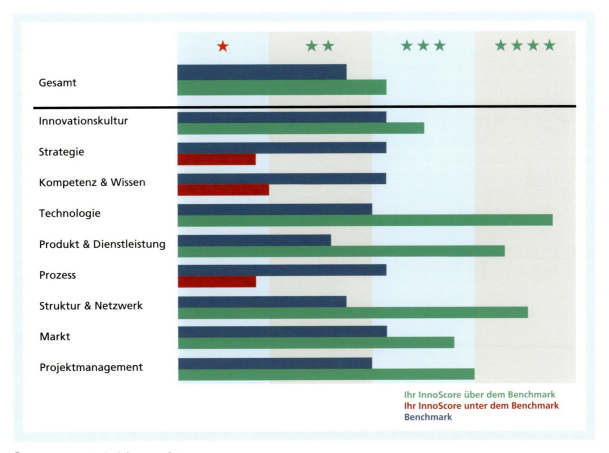

2 Auswertung Beispielunternehmen.

AUSBLICK

Mit »InnoScore Service« steht Unternehmen ein bewährtes Benchmarking-Tool zur Verfügung, das hilft, deren Innovationsfähigkeit zu verbessern und dadurch nachhaltig zu deren Erfolg beitragen kann. Unternehmen erhalten Transparenz über ihre Stärken und Schwächen bezüglich der Innovationsfähigkeit für produktbezogene Dienstleistungen. Sie können sich direkt mit ihren Mitbewerbern vergleichen und auf die zunehmende Bedeutung produktbezogener Dienstleistungen reagieren.

Einerseits dient das Online-Tool dazu, eine verbesserte Innovationsfähigkeit zu erzielen, andererseits gilt es diese aber auch dauerhaft beizubehalten und überprüfen zu können. Eine wiederholte Nutzung des Tools gestattet eine kontinuierliche Erfolgskontrolle von umgesetzten Maßnahmen zur Steigerung der Innovations- und Leistungsfähigkeit, speziell auch in Verbindung mit produktbegleitenden Dienstleistungen. Darüber hinaus können die Ergebnisse in der Kommunikation mit Dritten z.B. bei Banken zur Unterstützung bei der Kreditvergabe/Einschätzung der Zukunftsfähigkeit oder im Rahmen von Auditierungen oder der Lieferantenentwicklung unterstützend eingesetzt werden. Zudem können teilnehmende Unternehmen von bewährter Evaluierungsmethodik des Fraunhofer IAO profitieren. »InnoScore Service« steht jedem Unternehmen kostenlos zur Verfügung, das die Chance auf ein unmittelbares Feedback nutzen möchte.

LITERATUR

Dispan, J.; Krumm, R.; Seibold, B.: Strukturbericht Region Stuttgart 2009. Entwicklung von Wirtschaft und Beschäftigung, Schwerpunkt: Umbruch in der Automobilregion: IMU Institut, 2009.

Kuhn, M.; Kollmann, V.; Zajontz, Y.: Erfolgsfaktoren industrieller Dienstleistungen. Eine branchenübergreifende Homogenität von Erfolgsgaranten. In: Industrie-Management, Jg. 25, H. 6, 2009, S. 16-20.

Spath, D.; Aslanidis; S.; Rogowski, T.; Ardilio, A.; Wagner, K.; Bannert, M.; Paukert, M.: Die Innovationsfähigkeit des Unternehmens gezielt steigern; In: Bullinger, H.-J. (Hrsg.): Fokus Innovation, Kräfte bündeln, Prozesse beschleunigen. München: Hanser, 2006, S. 41-109.

WEITERE INFORMATIONEN

www.innoscore-service.de

SERVICE ENGINEERING

FORSCHUNGS- UND ENTWICKLUNGSMANAGEMENT FÜR DIENSTLEISTUNGEN

THOMAS MEIREN

Deutschland hat sich in den vergangenen Jahrzehnten zu einer Dienstleistungsökonomie gewandelt. Mittlerweile werden etwa 70 Prozent der Bruttowertschöpfung durch den Dienstleistungssektor erzielt und auch rund 70 Prozent aller Beschäftigten sind dort tätig. Hinzu kommt, dass selbst bei produzierenden Unternehmen Dienstleistungen stark an Bedeutung gewinnen – beispielsweise machen Services wie Wartung, Reparaturen und Schulungen in manchen Unternehmen schon heute 30 Prozent und mehr des Umsatzes aus.

Wenngleich dieser Wandel lange Zeit in Politik und Wirtschaft keine sonderliche Aufmerksamkeit erfahren hat, so ist in den letzten Jahren eine deutliche Trendwende zu beobachten. Immer mehr Unternehmen sehen im Anbieten kundengerechter Dienstleistungen eine wichtige Zukunftsaufgabe. Zu beobachten sind hierbei verstärkte Investitionen in die Verbesserung von Serviceleistungen, in die Ausrichtung der Unternehmensprozesse auf Kunden sowie in Schulungen von Mitarbeitern zur Professionalisierung der Kundenkommunikation.

Ein weiteres Themenfeld, das aktuell eine zunehmende Rolle in Unternehmen spielt, ist die Entwicklung neuer Dienstleistungsangebote. In Unternehmen trifft man nicht selten auf eine Vielzahl an Ideen für neue Dienstleistungen. Es bestehen jedoch erhebliche Defizite, wenn es darum geht, ob und wie sich diese Ideen gezielt in wettbewerbsfähige Angebote umsetzen lassen. Insbesondere stellt sich die Frage, welche Rahmenbedingungen in Unternehmen geschaffen werden müssen und durch welche organisatorischen Maßnahmen sich die Entwicklung neuer Dienstleistungen unterstützen lässt.

Diese und ähnliche Fragestellungen standen im Vordergrund einer internationalen Studie, die das Fraunhofer IAO zusammen mit dem Service Research Center der Universität Karlstad (Schweden) und der Hochschule für Wirtschaft in Luzern (Schweiz) durchführte. Insgesamt beteiligten sich 791 europäische Unternehmen an der Studie, darunter 202 Betriebe aus Deutschland. Damit handelt es sich um die weltweit größte Untersuchung, die bisher zu diesem Themengebiet durchgeführt wurde.

Zu Beginn wurden die Unternehmen um eine Einschätzung zur Bedeutung neuer Dienstleistungen gebeten. Dabei wurde unter anderem gefragt, wie

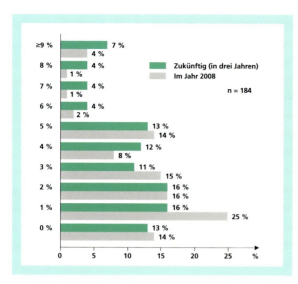

1 *Anteil der FuE-Aufwendungen für Dienstleistungen am Umsatz.*

hoch der Anteil neuer Dienstleistungen am Umsatz der Unternehmen ist.

Im Durchschnitt erzielten die befragten deutschen Unternehmen in 2008 15,9 Prozent ihres Umsatzes mit neuen, d.h. maximal drei Jahre alten Dienstleistungen. Bei kleinen und mittelständischen Unternehmen war der Anteil dabei höher (17,9 Prozent) als bei größeren Unternehmen (13,9 Prozent). Unternehmen rechnen in Zukunft mit einem höheren Umsatzanteil neuer Dienstleistungen und erwarten, dass dieser auf 22,1 Prozent steigt.

Wie sieht es nun aber aus, wenn es darum geht, für die geplanten Veränderungen entsprechende Forschungs- und Entwicklungs- (FuE-) Budgets bereitzustellen? Abb. 1 zeigt, dass in 2008 39 Prozent der deutschen Unternehmen nicht oder nur sehr wenig (maximal ein Prozent des Umsatzes) in die Entwicklung neuer Dienstleistungen investierte. Die befragten Unternehmen erwarten, dass dieser Anteil zukünftig sinkt (auf 29 Prozent). Auch der Anteil der Unternehmen, die mehr als fünf Prozent ihres Umsatzes in Forschung und Entwicklung investieren, verändert sich stark: er steigt von acht Prozent in 2008 auf 19 Prozent in drei Jahren. Dies verdeutlicht einen Trend, der sich schon seit den ersten Studien des Fraunhofer IAO auf diesem Themengebiet abzeichnet: Unternehmen sind mehr und mehr bereit, in Forschung und Entwicklung für neue Dienstleistungen zu investieren.

Für Unternehmen, die verstärkt in die Entwicklung neuer Dienstleistungen investieren, ist erfahrungsgemäß eine der zuerst auftauchenden Fragestellungen, wer im Unternehmen diese Aufgabe überhaupt übernehmen kann bzw. welche Unternehmensbereiche unterstützend mitwirken sollen. So etwa stellt sich bei zunehmendem Entwicklungsaufwand die Frage, ob die Schaffung einer eigenen Abteilung für die Dienstleistungsentwicklung sinnvoll ist.

Die Studie brachte zu Tage, dass nur ein vergleichsweise geringer Teil (14 Prozent) der befragten Unternehmen bereits über eine eigene Organisationseinheit für die Entwicklung von Dienstleistungen verfügt. Diese waren vor allem bei größeren Unternehmen zu finden. In den meisten Fällen (76 Prozent) wird jedoch die Dienstleistungsentwicklung von bestehenden Organisationseinheiten übernommen. Am häufigsten werden in der Studie die Geschäftsführung (51 Prozent), gefolgt von Marketing (35 Prozent), Vertrieb (29 Prozent) und Produktmanagement (27 Prozent) genannt. Während die Entwicklung neuer Dienstleistungen durch die Geschäftsführung vor allem in kleinen Unternehmen der Fall ist und darauf hindeutet, dass Dienstleistungen vielfach wenig systematisch, sondern eher ad-hoc entwickelt werden, handelt es sich bei Marketing, Vertrieb und Produktmanagement um kundennahe Unternehmensbereiche. Dies scheint in den befragten Unternehmen ein wichtiges Kriterium für die Delegation von Aufgabenstellungen der Dienstleistungsentwicklung zu sein.

Eine weitere regelmäßig praktizierte Option bildet die Einrichtung von Projektteams (65 Prozent), die

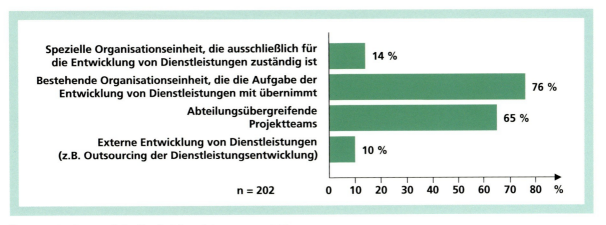

2 *Organisationsmodelle für die Dienstleistungsentwicklung.*

speziell für die Entwicklung neuer Dienstleistungen gegründet werden. Bei der Zusammensetzung der Projektteams spielen erneut Geschäftsführung und kundennahe Organisationseinheiten die größte Rolle. Auch externe Kooperationspartner und Berater sind vergleichsweise häufig in solche Projektteams eingebunden.

Am wenigsten verbreitet ist die komplette Fremdentwicklung von Dienstleistungen. Nur für zehn Prozent der befragten Unternehmen stellt das »Outsourcing« dieser Aufgabe eine praktikable Alternative dar. Dies ist insofern wenig verwunderlich, weil auch im Bereich der klassischen Produktentwicklung nur selten Entwicklungsaufgaben komplett an externe Partner vergeben werden.

Es bleibt festzuhalten, dass es aus Sicht der Praxis hinsichtlich der Organisationsform für die Dienstleistungsentwicklung keinen klaren »one best way« zu geben scheint. Dementsprechend werden in den Unternehmen eine Vielzahl unterschiedlicher Optionen gewählt, die zudem häufig parallel nebeneinander anzutreffen sind.

Insgesamt gesehen macht die Studie deutlich, dass in weiten Teilen des Dienstleistungssektors der Innovationsdruck auf die Unternehmen zunimmt und somit auch die Bereitschaft wächst, in die Entwicklung neuer Dienstleistungen zu investieren. Dabei wird zudem deutlich, dass auch der Unterstützungsbedarf auf diesem Gebiet steigt – dies betrifft sowohl die Lösung konkreter Problemstellungen bei der Durchführung einzelner FuE-Projekte als auch Fragen des FuE-Managements von Dienstleistungen. Insbesondere bei bisher innovationsarmen Unternehmen ist davon auszugehen, dass das Wissen für die Einrichtung einer professionellen »Entwicklungsumgebung« für Dienstleistungen nicht in ausreichendem Maße vorhanden ist und sich auch nicht ohne weiteres erwerben lassen wird. Letzteres sollte umso mehr ein Ansporn für anwendungsorientierte Forschungseinrichtungen und Beratungsunternehmen sein, ihre Arbeiten auf dem Gebiet des Service Engineering zu intensivieren und nach geeigneten Wegen des Transfers wissenschaftlicher Erkenntnisse in die betriebliche Praxis zu suchen.

Weitere Themenfelder der Studie waren Fragestellungen hinsichtlich der Strategie für neue Dienstleistungen, der organisatorischen Verantwortlichkeiten, der Einbindung von Kunden sowie der Effizienz und des Erfolgs der Dienstleistungsentwicklung.

WEITERE INFORMATIONEN

www.dienstleistung.iao.fraunhofer.de

ENGINEERING-SYSTEME

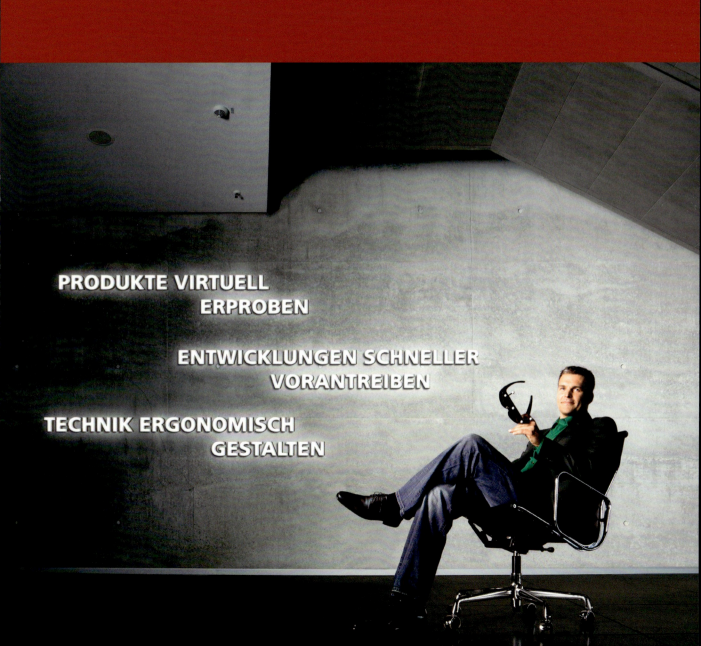

PRODUKTE VIRTUELL ERPROBEN

ENTWICKLUNGEN SCHNELLER VORANTREIBEN

TECHNIK ERGONOMISCH GESTALTEN

MANFRED DANGELMAIER (GESCHÄFTSFELDLEITER)

VIRTUELLES ENGINEERING SYSTEMATISCH VORANTREIBEN

Hohes Tempo in der Produktentwicklung ist heute ein Muss. Nur kurze Entwicklungszyklen sichern Vorsprünge und Marktpositionen. Die virtuelle Produktentstehung erlaubt es, schneller zu höheren Reifegraden zu gelangen und trotz kurzer Entwicklungszeiten viele Varianten zu berücksichtigen und zu bewerten. Das spart Fehlerfolgekosten sowie einen Teil der Kosten und des Zeitaufwands für physische Prototypen. Wir optimieren die Prozesse für ein vernetztes digitales Engineering im Unternehmen und bringen Produktentwicklung und Produktionsplanung zusammen. Dazu entwickeln und optimieren wir Systeme, die es ermöglichen, mittels Virtueller Realität Produkt und Produktion von Anfang an erlebbar zu machen. Auf diese Weise können in der Automobilindustrie, im Maschinen- und Anlagenbau, aber auch in der in der Baubranche virtuelle Modelle und Prozesse systematisch getestet und evaluiert werden.

TECHNIK ERGONOMISCH GESTALTEN

Der Mensch ist das Maß aller Dinge. Dies gilt vor allem für die Entwicklung von Technik für den Menschen. Wir beschäftigen uns deshalb intensiv mit der ergonomischen Produktentwicklung und ihren Methoden. Für unsere Kunden gestalten wir deren Produkte menschengerecht und prüfen die ergonomische Qualität von vorgeschlagenen Lösungen. Hierzu setzen wir auf Analysen von realen Benutzungssituationen, Virtuelles Engineering mit Virtueller Realität und Fahrsimulation, Rapid Prototyping, Usability Testing und interdisziplinäre Kompetenzen aus dem Engineering und der Psychologie.

MOBILITÄT NEU DENKEN

Der Technologiewandel zur Elektromobilität hat tiefgreifende Auswirkungen auf Wirtschaft und Gesellschaft. Wir unterstützen Unternehmen und Kommunen in Projekten und Netzwerken gleichermaßen, sich auf den anstehenden Systemwechsel hin zur Elektromobilität vorzubereiten. Wir begleiten Unternehmen auf dem Weg in neue Wertschöpfungsstrukturen und Geschäftsmodelle und entwickeln mit Partnern aus Wirtschaft und Wissenschaft urbane Mobilitätskonzepte für die elektromobile Stadt von morgen.

UNSERE SCHWERPUNKTTHEMEN

- Prozessoptimierung im digitalen Engineering
- Entwicklung von Technologien und Anwendungen für die Virtuelle Realität
- Human Factors Engineering an Benutzungsschnittstellen, Produkten und Arbeitssystemen
- Urbane Mobilitätskonzepte für Unternehmen und Kommunen

VIRTUELLE SICHTEN

DIE RICHTIGE PERSPEKTIVE FÜR ALLE – IMMERSIVE MEHRBENUTZERSYSTEME

MANFRED DANGELMAIER, ROLAND BLACH

Technologien für die Virtuelle Realität versetzen den Menschen in Welten, die im Computer erzeugt werden. Dabei geht es nicht nur um Unterhaltung oder Spiele, sondern auch um das Verstehen der Zukunft, das Vermitteln von zukünftigen Produkten, Fahrzeugen oder Gebäuden. Man spricht von immersiven Systemen, wenn der Benutzer gewissermaßen in die virtuelle Welt eintauchen kann. Dies erfordert entsprechende stereoskopische 3D-Anzeigesysteme und auch eine entsprechende 3D-Interaktion. Insbesondere ist dabei eine Verfolgung (Tracking) der Augen beziehungsweise des Kopfs notwendig, um die richtige Perspektive für den Benutzer zu berechnen.

Immersive Systeme zeichnen sich vor allem dadurch aus, dass sie Kommunikation unterstützen. Sie erlauben es, ein Produkt bereits in der Entwicklung erlebbar zu machen. Dies ermöglicht allen Beteiligten am Produktlebenszyklus bereits früh in der Entwicklung einen Zugang zum Produkt und damit eine qualifizierte Beteiligung am Entwicklungsprozess. Deshalb werden immersive Systeme in der Produktgestaltung vorwiegend für Teamarbeit, Präsentationen bzw. die Entscheidungsunterstützung eingesetzt.

Ein wesentlicher Nachteil der heute üblichen stereoskopischen Projektionssysteme besteht darin, dass sie nur für einen getrackten Benutzer die stereoskopische Perspektive korrekt darstellen. Dies ist vor allem beim Betrachten von Innenräumen in einem Projektionsraum (CAVE) oder beim gemeinsamen Betrachten von kleineren Objekten aus der Nähe problematisch. Deshalb besteht Handlungsbedarf bei der Entwicklung von so genannten Mehrbenutzersystemen, die diesen Mangel beheben.

Das im siebten Forschungsrahmenprogramm der Europäischen Kommission geförderte Vorhaben IMVIS »Immersive Multi-View System for Co-located Collaboration« hat es sich daher zur Aufgabe gemacht, Mehrbenutzersysteme zu entwickeln und ihre Anwendung an Beispielen aus der Automobilindustrie prototypisch aufzuzeigen.

Das Grundprinzip von projektionsbasierten Mehrbenutzer-Systemen kann wie folgt charakterisiert werden: Durch das Überlagern von je zwei Bildern pro Benutzer und die Trennung der Bilder durch entsprechende Brillen kann auf einem Projektionsschirm für jeden Benutzer eine individuelle Ansicht erzeugt werden. Der Einsatz dieses Verfahrens im Fall von immersiven stereoskopischen Systemen ermöglicht für jeden Benutzer die korrekte perspektivische Darstellung von 3D-Objekten. Im Projekt-Ansatz werden zwei Separationsverfahren kombiniert, um eine optimale Trennung zu erreichen. Die Ansichten für die einzelnen Benutzer werden zeitsequentiell durch Shutter-Techniken getrennt. Die Trennung der Stereosicht für das linke und rechte Auge für den einzelnen Benutzer erfolgt dagegen mit Hilfe von Polarisationsfiltern (Abb. 1).

PRINZIPIEN VON MEHR-BENUTZER-DISPLAYSYSTEMEN

Es existieren folgende Prinzipien für Mehrbenutzer-Displaysysteme:

- autostereoskopische Systeme,
- volumetrische Systeme,
- Datenhelme und
- projektionsbasierte Systeme.

Zur Erzeugung eines stereskopisch-räumlichen Bildes existieren dabei verschiedene Verfahren. Zeitsequentielle Shutterverfahren, bei denen die Bilder für das rechte und linke Auge der Benutzer nacheinander präsentiert werden, haben eine lange Tradition und basieren auf Grundgedanken von Hammond aus dem Jahr 1924 (Hammond, 1924). Kommerzielle Systeme zur Trennung von rechter und linker Ansicht durch sogenannte Shutterbrillen wurden von der Firma Stereographics Ende der 1980er Jahren entwickelt (Lipton, 1991). Polarisationsfilter als Alternative zur Bildtrennung wurden in den 1930er Jahren von Bernauer, Kaesemann, Land und Mahler eingeführt (Waack, 1985). Die Technik hat sich nur langsam weiterentwickelt und erfuhr durch das Aufkommen von interaktiven und immersiven 3D-Systemen neue Bedeutung.

Die Shuttertechnik wurde erstmalig 1997 von Agrawala für ein Zweibenutzersystem eingesetzt (Agrawala et al., 1997). Dieses arbeitete nur zeitsequentiell mit Kathodenstrahl-Videoprojektoren

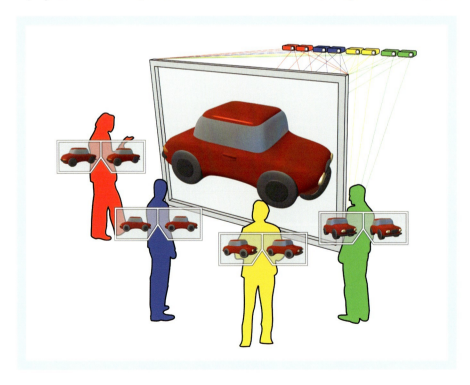

1 *Prinzip des projektionsbasierten Mehrbenutzer-Systems.*

2 *3D-Projektionssystem Powerwall.*

bei 144 Hz. Damit erreichte man eine effektive Bildwiederholfrequenz von nur 36 Hz, was aus ergonomischer Sicht aber lediglich als Machbarkeitsstudie gelten kann. Das Grundprinzip der Arbeiten des Fraunhofer IAO wurde 2005 erstmalig vorgestellt (Fröhlich et al., 2005), (Blach et al., 2005) und wird im EU-Projekt IMVIS verfeinert.

ANFORDERUNGEN AUS NUTZERSICHT

Die allgemeinen anwendungsunabhängigen Anforderungen an ein Mehrbenutzersystem für den teamorientierten Einsatz in der Produktgestaltung lassen sich auf der Basis von Vorarbeiten und Erfahrungen der Anwendungspartner im Projekt IMVIS wie folgt charakterisieren:

- Korrekte verzerrungsfreie perspektivische Darstellung für alle Benutzer
- Konsistente geometrische Dimensionen, Proportionen und Anmutung für alle Benutzer
- Ausreichende Bildwiederholrate für flimmerfreie Darstellung
- Vernachlässigbare bzw. subjektiv nicht störend empfundene Systemtotzeiten
- Ausreichende Helligkeit und Kontrast sowohl der virtuellen Szene als auch in der Umgebung für typische Beobachtungs- und Diskussionssitzungen (es muss sowohl die virtuelle Szene also auch der menschliche Diskussionspartner in ausreichender Umgebungshelligkeit wahrnehmbar sein)
- Alle Teilnehmer müssen ohne störende Ausrüstung und Kabel getrackt werden können; die Bewegungsfreiheit im sozialen Interaktionsbereich und dem für die virtuelle Szene darf nicht eingeschränkt werden
- Zumindest ein Teil der Akteure muss in der Lage sein, diese Szene beziehungsweise das Modell unabhängig von anderen Teilnehmern zu manipulieren

Entscheidend für einen Erfolg von Mehrbenutzersystemen im industriellen Kontext ist, dass sie gegenüber den heute üblichen immersiven Systemen mit einem getrackten Benutzer in der wahrgenommenen Leistung nicht abfallen dürfen.

3 *Versuchsaufbau IMVIS.*

SYSTEMKONZEPTION

Der Hardwareansatz von IMVIS basiert auf mehreren modifizierten Digital-Light-Processing-Video-Projektoren, bei denen die inhärente Fähigkeit der DLP-Systeme genutzt wird, Bilder zeitsequenziell zu verarbeiten. Jeder Benutzer bekommt somit eine individuelle perspektivisch korrekte Ansicht, die mit Hilfe eines jeweils eigenen Trackingsensors berechnet wird. Die Nutzer können sich also frei vor der Projektionswand bewegen. Das Verfahren berücksichtigt horizontale und vertikale Parallaxenberechnung und arbeitet im Gegensatz zu anderen Verfahren mit der vollen Displayauflösung (Abb. 3).

Die Anwendungs-Entwicklungsumgebung ist ein verteiltes System, das auf einem lokalen Cluster arbeitet. Hier wird die VR-Engine Lightning (Blach et al., 1998) des Fraunhofer IAO eingesetzt. Lightning stellt Anwendungsmodule zur Verfügung, auf deren Basis die Design-Review-Anwendung entwickelt wird (Abb. 4).

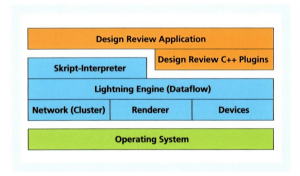

4 *Systemarchitektur von Lightning.*

AUSBLICK

Im Rahmen des EU-Projekts IMVIS wird das oben beschriebene Konzept umgesetzt und evaluiert. Da es sich um eine neuartige Technik handelt, werden die Ergebnisse zunächst Hinweise auf die direkte Verbesserung der Technologie liefern. Dennoch sind Effektivitäts- und Effizienzbetrachtungen aus Anwendersicht sinnvoll, um zu entscheiden, ob der technische Aufwand gerechtfertigt ist. Erste Aussagen wird man treffen können, wenn projektionsbasierte Multiuser-Displaysysteme bei Pilotanwendern implementiert sind.

LITERATUR

Agrawala, M.; Beers, A.; Fröhlich, B.; Hanrahan, P.; McDowall, I.; Bolas, M.: The Two-User Responsive Workbench: Support for Collaboration Through Individual Views of a Shared Space, Computer Graphics (SIGGRAPH '97 Proceedings), volume 31, 1997, pp. 327-332.

Blach, R.; Landauer, J.; Rösch, A.; Simon, A.: A Flexible Prototyping Tool for 3D Real-Time User-Interaction. Proceedings of the Eurographics Workshop on Virtual Environments 1998, pp. 195-203.

Blach, R.; Bues, M.; Hochstrate, J.; Springer, J.; Fröhlich, B.: Experiences with Multi-Viewer Stereo Displays Based on LC-Shutters and Polarization. IEEE VR 2005 Workshop Emerging Display Technologies, Bonn, 2005.

Fröhlich, B.; Hochstrate, J.; Hoffmann, J.; Klüger, K.; Blach, R.; Bues, M.; Stefani, O.: Implementing Multi-Viewer Stereo Displays, WCSG (Full Papers) 2005, pp. 139-146.

Hammond, L.: Stereoscopic Motion Picture Device. U.S. Patent No. 1,506,524, Aug. 26, 1924.

Lipton, L.: Selection devices for field-sequential stereoscopic displays: a brief history. In: Merritt, J. O.; Fisher, S. S. (Eds.): Stereoscopic Displays and Applications II, Proceedings SPIE Vol. 1457, 1991, pp. 274-282.

Waack, F. G.: Stereo Photography, London, 1985, pp.72.

VIRTUELLE BEMUSTERUNG

EIN BEISPIEL FÜR DEN PRODUKTIVEN VIRTUAL REALITY-EINSATZ

MATTHIAS BUES, GÜNTER WENZEL, PHIL WESTNER

Wer schon mal ein Haus gebaut hat, kennt das Problem: Der Rohbau nähert sich der Fertigstellung; jetzt ist es höchste Zeit, zu bestimmen, wie das Haus eigentlich aussehen soll. Die Fassade in Klinker oder doch lieber verputzt? Das Parkett im Wohnzimmer in Ahorn oder in Birke? Wie wirkt dann der Boden zusammen mit Wänden in Rauhfaser weiß? Wäre eine Strukturtapete nicht doch besser? Viele Stunden in der Musterausstellung und über Katalogen bringen keine wirkliche Klarheit. Man kann sich die kleinen Mustertafeln einfach nicht am fertigen Haus vorstellen. Es bleibt die Unsicherheit, ob wirklich alles passt, bis das Haus fertig gestellt ist und man womöglich merkt, dass man sich vieles anhand der Muster doch ganz anders vorgestellt hat. Nicht selten wird dann das frisch verlegte Parkett wieder herausgerissen und durch etwas anderes ersetzt.

Wie wäre es stattdessen, wenn man sein Haus schon während der Bemusterung virtuell und im Maßstab 1:1 begehen und bemustern könnte? Aus einem virtuellen Musterkatalog das ganze Angebot des Hausherstellers auswählen und sofort an Wänden und Böden des eigenen Hauses begutachten? Und zudem gleich zu wissen, was es am Ende kostet? Viel von der Unsicherheit wäre weg, böse Überraschungen beim ersten Rundgang durch das reale Haus gehörten der Vergangenheit an. Der Haushersteller müsste keine teuren Musterausstellungen mehr aufbauen und pflegen, die meist dennoch immer nur einen Teil des Angebots enthalten können.

VIRTUELLE REALITÄT ALS REALISTISCHES VISUALISIERUNGSMEDIUM

Die Virtuelle Realität (VR) bildet die Grundlage, diese Vision zu realisieren, denn durch die Kombi-

1 *Visualisierungsbeispiele für Materialien in VRfx.*

nation von 3D-Projektion und 3D-Interaktion wird mit VR eine maßstäbliche, räumliche Visualisierung und eine direkte Interaktion mit dem dargestellten 3D-Modell möglich. Das Fraunhofer IAO ist bereits seit den 1990er Jahren führend in der VR-Forschung und entwickelt VR-Systeme und Anwendungen immer mit dem Ziel, die Technologie für neue Anwendungsgebiete produktiv nutzbar zu machen. In den letzten Jahren lag ein Forschungs- und Entwicklungsschwerpunkt des Instituts auf der qualitativ hochwertigen VR-Visualisierung. Das Ergebnis dieser Forschungsarbeit ist die Software VRfx, die es Endanwendern ermöglicht, visuell hochwertige VR-Modelle zu erstellen und in 3D-Projektionsräumen zu präsentieren. Die Basis für die Visualisierung mit VRfx bilden existierende 3D-Geometrien und echtzeittaugliche Materialdefinitionen (Shader), die eine hochrealistische Darstellung von Materialien wie Fliesen, Holz oder Glas ermöglichen. Diese Materialien sind aus einer Bibliothek auswählbar und können auf die Oberflächen der 3D-Geometrien gelegt werden.

Die Shadertechnik in VRfx ist eng verwandt mit der in Computerspielen eingesetzten Technologie und kann deshalb die Möglichkeiten moderner PC-Graphikkarten voll ausnutzen.

VRfx wird erfolgreich von verschiedenen Kunden des Fraunhofer IAO zur Design- und Architekturvisualisierung eingesetzt und bildet eine ideale Basis für die VR-Visualisierung in der Virtuellen Bemusterung.

EINE PROZESSINTEGRIERTE VR-LÖSUNG

Diese Vision hat das Fraunhofer IAO gemeinsam mit den Projektpartnern SWP GmbH & Co. KG in Dresden und der Bauunion 1905 GmbH in Gröditz realisiert. SWP ist ein führendes Software- und Beratungsunternehmen für die Fertig- und Massivhausbranche. Das Kernprodukt VI2000 ist eine integrierte Softwarelösung zur Planung und Kalkulation von Einfamilienhäusern.

Solche 3D-Geometrien, wie sie VRfx verarbeitet, kann auch das Planungsmodul der Software VI2000 erzeugen, obwohl die Hausplanung durch den Anwender auf Grundrissebene erfolgt: Intern verwaltet VI2000 ein parametrisches Datenmodell, aus dem für die Visualisierung vollautomatisch ein geometrisches 3D-Modell erzeugt wird.

Die beiden Komponenten VI2000 und VRfx bilden die Basis für das Gesamtsystem der Virtuellen Bemusterung.

Die im Projekt realisierte Integration der beiden Komponenten ermöglicht die Online-Übertragung der Hausgeometrie an VRfx, das die VR-Darstellung des Hauses liefert und – direkt in der VR-Umgebung – die Auswahl von Wänden, Böden und anderen Hausteilen ermöglicht (Abb. 2 und 3). Aufgrund dieser Auswahl stellt die VI2000-Kalkulationsdatenbank die vom Haushersteller für die jeweilige Fläche angebotenen Materialien zusammen, die dann in der VR-Ansicht als virtueller Musterkatalog darge-

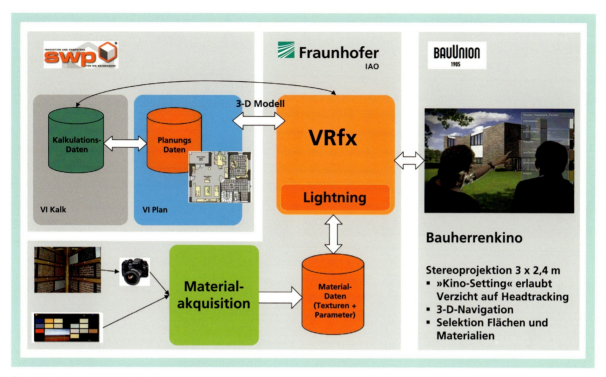

2 Das Zusammenspiel der Komponenten.

boten werden. Die darin getroffene Auswahl wird sofort in der VR-Ansicht sichtbar und gleichzeitig in der Kalkulationsdatenbank hinterlegt, so dass auch die gesamte Baukalkulation und -planung stets aktuell bleibt. Eine derart eng, bidirektionale Kopplung zwischen VR und Unternehmens-IT ist, auch in anderen Anwendungsgebieten, bisher kaum realisiert worden.

Für den produktiven Einsatz fehlt nun noch die Bibliothek der visuellen Materialien, also der Shader. Darin liegt eine besondere Herausforderung, denn es muss nicht nur eine große Anzahl an Materialien für die Visualisierung erfasst werden, der Materialbestand ändert sich auch fortlaufend. Der Aufwand auf Anwenderseite für die Erzeugung und Verwaltung dieser Materialien beeinflusst maßgeblich die Gesamtkosten für die produktive Nutzung der Virtuellen Bemusterung und muss deshalb minimiert werden. Zur Beherrschung dieser Vielfalt wurde am Fraunhofer IAO ein teilautomatisierter Prozess entwickelt, mit dem auf der Basis existierenden oder photographisch gewonnenen Bildmaterials die für die VR-Darstellung benötigten speziellen Bilddaten und Parameter erzeugt und in einer speziellen Datenbank, dem MaterialMaster, verwaltet werden können. Auf der Seite der VR-Software VRfx wurden neue Shading-Verfahren entwickelt, um den besonderen Anforderungen der Materialdarstellung in der Virtuellen Bemusterung gerecht zu werden. Dazu gehört beispielsweise eine echte Reliefdarstellung, beispielsweise für Klinkerfassaden. Auch Verfahren zur speicherplatzsparenden Darstellung von Fliesenkombinationen, beispielsweise Schachbrettmustern, und zur Minimierung von sichtbaren Kachelungseffekten bei sich wiederholenden Fliesen und ähnlichen Elementen wurden entwickelt.

3   *Bemusterungsbeispiel Parkett.*

DAS BAUHERRENKINO

Als Pilotkunde für die gemeinsame Entwicklung konnte der Massivhausbauer Bauunion 1905 GmbH gewonnen werden. Deren geschäftsführender Gesellschafter Andreas Schurig hat frühzeitig das Potenzial der Virtuellen Bemusterung erkannt und im Musterhauspark der »Bauunion 1905« in Netzen bei Berlin den passenden Rahmen dafür geschaffen. Im dort eigens erbauten Bauherrenkino – der treffende Name wurde von Andreas Schurig geprägt – nehmen die Bauherren bequem in einem Sofa vor der Projektionswand Platz und können, unterstützt durch einen Fachberater, ihr zukünftiges Haus virtuell bemustern. Je nach Wunsch kann das System dabei zunächst einen Bemusterungsvorschlag, z.B. moderner, mediterraner oder klassischer Stil, unterbreiten, der dann individuell ausgestaltet werden kann.

Gelegentlich möchten die Kunden ein Material doch auch noch real in die Hand nehmen. In das Gebäude des Bauherrenkinos ist deshalb eine kleine Ausstellung von Materialmustern integriert, deren Fläche jedoch gegenüber dem traditionellen Bemusterungszentrum um 90 Prozent kleiner ausfällt, was mit erheblichen Kostenvorteilen verbunden ist.

DIE VIRTUELLE BEMUSTERUNG IN DER PRAXIS

Seit dem Beginn des Produktivbetriebs haben über 200 Bauherrenfamilien ihr zukünftiges Haus im Bauherrenkino virtuell begangen, 120 davon haben es auch virtuell bemustert. Die Bauunion 1905 befragt regelmäßig ihre Bauherren hinsichtlich ihrer Zufriedenheit. Im letzten Jahr wurde auch das Thema Bauherrenkino in die Befragung einbezogen. Das Ergebnis stellt dem Bauherrenkino ein gutes Zeugnis aus: Über 80 Prozent der 120 Bauherren bewerten die Virtuelle Bemusterung als sehr hilfreich bei der Entscheidungsfindung, wobei den Aspekten Sicherheit, räumliche Vorstellung und Vorstellungskraft die größte Bedeutung beigemessen wurde. Natürlich gab es auch Verbesserungsvorschläge. So wurde angemerkt, dass noch nicht alle für den Bauherren wichtigen Bauteile bemusterbar sind. Auch können die Bauherren derzeit noch keine Bilder oder Videos ihres bemusterten Hauses direkt mit nach Hause nehmen.

AUSBLICK

Bereits der heutige Entwicklungsstand der Virtuellen Bemusterung ist ein herausragendes Beispiel für den erfolgreichen produktiven VR-Einsatz. Die bisher im Produktivbetrieb gesammelten Erfahrungen und Verbesserungsvorschläge der Bauherren und Anwender weisen die Richtung für die kontinuierliche, gemeinsame Weiterentwicklung der Gesamtlösung. Auf der funktionalen Seite betrifft dies einen noch höheren Detaillierungsgrad der bemusterbaren Bauteile, beispielsweise Sockelleisten oder Türverglasungen. In einer späteren Ausbaustufe ist auch vorgesehen, die Bemusterung auf Möbel und Badeinrichtung zu erweitern. Die Erfahrungen mit der Handhabung des Systems fließen in die Weiterentwicklung der Benutzungsschnittstelle ein. Hier wird auch die Verwendung eines iPads zur Darstellung und Auswahl des Materialkatalogs untersucht. Für zukünftige Installationen der Virtuellen Bemusterung evaluiert das Fraunhofer IAO zudem kontinuierlich die neuesten 3D-Displays und Projektoren aus dem derzeit stark wachsenden Consumersegment, mit denen durch geringere Hardwarekosten neue Anwendungsszenarien für die Virtuelle Bemusterung realisierbar werden.

Der mit der derzeitigen Lösung einhergehende Aufwand zur Erzeugung und Verwaltung der für die Visualisierung benötigten Materialdaten soll noch weiter reduziert werden. Auf der Prozessseite wird dazu am Fraunhofer IAO die Technologie der automatisierten Materialerfassung und -verwaltung weiterentwickelt. Dies betrifft sowohl

4 *Virtuelle Bemusterung im Bauherrenkino.*

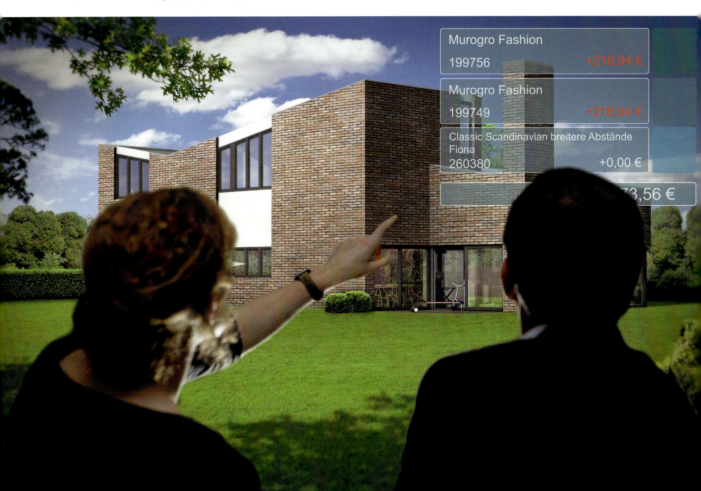

die automatisierte Aufnahme der Rohbilder mit konstanter Bildqualität als auch die Algorithmen zur automatischen Bildsegmentierung und Generierung der von den Materialshadern der VR-Darstellung benötigten Bildressourcen. Hinzu kommt die Logistik: Je weniger Material überhaupt eigens fotografisch erfasst werden muss, desto geringer wird der Gesamtaufwand. Deshalb ist es ein wichtiges Ziel, so weit wie möglich direkt vorhandenes Bildmaterial der Baustoffhersteller einzusetzen. Derzeit werden deshalb dazu Gespräche mit Baustoffanbietern geführt mit dem Ziel, einen Datenstandard für Bildmaterial zur Visualisierung zu etablieren.

LIGHTFUSION

NEUE LICHTTECHNOLOGIEN FÜR BELEUCHTUNG UND DISPLAYS

MATTHIAS BUES, OLIVER STEFANI, ACHIM PROSS

Die Technik, mit der wir Licht erzeugen, befindet sich im Umbruch. Die über 150 Jahre alte Glühlampe wird zunehmend verdrängt, derzeit vielfach noch von der Leuchtstofflampe in ihrer aufgewickelten Form, der »Energiesparlampe«. Aber das ist nur eine Übergangslösung. Leuchtdioden (LED) und ihre organische Form (OLED) sind auf dem besten Weg, die klassischen Lichtquellen aus beinahe allen Anwendungsbereichen zu verdrängen.

Die LED- und OLED-Technologien bieten aber nicht nur ein hohes Potenzial zur Energieeinsparung. Wichtiger noch ist, dass durch ihre spezifischen Eigenschaften eine Lichtqualität möglich wird, die mit klassischen Leuchtmitteln überhaupt nicht oder allenfalls mit unverhältnismäßigem Aufwand zu realisieren war.

EIN INTEGRIERTER ANSATZ

Am Fraunhofer IAO wurde frühzeitig das große Potenzial dieser neuen Lichttechnologien und ihrer Anwendung in den klassischen Forschungsgebieten des Instituts erkannt, und die Institutsleitung schuf die Voraussetzungen, zunächst mit Eigenmitteln, ein neues Forschungsfeld in diesem Kontext aufzubauen. Eine Vorstudie zeigte, dass die Kerntechnologien LED und OLED für viele Anwendungen bereits reif sind, gleichzeitig aber auch eine in vielen Bereichen noch geringe Marktdurchdringung haben. Das wies die Richtung zu einer anwendungsorientierten Forschung, die neue Einsatzgebiete für die Kerntechnologie LED/OLED erschließt. Der Arbeitstitel »LightFusion« beschreibt dabei treffend den integrativen Forschungsansatz, der am IAO verfolgt wird. Die Wirkung von Licht auf den Menschen steht dabei im Mittelpunkt. Sie lässt sich in die drei Kategorien Informationstransport, Umgebungsbeleuchtung und Gesundheit einteilen. Der »LightFusion«-Forschungsansatz ist gekennzeichnet durch eine zusammenhängende Betrachtung dieser drei Wirkungen. Die entwickelten technischen Lösungen werden dadurch bestimmt. Technologisch ist mit dem Vordringen der LED-/OLED-Technologie eine zunehmende Konvergenz von Allgemeinbeleuchtung und Displaytechnik verbunden. Auch diese Entwicklung spielt in der »LightFusion«-Forschungsarbeit eine zentrale Rolle – Beleuchtung und Informationsdisplay werden als ein zusammenhängendes System betrachtet und entwickelt.

Mit dem 2010 eröffneten »LightFusionLab« verfügt das IAO über eine optimale Arbeitsumgebung für die Forschungsarbeiten auf diesem Gebiet. Im Folgenden sollen einige der bisherigen Resultate dieser Forschungsarbeit näher betrachtet werden.

»HELIOSITY«

Ein Konzept zur dynamischen multispektralen Beleuchtung

Leuchtdioden haben gegenüber klassischen Leuchtmitteln einige herausragende Eigenschaften. Sie lassen sich effizient in ihrer Helligkeit steuern (dimmen), sind in verschiedenen Spektralbereichen verfügbar und ermöglichen durch ihre kompakte Bauform neue technische und gestalterische Konzepte. Diese Eigenschaften wurden im »Heliosity«-Konzept genutzt, um eine hochdynamische Beleuchtung zu realisieren, die sowohl bezüglich Intensität als auch Spektrum variabel ist. »Heliosity« ist ein LED-basiertes Leuchtensystem mit mehreren Farb- bzw. Spektralkanälen. In Kombination mit separater Ansteuerbarkeit der Spektralkanäle können damit verschiedene innovative Beleuchtungsaspekte realisiert werden, wie z.B. die Farbvariation im Tagesverlauf, vorbeiziehende Wolken und sogar die Beeinflussung des circadianen Systems durch angepasste Spektralkomponenten. Die positiven Wirkungen einer solchen hochdynamischen Arbeitsplatzbeleuchtung konnten in einer gemeinsam mit dem Zentrum für Neurowissenschaften und Lernen (ZNL) in Ulm durchgeführten Studie gezeigt werden (Stefani et al., 2010a).

Dieses Konzept einer multispektralen dynamischen LED-Beleuchtung wurde in verschiedenen Ausprägungen weiterentwickelt. So entstand »HeliositySky«, eine Lichtdecke, die sich wie ein Display ansteuern lässt und es damit ermöglicht,

1 »HeliositySky« mit dynamischer Wolkensimulation.

Lichtsituationen wie einen dynamischen Himmel mit ziehenden Wolken beliebiger Größe, Farbe und Form zu simulieren. Ein Prototyp mit einer Fläche von 34 m² ist im »LightFusionLab« am IAO installiert. Komplementär dazu entstand die Arbeitsplatzleuchte »HeliosityOffice«.

Die Zusammenarbeit mit Chronobiologen des Center for Environmental Therapy (CET) führte zur Erweiterung des Anwendungsbereichs in Richtung Lichttherapie. Das Ergebnis ist die Einschlaf- und Aufwachleuchte »HeliosityTherapy«. In Zusammenarbeit mit der LEiDs GmbH & Co. KG, Backnang, werden die »Heliosity«-Lichtsysteme derzeit vom Prototypen zum Serienprodukt weiterentwickelt. Zunächst ist die Markteinführung der Arbeitsplatzleuchte »HeliosityOffice« geplant. In einem gemeinsamen Projekt mit dem CET wird derzeit ein Altersheim in der Schweiz geplant, in dem »HeliositySky« in einem Aufenthaltsraum realisiert wird und jedes der 120 Zimmer mit einer »HeliosityTherapy« als Aufwach- und Einschlaflicht ausgestattet werden soll. Anfragen für weitere gleichartige Projekte liegen bereits vor.

DER »N-LIGHTENED WORKPLACE«

Ein Konzept für den Wissensarbeitsplatz der Zukunft

Nicht nur die Allgemeinbeleuchtung, sondern auch die Displaytechnik wird durch die neuen Lichttechnologien revolutioniert. Schon heute bieten LED-hinterleuchtete Flüssigkristall-Flachbildschirme eine bessere Farbwiedergabe, geringeren Energieverbrauch und kompaktere Bauweise als solche mit herkömmlicher Lichtquelle. Die nächste Flachdisplay-Generation wird auf OLEDs basieren. Die damit verfügbar werdenden, großflächigen und hochauflösenden Displayflächen ermöglichen Arbeitsplatzkonzepte, mit denen die Grenzen des heutigen bildschirmzentrischen Arbeitsplatzes überwunden werden. Am Fraunhofer IAO entstand bereits 2007 der Information Worker's Workplace, ein High-End-Arbeitsplatz mit drei hochauflösenden Monitoren. Dieser Information Worker's Workplace wird auch in diesem Band genauer beschrieben.

2 *Der nLightened Desktop.*

Das im Rahmen der »LightFusion«-Forschung entwickelte »nLightened Workplace«-Konzept baut auf diesen Arbeiten auf. Es hat zum Ziel, den heutigen Bildschirmarbeitsplatz abzulösen durch einen Informationsraum mit digitalen Arbeitsflächen von beinahe beliebiger Größe und Anordnung. Die Beleuchtung dieses Raumes erfolgt gleichermaßen durch die Displays, die Raumbeleuchtung und das Tageslicht. Die Grenzen zwischen Beleuchtung und Display werden verschwinden.

Die erste Realisierung, der »nLightened Desktop«, verfügt über zwei liegende Displays, die in die Tischfläche integriert sind und über kapazitive Multitouch-Eingabe verfügen. Damit können digitale Dokumente »auf dem Tisch liegen« und dort bearbeitet werden. Schon das Lesen längerer Texte ist so wesentlich angenehmer als am klassischen Bildschirmarbeitsplatz. Im Gegensatz zu gängigen, projektionsbasierten Displaytischen haben die liegenden Displays dabei eine hohe Auflösung von jeweils 1680 x 1050 Pixel, die auch die Arbeit mit Textdokumenten ermöglicht. Ergänzt wird dieser interaktive Tisch von einem vertikalen Display mit 2560 x 1600 Pixel, das alternativ auch als 3D-Display ausgeführt sein kann.

Die im »LightFusionLab« entwickelte »nLightened Desktop«-Software fasst alle Displays zu einem zusammenhängenden Desktop zusammen. Die dargestellten Fenster sind dabei frei skalier- und drehbar und können damit aus beliebigen Betrachtungsrichtungen bearbeitet werden. Das modulare Interaktionskonzept ermöglicht zudem die flexible Einbindung unterschiedlichster Eingabegeräte.

Der »nLightened Workplace« ist mit einer »HeliosityOffice«-Arbeitsplatzleuchte versehen. Alle Lichtquellen (Displays, Arbeitsplatzleuchte und Umgebungsbeleuchtung) sind in ein dynamisches Beleuchtungskonzept integriert, das individuell angepasst werden kann.

DAS CIRCADIAN WIRKSAME DISPLAY

Derzeit gewinnen LED-beleuchtete LCD-Bildschirme einen immer größeren Marktanteil. Deren Licht weist jedoch deutlich größere Blauanteile auf als das gewöhnlicher LCD-Bildschirme. Die biologische Wirkung blauen Lichtes auf die innere Uhr des Menschen ist bereits seit einigen Jahren nachgewiesen. Im menschlichen Auge gibt es photosensitive Zellen, die nicht dem Sehen dienen, sondern die Produktion des Hormons Melatonin regeln, mit dem unser Körper den Tag-Nacht-Rhythmus steuert. Besonders sensitiv sind diese Zellen bei einer Wellenlänge um 464nm (Himmelblau). Himmelblau hält uns also wach, weil es unseren Sinnen Tagesbedingungen signalisiert. Diese biologische Wirkung blauen Lichtes wird in der Allgemeinbeleuchtung teilweise bereits berücksichtigt. Je mehr Zeit wir jedoch vor immer größer werdenden Bildschirmen, privat oder auch beruflich, verbringen, desto größer wird der Anteil des Lichts, das von Bildschirmen zu unseren Augen gelangt. Dies brachte uns zu der Vermutung, dass das Licht von Bildschirmen ebenfalls einen nachweisbaren Einfluss auf die innere Uhr des Menschen haben kann. Gemeinsam mit dem Schlaflabor der Universitären Psychiatrischen Kliniken Basel wurde deshalb untersucht, wie sich die kontinuierliche Nutzung von modernen Monitoren auf unser Befinden und unseren Rhythmus auswirkt – mit teilweise erstaunlichen Ergebnissen (Stefani et al., 2010b).

Die Wirkung von LED-beleuchteten Displays auf das menschliche Befinden wurde mit der von herkömmlich beleuchteten Displays verglichen. Hierfür arbeiteten Probanden unter kontrollierten Randbedingungen an beiden Monitortypen und es wurden Messungen objektiver Indikatoren für Müdigkeit durchgeführt (z.B. Anteil von Melatonin im Speichel und die so genannten »Slow Eye Movements«). Dabei mussten die Probanden immer wieder Aufmerksamkeits- und Reaktionstests bewältigen.

Die Versuchsergebnisse liefern einen eindeutigen Befund. Unsere innere Uhr wird von den Bildschirmen, auf die wir schauen, beeinflusst. Sowohl die subjektive Einschätzung als auch die objektiven Messungen der physiologischen Parameter zeigten deutliche Unterschiede bei der Müdigkeit. Die »Slow Eye Movements« traten beim LED-Bildschirm 30 Prozent seltener auf, die Reaktionszeiten nahmen um 8,5 Prozent ab und die innere Uhr wurde um 30 Minuten bis eine Stunde verschoben, was an der Melatoninkonzentration im Speichel nachgewiesen werden konnte (siehe Abb. 3). Der »blaue Monitor« hat also unsere zwölf Probanden um ca. 30 Prozent munterer gemacht.

Wer spät abends lange vor einem LED-Fernseher oder Monitor mit hohem Blauanteil sitzt, könnte also seine innere Uhr verstellen. Das ist natürlich nicht unbedingt erwünscht. Wer im Winter allerdings früh morgens zur Arbeit geht, wenn es draußen noch dunkel ist, würde sich aber vielleicht eine aktivierende Wirkung durch den Monitor wünschen. Andere Studien haben auch gezeigt, dass ein Mangel an blauem Licht am Tag und vor allem am Morgen zu Schlafstörungen führen kann.

Wünschenswert wäre folglich ein Monitor mit einstellbarer Aktivierung. Am »LightFusionLab« des Fraunhofer IAO wird deshalb ein Prototyp eines Displays entwickelt, mit dem sich der physiologisch wirksame Blauanteil des Displaylichts ohne Farbverfälschung gezielt variieren lässt. Auf diese Weise könnte der Einfluss von Monitorlicht auf das gewünschte Empfinden der Nutzer abgestimmt und ihr Wohlbefinden und ihre Leistungsfähigkeit verbessert werden.

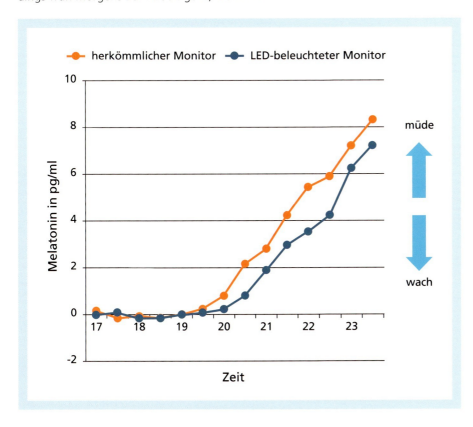

3 Melatoninkurven bei unterschiedlichen Displaytypen.

AUSBLICK

In der bisherigen »LightFusion«-Forschungsarbeit konnten bereits einige vielversprechende Anwendungsbereiche für die LED-Technologie erschlossen werden – gleichzeitig weisen die Ergebnisse die Richtung für eine Vielzahl anderer Anwendungen. In der Zukunft wird deshalb das »Heliosity«-Konzept für die Anwendung in weiteren Bereichen weiterentwickelt und ein Steuerungssystem entworfen, das sich noch besser an die jeweilige Situation und die Stimmung des Menschen anpassen kann. Ein weiterer Schwerpunkt wird auf dem Ausbau des »nLightened Workplace« als Konzept für den Wissensarbeitsplatz der Zukunft liegen.

LITERATUR

Stefani, O.; Pross, A.; Bues, M.; Hille, K. 2010a: Heliosity – Gesunde LED Beleuchtung.19. Lichttechnische Gemeinschaftstagung 17. bis 20. Oktober 2010 Lichttechnische Gesellschaft Österreichs, Deutsche Lichttechnische Gesellschaft e.V.

Stefani, O.; Bues, M.; Pross, A.; Spath, D.; Frey, S.; Anders, D.; Mager, R.; Cajochen, C. 2010b: Evaluation of human reactions on displays with LED backlight and a technical concept of a circadian effective display. In: Society for Information Display SID. International Symposium SID 2010. Campbell/Calif.: SID.

CUSTOMIZE-TO-ORDER

SCHLANKE AUFTRAGSERFÜLLUNG DURCH MECHATRONISCHE ANSÄTZE

JOACHIM LENTES, HOLGER ECKSTEIN

In turbulenten Märkten mit schlagartig eintretenden Phasen niedriger Nachfrage und kurzfristig wieder ansteigendem Auslastungsgrad nehmen Vorhersagbarkeit und Planbarkeit ab. Die resultierenden Auswirkungen entlang von Lieferketten führen zu neuen Herausforderungen an Unternehmensnetzwerke wie denen der Automobilindustrie mit ihren Zulieferern. Um langfristig den resultierenden Anforderungen gewachsen zu sein, wird eine hohe Reaktionsfähigkeit des gesamten Liefernetzwerks erforderlich.

Klassische Produktionsstrategien wie die Lagerfertigung sind wenig flexibel und die Realisierung der kundenauftragsbezogenen Herstellung Build-to-Order (BtO) gilt als komplex und aufwändig. Um den Schwächen bestehender Strategien zu begegnen und den Endkunden weiterhin die gewünschten Produktvarianten bieten zu können, wurde der neue Ansatz Customize-to-Order (CtO) auf der Grundlage der zunehmenden Durchdringung von Produkten mit Software entwickelt.

SPÄTE KUNDEN-INDIVIDUALISIERUNG DURCH LATE CUSTOMIZATION

Die Modularisierung klassisch mechanischer Systeme und deren Anreicherung um Elektronik und Software schaffen neue Möglichkeiten zur Variantenbildung. Funktionen und Verhalten von Komponenten können durch Software gesteuert, Produktvarianten nicht mechanisch produziert, sondern durch Software und Softwareparameter erzeugt werden. Die Software der entstehenden mechatronischen Komponenten kann zu einem späten Zeitpunkt im Auftragserfüllungsprozess aufgespielt, geändert oder parametrisiert werden, beispielsweise in der Endmontage oder sogar beim Händler. Im Extremfall ist die Neukonfiguration eines Produkts in der Nutzungsphase denkbar, ähnlich wie die Anpassung eines Smartphones per »App«. Auf der Grundlage einer derartigen »Late Customization« muss zur Erfüllung der Kundenwünsche nur eine deutlich geringere Anzahl an mechanischen Varianten produziert werden, der Anteil an kundenneutraler Fertigung in der Lieferkette steigt, logistische Prozesse werden vereinfacht und Reaktionszeiten weiter verkürzt. Ein Beispiel für eine spät konfigurierbare Komponente ist ein aktuell von ZF Friedrichshafen entwickeltes mechatronisches Hinterachsmodul, das sich per Softwareparametrisierung den Kundenwünschen hinsichtlich Fahrverhalten und -komfort anpassen lässt. Dieses Modul enthält neben den typischen Elementen einer Fahrzeughinterachse intelligente Sensoren, Steuergeräte und Aktoren und wird lediglich durch wenige Schrauben und je eine Steckverbindung für Steuersignale und Leistungsstrom mit dem Gesamtfahrzeug verbunden.

SCHLANKE AUFTRAGS-ABWICKLUNG MIT CUSTOMIZE-TO-ORDER (CTO)

Die späte Variantenbildung mittels Software und Parametrisierung ermöglicht die Entwicklung eines schlanken Komplements zur kundenauftragsbezogenen Herstellung BtO: die kundenauftragsbezogene Individualisierung Customize-to-Order.

Grundlage der CtO-basierten Auftragsabwicklung im Produktionsnetzwerk sind dynamische Planungsschleifen auf strategischer, taktischer und operativer Ebene, bei denen wie in Abb. 1 dargestellt, jeweils Partner auf benachbarten Stufen des Liefernetzwerks Informationen austauschen. Ziel dieses iterativen Vorgehens zur Planung ist die Vermeidung von Planungsergebnissen, die zwar lokalen Optima einzelner Partner entsprechen, aber bei firmenübergreifender Betrachtung zu ungünstigen Betriebspunkten für das gesamte Liefernetzwerk führen.

Mit den Planungsschleifen werden entsprechend ihrer jeweiligen Planungsebene verschiedene Zeithorizonte adressiert. Auf strategischer Ebene wird ein Produktionsrahmenplan aus grundlegenden Produktionsvereinbarungen mit zugesicherten Produktionskapazitäten und Bedarfsvorhersagedaten für das gesamte Produktionsnetzwerk erarbeitet. Der Rahmenplan wird alle 18 Monate überprüft und gegebenenfalls an die tatsächliche wirtschaftliche Situation angepasst. Um auch die kurzfristige Reaktionsfähigkeit des Produktionsnetzwerks zu gewährleisten, können darüber hinaus besondere Ereignisse zu einer kurzfristigen Anpassung des Rahmenplans in der strategischen Planungsschleife führen. In der taktischen Planung wird eine Koordinationsschleife durchlaufen, mit der Vorhersagedaten aus Vertrieb und Logistik mit tatsächlichen Abrufen

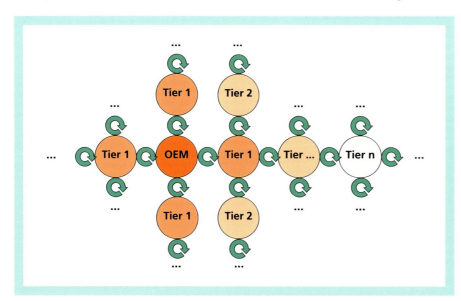

1 *Planung in Iterationsschleifen.*

und zugeordneten Kapazitäten synchronisiert werden. Ergebnis der taktischen Planung sind Produktionspläne für die einzelnen Werke. Wenn ein für das Produktionsnetzwerk relevantes Ereignis eintritt, werden in der operativen Schleife die für die Ereignisbehandlung notwendigen Daten ermittelt und den betroffenen Partnern ein adäquates Reaktionsschema zur Verfügung gestellt.

VERKNÜPFUNG VON CUSTOMIZE-TO-ORDER UND KLASSISCHEN ANSÄTZEN

Um die Vorteile der Ansätze BtO und CtO auszuschöpfen, müssen sie auf geeignete Komponenten angewendet werden. Typischerweise spricht eine hohe Anzahl von Varianten für die Anwendung des BtO-Ansatzes, insbesondere falls die entsprechende Komponente einen hohen Anteil an den Herstellkosten eines Produkts ausmacht. Ein wesentliches Merkmal des CtO-Ansatzes ist die Reduktion der physikalischen Variantenvielfalt durch Software und Parametrisierung. Der CtO-Ansatz kann folglich angewendet werden, wenn das variantenbildende Merkmal der jeweiligen Komponente nicht durch eine materielle Eigenschaft, die direkt durch den Kunden wahrnehmbar ist, realisiert werden muss, sondern mittels Software erreicht werden kann. Beispielsweise sind bei einem Pkw materielle Eigenschaften, die direkt durch den Kunden wahrnehmbar sind, Merkmale wie die Karosseriegeometrie, die Haptik von Bedienelementen oder die Farbe und Struktur von Sitzbezügen. Trotz dieser Einschränkung kann der CtO-Ansatz auf Komponenten mit erheblichem Einfluss auf die Herstellkosten angewendet werden. Im Automobilbau sind dies Baugruppen wie Fahrwerk, Motor, Getriebe sowie Unterhaltungs- und Navigationssysteme. Allgemein sind Komponenten mit einem Steuergerät, das die Möglichkeit bietet, Varianten per Software nachzubilden sowie Komponenten, die direkt auf Computersystemen basieren, für die Produktion auf Basis des CtO-Ansatzes geeignet. Denkbar ist dabei auch, Extras wie Sitzheizung oder Klimaautomatik erst nach der Lieferung des Fahrzeugs durch den Kunden gegen Gebühr freizuschalten, so dass Fahrzeuge während ihrer Nutzungsphase weiter den Kundenwünschen angepasst werden können. Dies wurde von einem ersten Automobilhersteller bereits angekündigt. Komponenten mit einer niedrigen Variantenvielfalt können durch einen konventionellen Ansatz wie Build-to-Forecast (BtF) produziert werden, falls ihr Einfluss auf die Herstellkosten des Gesamtfahrzeugs nicht die Anwendung des komplexeren BtO-Ansatzes rechtfertigt. Das resultierende Portfolio zur Klassifikation von Komponenten ist in Abb. 2 dargestellt.

Mit einem hybriden Ansatz, bei dem Teilsysteme für BtO, CtO und BtF in der auftragsbezogenen Endmontage Assemble-to-Order (AtO) verknüpft werden, können die Vorteile der unterschiedlichen Produktionsstrategien miteinander kombiniert werden (Abb. 3). Darüber hinaus können mit den Planungs- und Ausführungsprozessen des CtO-Ansatzes auch typische BtF-Teile und -Komponenten

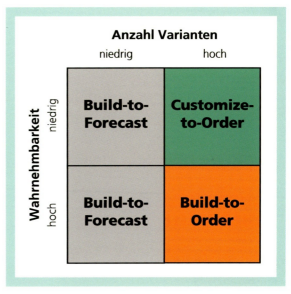

2 *Komponentenklassifikation.*

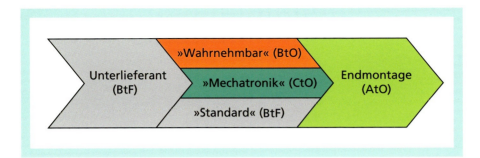

3   *Hybrider Ansatz der Produktionsstrategien.*

produziert werden. Da die CtO-Prozesse noch effektiver als die des klassischen Ansatzes sind, ist die Einführung des CtO-Systems neben einem möglicherweise existierenden BtO-System kein Nachteil, sondern führt zur Nutzung weiterer Potenziale.

FAZIT

Ein zweckmäßiger Ansatz zur Bewältigung der Herausforderungen, die an Unternehmen der Automobilindustrie, aber auch weiterer Branchen gestellt werden, ist der Einsatz neuer Produktionsstrategien wie Customize-to-Order. In einem CtO-Ansatz wird der Bereich der kundenauftragsneutralen Produktion soweit ausgedehnt wie möglich, indem Varianten durch Software und Parametrisierung erzeugt werden und damit die Kundenindividualisierung von Standardkomponenten in der Endmontage oder sogar noch später ermöglicht wird. Damit wird auch die Möglichkeit geschaffen, neue Geschäftsmodelle einzuführen, wie die Freischaltung von Extras in der Nutzungsphase von Fahrzeugen oder Produkten im Allgemeinen und sogar deren Bezahlung und Nutzung auf Zeit. Die Produktion kundenneutraler Standardkomponenten kann so gesteuert werden, dass ein globales Kostenminimum erzielt und eine extrem kurze Lieferzeit des Endprodukts bei hoher Liefertreue erreicht wird. Abhängig von ihren Eigenschaften sind Komponenten für unterschiedliche Produktionsstrategien geeignet. In einem hybriden Ansatz können die Vorteile von CtO und BtO mit denen der klassischen Lagerproduktion kombiniert und damit die Potenziale der verschiedenen Ansätze ausgeschöpft werden.

Das erfolgreich abgeschlossene europäische Verbundprojekt AC/DC (»Automotive Chassis Development for 5-Days Cars«) nahm sich der Herausforderung an, Late Customization und CtO für Unternehmen der Automobilindustrie und deren Zulieferer zu erforschen und auszuarbeiten. Die Projektergebnisse boten den beteiligten Unternehmen der Zulieferindustrie einen überaus hilfreichen Weg, die Auswirkungen der Krise erfolgreich zu bewältigen.

Die beteiligten Unternehmen, die den CtO-Ansatz angewendet haben, konnten eine schlankere Produktrealisierung, eine deutlich größere Lieferflexibilität und einen kostengünstigeren Auftragsabwicklungsprozess realisieren. Durch ihre insgesamt deutlich gesteigerte Flexibilität konnten die Unternehmen die Finanzkrise erfolgreich meistern und können künftigen Herausforderungen, wie sie auch aus der Elektrifizierung des Antriebsstrangs entstehen, besser begegnen. Zusätzlich begünstigt der steigende Anteil von Elektronik und Software am Gesamtprodukt im Verhältnis zur klassischen Mechanik den Einsatz von Ansätzen wie Late Customization und CtO.

SCHNELLER ZUM PRODUKT

EFFIZIENTE PRODUKTREALISIERUNG MIT DIGITALEN WERKZEUGEN

JOACHIM LENTES, JOCHEN EICHERT

Unternehmen sind gezwungen, in immer kürzeren Abständen möglichst individuelle, innovative Produkte zu wettbewerbsfähigen Preisen auf den Markt zu bringen. Daher müssen Vorgehensweisen zur Produkt- und Produktionsentwicklung und mit ihnen verbundene Aktivitäten möglichst effizient mit schlanken Prozessen sowie zweckmäßigem Methoden- und Werkzeugeinsatz realisiert werden. Mittlerweile ist der Einsatz digitaler Werkzeuge in Produkt- und Produktionsentwicklung Standard. Doch häufig ist die Einführung von Softwaresystemen von Kunden oder Management verordnet und wird oft technikzentriert unter mangelnder Berücksichtigung organisatorischer und mitarbeiterorientierter Aspekte durchgeführt. Folglich liegen erhebliche Potenziale zur Steigerung der Wettbewerbsfähigkeit produzierender Unternehmen brach, obwohl sie durch einen ganzheitlichen Ansatz genutzt werden können.

Produkt- und Produktionsentwicklung erfolgen in der industriellen Praxis oft durch Prozesse unter Beteiligung mehrerer Organisationseinheiten, die jeweils spezifische Methoden und Softwaresysteme einsetzen und die darüber hinaus typischerweise lokale Datenbestände verwenden. Dies resultiert zum einen in lokalen Optima als Ergebnis der entsprechenden Teilprozesse in den jeweiligen Organisationseinheiten. Andererseits entstehen informationsbezogene Schnittstellen zwischen Organisationseinheiten und den von ihnen eingesetzten Softwaresystemen, die meist händisch beziehungsweise per Zuruf überbrückt werden. Es entsteht unnötiger Abstimmungs- und Kommunikationsaufwand, der die Produkt- und Produktionsentstehung unnötig verteuert und verlangsamt. So sind Methoden und Werkzeuge der Digitalen Fabrik oftmals im Unternehmen vorhanden, allerdings nur sporadisch in einzelnen Organisationseinheiten und als Insellösungen, wobei ihr Einsatz weder durchgängig noch transparent geregelt ist. Zusätzlich bleiben Potenziale ungenutzt, die sich beispielsweise aus Standardisierungsinitiativen ergeben können.

IT-UNTERSTÜTZUNG FÜR DIE PRODUKTREALISIERUNG

Gerade in der Produktrealisierung, insbesondere der Produkt- und Produktionsentwicklung, ist heutzutage ein Arbeiten ohne digitale Werkzeuge nicht mehr denkbar. Angefangen bei E-Mail und Officeanwendungen bis hin zu Speziallösungen für Marketing, Einkauf, Buchhaltung, Entwicklung, Produktion, Vertrieb, Transport und Service kommt eine Vielzahl von IT-Systemen zum Einsatz.

Angesichts der Vielfalt am Markt verfügbarer Systeme zur Unterstützung der Produktrealisierung stehen IT-Entscheider vor der Herausforderung zu bestimmen, welche Arten von Systemen generell für den Einsatz in ihrem Unternehmen geeignet sind. Darauf aufbauend ist zu ermitteln, welche individuellen Systeme am zweckmäßigsten dafür sind, Mitarbeiter bei ihrer täglichen Arbeit optimal zu unterstützen und wie sich Systeme durchgängig in die bestehende Systemlandschaft integrieren lassen.

Die Zunahme von IT-Systemen im Unternehmen führt zu einem Anstieg der Datentypen und -mengen, resultiert in einer steigenden Anzahl von Schnittstellen zwischen den verschiedenen IT-Systemen und erhöht damit den Aufwand für die zugehörige Datenverwaltung.

Insbesondere in der datenintensiven und komplexen Produkt- und Produktionsentwicklung werden anfallende Tätigkeiten meist nicht von einzelnen Organisationseinheiten durchgeführt, sondern die Prozesse erstrecken sich über Abteilungs- oder gar Unternehmensgrenzen hinweg, womit auch die Forderung nach Durchgängigkeit, der Aufwand für Abstimmung und Kommunikation sowie das Risiko von Intransparenz, Inkonsistenz und Redundanz ansteigen (vgl. Abb. 1).

Damit eine effiziente Produktrealisierung gewährleistet werden kann, ist es daher unerlässlich, den Einsatz digitaler Werkzeuge und deren Eingliederung in die bestehende IT-Landschaft des Unternehmens sorgfältig zu planen sowie für die

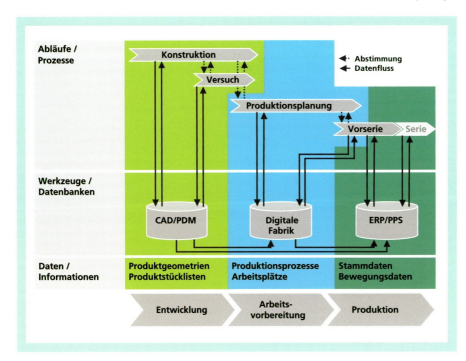

1 *Durchgängigkeit zwischen Entwicklung, Arbeitsvorbereitung und Produktion.*

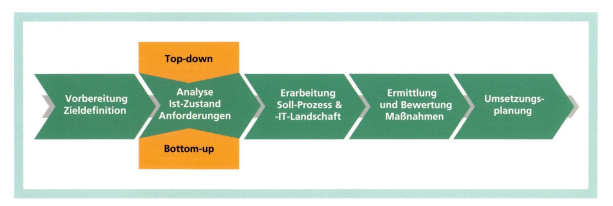

2 *Vorgehensweise zur Schaffung einer durchgängigen Produktrealisierung.*

Durchgängigkeit von Prozessen, Informations- und Datenflüssen über alle involvierten Bereiche hinweg zu sorgen.

VORGEHEN ZUR EFFIZIENZSTEIGERUNG IN DER PRODUKTREALISIERUNG

Um sowohl generelle Unternehmensziele als auch individuelle Anforderungen der Beteiligten in Einklang zu bringen, hat sich die in Abb. 2 dargestellte kombinierte Top-down- und Bottom-up-Methodik als erfolgreich erwiesen.

Zum einen werden strategische Zielsetzungen des Unternehmens und damit Vorgaben zur organisatorischen und softwaretechnischen Evolution erfasst. Die Vorgaben können Aspekte wie Transparenz hinsichtlich Kosten, Zeit, Auslastung und Kapazitäten, aber auch die Forderung nach standortübergreifender Kooperation oder vernetzter Produktion umfassen. Zum anderen wird gezielt die Arbeitssituation der operativ Involvierten untersucht und dabei bereits eingesetzte Werkzeuge, gelebte Prozesse und Tätigkeiten sowie Probleme und Anforderungen bei deren Einsatz bzw. Ausübung aufgenommen. Betroffene werden zu Beteiligten gemacht.

Auf Grundlage dieser Analyse erfolgt die Definition des unternehmensspezifischen Soll-Prozesses, der aus Individualsicht die notwendigen Teilabläufe für beteiligte Mitarbeiter und Organisationseinheiten zweckdienlich und praktikabel integriert und der gleichzeitig aus ganzheitlicher Unternehmenssicht die Prämissen Durchgängigkeit und Konsistenz von Informations-, Kommunikations- und Datenflüssen widerspiegelt. Mit dem Soll-Prozess sollen Schnittstellen und Medienbrüche zwischen Abteilungen und Systemen vermieden, redundante Datenhaltung unterbunden, Kommunikationsaufwand minimiert, Ablauftransparenz erhöht und Verantwortlichkeiten sowie Datenhoheiten klar definiert und abgegrenzt werden.

In Form einer Werkzeuglandkarte werden, ausgehend von den Ist-Prozessen und der dort eingesetzten Software, die für den Soll-Prozess benötigten Werkzeuge und Systeme ermittelt und als »IT-Bebauungsplan« dokumentiert. Die Soll-Werkzeuglandschaft stellt softwareseitige Möglichkeiten zur durchgängigen Unterstützung des Soll-Prozesses mit vorhandenen und neuen Werkzeugen dar. Dabei zeigt sich häufig, dass viele der bereits im Unternehmen vorhandenen Werkzeuge oft auch für den Einsatz für andere Teilaufgaben und in weiteren Abteilungen in Frage kommen. Die Definition der zukünftigen Systemlandschaft muss unter Berücksichtigung von Konzepten zur Systemintegration und konsistenten Datenhaltung sowie von Mechanismen für Datenfreigabe und -austausch zwischen Verantwortlichen erfolgen.

Aus der vergleichenden Analyse von Soll-Zustand und Ist-Zuständen lassen sich Handlungsbedarfe ableiten und damit konkrete Maßnahmen erarbeiten und bündeln. Diese werden auf Basis einer Aufwandsabschätzung und Nutzwertanalyse bewertet und priorisiert. Anschließend werden die Handlungsbedarfe mittels einer Einflussfaktorenanalyse in eine zeitliche Folge gebracht und in eine firmenspezifische Roadmap als Abfolgeplan überführt. Die Roadmap ist in kurz-, mittel- und langfristorientierte Maßnahmen gemäß der jeweiligen zeitlichen Umsetzbarkeit und strategischen Ausrichtung gegliedert (Abb. 3).

Kurzfristige Maßnahmen beinhalten insbesondere sogenannte Quick-Wins, also Maßnahmen die sehr schnell und mit geringem Aufwand zu Verbesserungen führen, wie etwa die Einführung automatisch erzeugter Reports auf Grundlage vorhandener Datensätze. Mit Quick-Wins können kurzfristig Projekterfolge erzielt und sichtbar gemacht werden, so dass die Motivation der Projektbeteiligten gesteigert beziehungsweise auf hohem Niveau gehalten werden kann. Weitere Potenziale für schnell wirksame Maßnahmen liegen unter anderem in der nutzerspezifischen Anpassung bereits eingesetzter Werkzeuge oder in der automatisierten Datenübernahme mit einfachen Mitteln wie Skripting.

Zur Kategorie der mittelfristigen Maßnahmen gehören beispielsweise das sukzessive Ausrollen bereits vorhandener Werkzeuge in weitere Organisationseinheiten, der damit verbundene Wissenstransfer und die Realisierung abteilungsübergreifender Informations- und Datenflüsse mit entsprechenden Workflows. Weiterhin kann in dieser Phase auch die zweistufige Einführung neuer Softwaresysteme stattfinden: zunächst als Pilotprojekt in einer Organisationseinheit und anschließend als Roll-out in allen dafür festgelegten Unternehmensbereichen.

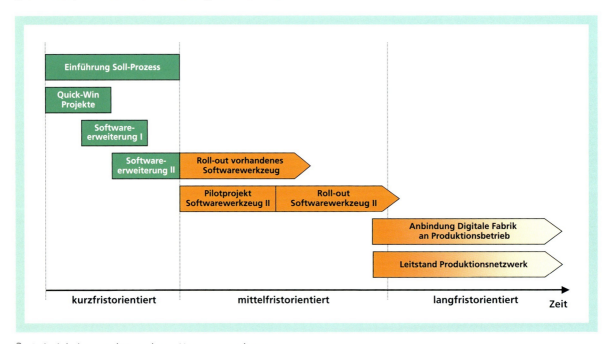

3 *Beispiel einer grobgranularen Umsetzungsplanung.*

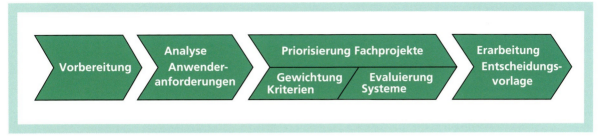

4 Unternehmensspezifisches Vorgehen zur Erarbeitung des IT-Bebauungsplans.

Typische Merkmale langfristorientierter Maßnahmen sind die unternehmensweite Ausrichtung und der zumeist strategische oder gar visionäre Leitgedanke. Dazu könnten unter anderem die Realisierung eines Konzepts zur unternehmensweiten Datenhaltung oder ein Leitstand für standortübergreifende Kooperation bei vernetzter Produktion zählen.

ANWENDUNGSBEISPIEL

Die Festo AG & Co. KG, weltweit führender Hersteller der Automatisierungstechnik, ist für innovative Produkte und kurze Lieferzeiten, auch bei kundenspezifischen Lösungen, bekannt. Voraussetzung für diese Stärken ist nicht nur eine enge Vernetzung von Entwicklung und Produktion, sondern auch ein effektives und effizientes Vorgehen in der Produktionsplanung und -durchführung.

Zur weiteren Optimierung der Produktrealisierung führten die Festo AG & Co. KG und das Fraunhofer IAO ein gemeinsames Projekt durch, um unter weitgehender Nutzung bewährter Prozesse und Infrastrukturen die Prozessintegration weiter zu entwickeln.

Für das Projekt wurde die generische Vorgehensweise (Abb. 2) zu einem zweckmäßigen unternehmensspezifischen Ansatz weiterentwickelt, der in Abb. 4 vereinfacht dargestellt ist. Ziele dieser Anpassung waren die frühzeitige kooperative Erarbeitung und Priorisierung von Vorschlägen für Fachprojekte und ein starker Bezug zu am Markt verfügbaren produktionsnahen IT-Systemen.

Bei der Festlegung des Projektvorgehens wurde der Evaluierung von IT-Lösungen bewusst eine Analyse der Anforderungen aus den Fachfunktionen vorangestellt und ein über die Produktionsgrenzen hinaus gehender Blickwinkel zugelassen. Der Bezug zu kurzfristigen bis strategischen Fachprojekten wurde im Verlauf des Projekts beibehalten, um einerseits den Fachbereichen zeitnah direkten Nutzen zu bieten und andererseits die Nutzung innovativer Informationstechnologie als ein wesentliches Element der nachhaltigen Wettbewerbsfähigkeit zu sichern. Fachprozessorientierte Vorhaben wurden weiter in kurzfristige Optimierungsprojekte mit IT-Bausteinen und mittelfristige Vorhaben mit Integrationscharakter aufgeteilt. Schwerpunkt bei der Ermittlung von Projektvorschlägen waren kurzfristig realisierbare Projekte mit überschaubarer Größe und Dauer und einem schnellen Return-on-Investment unter besonderer Berücksichtigung von Quick-Wins. Die auf der Grundlage von Expertengesprächen und Workshops mit allen betroffenen Unternehmensbereichen erarbeitete Umsetzungsplanung ist in verallgemeinerter Form in Abb. 5 dargestellt.

FAZIT

Zur Nutzung der Potenziale innovativer Informationstechnologien in der Produktrealisierung ist ein strukturiertes, geplantes Vorgehen unerlässlich,

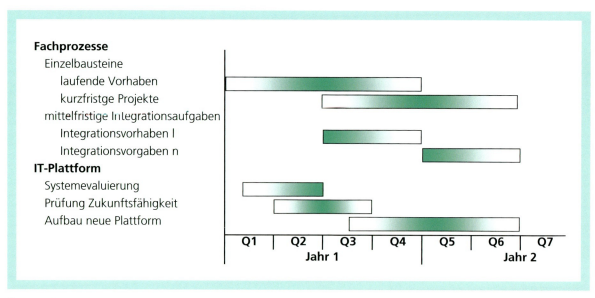

5 *Umsetzungsplanung.*

insbesondere vor dem Hintergrund der Vielzahl generell existierender und in Unternehmen bereits vorhandener Softwaresysteme. Das Vorgehen sollte dabei nicht nur Strategie und Ziele des Unternehmens, sondern insbesondere auch die konkreten Anforderungen der betroffenen Mitarbeiter berücksichtigen. Auf Grundlage der im kombinierten Top-down- und Bottom-up-Verfahren insgesamt erfassten Anforderungen können Handlungsbedarfe ermittelt sowie Maßnahmen abgeleitet und in eine unternehmensspezifische Roadmap zur Umsetzungsplanung überführt werden. Die Roadmap bildet die Basis zur Detaillierung dedizierter Teilprojekte für die schrittweise Realisierung einer durchgängigen, effizienten Produktrealisierung im Unternehmen.

ALLES IM GRIFF

BERATUNG ZUR ERGONOMIE DES SCHREIBLERNSYSTEMS »GRIFFIX®«

KATRIN MEINKEN, HARALD WIDLROITHER

Schreibenlernen ist ein schwieriger, aber zugleich wichtiger Entwicklungsschritt für Kinder. Die Herausforderung besteht in der Kombination aus kognitiver und motorischer Koordinationsleistung. Um Kindern das Schreibenlernen zu erleichtern, entwickelte die Pelikan Vertriebsgesellschaft mbH & Co. KG in Zusammenarbeit mit dem Fraunhofer IAO das Schreiblernsystem »griffix®«. Mittels vier aufeinander aufbauender Stiftvarianten ermöglicht »griffix®« einen optimalen Einstieg in den Schreiblernprozess und begleitet die Schreibanfänger darüber hinaus über alle Entwicklungsabschnitte des Schreibenlernens konsequent.

VIER STILVARIANTEN

In enger Zusammenarbeit mit Experten aus Design und Grafomotorik wurden in einem ersten Schritt Konzept und Prototyp der verschiedenen Stifte der »griffix®« Serie entwickelt. Dabei entstanden vier Stiftvarianten – Wachsschreiber, Bleistift, Tintenschreiber und Schreiblernfüller – die die Schreibanfänger jeweils während eines anderen Entwicklungsabschnitts des Schreiblernprozesses unterstützen.

Der Wachsschreiber ist für Kinder ab fünf Jahren geeignet. Er unterstützt bei der Gewöhnung an das Schreibwerkzeug und dem Erlernen der richtigen Stifthaltung. Die Kinder können spielerisch erste Schwungübungen ausführen sowie ein Gefühl für den nötigen Druck entwickeln.

Der Bleistift markiert die zweite Stufe des Schreiblernsystems und wird für das Schreiben der ersten Buchstaben und die Durchführung von Schreiblernübungen im ersten Schuljahr verwendet.

Der Tintenschreiber als dritte Stufe des Schreiblernsystems erlaubt leichte Schwung- und Schriftübungen und bereitet das Kind auf das Schreiben mit dem Füller vor.

Der Schreiblernfüller komplettiert das Schreiblernsystem. Der Schreiblernprozess ist nun weitestgehend abgeschlossen, die Griffhaltung ist erlernt und das Kind beginnt seine individuelle Handschrift zu entwickeln.

Für eine ergonomische Gestaltung der verschiedenen Stiftvarianten und die optimale Anpassung an die Kinderhand wandte sich Pelikan an die Ergonomie-Experten des Fraunhofer IAO. Ziel war neben der Umsetzung von formalästhetischen Eigenschaften die Berücksichtigung ergonomischer Kriterien, um so ein Baukastensystem zu entwickeln, das sich durch seinen logischen Aufbau von anderen, allein stehenden Schreiblernhilfen deutlich unterscheidet und einen signifikanten ergonomischen Mehrwert bietet. Dabei sollten die neu entwickelten Schreiblernstifte von Beginn an eine bestimmte Griffhaltung – den sogenannten Zangengriff – fördern. Der Zangengriff, bei dem das Schreibgerät mit Daumen und Zeigefinger gehalten und von unten mit dem Mittelfinger gestützt wird, wird von Experten als Griffhaltung zum Schreiben empfohlen. Diese Griffhaltung ermöglicht das Beugen und Strecken der Finger und damit eine flüssige Ausführung der kleinräumigen Schreibbewegungen.

Zur Förderung des Zangengriffs bieten die »griffix®« Stifte eine ergonomische Griffzone, die durch definierte Griffmulden die gewünschte Position der einzelnen Finger unterstützt. Die ergonomische Griffzone bleibt über alle System- und Entwicklungsschritte konstant, so dass die Kinder die erlernte Grifftechnik über die verschiedenen Stufen des Schreiblernprozesses leicht beibehalten können.

DIE NUTZERTESTS

Die Untersuchung der Fraunhofer-Experten umfasste die Überprüfung der anthropometrischen Auslegung der Griffmulden sowie die ergonomische Gesamtgestaltung der Schreiblernstifte. Darüber hinaus wurde im Rahmen von Nutzertests ermittelt, wie schnell die Kinder die Schreibgeräte mit der gewünschten Griffhaltung, dem Zangengriff, fassten und wie hoch die Akzeptanz für die Benutzung der neu entwickelten Stifte war.

1 Pelikan »griffix®«-Schreiblernset.

Die Nutzertests fanden im Großraum Stuttgart an mehreren Kindertagesstätten und Grundschulen in der Klassenstufe 1 statt. Die Stifte des neu entwickelten Schreiblernsystems wurden mit Schreibanfängern mit wenig bis keiner Schreib- und Füllererfahrung getestet. Die Altersverteilung lag zwischen fünf und sieben Jahren. Ergänzend zur Nutzerbeobachtung wurden die Schüler in geführten Interviews zu den vier unterschiedlichen Stiftvarianten befragt. Zur Überprüfung der Abmessungen von Stift, Griffzone und Griffmulden wurden die relevanten anthropometrischen Maße der Schreibhand erhoben. Es wurden insgesamt sechs Stiftvarianten getestet. Zusätzlich zu den handgefertigten Prototypen des »griffix®« Systems wurden handelsübliche Produkte von Pelikan und deren Konkurrenzunternehmen einbezogen. Dementsprechend wurden folgende Stiftvarianten getestet:

- Wachsschreiber mit symmetrischem Aufbau der Griffzone, freier Drehbarkeit des Stiftes und keiner spezifischen Ausprägung der einzelnen Griffmulden.

2 *Nutzertests in Kindertagesstätten und Grundschulen der Klassenstufe 1.*

- Bleistift / Tintenschreiber mit asymmetrischem Aufbau der Griffzone, keiner freien Drehbarkeit des Stiftes und spezifischer Ausprägung der einzelnen Griffmulden, so dass eine Zuordnung der Finger zur jeweiligen Griffmulde erfolgt.
- Pelikano Junior als Schreiblernfüller mit asymmetrischem Aufbau der Griffzone und damit keiner freien Drehbarkeit des Stiftes.
- Lamy abc als Schreiblernfüller mit asymmetrischer Griffzone.
- Stabilo's move easy als Tintenroller mit asymmetrischer Griffzone.

Alle getesteten Stifte wurden neutral lackiert, um Präferenzen bezüglich der Optik, z.B. über die Lieblingsfarbe, auszuschließen.

Zu Beginn des Nutzertests wurden die Hand- und Fingermaße der Kinder mittels anthropometrischer Messgeräte erhoben. Die Analyse der vorhandenen Griffhaltung der Schreibanfänger erfolgte mittels grafomotorischer Übungen, die mit einem neutralen Schreibgerät durchgeführt wurden. Im Anschluss kamen die Prototypen des neuen Schreiblernsystems sowie die anderen Schreiblernstifte zum Einsatz. Die Kinder führten hiermit weitere grafomotorische Übungen aus. Mittels Vor-Ort- und Videobeobachtungen wurden neben der jeweilig eingenommenen Griffhaltung auch Unterschiede, Auffälligkeiten und Schwierigkeiten im Umgang mit den verschiedenen Stiften dokumentiert. In halbstrukturierten Interviews wurden schließlich die Akzeptanz, die Handhabbarkeit sowie der Spaßfaktor der unterschiedlichen Schreibgeräte abgefragt.

Der Abgleich der Stiftmaße mit den erhobenen Hand- und Fingermaßen ergab, dass das Griffzonen- und Griffmuldenkonzept prinzipiell richtig umgesetzt wurde. Die Abmessungen für die Griffzone waren korrekt gewählt. Auch die Griffmulden waren ergonomisch gut umgesetzt. Die Anordnung der Mulden sowie deren Zuordnung zu den einzelnen Fingern wurden erfolgreich realisiert.

DAS OPTIMIERUNGS-POTENZIAL

Optimierungspotenzial bestand jedoch in der Ausformung der einzelnen Griffmulden. Die von Fraunhofer IAO erarbeiteten Gestaltungsempfehlungen betrafen vor allem die Geometrie der Griffmulden. So wurden die Radien der Mulden weicher gestaltet, um Druck- und Scheuerstellen an den Fingern vorzubeugen. Außerdem wurde eine großzügigere Gestaltung der Griffmulde für den Mittelfinger umgesetzt, um so den Schreibanfängern mehr Freiraum zur individuellen Griffausprägung zu bieten.

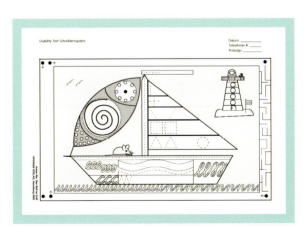

3 *Grafomotorisches Übungsblatt.*

Die Akzeptanz des »griffix®« Systems unter den befragten Kindern war hoch. So gefielen der Mehrheit der Kinder die neu entwickelten Schreiblernstifte optisch am besten. Sie bewerteten das Design als »schön« und »mal etwas anderes«.

Die Frage, ob die Kinder mit dem jeweiligen Stift gut schreiben konnten, wurde vor allem für den neu entwickelten Tintenschreiber bejaht. Den Tintenschreiber wollten die meisten Kinder gerne jeden Tag benutzen.

Die Analyse der vorhandenen Griffhaltung ergab, dass ursprünglich bereits etwa die Hälfte der Kinder mit dem angestrebten Zangengriff schrieb. Die andere Hälfte der Kinder fasste den Stift mit dem sogenannten Pfötchengriff, bei dem das Schreibgerät mit mehreren Fingern und gestrecktem Daumen gegriffen wird. Hier ergab sich die spannende Frage, ob diese Kinder den empfohlenen Zangengriff mit den Stiften des »griffix®« Systems schneller oder dauerhafter erlernen konnten als mit den handelsüblichen Schreiblernstiften.

Nach Bearbeitung der verschiedenen grafomotorischen Übungen mit den unterschiedlichen Stiftvarianten zeigte sich, dass der Lerneffekt bezüglich der Griffhaltung bei den »griffix®« Schreiblernstiften höher war als bei den handelsüblichen Modellen mit weniger prägnanten Griffmulden. Die Kinder konnten anhand der verschieden gestalteten Griffmulden die Finger schnell und einfach in die gewünschte Position bringen und somit die Übungen im Zangengriff ausführen. Der Zangengriff wurde von den ursprünglich mit Pfötchengriff schreibenden Kindern bei Gebrauch der »griffix®« Stifte oft schon nach der ersten Aufgabe dauerhaft eingenommen. Bei den herkömmlichen Stiften wurde der Zangengriff hingegen erst nach Bearbeitung von mehreren Aufgaben oder sogar überhaupt gar nicht eingenommen.

Diese Ergebnisse zeigen, dass die neu entwickelten Schreiblernstifte des »griffix®« Systems sowohl nach ergonomischen als auch nach formalästhetischen Kriterien überzeugen konnten. Nach Umsetzung der vom Fraunhofer IAO erarbeiteten Gestaltungsempfehlungen ist das »griffix®« Schreiblernset inzwischen im Handel erhältlich.

AM LAUFENDEN BAND

OPTIMIERUNG DER MANUELLEN GEPÄCKVERLADUNG BEI PASSAGIERFLUGZEUGEN

MARTIN BRAUN

Auf einem Großflughafen werden täglich etwa 1.000 Passagierflugzeuge rund um die Uhr abgefertigt. Hierbei gilt es, bis zu 100.000 Gepäckstücke umzuschlagen und in Transportsysteme zu verladen. Der Gepäckumschlag und die manuelle Beladung von Flugzeugen sind stark belastende Tätigkeiten (vgl. Abb. 1). Sie erfolgen auf dem Flugvorfeld zuweilen unter widrigen Witterungsbedingungen. Verladetätigkeiten zeichnen sich durch enge Zeitvorgaben im Betriebsablauf und Phasen unterschiedlicher Arbeitsintensität aus. Um einem arbeitsbedingten Verschleiß der körperlichen und psychischen Kräfte der Ladearbeiter vorzubeugen, kommt der menschengerechten Gestaltung ihrer Arbeitstätigkeiten eine wachsende Bedeutung zu.

Eine menschengerechte Arbeitsgestaltung adressiert die Inhalte und Struktur einer Arbeitstätigkeit, Aspekte der Führung, die Arbeitsmittel, den Arbeitsplatz und die Arbeitsumgebung (vgl. Kern et al., 2005). Durch eine Förderung der menschlichen Ressourcen in möglichst ausgeglichenen Belastungssituationen schafft sie günstige Voraussetzungen für Gesundheit und Leistung.

Eine Betrachtung der Ladeprozesse am Flugzeug verdeutlicht beispielhaft, wie sich durch eine menschengerechte Arbeitsgestaltung die Zielgrößen der Gesundheit und der Produktivität angesichts einer altersgemischten Belegschaft aufgabengerecht verknüpfen lassen.

ANFORDERUNGEN AN DIE GEPÄCKVERLADUNG

Eine wesentliche Aufgabe zur Abfertigung eines Flugzeugs betrifft die Be- und Entladung des Gepäcks. Der Ladevorgang auf dem Flugvorfeld unterliegt klar definierten Zielsetzungen:

Eine erste Zielvorgabe bei der Gepäckverladung betrifft die Zeiteffizienz, um kurze Flugtransfers von etwa 45 Minuten zu gewährleisten. Angesichts des Einsatzes von Großraumflugzeugen mit erheblichen Gepäckmengen stellt diese Aufgabe überdurchschnittlich hohe Anforderungen an die Ladeteams.

Ein zweites Ziel liegt in der Zuverlässigkeit der logistischen Prozesse. Damit Gepäckstücke zeitgerecht das Reiseziel erreichen, sind Irrläufer und Verluste auf ein Minimum zu reduzieren. Die Zuverlässigkeit der Ladeprozesse unterliegt hohen Koordinationsanforderungen, wenn einzelne Gepäckstücke z.B. aufgrund von Sicherheitsbestimmungen unplanmäßig ent- und verladen werden müssen. Die Zuverlässigkeit umfasst ferner die Vermeidung von Schäden am Gepäck, die sich bei unsachgemäßer Handhabung ergeben können.

DURCHFÜHRUNG DES LADEVORGANGS

Grundsätzlich wird zwischen geschlossener und offener Verladung unterschieden:

- Bei der geschlossenen Verladung werden normierte Ladeeinheiten mit einem Transportanhänger an das Flugzeug herangefahren und über ein Hubgerät in den Laderaum befördert. Ein Transportsystem bewegt die Ladeeinheit an die vorgesehene Position; sie wird dort über ein Verriegelungssystem gesichert.

- Die offene Verladung wird vornehmlich bei Flugzeugen mit schmalem Rumpf praktiziert (sog. »Narrow-Body«-Flugzeuge wie z. B. Boeing 737, Airbus A318 - A320). Die lose Ladung (»Bulk«) wird mit Gepäckwagen (»Trolleys«) zum Flugzeug gefahren. Die einzeln entnommenen Gepäckstücke gelangen über Förderbänder in die Laderäume (»Bulkcompartments«) und an den Stapelort. Dort installierte Netze gewährleisten, dass lose Fracht während des Fluges nicht durcheinanderwirbelt.

1 *Manuelle Gepäckverladung unter ungünstigen räumlichen Verhältnissen.*

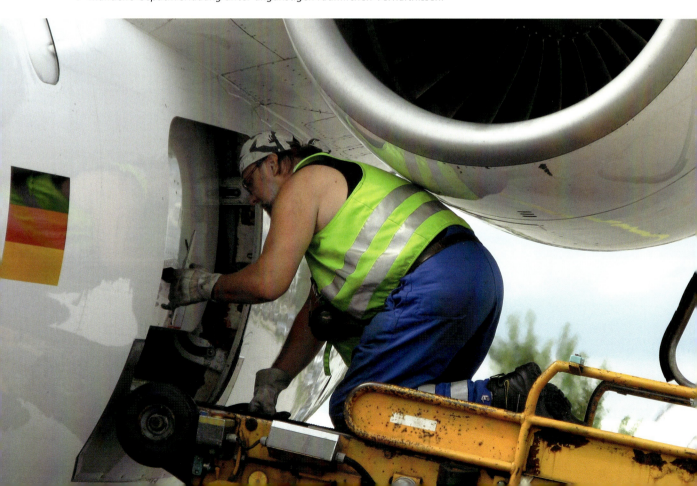

2 Verlängertes Rollbettförderband im Laderaum (Quelle: Power Stow).

3 Gepäckverladung unter Einsatz eines Rollbettförderbands (Quelle: DGUV).

Die folgende Betrachtung bezieht sich auf die offene Verladung (d.h. Handverladung). Die Laderäume der Passagierflugzeuge befinden sich üblicherweise im Unterdeck (»Lower Deck«). Sie sind über mehrere Laderaumtüren zugänglich. Das Lower Deck weist abgerundete Seitenwände und eine Deckenhöhe von maximal 1,30 m auf. Die geringe Raumhöhe bedingt eine ungünstige, gebeugte Körperhaltung der Ladearbeiter (d.h. Arbeiten im Knien). Diese Belastungssituation verschärft sich bei der Handhabung schwerer Lasten, insbesondere wenn der Oberkörper zu drehen und abzustützen ist, um das Körpergleichgewicht zu erhalten.

GEFÄHRDUNGEN BEI DER HANDVERLADUNG

Pro Ladevorgang werden im Bulkcompartment üblicherweise 160 bis 200 Gepäckstücke mit einem Gesamtgewicht bis zu drei t in einem Zeitfenster von etwa 20 Minuten bewegt. Einzelne Ladestücke erreichen ein Gewicht von über 20 kg. Um die maximale Laderaumlänge von 8 m (d.h. Abstand Laderaumtür – Stapelort) zu überwinden, werden die Ladestücke in einer Kette von zwei bis drei Ladearbeitern manuell übergeben.

Bei der Handverladung im Bulkcompartment können folgende Gefährdungen auftreten:

- Aufgrund der ungünstigen Körperhaltung und Kraftausbringung unterliegt der Organismus erheblichen Beanspruchungen, die zu krankhaften Schädigungen des muskulo-skelettalen Systems und der unteren Extremitäten (d.h. insbesondere Knie) führen können.

- Die temporär hohen Leistungsanforderungen hinsichtlich Lastgewicht, Energieumsatz und Bewegungshäufigkeit erhöhen das Risiko von arbeitsbedingten Erkrankungen.

- Eintönige Arbeitsbedingungen sowie unzureichende Tätigkeitsabsprachen im Ladeteam wirken sich nachteilig auf Stimmung und Arbeitsmotivation aus.

Unter derart ungünstigen Arbeitsbedingungen ist ein frühzeitiger Verlust an Leistungsfähigkeit und -bereitschaft des Ladepersonals nicht auszuschließen. Ein hoher Krankenfehlstand und eine hohe Fluktuationsrate erschweren die Koordination des Personaleinsatzes; unter diesen Rahmenbedingungen leidet langfristig die Personalentwicklung.

GESTALTUNGSMASSNAHMEN

Zur menschengerechten Gestaltung des Arbeitssystems »Gepäckverladung« wurden drei Interventionsansätze verfolgt:

- Einsatz von technischen Systemen zur Unterstützung der manuellen Gepäckverladung: Einige Gepäckförderbänder wurden mit einer Rollbettförderbandverlängerung (»Power Stow«) nachgerüstet (vgl. Abb. 2). Diese Bandverlängerung fördert die Ladestücke stetig ohne manuelle Übergabe vom Transportwagen an den Stapelort im Laderaum. Die Rollenbahn kann bedarfsgerecht aus- oder eingefahren werden, um sie möglichst nahe an die Ladekante zu bringen (vgl. Abb. 3). Der Be- bzw. Entladungskopf lässt sich in einer angemessenen Arbeitshöhe am Gepäckstapel positionieren. Durch den Einsatz der Rollbettförderbandverlängerung vermag ein einziger Ladearbeiter den Ladevorgang innerhalb des Laderaums zu bewältigen. Dadurch wird die Anzahl jener Arbeitsplätze reduziert, an denen unangemessene Arbeitsbelastungen auftreten. Die Verbesserung der Belastungssituation am verbleibenden Arbeitsplatz mindert das arbeitsbedingte Erkrankungsrisiko und schafft günstige Voraussetzung für einen flexiblen Personaleinsatz.

- Eine Rotation der Mitarbeiter an verschiedenen Arbeitsplätzen im Laderaum, am Förderband und am Gepäckwagen trägt zum regelmäßigen Belastungswechsel und zur erforderlichen Regeneration bei, ohne die Arbeitstätigkeit zu unterbrechen. Durch die Ausführung von unterschiedlichen Tätigkeiten auf ähnlichem Anforderungsniveau werden Zustände psychischer und physischer Monotonie vermieden. Eine verbesserte Identifikation mit der Arbeitsaufgabe fördert die Leistungsbereitschaft der Ladearbeiter und deren Arbeitskultur.

- Die Nutzung eines verlängerten Rollbettförderbands setzt Sachverstand und eine gewisse Sorgfalt des Bedieners – etwa beim Andocken am Flugzeugrumpf – voraus. Kenntnisse zum Technikeinsatz im Rotationssystem werden in speziellen Personalschulungen sowie durch das praktische Tun vermittelt.

WIRKUNGEN DER ARBEITSSYSTEMGESTALTUNG

Die skizzierten Maßnahmen einer menschengerechten Arbeitsgestaltung führen zu vielfältigen Wechselwirkungen der technischen, organisatorischen und individuellen Faktoren innerhalb des Arbeitssystems (vgl. Abb. 4) und eröffnen dadurch erheblich Nutzenpotenziale:

- Durch den Einsatz einer Rollbettförderbandverlängerung lässt sich die Produktivität des Ladevorgangs auf bis zu 1.200 Gepäckstücke pro Schicht gegenüber einer herkömmlichen Handladung steigern. Zeitkritische Ladevorgänge werden besser bewältigt und kostspielige Bodenstandzeiten im Flugbetrieb verkürzt.

- Ausgeglichene Arbeitsbedingungen vermindern das Risiko arbeitsbedingter Erkrankungen. Eine herausfordernde und abwechslungsreiche Tätigkeitsgestaltung, die berufliche Perspektiven eröffnet, fördert die Identifikation des Personals mit ihrer Arbeitsaufgabe sowie die Leistungsbereitschaft. Erleben die Mitarbeiter Sinn und Anerkennung in ihrer beruflichen Tätigkeit, sinken die Absentismus- und Fluktuationsquoten. Dies schafft günstige Voraussetzungen für eine nachhaltige Personalentwicklung, da erst beständige Beschäftigungsverhältnisse eine Investition in erweiterte Schulungsmaßnahmen rechtfertigen. Ein erhöhtes Qualifikationsniveau wiederum schafft Perspektiven für einen flexiblen Arbeitseinsatz in vielfältigen, interessanten Tätigkeiten des »Ground Service« – bis in ein relativ hohes Beschäftigungsalter.

- Die optimierten Arbeitsbedingungen im Laderaum führen prinzipiell zu geringeren Krankenfehlzeiten des Ladepersonals und zu verminderten Ausfallkosten. Die Kosten für Behandlung und Rehabilitation bei arbeitsbedingten Erkrankungen verringern sich. Zudem vermindert sich das Risiko der Beschädigung von Gepäck.

NUTZENSITUATION

Die betriebliche Verankerung einer menschengerechten Arbeitsgestaltung erfordert eine sachliche Argumentationsgrundlage. Maßnahmen einer menschengerechten Arbeitsgestaltung entziehen sich in der Regel einer unmittelbaren ökonomischen Nutzenanalyse, da ihre leistungsbezogenen Auswirkungen schwer abschätzbar und ihr monetärer Nutzen zumeist nur indirekt ermittelbar sind. Entscheidungen darüber, ob und in welchem Umfang Maßnahmen einer menschengerechten Arbeitsgestaltung ökonomisch zweckmäßig sind, lassen sich über deren Leistungsbeiträge zu vorab definierten Unternehmenszielen absichern (Braun, 2009). Eine derartige Betrachtung wird durch die Konstruktion von Ursache-Wirkungs-Ketten methodisch unterstützt (vgl. Abb. 4).

Maßnahmen einer menschengerechten Arbeitsgestaltung stellen demnach eine Investition in die

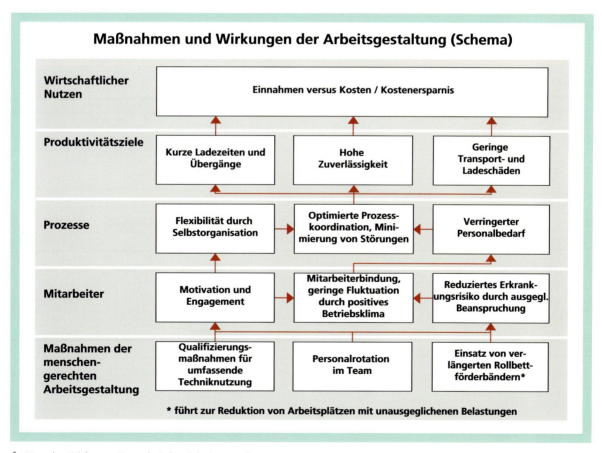

4 *Ursache-Wirkungs-Kette bei der Arbeitsgestaltung.*

Entwicklung der Fähigkeiten der Mitarbeiter dar; sie sind zunächst auf eine verbesserte Prozessqualität ausgerichtet, bevor sie mittel- bis langfristig die betriebliche Wettbewerbsposition stärken und auf diese Weise indirekt ertragswirksam werden.

Eine Wirtschaftlichkeitsbetrachtung belegt die Kostenvorteile, die sich bei der skizzierten Aufgabenstellung durch eine menschengerechte Arbeitssystemgestaltung mittelfristig ergeben.

FAZIT

Die Ausführungen verdeutlichen, wie durch eine menschengerechte Gestaltung des Arbeitssystems »Gepäckverladung« gesundheitliche und wirtschaftliche Zielsetzungen gleichermaßen zu erreichen sind. Gesundheitliche Maßnahmen schaffen eine nachhaltige Grundlage für die Leistungsfähigkeit und -bereitschaft der Beschäftigten – gerade auch angesichts erhöhter Leistungsanforderungen unter komplexen Arbeitsbedingungen, aber auch unter den limitierenden Rahmenbedingungen des soziodemografischen Wandels.

LITERATUR

Braun, M.: Entwicklung einer Balanced Scorecard für das betriebliche Gesundheitsmanagement. Arbeitsmedizin Sozialmedizin Umweltmedizin 44, Nr. 5, 2009, S. 284-292.

Kern, P.; Schmauder, M.; Braun, M.: Einführung in den Arbeitsschutz für Studium und Betriebspraxis. München: Hanser, 2005.

Das vorgestellte Vorhaben wurde im Rahmen des BMBF-Projektes TAQP (www.taqp.de) gemeinsam mit der Deutschen Gesetzlichen Unfallversicherung und der Fraport AG durchgeführt (Förderkennzeichen 01FA0713).

FUTURECAR

INNOVATIONSCHANCEN AUF DEM WEG ZUR ELEKTROMOBILEN GESELLSCHAFT

FLORIAN ROTHFUSS, SIMON VOIGT

Die Elektrifizierung des Antriebsstrangs kommt und sie wird erhebliche Auswirkungen auf die Wertschöpfungsarchitektur der Automobilindustrie haben. (Nach Hartmut Rauen, Geschäftsführer FV Antriebstechnik, VDMA 2009)

ELEKTROMOBILITÄT – EINE TECHNOLOGIE IN BEWEGUNG

Mit der Entwicklung der ersten Verbrennungsmotoren durch Gottlieb Daimler und Carl Benz wurde der Grundstein für eine prosperierende Automobilindustrie weltweit, aber insbesondere auch für das Autoland Deutschland gelegt. Wurden damals Unternehmen, deren Geschäft auf der Pferdekutsche basierte, mit der disruptiven Technologie »Verbrennungsmotor« konfrontiert, so zeichnet sich heute erneut ein radikaler Systemwechsel ab:

Elektromobile Antriebskonzepte werden mittel- bis langfristig Verbrennungsmotoren, die auf fossilen Kraftstoffen beruhen, substituieren. Die Treiber, die diesen Wechsel stützen, sind insbesondere folgende:

- Gesetzliche Rahmenbedingungen: So sind beispielsweise ein CO_2-Ausstoß von 95 g/km wie für 2020 vorgesehen nur mit einem signifikanten Anteil von Elektromobilen in der Flotte zu erreichen.

- Förderprogramme: Sowohl in Europa und den USA, aber insbesondere auch in Asien werden milliardenschwere Förderprogramme für die Entwicklung elektromobiler Antriebskonzepte aufgelegt.

- Limitierung fossiler Ressourcen: Öl ist endlich, der »Peak Oil« überschritten.

- Neueinsteiger in den Automobilmarkt: Insbesondere asiatische Unternehmen sehen die Elektromobilität als Hebel für den Markteintritt, da Kompetenzen der westlichen Automobilunternehmen hinsichtlich verbrennungsmotor-basierten Antrieben obsolet werden.

- Chancen für die Energiewirtschaft: Anders als bei der Wasserstoff-Brennstoffzelle existiert heute bereits eine zwar rudimentäre aber funktionierende flächendeckende Infrastruktur (Steckdose in der Garage) und die Energiewirtschaft hat vor dem Hintergrund der Nutzung von E-Fahrzeugen als Puffer oder gar Speicher für regenerativ erzeugten Strom Interesse an dem weiteren Infrastrukturausbau. Aber auch IT Unternehmen und Unternehmen aus dem Kommunikationsbereich sehen großes Potenzial insbesondere durch intelligente Stromzähler und Abrechnungssysteme.

Elektromobile Fahrzeugkonzepte werden somit über die nächsten Jahrzehnte eine zunehmende Verbreitung finden. Während die Bundesregierung im Jahre 2008 noch das Ziel von einer Million Fahrzeuge in Deutschland bis zum Jahr 2020 und fünf Millionen Fahrzeuge mit Elektroantrieb bis zum Jahr 2030 gesetzt hat, rechnen Experten mit weitaus größeren Wachstumsraten. So schätzt Siemens die fünf Millionen Grenze bereits 2020 zu erreichen und TNS Infratest sowie Roland Berger gehen von bis zu 25 Prozent elektrisch angetriebenen Fahrzeugen bei den Neuzulassungen 2020 aus.

HERAUSFORDERUNGEN FÜR DIE AUTOMOBILINDUSTRIE

Wird heute noch öffentlichkeitswirksam über Geschäfts- und Betreibermodelle für Elektromobile spekuliert, so kommt der Analyse der automobilen Wertschöpfungskette im Zeichen

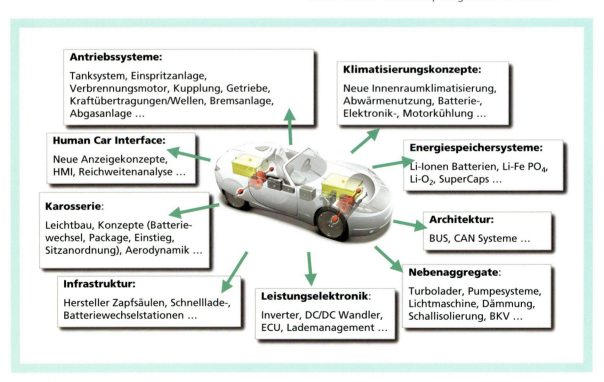

1 *Auswirkung der Elektromobilität auf eine Vielzahl von Komponenten.*

der Elektromobilität kaum Aufmerksamkeit zu. Dabei wird sich gerade hier einiges tun: Sowohl hinsichtlich der Verteilung der Wertschöpfung auf die Wertschöpfungsstufen wird es Veränderungen geben als auch bezüglich der Integration neuer und dem Ausscheiden etablierter Akteure. Bezüglich ihrer Auswirkung auf die Industrie sind die beiden Technologierevolutionen »Von der Pferdekutsche zum Verbrennungsmotor« und »Vom Verbrennungsmotor zum Elektroantrieb« durchaus vergleichbar: Das Automobil der Zukunft wird zunächst ähnlich aussehen wie heutige Fahrzeuge, unter der Karosserie werden sich jedoch gänzlich neue Teile wiederfinden.

Unmittelbar denkt man an die Komponenten Getriebe, Tanksystem, Auspuffanlage oder den Motorblock mit Ventilen, Kurbelwelle und Zylinder, welche nicht mehr benötigt werden. Das bedeutet konkret: Unternehmen, die heute Zahnräder fertigen, Motorblöcke gießen oder Getriebe montieren, werden mit ihren Produkten kein Geld mehr verdienen können. Damit einhergehen wird ein signifikanter Wandel in den Qualifikationsanforderungen an die in der Automobil-Branche tätigen und für diese ausgebildeten Menschen. Die bisherige Fokussierung auf mechanische Kompetenzen wird sich verlagern (müssen) in Richtung elektrischer und elektronischer Kompetenzen. Elektromobile Antriebskonzepte strahlen jedoch noch viel weiter aus: Neue Karosserieformen und Konzepte werden möglich und nötig, die Klimatisierung des Fahrzeugs und der Komponenten wie Batterie und Leistungselektronik muss neu erfunden beziehungsweise zur Reife entwickelt werden und die Interaktion des Fahrers mit dem Fahrzeug gilt es zu überdenken.

Es herrscht Einigkeit bei Experten darüber, dass der anstehende Systemwechsel hin zur Elektromobilität die althergebrachten Strukturen der gesamten Automobilbranche durcheinander werfen wird. Offen ist bislang allerdings neben der generellen System- und Technologiefrage auch, welche Marktteilnehmer welche Kompetenzen aufbauen und sich damit in einem komplett neuen Wertschöpfungsgefüge wie positionieren können. Sämtliche OEMs (original equipment manufacturer) haben das Thema auf ihre FuE-Agenda gesetzt und positionieren sich entsprechend. Jedes Unternehmen der Automobilzulieferindustrie ist daher ebenfalls gut beraten, sich bereits heute mit den anstehenden Veränderungen intensiv auseinanderzusetzen und das eigene Technologiemanagement entsprechend auszurichten. Die Beteiligung am Systemwechsel zur Elektromobilität wird mittel- und langfristig entscheidend für den Erfolg und das Überleben vieler Unternehmen der Branche werden. Nur so kann sichergestellt werden, dass Alternativen zu erodierenden Wertschöpfungsanteilen aufgebaut werden können und die Unternehmenszukunft in einer veränderten Branche gesichert wird.

Das Fraunhofer IAO hat im Rahmen der Fraunhofer Systemforschung (FSEM) ein Innovationsnetzwerk aufgesetzt, um diese Herausforderungen mit Partnern aus der Industrie zu bearbeiten. Die Gründung des Arbeitskreises erfolgte 2009 mit Mitgliedern aus der Automobilindustrie, welche sich mit dem Thema Elektromobilität auf strategischer und praktischer Ebene in ihrem Unternehmen beschäftigen. Eine Weiterführung des Netzwerks über die aktuelle Projektlaufzeit der FSEM von 2009 bis 2011 hinaus ist geplant.

ZIELSETZUNG UND PARTNERUNTERNEHMEN IM NETZWERK FUTURECAR

Ziel des Innovationsnetzwerks FutureCar ist die gemeinsame Erforschung und Beantwortung von Fragestellungen, die mit dem Wandel zur Elektromobilität verbunden sind und die Grundlage für die Ausarbeitung einer unternehmensspezifischen

Strategie darstellen. Es soll eine Wissensbasis erarbeitet werden, die den Unternehmen einen klaren Vorsprung gegenüber den Wettbewerbern ermöglicht und gleichzeitig zur Vernetzung der Unternehmen untereinander beiträgt. Hierzu sind aktuell 16 Firmen im Netzwerk aktiv.

Die Ziele im FutureCar Verbund sind geprägt von einer engen Verknüpfung zwischen Forschungseinrichtungen und Industrieunternehmen. Hierbei werden frühzeitig technologische Entwicklungen mit Bezug zur Elektromobilität identifiziert und evaluiert sowie die Chancen und Risiken aus dem Systemwechsel für die Zulieferindustrie erarbeitet.

DER THEMATISCHE FOKUS 2009-2011

Im Umfeld des Antriebsstrangs sind mit dem Systemwechsel zur Elektromobilität die größten Umwälzungen zu erwarten, gleichzeitig werden hier für die Zulieferer große Produktchancen erwartet. Die Fokussierung des Netzwerkes FutureCar erfolgt daher auf Komponenten des Antriebstrangs des Elektromobils. Es werden aber auch weitere Themenfelder betrachtet, auf die der Systemwechsel abstrahlt, wie z.B. Leichtbau, Karosseriekonzepte und Recycling.

Grundsätzlich gliedert sich die Ergebnisgenerierung in vier Schwerpunkte:

Mit einer umfassenden Grundlagenanalyse und Stand der Technik Recherche wird eine Metastudie in Sekundärdatenquellen sowie Experteninterviews als eine Momentaufnahme des Ist-Entwicklungsstandes der Elektromobilität im internationalen Vergleich erarbeitet. Die interessantesten Technologien und Applikationen werden ebenso dargelegt wie die wichtigsten Forschungsarbeiten. Themen sind hierbei unter anderem Batteriesysteme, elektrische Maschine, Infrastruktur, induktives Laden, Leistungselektronik, Mensch-Maschine-Interaktion, etc. Ziel

2 *Deutschlandkarte der analysierten Forschungs-Akteure im Themenfeld Batteriesysteme.*

3 *Workshop Gesamtfahrzeug in Mendrisio mit Besuch von Metaltool (Protoscar).*

hierbei ist die Erstellung einer Landkarte und Beschreibung eines Katalogs aktueller Entwicklungen, Key-Player und Kompetenzträger in Wirtschaft und Forschung sowie Übersicht über Kooperationen und Zusammenhänge im Markt.

Es werden aber auch Trendstudien für Technologien und Konzepte erstellt sowie aktuelle und zukunftsrelevante globale Entwicklungen und Trends erfasst als auch deren Potenzial bewertet. Im Rahmen breit angelegter Branchenbefragungen sowie gezielter Expertenbefragungen an Universitäten und Forschungseinrichtungen werden die relevanten technologischen und marktlichen Entwicklungen im Bereich der Elektromobilität erfasst. Ebenfalls werden in diesen Studien Schlüsselfaktoren identifiziert. Schlüsselfaktoren können hierbei sowohl technologische Entwicklungen wie Fertigungsverfahren, Materialverfügbarkeiten oder Qualität sein als auch gesellschaftliche Einflüsse (Umweltbewusstsein, öffentliche Meinung, Änderung von Gewohnheiten, etc.). Zu den bearbeiteten Themen zählen unter anderem Leichtbau, Flottenversuche, Mobilitätsverhalten, (Hochvolt-)Komponenten, Materialien, Recycling.

Auf Grundlage der Trendstudie werden verschiedene Zukunftsprognosen unter variablen Rahmenbedingungen abgeleitet und ein Szenarioentwurf FutureCar 2025 erarbeitet. Die entwickelten Szenarien bilden dabei folgende Elemente ab: Technologische Konzepte, Marktdurchdringung, Wertschöpfungsarchitekturen, Kompetenzgefüge, Geschäftsmodelle.

Basierend auf aktuellen Trends in Entwicklung und Forschung sowie den entwickelten Szenarien wird systematisch eine Chancen-und-Risiken-Analyse des Systemwechsels zur Elektromobilität für die Zulieferindustrie durchgeführt. Gefahren finden sich in wegfallenden und substituierten Komponenten und damit einem schwindenden Wertschöpfungsanteil der Unternehmen. Chancen ergeben sich hinsichtlich neuer, bislang nicht benötigter Komponenten und Systeme. Die identifizierten Chancen werden mit Ressourcen- und Kompetenzprofilen hinterlegt, die beschreiben, über welche Fähigkeiten Unternehmen verfügen sollten, um diese Chancen zu erschließen. Bezüglich der identifizierten Gefahren werden Migrationspfade entwickelt, auf denen Unternehmen die wegfallenden oder substituierten durch neue Wertschöpfungsanteile ersetzen können.

In regelmäßigen Projektsteuerungsmeetings werden die Ergebnisfortschritte der einzelnen Forschungsbereiche im gesamten Plenum vorgestellt, diskutiert und bewertet sowie strategische Weichenstellungen im Innovationsnetzwerk vorgenommen. Um die einzelnen Themen auch auf Fachebene voranzutreiben, werden themenspezifische Workshops organisiert. Hierzu werden auch Experten von externen Unternehmen und OEMs eingeladen. Es sind bereits Workshops zu den Themen »Gesamtfahrzeug und Infrastruktur« (in Mendrisio mit Protoscar, FZ SoNick, VirVe, Park&Charge), »OEM-Perspektiven« (bei EDAG mit Daimler, Mitsubishi, Nissan) sowie »Leichtbau« (bei ThyssenKrupp mit Audi, ITP, Essoro) durchgeführt worden. Weitere Workshops sind aktuell in Planung.

Elektromobilität stellt ein großes Potenzial für die Gesellschaft im Allgemeinen und die Automobilindustrie im Besonderen dar. Dieses Potenzial kann die deutsche Automobilindustrie jedoch nur dann heben, wenn sie auf den anstehenden Wandel zur Elektromobilität vorbereitet ist. Im Rahmen des Netzwerks werden die sich aus dem Systemwechsel zur Elektromobilität ergebenden Chancen für neue Technologien, Produkte und Geschäftsmodelle für die Zulieferindustrie systematisch identifiziert und objektiv bewertet.

E-MOBILITÄT

»MODELLREGIONEN ELEKTROMOBILITÄT« IN DEUTSCHLAND

FLORIAN ROTHFUSS, SIMON VOIGT

Im Rahmen des Programms »Modellregionen Elektromobilität« fördert das Bundesministerium für Verkehr, Bau und Stadtentwicklung BMVBS von 2010 bis Ende 2011 in den acht Modellregionen Hamburg, Bremen/Oldenburg, Rhein-Ruhr, Rhein-Main, Sachsen, Stuttgart, München und Berlin-Potsdam Projekte zur Demonstration der Elektromobilität im öffentlichen Raum. Die Besonderheit des Programms in Relation zu anderen Förderungsprogrammen im Themenfeld Elektromobilität liegt in der unmittelbaren Integration zum einen von Endkunden, zum anderen von Städten und Kommunen in die Projekte. Im Zentrum des Programms stehen der Aufbau und die Erprobung einer Ladeinfrastruktur bei gleichzeitigen Testphasen von vielfältigen elektromobilen Fahrzeugflotten, die vom Pedelec über Elektroroller und PKW bis zu Kleintransportern und Bussen reichen. Das Programm umfasst somit eine große Breite an Nutzergruppen und Anwendungsfeldern von Elektromobilität in den unterschiedlichsten Bereichen. Einen Überblick über die aktuell laufenden und geplanten eingesetzten Elektrofahrzeuge unterschiedlicher Klassen zeigt Abb. 1.

Die Modellregionen ermöglichen einmalige Einsichten in die Anforderungen auf Kundenseite und die Analyse von Faktoren, die auf die Kundenakzeptanz Einfluss nehmen. Darüber hinaus kann die konkrete Umsetzung von Elektromobilität in unterschiedlichen Regionen beobachtet werden. Das Fraunhofer IAO und das eng kooperierende Universitätsinstitut für Arbeitswissenschaft und Technologiemanagement sind in vier Projekten im Rahmen der Modellregionen für Elektromobilität eingebunden, die nachfolgend vorgestellt werden sollen.

BUNDESWEITE BEGLEITFORSCHUNG

Fokus Elektromobilität und Stadt

Dieses Projekt adressiert zwei Fragestellungen, die jedoch eng miteinander zusammenhängen: Einerseits ist es das Ziel, die Anforderungen, Bedürfnisse und Erwartungen von Elektromobilität auf Seiten der Kunden gezielt zu erfassen, andererseits wird die regionale Perspektive, d.h. die Anforderungen, Ziele und Herausforderungen, die sich aus kommunaler und städtischer Sicht ergeben, erhoben. In einer elektromobilen Kommune oder Stadt der

Zukunft müssen beide Sichtweisen miteinander vereint werden – nur Elektromobilität, die für den Kunden attraktiv ist, hat eine Chance, sich auf dem Markt durchzusetzen. Umgekehrt stecken die regionalen Bedingungen in Kommunen und Städten den Rahmen ab, innerhalb dessen sich Elektromobilität entwickeln kann. Gleichzeitig birgt Elektromobilität das Potenzial die verkehrspolitischen Herausforderungen, denen sich Kommunen z.B. aufgrund Bevölkerungsverdichtung stellen müssen, zukunftsweisend zu lösen.

Die einzelnen Modellregionen liefern hierbei wertvolle Einzelfallstudien, deren jeweilige Ergebnisse naturgemäß durch die örtlichen Bedingungen und den Programminhalt stark beeinflusst sind. Der Begleitforschung kommt deshalb die Aufgabe zu, die Einzelfallstudien miteinander zu verknüpfen, um so den Gültigkeitsbereich der Ergebnisse entscheidend zu verbreitern. Erst dadurch werden valide Schlussfolgerungen für die elektromobile Zukunft in Deutschland möglich. Zur Beantwortung dieser Punkte arbeiten das Fraunhofer IAO und das Fraunhofer ISI im Rahmen der Begleitforschung eng zusammen. Die Schwerpunkte der Arbeit des Fraunhofer IAO sind in Abb. 2 verdeutlicht.

Es existieren mehrere, häufig eher populärwissenschaftlich angelegte Studien in denen potenzielle Nutzer hinsichtlich ihrer Einstellungen zu Elektromobilität, Reichweitenanforderungen oder Zahlungsbereitschaft für Elektrofahrzeuge befragt wurden. Auch wenn sich die Ergebnisse auf große Stichproben stützen, ist die Verlässlichkeit und Generalisierbarkeit dieser Ergebnisse unklar, denn die Untersuchungsteilnehmer beantworten Fragen zu

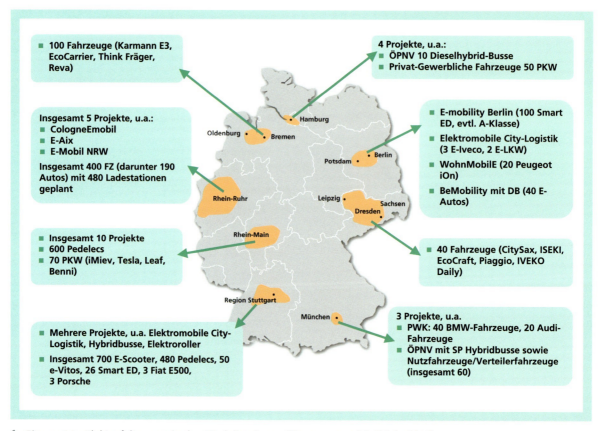

1 *Eingesetzte Elektrofahrzeuge in den Modellregionen (Planungsstand Frühjahr 2010).*

einer Technologie, deren Vor- und Nachteile sie nie im Alltag erlebt haben. Äußerungen zu neuen, noch wenig vertrauten Fahrzeugtypen beruhen i.d.R. auf einem Vergleich zu konventionellen Fahrzeugen auf der Basis bisheriger Nutzungsmuster. Dies spiegeln beispielsweise Aussagen in der ADAC-Studie wieder, in der über 30 Prozent der Befragten Reichweiten von 500 km erwarten. Befragungen von tatsächlichen Elektrofahrzeugnutzern, wie sie im Rahmen der Begleitforschung durchgeführt werden, haben diese Einschränkung nicht.

Ergebnisse bisheriger Befragungen tatsächlicher Nutzer basieren aber vor allem auf Erfahrungen mit Elektrofahrzeugen der ersten Generation und den entsprechenden Rahmenbedingungen (z.B. hinsichtlich Service und Infrastruktur). Flottenversuche wurden beispielsweise in den 90er Jahren maßgeblich in Mendrisio (CH), La Rochelle (F), Rügen (D) und Kalifornien (USA) mit unterschiedlichen Fahrzeugen und Zielsetzungen durchgeführt. Angesichts der weiteren Entwicklung von Elektrofahrzeugen und der Infrastrukturen bieten die Flottenversuche der Modellregionen die wichtige Möglichkeit, die Kenntnisse zu aktualisieren und zu vertiefen und so diejenigen Faktoren zu identifizieren, die tatsächlich die Akzeptanz für Elektromobilität beeinflussen sowie realistischere Einschätzungen in Bezug auf Erwartungen an Technik und Infrastruktur zu erhalten.

Mit dem Programm Modellregionen besteht damit die große Chance, diese vorhandenen Erkenntnislücken mittels einer koordinierten sozialwissenschaftlichen Begleitung zu schließen. Ebenfalls existieren nur sehr eingeschränkt Erkenntnisse über die Anforderungen und Planungen von Städten und Kommunen hinsichtlich der Elektromobilität.

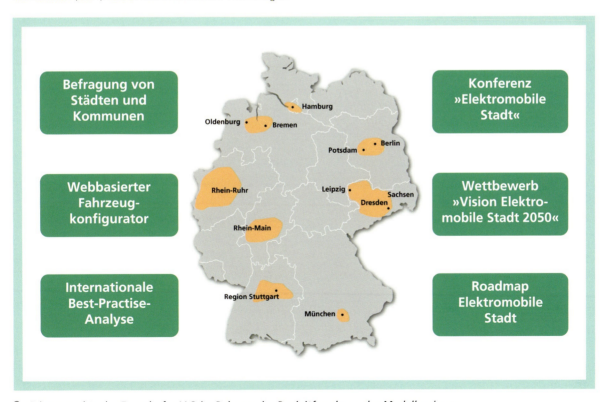

2 Schwerpunkte des Fraunhofer IAO im Rahmen der Begleitforschung der Modellregionen.

IKONE

Batterieelektrischer Transporter unter Alltagsbedingungen

Beim Projekt IKONE werden gemeinsam mit den Projektpartnern Daimler, EnBW und TÜV Süd batteriebetriebene Kleintransportern (Modell Vito) in der Modellregion Stuttgart im Alltag hinsichtlich deren innovativer Anteile erprobt, d.h. ihre Effizienz im Hinblick auf Verbrauch und Reichweite sowie ihre Alltagstauglichkeit im urbanen Verteilerverkehr. Außerdem sollen das Verhalten und die Bedürfnisse des Nutzers bzgl. dieser Elektrotransporter erforscht werden. Wichtig ist auch für den Kunden den Nachweis zu erbringen, dass die Elektrofahrzeuge wirtschaftlich einsetzbar sind und die gewohnten Sicherheitsstandards erfüllt werden. Im Sinne der Wirtschaftlichkeit gilt es, zusammen mit dem Kunden neue Geschäftsmodelle zu erarbeiten. Vor allem aber soll das Projektvorhaben bereits in sich einen gesamtheitlichen Elektromobilitätsansatz darstellen und sich leicht in ein entsprechendes übergeordnetes Konzept integrieren lassen.

Das Einsatzprofil des regionalen Güterverkehrs unterscheidet sich wesentlich vom individuellen Personenverkehr. Der individuelle Personenverkehr zeichnet sich durch eine große Vielfalt unterschiedlichster Streckenprofile und Nutzung über den Tageszeitverlauf aus. Da die Reichweite batterieelektrischer Fahrzeuge, bedingt durch die maximale Größe des Energiespeichers, unter der Reichweite konventioneller Fahrzeuge mit Benzin- oder Dieselantrieb liegt, ist auch der Aufbau einer ausreichenden Ladeinfrastruktur von besonderer Bedeutung, um eine hinreichende Akzeptanz in der Bevölkerung zu erreichen. Die Schwerpunkte des Fraunhofer IAO liegen hierbei in der Ermittlung von Kundenanforderungen sowie abgeleitet daraus der Produktoptimierung und Produktinnovation. Ebenfalls werden Geschäftsmodelle für den Einsatz batterieelektrischer Lieferwägen entwickelt sowie auch Konzepte zur Diffusionsförderung. Eine Analyse der Umweltwirkungen vervollständigt die Beteiligung am Projekt. Die Abb. 3 zeigt Beispiele bereits ermittelter Gestaltungskonzepte zur Erhöhung der Nutzerakzeptanz am Beispiel eines sportlichen PKWs.

ELEKTROMOBILE STADTVERWALTUNG

Deckung der Mobilitätsbedürfnisse einer Stadtverwaltung mit Elektrofahrzeugen

Gemeinsam mit der Stadt Ludwigsburg wird erprobt, inwiefern sich Elektrofahrzeuge eignen, um die Mobilitätsbedarfe einer Stadtverwaltung abzudecken. Dabei wird bewusst eine große Breite an Fahrzeugtypen in die Untersuchung mit einbezogen: vom Pedelec über den Elektroroller und den Segway bis zum batterieelektrischen Fahrzeug. Das Projekt überprüft die Annahme, dass sich Elektrofahrzeuge insbesondere eignen, um in Fuhrparken von Verwaltungen und Unternehmen eingesetzt zu werden. Ergänzt wird der Einsatz der Elektrofahrzeuge im Fuhrpark der Stadtverwaltung Ludwigsburg durch eine innovative Komponente, welche auch die Bürger in den Kontakt mit Elektrofahrzeugen bringen soll: Am Wochenende sollen die Fahrzeuge, eingebunden in einen Sharing-Pool, den Ludwigsburger Bürgern zur Verfügung stehen.

ELEKTROMOBILE STADT

Voraussetzung für Diffusion von Elektrofahrzeugen

Wird heute der Kompetenzaufbau im Bereich Elektromobilität insbesondere hinsichtlich der Technologieentwicklung vorangetrieben und gefördert, so stehen Kommunen, Stadtplaner und Architekten vor einem ebenso großen Wandel wie die Automobilindustrie: Elektromobile Fahrzeugkonzepte ermöglichen und erfordern einerseits eine Neupositionierung der Stadtgestaltung. Andererseits lassen sich wichtige Handlungsfelder und Ziele der »Nationalen Stadtentwicklungspolitik« sowie der »Leipzig Charta zur nachhaltigen europäischen Stadt« unmittelbar mit den Potenzialen elektrischer Mobilität verknüpfen. Gemeinsam mit dem Flugfeld Böblingen/Sindelfingen sowie den Städten Böblingen und Sindelfingen sowie weiteren Partnern wie Stadtwerken und Industrieunternehmen wird untersucht, wie sich Städte und Stadtquartiere auf die Elektromobilität ausrichten können.

Konkret sind für die Kommunen und Regionen die folgenden Aspekte der Elektromobilität von besonderer Bedeutung:

- Elektromobile Fahrzeuge als Ergänzung des öffentlichen Personennahverkehrs sind ein wesentlicher Baustein nachhaltiger Mobilitätskonzepte in der Stadt.

- Mit der verstärkten Nutzung elektromobiler Fahrzeuge gehen neue Anforderungen an die städtische Infrastruktur (Aufladestationen, Parkierung, Abrechnungssysteme) und an die funktionale Verknüpfung von Verkehrsmitteln (Vernetzung mit S-Bahn, Bus- und Taxiverkehr) einher.

- Die Nutzung elektromobiler Fahrzeuge muss in einer Weise erfolgen, dass die Verkehrssicherheit für alle Nutzer des öffentlichen Raums sichergestellt wird.

- Mit steigendem Flottenanteil tragen elektromobile Fahrzeuge zu einer Verringerung der Schall- und

3 *Beispiele von Gestaltungskonzepten zur Erhöhung der Nutzerakzeptanz (am Beispiel Protoscar Lampo).*

4 *Entwicklung eines Konzepts »Elektromobile Stadt« im Kontext der elektromobilitäts-induzierten Anforderungen und Möglichkeiten.*

Luftschadstoffbelastung und damit zu einer Verbesserung der städtischen Umwelt- und Lebensqualität bei. Im nächsten Schritt ermöglichen sie »neue Nachbarschaften« bisher unverträglicher Nutzungen.

Nachdem auf absehbare Zeit batterieelektrische Fahrzeuge bezüglich ihrer Reichweite nicht für Langstreckenfahrten geeignet sind, kommt der sinnvollen Integration in die Stadt auch eine zentrale Rolle bezüglich der Diffusion von E-Fahrzeugen in der Breite zu. Nur wenn es gelingt, die Stadtgestaltung im ersten Schritt so auszurichten, dass es für die Bürgerinnen und Bürger attraktiv ist, sich mit einem E-Fahrzeug zu bewegen, kann in einem zweiten Schritt – nämlich dann, wenn eine kritische Masse an Elektrofahrzeugen in der Stadt erreicht ist – die gesamte Stadt von einem Zugewinn an Lebens- und Wohnqualität profitieren.

Ergänzend zu dem Projekt im Rahmen der Modellregion Stuttgart arbeitet das Fraunhofer IAO im Rahmen des Innovationsnetzwerks »Elektromobile Stadt« an weiteren Umsetzungen und industriellen Fragestellungen. Neben OEM sowie Städten und Kommunen zielt dieses Netzwerk auch auf Energieversorger und IKT- Unternehmen.

WEITERE INFORMATIONEN

www.elektromobile-stadt.de

INTERVIEW

MIT DR. ANDREAS HUNSCHER

Dr. Andreas Hunscher,
Geschäftsführer der Langmatz GmbH

Fraunhofer IAO Sehr geehrter Herr Dr. Hunscher, die Firma Langmatz ist seit 1963 Systemlieferant für Energietechnik, Telekommunikation und Verkehrstechnik. Seit 2010 bieten Sie unter dem Konzeptnamen »blue future« auch Energietankstellen für die Elektromobilität an – insbesondere fokussieren Sie drei Systeme: Diese sind flexible und stadtbildkonforme, urbane Stromladekonzepte (bluemove city), authentische und designorientierte Säulen für den Tourismus (bluemove tourist) sowie pragmatisch einfache Lösungen für das Zuhause (bluemove home). Wie sind Sie von Ihren bisherigen Produkten und Dienstleistungen auf Ladesystemen für Elektrofahrzeuge gekommen?

Andreas Hunscher Die Firma Langmatz ist traditionell im Bereich Strombereitstellung und Verkehrstechnik aktiv und kann in diesen Segmenten auf große Expertise zurückgreifen. Seit vielen Jahren installiert Langmatz u.a. Stromanschlüsse im öffentlichen Raum z.B. für Marktplatzbetreiber, Veranstaltungen oder aber auch festinstallierte Einrichtungen für die Verkehrstechnik oder Telekommunikation. Im Rahmen der aufkeimenden Diskussionen über alternative Antriebskonzepte und Nachhaltigkeit der Elektromobilität sind wir auf das Fraunhofer IAO und dessen Innovationsnetzwerk FutureCar aufmerksam geworden, bei dem wir inzwischen auch Mitglied sind. Dieses bietet eine interessante Plattform und Vielzahl an Informationen für Firmen, die bereits im Bereich Elektromobilität unterwegs sind oder sich hierzu ausrichten wollen. Bei einem Meeting von uns mit dem Fraunhofer IAO ist die Idee entwickelt worden, stadtbildkonforme Ladesysteme durch die Integration der Ladetechnik in und an eine LED-Straßenlampe zu ermöglichen. Diese Idee, die wir zusammen mit dem Fraunhofer IAO unter dem Akronym LUMEN E umsetzen, wird auch im Rahmen eines ZIM-Projekts vom BMWi gefördert. Die anderen Ladesysteme sind konsequente Weiterentwicklungen der benötigten Lademöglichkeiten in weiteren Bereichen des Primärmarkts der Elektromobilität.

Fraunhofer IAO *Ist das Thema Ladesysteme heutzutage überhaupt schon von Interesse?*

Andreas Hunscher Generelles Problem aller elektrisch angetriebenen Fahrzeuge ist die geringe Energiedichte der Batterien und damit verbunden die geringe Reichweite für den Nutzer. Um die Elektromobilität trotzdem konkurrenzfähig zu Verbrennungsmotorbasierten Fahrzeugen zu machen, ist es notwendig, eine ausreichende Infrastruktur für die Energieversorgung bereitzustellen. Das Laden mittels Steckverbindung und Kabel erscheint aktuell aufgrund zahlreicher Vorteile für innerstädtischen und Kurzstrecken-Verkehr am aussichtsreichsten. Ebenfalls sehen wir neben dem Laden am Arbeitsplatz oder zuhause insbesondere den urbanen Raum und touristische Attraktionen als Ausgangs- und Ladepunkte für die Elektromobilität. Dies gilt sowohl für Elektroautos als auch für Fahrräder. Wir haben uns daher entschlossen, als erstes kabel- und steckverbundene Konzepte für diese Bereiche zu entwickeln und in den Markt zu bringen.

Fraunhofer IAO *Welche Punkte sind bei Ladesystemen für den urbanen Raum zu beachten?*

Andreas Hunscher Problematisch erweist sich die notwendige Infrastruktur und Integration der Ladestationen in das Stadtbild. Zu berücksichtigen sind dabei unter anderem, dass eine Nutzung bestehender Infrastrukturen zur Realisierung von Tankautomaten für Elektromobile erfolgt. Dies gilt es sowohl aus Kostensicht zu verfolgen als auch bezüglich der Stadtbildkonformität. Es muss vermieden werden, zusätzliche Lade-Kästen ins Stadtbild integrieren zu wollen. Ein weiterer Punkt ist die Kosten- und Nutzeneffizienz der Ladestationen, die sehr hoch sein muss, um ein wirtschaftliches Geschäftsmodell hinterlegen zu können und auch Umweltgesichtspunkten gerecht zu werden. Im Rahmen des Projektes LUMEN E wird nun erstmals eine neuartige Ladestation konzeptioniert, die diese Aspekte berücksichtigt. Ebenfalls müssen natürlich Sicherheitsvorschriften und standortspezifische Besonderheiten beachtet werden. Hierzu zählt beispielsweise Vandalismussicherheit. Ebenso wichtig ist auch die Nutzerfreundlichkeit und Ergonomie der Auslegung. Dies beinhaltet sowohl die graphischen Elemente zum verbesserten Verständnis des Ladevorgangs und -verfahrens, als auch die Analyse des gesamten Ladeprozesses.

Fraunhofer IAO *Wie können wir Sie dabei unterstützen?*

Andreas Hunscher Das Fraunhofer IAO führt Analysen und Recherchen zu verschiedenen Technologien durch, beispielsweise im Bereich Lademanagement, Kommunikation, Kühltechnologien, Abrechnung, Marktvolumina aber auch eigene Entwicklungen und prototypische technische Lösungen sowie deren Evaluierung. Der praktische Fokus liegt seitens des Fraunhofer IAO hierbei auf dem Design des Gehäuses und dem Interface der Stromtankstelle. Hierzu werden Konzepte für modulare und individualisierbare Gehäusevarianten erstellt und die Evaluierung und Optimierung eines Prototyps vorangetrieben. Zu diesem Zweck werden wir eine Stromladesäule der Firma Langmatz beim Fraunhofer IAO installieren. Diese wird – zentral gelegen – sowohl dafür verwendet werden, Elektrofahrzeuge beim Fraunhofer IAO aufzuladen als auch Nutzerstudien sowie Ergonomie und Akzeptanzuntersuchungen durchzuführen.

Fraunhofer IAO *Haben sich im Verlauf des Projektes weitere Möglichkeiten der Zusammenarbeit ergeben?*

Andreas Hunscher Zunächst einmal war das Fraunhofer IAO bei der Ideengenerierung und dem Konzeptentwurf sehr hilfreich und sowohl ein guter Inputgeber als auch Diskussionspartner. Wir haben durch die Hintergrundinformationen und einleitenden Recherchen des Fraunhofer IAO einen guten Einblick in bisher am Markt befindliche Konzepte und Bedürfnisse und konnten konstruktiv und kreativ zusammen an neuen Ideen arbeiten. Als KMU hatten wir darüber hinaus die letzten Jahre keine Forschungsprojekte akquiriert. Das Fraunhofer IAO hat uns hier sowohl bei der Erstellung der Skizzen als auch der Kommunikation mit dem Forschungsträger gut unterstützt. Inzwischen sind wir auch in anderen Forschungsprojekten aktiv und können unsere Entwicklungsrisiken darüber reduzieren.

Fraunhofer IAO *Welche Potenziale und Risiken sehen Sie für einen Eintritt in den Markt der Stromladesäulen?*

Andreas Hunscher Wie wir anhand vieler Gespräche und Diskussionen sowohl mit Entwicklern der OEMs als auch Energieversorgern, aber auch den Analysen des IAO erkannt haben, handelt es sich bei dem Markt der Infrastruktur und Ladesäulen um beachtliche Marktvolumen, im hohen dreistelligen Mio. € Bereich. Dazu kommt, dass dieser Markt neu ist und aktuell noch nicht sehr viele Unternehmen hier gesetzt sind. Wir sehen daraus, dass auch innovative neue und kleinere Firmen die Möglichkeit haben, sich hierin zu positionieren. Des Weiteren sehen wir eine Schwierigkeit in der klassischen Refinanzierung der Säulen über centgenaue Stromabrechnungen. Wir sind der Auffassung, dass nur durch neue Betreiber- und Abrechnungsmodelle diese Ladesäulen im öffentlichen Raum Gewinn erzielend aufgestellt werden können. Wir arbeiten dazu auch mit dem Fraunhofer IAO an Möglichkeiten zur Integration neuer Geschäftsfelder zur klassischen Stromladesäule. Beispielsweise ist hier durch Wartung und sogenannte Mehrwertdienste ein hohes Potenzial zu erkennen. Darüber hinaus werden am sinnvollsten zuerst dort Ladesäulen auf-gestellt, wo der Primärmarkt der Elektromobilität liegt. Wir sehen dies neben dem klassischen Tourismus und privaten Heim insbesondere im urbanen Umfeld.

Fraunhofer IAO *Konnten Sie durch die Arbeit an LUMEN E diesen Zielen bereits näher kommen?*

Andreas Hunscher Aus dem Projekt LUMEN E und aus dem Innovationsnetzwerk FutureCar haben wir die gesamte Konzeptfamilie »blue future« ins Leben gerufen. Eine sehr hohe Nachfrage nach diesen Konzepten ergibt sich durch die Elektrifizierung der acht Modellregionen in Deutschland. Hier sind wir unter anderem auch in der Modellregion Stuttgart im Rahmen des Projekts »Elektromobile Stadt« am Flugfeld Sindelfingen/Böblingen aktiv. Das Projekt Elektromobile Stadt zeigt auf, wie die Lebensqualität in der Stadt von der Elektromobilität profitieren kann. Es werden hier allerdings nicht weit in die Zukunft gerichtete Szenarien für Elektromobile Städte entworfen, sondern konkret gezeigt, wie kurz- und mittelfristig eine Integration der Ladeinfrastruktur in die Stadtgestaltung dargestellt werden kann. Die Firma Langmatz geht selbstverständlich auch aktiv mit ihren Produkten in die Öffentlichkeit, um unseren Beitrag im Sinne der Umwelt zur Entwicklung der Elektromobilität zu leisten.

Fraunhofer IAO *Herr Dr. Hunscher, herzlichen Dank für das Interview.*

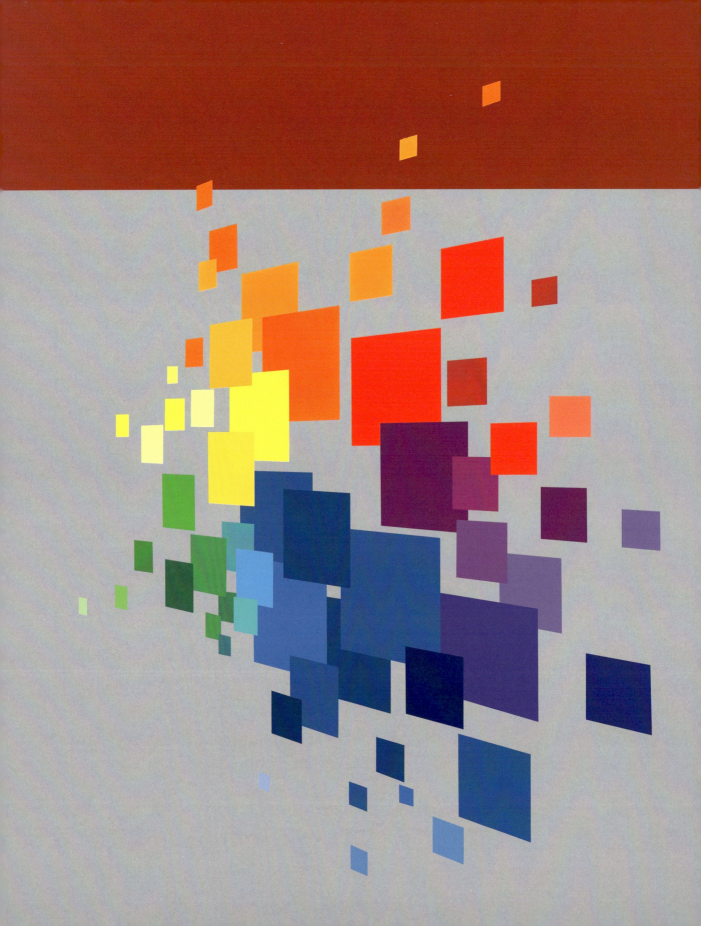

INFORMATIONS- UND KOMMUNIKATIONSTECHNIK

IT-POTENZIALE INTELLIGENT NUTZEN
PROZESSINNOVATIONEN ERFOLGREICH UMSETZEN
SYSTEME INTUITIV GESTALTEN

ANETTE WEISBECKER (GESCHÄFTSFELDLEITERIN)

IT-POTENZIALE INTELLIGENT NUTZEN

Der richtige Einsatz von Informationstechnologien erhöht die Produktivität und Flexibilität im Unternehmen und steigert die Qualität der Produkte und Dienstleistungen. Innovative Informationstechnologien eröffnen neue Wege für die Geschäftsprozesse und die Erweiterung der Leistungsangebote. Wir helfen Unternehmen dabei, Informations- und Kommunikationstechnik erfolgreich für die Unterstützung ihrer Geschäftsprozesse einzusetzen – auch über Unternehmensgrenzen hinweg. Unsere erprobten Methoden und Verfahren sowie umfangreichen Kenntnisse über die neusten Entwicklungen und Anwendungspotenziale von IT gewährleisten passgenaue und wirtschaftliche Lösungen.

PROZESSINNOVATIONEN ERFOLGREICH UMSETZEN

Prozessinnovationen sind ein entscheidendes Element für den nachhaltigen Unternehmenserfolg im globalen Wettbewerb. Sie ermöglichen nicht nur schnellere und effizientere Abläufe, sondern erschließen neue Märkte und bilden die Basis für zukunftsfähige Geschäftsmodelle. Wir arbeiten mit Unternehmen zusammen, um Prozessinnovationen zu schaffen und mit Hilfe von geeigneten IT-Systemen bestmöglich umzusetzen. Unser Know-how basiert auf aktuellen Forschungsergebnissen und Erfahrungen aus einer Vielzahl von Unternehmensprojekten.

SYSTEME INTUITIV GESTALTEN

Ob Intranet, Fahrscheinautomat oder Maschinensteuerung: Eine intuitive und komfortable Bedienung ist entscheidend für den Erfolg aller interaktiven Produkte. Bei der Entwicklung ergonomischer Bedienkonzepte stellen wir die Nutzer stets in den Mittelpunkt. Je nach Zielgruppe und Anforderungen werden neben der Usability auch die Produktästhetik und emotionale Aspekte berücksichtigt. Neue Technologien ermöglichen eine natürliche Interaktion, die verschiedene Sinnesmodalitäten wie beispielsweise Sprache, Blickbewegungen und Gesten einbezieht.

UNSERE SCHWERPUNKTTHEMEN

- Gestaltung abteilungs- und organisationsübergreifender Informationsprozesse
- Konzeption und Auswahl von Unternehmenssoftware
- Design und Optimierung von IT-Architekturen
- Entwicklung, Bewertung und Optimierung interaktiver und intelligenter IT-Systeme
- Definition und Verwendung von Standards und Schnittstellen
- Usability / neue Interaktionstechniken

docuFIT

PROZESS- UND DOKUMENTENMANAGEMENT BEI DER ODENWALD-CHEMIE GMBH

MIRJANA STANIŠIĆ-PETROVIĆ, CHRISTOPH ALTENHOFEN, DIETMAR KOPPERGER
UND HANS-PETER AUGELE, WALTER SCHOLL (ODENWALD-CHEMIE GMBH)

Die Odenwald-Chemie GmbH (OWA) wurde im Jahr 1949 gegründet. Als Kunststoff verarbeitendes Unternehmen bietet die OWA seinen Kunden ein breites Produktportfolio für die vielfältigsten Anwendungen in allen Bereichen der Industrie.

Durch globale Aktivitäten mit Partnerschaften und Kooperationen auf allen Kontinenten ist man weltweit präsent und kann Kundenwünsche jederzeit schnell umsetzen. Als unabhängiger Systempartner ist OWA nur ihren Kunden verpflichtet.

Innovationen, Entwicklungen, moderne Fertigungsverfahren, Produkt-, Prozesssicherheit, Arbeits- und Umweltschutz, schlanke Prozesse und Abläufe sichern die zukünftige Entwicklung der Partnerschaften und des Unternehmens.

Die OWA möchte die Arbeit sowohl im Bereich der Konstruktion/Entwicklung wie auch im Bereich der Verwaltungsabläufe optimieren. Eine Vielzahl von Dokumenten (Artenvielfalt und Menge), vor allem in elektronischer Form, beeinflussen die vorhandenen Prozesse bei der OWA. Im Rahmen der Prozesse fällt ein nicht zu vernachlässigender Aufwand an Dokumenten-Verwaltungsaufgaben (Pflege der

1 *Odenwald-Chemie GmbH, Standort Schönau (links) und Neckarsteinach (rechts); Quelle: Bavaria Luftbild Verlags GmbH.*

Ablage, Suche etc.) an. Ziel war es dabei, eine Dokumenten-Management-Lösung auszugestalten, die einen Schwerpunkt auf der Unterstützung im Bereich der Verwaltung von Konstruktionsdaten (sog. Produktdaten-Management-Systeme (PDM)) hat, jedoch zugleich auch in der Lage ist, die sonstigen bei der OWA anfallenden Dokumente aus dem »klassischen« Bereich eines Dokumenten-Management-Systems (DMS) zu verwalten.

Dazu wurde das Projekt »docuFIT« gestartet. Für die Durchführung des Projekts wurde ein Projektteam mit Mitarbeitern aus verschiedenen Bereichen gebildet. Das Kernprojektteam umfasste drei Mitglieder. Unterstützt wurde das Projektteam durch einen Lenkungskreis, der mit der Geschäftsleitung und einem Mitglied des Betriebsrats besetzt war. Als externe Unterstützung wurde ein Projektteam des Fraunhofer IAO hinzugezogen.

Die Zielstellung des Projekts umfasste neben den Optimierungen der Prozesse und der Einführung eines DMS/PDM-Systems auch das Coaching der Mitarbeiter des Projektteams.

In einem ersten Schritt wurde der Auftragswesenprozess, der die gesamte Auftragsabwicklung von der Anfrage bis zur Auftragserfüllung beschreibt, aufgenommen. Die Aufnahme erfolgte über Interviews mit den beteiligten Bereichen. Als Grundlage diente dabei eine Prozesslandkarte, die den Prozess mittels einer Übersichtsdarstellung veranschaulicht. Die Teilprozesse wurden mit Hilfe eines Aufnahmebogens und in grafischer Form mit MS Visio aufgenommen. Als Notation wurde die Methode der ereignisgesteuerten Prozessketten (EPK) angewandt.

Im Rahmen einer detaillierten Analyse wurden dann die Herausforderungen und Schwachstellen identifiziert und dokumentiert. Dazu wurde von technischer Seite das Werkzeug »SemTalk« als Grundlage für Analyse- und Simulationsauswertungen verwendet. Im Prozessbereich wurden Prozessuntersuchungen, eine Schwachstellenanalyse, eine Wertschöpfungs- und eine Informationsbetrachtung durchgeführt. Die Ergebnisse gingen in eine gemeinsame Dokumentation ein.

PROZESSLEBENSZYKLUS

Insgesamt wurde dabei auf dem Prozesslebenszyklusmodell des Fraunhofer IAO aufgesetzt. Dieses Modell (vgl. Abb. 2) zeigt die einzelnen wiederkehrenden Phasen des Managements von Geschäftsprozessen.

Auf Basis der Dokumentation wurden die anzugehenden Potenziale abgeleitet und priorisiert. Für diese erfolgte die Skizzierung der Lösungsmöglichkeiten. Die ausgewählten Lösungsmöglichkeiten wurden dann in Arbeitsgruppen detailliert und für die Umsetzung vorbereitet. Im Rahmen der Umsetzung konnte die Realisierung verschiedenster Optimierungen erfolgen. Da es sich bei der Realisierung von Optimierungspotenzialen um einen stetigen Prozess handelt, ist der angewandte Kaizen-Ansatz auch heute Gegenstand der Prozessthematik im Hause Odenwald-Chemie.

2 *Prozesslebenszyklusmodell.*

KODOK-METHODE

Parallel zu der Prozessoptimierung wurden mittels der KODOK-Methode die Arbeiten für die Auswahl und Einführung eines DMS/PDM-Systems durchgeführt (siehe Abb. 3). Die KODOK-Methode ist eine vom Fraunhofer IAO entwickelte Vorgehensweise zur Einführung von Dokumenten- und Workflow-Management-Systemen.

In einem ersten Schritt fand die Phase der Initialisierung statt, dazu gehörte die Sensibilisierung des Projektteams und Information der Mitarbeiterinnen und Mitarbeiter.

Im Anschluss daran erfolgte die Ist-Analyse: Die Befragung erfolgte über einzelne Interviews mit ausgewählten Mitarbeitern.

Im Rahmen einer Dokumenten-Analyse wurden im Hause benutzte Dokumente aufgenommen. Die Ziele der Erhebung lagen in der Erfassung und Charakterisierung der Dokumente bezüglich

- der allgemeinen Eigenschaften z.B. ihrer Klassifikationszugehörigkeit,
- ihres Bestands,
- ihrer physischen Eigenschaften (Größe etc.),
- der Verwendung des Dokuments z.B. Herkunft und Ablageort, Aufbewahrung und Fristen sowie gesetzliche Regelungen,
- der Zugriffe auf das Dokument, z.B. Zugriffshäufigkeit, und
- der Berechtigungsthematik, z.B. lesenden Zugriff, schreibenden Zugriff, Dokumentverantwortlicher.

Es wurden verschiedene Dokumente ermittelt, um die Anforderungen an die Funktionalitäten der Dokumentenprozesse als Unterstützungsprozesse identifizieren zu können. Des Weiteren wurden die Verknüpfungen der Dokumente mit dem o.g. Auftragsabwicklungsprozess erfasst. Aus den ermittelten Daten wurden Dokumentenklassifikationen für die spätere Struktur des Systems abgeleitet. Darüber hinaus wurden verschiedene Funktionalitäten der Dokumentenprozesse, wie etwa die Suche und das Attributieren verbessert und vereinfacht.

3 KODOK-Methode: Vorgehensweise bei der Einführung eines Dokumenten-Management-Systems.

Auch Anforderungen aus technischer Sicht wurden aufgenommen. Der aktuelle Stand im Bereich IT-Anwendungen wurde ermittelt. Dies diente als Grundlage für die Integration eines PDM-/DMS-Systems in die bestehende Landschaft.

Bevor die Sollkonzeption erarbeitet wurde, fand ein ganztägiger »Informationstag DMS« statt. Vier unterschiedliche Anbieter mit ihren Produkten wurden anhand eines Kurzszenarios betrachtet. Dabei ging es nicht um eine Produktauswahl, sondern um die Darstellung unterschiedlicher Philosophien und Funktionalitäten. Der Tag diente dazu, den Teilnehmern Möglichkeiten im Produktdaten- und Dokumenten-Bereich und die verschiedenen Philosophien aufzuzeigen.

Basierend auf den Ergebnissen der Ist-Analyse wurde im nächsten Schritt die Sollkonzeption erstellt. Die Sollkonzeption wurde eng mit dem Projektteam erarbeitet und immer wieder an den Anforderungen gespiegelt. Bei dieser Sollkonzeption, zu der das Erstellen eines Kriterienkatalogs und eines Lastenhefts gehörten, musste darauf geachtet werden, dass die gewünschten Eigenschaften entsprechend den Kundenanforderungen objektiv dargelegt werden. Die Anforderungen wurden in Kriterien überführt und im Kriterienkatalog zusammengefasst. Der Kriterienkatalog ist eine listenförmige Darstellung der Anforderungen einschließlich ihrer Gewichtung und ermöglicht so eine vergleichende Bewertung von Lösungsangeboten.

Als nächster Schritt erfolgte die Verabschiedung des Sollkonzepts. In Kombination mit dem Kriterienkatalog stellt es die Basis für die 3. Phase, die Systemauswahl, dar. Im Rahmen der Vorbereitungen für die Auswahl eines geeigneten DMS/PDM-Systems wurde eine Liste möglicher Systeme vom Fraunhofer IAO erarbeitet. Neben den funktionalen Kriterien waren die Integrationsfähigkeit in die bestehende IT-Landschaft und die Budgetthematik Eckpunkte für die Zusammenstellung der Liste. Es erfolgte eine Vorauswahl, die in sechs Produkten resultierte. Anhand der Anforderungen des Lastenhefts (inklusive Wirtschaftlichkeit) wurden die Anbieter weiter beurteilt. Die drei besten System-Unternehmenskombinationen wurden zur Präsentation geladen und die beiden besten Kombinationen daraus hinsichtlich Referenzkundenbesuche, Lösungsworkshops und Preis-Leistungsverhältnis (Detail) weiter untersucht. Mit dem ausgewählten Anbieter wurde ein Pflichtenheft erstellt und ein Vertrag geschlossen.

Zum heutigen Zeitpunkt ist das System im Haus Odenwald-Chemie mit einem ersten Funktionsumfang erfolgreich eingeführt. Im Laufe des Jahres sollen im Rahmen der zweiten Phase weitere Funktionalitäten realisiert werden.

LITERATUR

Spath, D.; Weisbecker, A. (Hrsg.): Business Process Management Tools 2008 – Eine evaluierende Marktstudie zu aktuellen Werkzeugen, Fraunhofer IRB-Verlag, Stuttgart 2008.

Neue Auflage der Studie:
Spath, D.; Weisbecker, A.; Kopperger, D.; Nägele, R. (Hrsg.): Business Process Management Tools 2011, Fraunhofer IRB-Verlag, Stuttgart 2011.

WEITERE INFORMATIONEN

www.kodok.de

GRID UND CLOUD COMPUTING

STEIGERUNG DER FLEXIBILITÄT FÜR MITTELSTÄNDISCHE UNTERNEHMEN

JÜRGEN FALKNER, OLIVER STRAUSS, ANETTE WEISBECKER

SICHERE UND BEDARFSGERECHTE NUTZUNG VON IT-RESSOURCEN

Grid und Cloud Computing ermöglichen es Unternehmen, ihre Flexibilität durch die bedarfsgerechte und sichere Nutzung von IT-Ressourcen zu steigern und die Kooperation mit verschiedenen Partnern zu vereinfachen. Grid Computing steht dabei für die verteilte Nutzung von IT-Ressourcen, um den Bedarf bei ressourcenintensiven Anwendungen decken zu können. Cloud Computing steht allgemeiner für die bedarfsgerechte Nutzung von IT-Ressourcen. Grid und Cloud Computing gewährt den Zugriff auf zusätzliche Rechen- oder Speicherressourcen, die entweder von anderen Abteilungen im eigenen Unternehmen (Enterprise Grid, Private Cloud) oder von externen Providern als IT-Service bereitgestellt werden (Grid oder Cloud Computing). Insbesondere in der Cloud können Skaleneffekte von sehr großen Rechenzentren der Anbieter genutzt werden. Durch den Einsatz von Virtualisierungstechnologien und den Betrieb der Ressourcen für viele verschiedene Nutzer können Lastspitzen ausgeglichen werden und die Ressourcen somit deutlich günstiger angeboten werden als dies im eigenen Betrieb

Entwurfs- und Produktionsprozesse werden zunehmend arbeitsteiliger und erfordern, dass mehrere Partner zusammenarbeiten, um ein gemeinsames Ziel zu erreichen. So werden zum einen Zulieferer und Dienstleister bereits in den frühen Phasen der Produkt- und Prozessentwicklung eingebunden. Zum anderen konzentrieren sich Unternehmen auf ihre Kernkompetenzen und kaufen Komponenten und Dienstleistungen extern ein. Die notwendige Zusammenarbeit kann durch IT-gestützte Kooperationsplattformen effizient unterstützt werden. Neben den Kooperationsanforderungen sind die Anwendungen zum Teil sehr ressourcenintensiv wie z.B. bei Simulation, Bildverarbeitung, Analyse großer Datenmengen, so dass die Notwendigkeit besteht, die unternehmenseigenen Ressourcen auszubauen oder bedarfsgerecht externe Ressourcen zu nutzen.

möglich wäre. Weitere Eigenschaften von Cloud Angeboten sind, dass der Bedarf dynamisch gedeckt werden kann und die Ressourcen, je nach Angebot automatisch, mit dem Bedarf skalieren. Abgerechnet wird nur nach der tatsächlichen Nutzung. Anfangsinvestitionen in teure Hardware sind somit nicht mehr erforderlich und Betriebskosten entfallen.

Um Grid und Cloud Services zur Verfügung stellen zu können, ist ein spezieller Software-Stack erforderlich – die sogenannte Middleware. Fragestellungen wie der sichere Datentransfer vom Kunden zum Grid oder Cloud Provider, neue Lösungen für das Lizenzmanagement in dynamischen und hochvirtualisierten Umgebungen oder die Abrechnung von Diensten und Anwendungen auf Nutzungsbasis sind hier ebenso enthalten wie das Monitoring von Services und Ressourcen.

In dem vom Bundesministerium für Bildung und Forschung geförderten Projekt »PartnerGrid« (www.partnergrid.de) wurden innovative Szenarien aus der Umformtechnik und der Gießereiprozesssimulation erstellt, die auf Basis einer Grid Infrastruktur flexible und anwendungsorientierte Lösungen mit neuen Geschäftsmodellen zeigen. Im ersten Szenario erweitert ein Hersteller einer Simulationssoftware seine Anwendung um eine Service-Schnittstelle, die es dem Endanwender erlaubt, Simulationen auf externen Grid oder Cloud Ressourcen auf pay-per-use Basis auszuführen. Im zweiten Szenario wird durch eine portalbasierte Kollaborationsplattform die Zusammenarbeit zwischen Kunde, Zulieferer und Dienstleister sowie die Durchführung von Simulationsprozessen verbessert und beschleunigt.

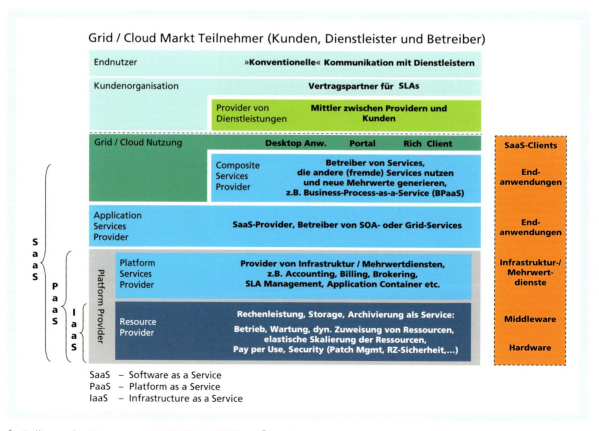

1 *Rollen und Interessengruppen in Grid und Cloud Ökosystemen.*

ENTWICKLUNG VON GRID UND CLOUD SERVICES

Im dem Verbundprojekt »PartnerGrid« wurde unter Mitwirkung des Fraunhofer IAO eine systematische Entwicklung von Services auf Basis von Grid und Cloud Infrastrukturen vorgenommen. Methodische Bestandteile der Vorgehensweise entstammen den Gebieten des Service Engineering und des Software Engineering. Zusätzlich zum Einsatz von Software Engineering Methoden für die Entwicklung von Grid und Cloud Services sind Aspekte wie Geschäftsmodelle und Qualität von Services zu betrachten. Hierbei sind die im Service Engineering für die Entwicklung von Dienstleitungen eingeführten Dimensionen wie Potenzial-, Prozess- und Ergebnisdimension hilfreich. Die Potenzialdimension liefert ein Ressourcenmodell, das die notwendigen Ressourcen zur Erbringung eines Dienstes beschreibt. Dies beinhaltet die Hard- und Softwareressourcen sowie ein Rollenmodell, das die Akteure beschreibt. Die Prozessdimension führt zu dem Prozessmodell, das den Ablauf des Services beschreibt. Zur Visualisierung eignet sich die Service Blueprint Methode, die die Prozessschritte nach ihrer Sichtbarkeit für den Benutzer strukturiert und somit den Aspekt der Kundenorientierung bei der Entwicklung betont. Hauptbestandteil der Ergebnisdimension ist das Produktmodell. Es liefert die Beschreibung der Eigenschaften eines Services. Hier können Standards wie Unified Model Language (UML), Business Process Modeling Notation (BPMN) oder Web Service Definition Language (WSDL) genutzt werden.

Unter Berücksichtigung des in Abb. 1 dargestellten Rollenmodells von Interessengruppen in verteilten

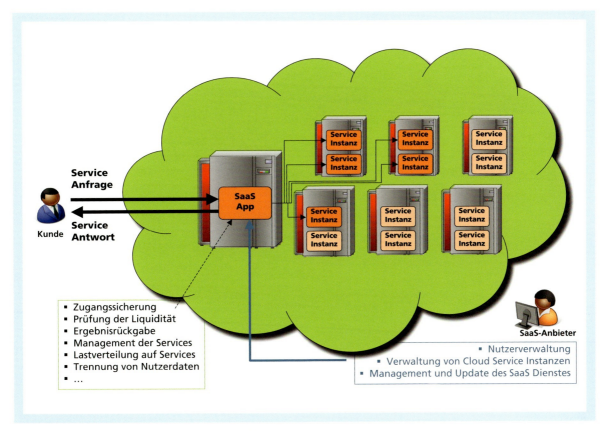

2 *Software-as-a-Service in der Cloud und im Grid.*

IT-Ökosystemen wurden mit Hilfe der entwickelten Vorgehensweise verschiedene Anwendungsszenarien abgebildet, analysiert und im Hinblick auf die neue IT-Architektur optimiert. Für die neuen Services wurden anschließend neue Geschäftsmodelle entwickelt, die eine optimale Integration in diese Architektur und die unterschiedlichen Interessen der Beteiligten im IT-Ökosystem eines Grid oder einer Cloud gewährleisten.

Im ersten Szenario wurde die Gießereiprozesssimulationssoftware der Firma Magma Gießereitechnologie GmbH mit einer Service-Schnittstelle ausgestattet, die es erlaubt, Simulationsdaten per Knopfdruck ins Grid zu schicken (Abb. 2). Dort wird dann automatisch mit Hilfe von Virtualisierungstechnologien die für die Simulation gewünschte oder erforderliche Anzahl von Rechnern mit speziellen Magmasoft-Umgebungen ausgestattet, so dass die Simulation dort ablaufen kann und am Ende der Berechnungen die Ergebnisdaten wieder auf den Rechner des Nutzers zurücktransferiert. Fragestellungen, die auf diesem Weg vom Projektkonsortium gelöst wurden, liegen in Absicherung der Kommunikation und Datenhaltung sowie in der erforderlichen Anpassung des Lizenzierungsverfahrens für die Simulations-Services im Grid.

Der Schwerpunkt im zweiten Szenario lag auf der Kooperation von verschiedenen Partnern bei rechenintensiven Simulationen. Ein Automobilhersteller vergibt Entwicklungsaufträge an seine Zulieferer und fordert für diese Bauteile entsprechende Qualitätsnachweise und Dokumentation, beispielsweise durch Simulationen des Produktionsprozesses und der Bauteileigenschaften. Für einen mittelständischen Zulieferer stellt dies mitunter eine große Herausforderung dar, da sich auch hier die Investition in entsprechende IT-Ressourcen und personelle Kapazitäten nicht immer lohnt. Der

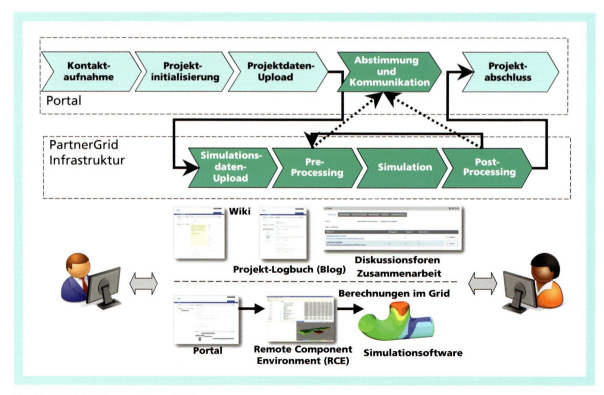

3   »PartnerGrid«-Kooperationsplattform.

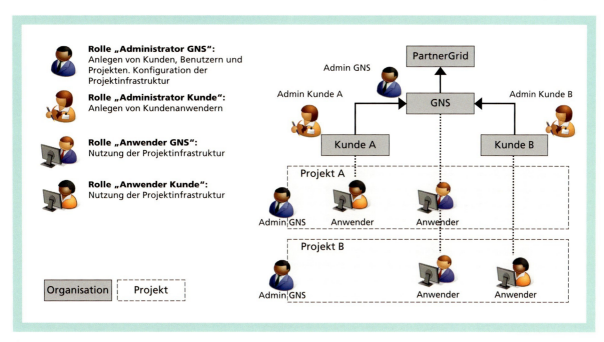

4 Rollen- und Berechtigungskonzept.

Ausweg ist hier im Unterschied zum ersten Szenario nicht nur die nutzungsbasierte Abrechnung der genutzten Ressourcen, sondern die Einbeziehung eines Dienstleisters für den Simulationsprozess.

Hierdurch entsteht aber eine Dreiecksbeziehung aus Hersteller, Zulieferer und Dienstleister, die gewisse Herausforderungen an die Kommunikation und den Datenaustausch stellt. In dem Projekt wurde eine Kooperationsplattform entwickelt, die es dem Simulationsdienstleister erlaubt, sowohl mit seinen Kunden aus dem Automobilzuliefererbereich als auch mit dessen Auftraggebern und Kooperationspartnern die Auftragsziele zu diskutieren, Zwischenergebnisse aus den Simulationen im Grid auszutauschen und gemeinsam zu erörtern sowie den gesamten Projektablauf zu dokumentieren und bei Bedarf auch zu archivieren.

Abermals spielen Sicherheitsfragen eine große Rolle, da sowohl auf den verwendeten Rechenressourcen als auch in der Kooperationsplattform selbst die Daten verschiedener Kunden strikt voneinander getrennt werden müssen. Zu diesem Zweck wurde im »PartnerGrid«-Kooperationsportal und im Grid ein rollenbasiertes Rechtekonzept für die Verwaltung von Nutzern und den Zugriff auf Daten umgesetzt (Abb. 3 und 4).

Zusammen mit den Firmen GNS mbH und GNS Systems GmbH, die Umformsimulationen und Crash-Simulationen als Komplett-Dienstleistung anbieten, wurde im Projekt ein Portal zur Unterstützung von Kollaborationsprozessen entwickelt.

Das Portal unterstützt den kompletten Ablauf eines Simulationsprojekts zwischen den genannten Parteien mit vielfältigen Werkzeugen. Die Kontaktaufnahme am Projektanfang wird durch eine Leistungsbeschreibung des Dienstleisters mit Kontaktformular und durch einen Demozugang zu den Portaldiensten erleichtert. Nach Projektstart können die Partner alle wichtigen Projektaktivitäten in einem Projekt-Logbuch festhalten, in das auf Wunsch auch der E-Mail-Verkehr automatisiert aufgenommen werden kann. Vertrags- und

Anforderungsdokumente, Spezifikationen und Ergebnisreports werden in einem projektspezifischen Dokumentenarchiv verwaltet. Themenbezogene Kommunikation wie die Diskussion von Simulationsergebnissen oder von spezifischen Problemen erfolgt mit Hilfe von Diskussionsforen, während allgemeine Informationen in einem Wiki erfasst werden können.

Nach der Übermittlung der Eingabedaten über das Portal werden diese von Experten des Dienstleisters aufbereitet und über eine Grid Schnittstelle auf den Grid Ressourcen durchsimuliert. Die Ergebnisse in Form von Reports und Ergebnisdaten werden im Portal eingestellt und können über eine integrierte Remote-Desktop-Lösung mit den Auftraggebern auch interaktiv begutachtet werden. Bei der iterativen Wiederholung dieses Prozesses im Fall von Änderungswünschen stellt das Portal die Nachvollziehbarkeit der einzelnen Schritte sicher. Am Ende des Projekts können alle wichtigen Projektartefakte zu Archivierungszwecken exportiert werden.

FAZIT

Im Projekt »PartnerGrid« wurden Lösungen für zwei spezifische Szenarien realisiert, die jeweils repräsentativ für eine ganze Klasse von Anwendungsfällen in Grid oder Cloud Umgebungen stehen. Zum einen wurde gezeigt wie ein Softwarehersteller sein Angebot um die Bereitstellung seiner Anwendung als Software-as-a-Service auf einer Grid oder Cloud Plattform erweitern kann. Der Vorteil für den Kunden liegt darin, dass er mit der bekannten Desktop-Anwendung seine gewohnte Umgebung behalten kann und trotzdem auf Knopfdruck die Leistungsfähigkeit einer High-Performance-Computing-Umgebung zur Verfügung hat.

Zum anderen wurde eine Lösung für die Koordination der Zusammenarbeit von Auftraggebern, Auftragnehmern, Dienstleistern und IT-Providern erarbeitet. Mit der »PartnerGrid«-Kooperationsplattform wurde eine leicht übertragbare Lösung für die Zusammenarbeit entwickelt, die sowohl aus verschiedenen Unternehmensumgebungen nutzbar ist als auch die Integration von Grid oder Cloud IT Systemen ermöglicht und das gemeinsame Arbeiten auf verteilten Daten erlaubt.

Bei der wirtschaftlichen Nutzung von rechenintensiven IT-Anwendungen in Grid oder Cloud Umgebungen geht es nicht nur um die technische Realisierung der Ressourcennutzung oder um Fragen der Sicherheit und Compliance. Das Zusammenspiel von Auftraggebern, Auftragnehmern und Dienstleistern erfordert auch neue Arten der Zusammenarbeit. Diese Zusammenarbeit muss sowohl die Verteilung der verschiedenen Personen sowie ihrer Rechte und Rollen berücksichtigen als auch dem dynamischen Charakter einer verteilten IT-Infrastruktur gerecht werden.

LITERATUR

Weisbecker, A.; Hepp, E.; Kassem-Manthey, K.; Schreiber, A. (Hrsg.): Kooperative Grid-Lösungen für industrielle Anwendungen, Stuttgart: Fraunhofer Verlag, 2010.

WEITERE INFORMATIONEN

www.partnergrid.de
www.cloud.fraunhofer.de

STAMMDATEN-MANAGEMENT

EIN STABILES FUNDAMENT FÜR UNTERNEHMENSPROZESSE

JOCHEN KOKEMÜLLER, WOLF ENGELBACH, JENS DRAWEHN

Stammdaten sind ein wichtiges Gut für Unternehmen. Für ihre Gewinnung wird viel Geld ausgegeben, etwa in der Akquisition neuer Kunden oder für die Zusammenstellung von Produktinformationen. Stammdaten ändern sich selten und bilden die Basis für Bewegungsdaten wie Angebote, Bestellungen oder Rechnungen. Weitere wichtige Stammdatenklassen sind der Kontenrahmen, Geschäftspartner (z.B. Lieferanten), Angestellte, Liegenschaften und das Inventar. Je nach Branche lassen sich noch weitere Klassen identifizieren, im Gesundheitsbereich etwa der Patient.

DIE ZIELE

Die Bedeutung des Stammdatenmanagements wird spätestens dann ersichtlich, wenn ein Unternehmen nicht mehr in der Lage ist, eine konsolidierte Sicht auf diese zentralen Daten zu liefern, sei es allmählich aufgrund gewachsener heterogener IT-Landschaften oder sei es durch konkrete Ereignisse wie der Zusammenführung von Unternehmen. Als Konsequenz weiß ein Mitarbeiter nicht, welche anderen Mitarbeiter bereits Kontakt mit einem Kunden hatten oder welche Ersatzteile unternehmensweit lieferbar sind.

Ein weiterer Aspekt, der durch Stammdatenmanagement (Master Data Management, MDM) erfüllt werden kann, ist die Verfügbarkeit stets aktueller Daten. Dies wird durch zunehmende Anforderungen im Bereich Compliance oder für Business Intelligence (BI) Auswertungen immer wichtiger. Für durchgängige Geschäftsprozesse, optimalerweise aufbauend auf einer Service-orientierten Architektur (SOA), ist neben der technischen insbesondere auch die semantische Interoperabilität eine Voraussetzung. Dies erfordert eine gemeinsame Sicht der unterschiedlichen Akteure im Geschäftsprozess auf die Daten.

Informationsqualität ist das zentrale Ziel des Stammdatenmanagements. Grundlage dafür ist die Erkennung und Beseitigung von Duplikaten in den Stammdatenobjekten. Dadurch wird gewährleistet, dass beispielsweise ein Kunde nur einmal im System existiert. Im Falle mehrerer eingesetzter Kundenmanagement-Systeme (Customer Relationship Management, CRM) ist dies eine technische und organisatorische Herausforderung. Zudem ist eine inhaltliche Verständigung über die Bedeutung von Datenobjekten wichtig: Oft wird über Abteilungsgrenzen hinweg nicht einheitlich gehandhabt, ob unter dem Begriff »Kunde« ein Anrufer im Call Center, ein Besteller, ein Zwischenhändler oder ein Endverbraucher zu verstehen ist. Keine dieser Interpretationen ist falsch, nur leider lassen sie sich nicht trivial vereinheitlichen. Die Datenharmonisierung dient dem Aufbau einer einheitlichen schematischen und ablagetechnischen Sicht.

Durch produktbezogenes Stammdatenmanagement können Prozesse vom Verkauf aus dem Webshop oder dem Enterprise-Resource-Plannung-System (ERP) bis hin zur Produktionsplanung und -steuerung verbessert werden. In der Regel wird durch eine solche Integration das Unternehmen erst in die Lage versetzt, im Vertrieb eine Aussage über Produktionskapazitäten oder in der Produktion eine Aussage über den realen Bedarf im Vertrieb zu treffen.

Stammdatenverwaltung ist allerdings nicht nur innerbetrieblich von Vorteil, sondern stellt eine wichtige Voraussetzung für die IT-basierte Vernetzung von Unternehmen dar. So ist z.B. ein einheitlicher Artikelstamm eine wesentliche Voraussetzung für eine unternehmensübergreifende integrierte Warenlogistik.

DER WEG

Das Ziel von Stammdatenprojekten ist es, die Informationsqualität in ihren verschiedenen Dimensionen zu erhöhen. Dies betrifft sowohl die Aktualität und Fehlerfreiheit als auch eine einheitliche Sicht und die Bearbeitbarkeit von Informationen. Der Weg eines Unternehmens zu einem zentralen Stammdatenmanagement lässt sich schematisch in sechs Schritte unterteilen (siehe Abb. 1).

	Schritt 1 Datenanalyse	Schritt 2 Datenmodell	Schritt 3 Datenqualität	Schritt 4 Datenintegration	Schritt 5 Datenanreicherung	Schritt 6 Datenkontrolle
Tätigkeiten:	■ Analyse der vorhanden Datenstrukturen und der IT-Landschaft ■ Ist-Konzept des Datenmodells	■ Integration der lokalen Schemata ■ Sollkonzept des Datenmodells	■ Erhöhung der Datenqualität in den einzelnen Datenquellen	■ Integration der Daten unterschiedlicher Quellen ■ Integration der Datenzugriffe auf die gemeinsamen Daten	■ Verbindung der Daten mit externen Quellen	■ Implementierung eines Prozesses zur kontinuierlichen Wahrung der Datenqualität
Ergebnis:	■ Relevante Datenstrukturen sind erkannt ■ Betroffene Informationssysteme identifiziert	■ Integriertes globales Datenmodell	■ Qualitativ hochwertige Daten	■ Unternehmensweite »Gold Copies« ■ Integrierte Fachanwendungen	■ Gesteigerter Wert der Daten	■ Langfristig qualitativ hochwertige Daten

1 *Das prinzipielle Vorgehen zur Einführung eines Stammdatenmanagements in sechs Schritten.*

Am Anfang steht hierbei die Herausforderung, ein einheitliches Verständnis von Stammdaten zu erlangen und zu definieren, welche Entitäten im Unternehmen Stammdaten sind. Einen guten Einstiegspunkt bieten hierfür die Analyse des bestehenden Datenbestands sowie die Identifikation der Systeme, die Stammdaten halten. Die Datenstrukturen dieser Systeme müssen nun bis hinunter auf die Attributebene analysiert werden. Dieser Schritt führt zu einer Übersicht über alle Metadaten und Datenstrukturen. Hierbei sollte mehr als nur die reine Datenstruktur erfasst werden, z.B. auch organisatorische Aspekte, etwa welche Systeme bestimmte Datenobjekte für welche Zwecke verwenden.

In Schritt 2 wird ein integriertes Datenmodell erstellt. Hierbei existieren viele Fallstricke, insbesondere aufgrund unterschiedlich gewachsener Datenstrukturen aus verschiedenen Systemen oder Unternehmensbereichen. So können Attribute gleich heißen und doch eine semantisch vollkommen andere Bedeutung haben, z.B. kann man Produkt entweder als Endprodukt oder als Rohstoff für die Fertigung (Halbprodukte) verstehen. Andersherum können Attribute unterschiedliche Namen haben und trotzdem dieselbe semantische Bedeutung tragen, gleiches gilt auf Entitätsebene. Es existieren zwar Instrumente für ein Schema-Matching von Datenstrukturen, häufig führt jedoch kein Weg an menschlicher Intelligenz und politischer Entscheidungskraft vorbei.

Schritt 3 umfasst die Analyse und Verbesserung der Datenqualität. Einerseits können die Daten statistisch analysiert und so unnatürliche Häufungen erkannt werden, etwa dass viele Kunden von Beruf Astronaut sind, weil häufig die erste Option einer Liste ausgewählt wird. Des Weiteren ist dieser Schritt dazu da, um Permutationen in Datensätzen zu erkennen, also ob sowohl »Joseph von Fraunhofer« als auch »von Fraunhofer, Joseph« abgespeichert sind. Abschließend können Adressen mit externen Adressdatenbanken verglichen werden, um die Datenqualität weiter zu erhöhen.

Im vierten Schritt werden die zuvor harmonisierten Daten integriert, also die Datensätze aus verschiedenen Systemen zusammengeführt und fortan zentral verwaltet. Doch auch hier stellen sich Fragen, die nicht einfach beantwortet werden können. Sollen etwa identische Produkte von unterschiedlichen Lieferanten zusammengefasst werden? Auch ist zu vermeiden, dass zu viele Daten zusammengefasst werden. So sind etwa die personenbezogenen Daten der Personalabteilung von den LoginDaten zu trennen, allein aus datenschutzrechtlichen Gründen, auch wenn sie derselben Person zugeordnet sind.

Abhängig von der IT-Architektur ist nun auch die technische Integration der zentralen Daten in die Fachanwendungen zu realisieren. Je nach Art der Umsetzung kann der Aufwand sehr unterschiedlich sein. Er reicht vom »einfachen« Austauschen der Datenzugriffsschicht bis hin zur Anpassung jedes einzelnen Services. Generell empfiehlt sich eine iterative Vorgehensweise, also zuerst die Daten einer bestimmten Datenklasse und dann direkt die entsprechenden Datenzugriffe zu integrieren. Dabei ist zu beachten, dass eine Migration auf ein Stammdatensystem bei laufendem Betrieb ein schwieriges Unterfangen ist und genauester Projektplanung bedarf.

Der fünfte Schritt hat als Ziel, die Datenqualität durch Anreicherung zu erhöhen. Dies ist bei der Integration mehrerer Datenquellen auch schon geschehen. Indem verschiedene Sichten und Aspekte der Daten zusammengeführt wurden, hat sich die Aussagekraft und damit der Wert der Daten erhöht. In diesem Schritt werden die Daten nun mit externen Listen abgeglichen, z.B. aufgrund von unternehmensinternen Regelungen zwecks Betrugsbekämpfung oder um Anforderungen des Geldwäschegesetzeses nachzukommen. Schließlich gehören auch Abfragen bei Auskunfteien (Schufa u.a.) oder Umzugsdatenbanken zur Datenanreicherung.

Sind die vorangegangen fünf Schritte erledigt, so verfügt man über eine qualitativ hochwertige Datenbasis. Im sechsten Schritt geht es darum, die Datenqualität im Prozess der Datenänderungen zu verankern. Geschieht dies nicht, so werden sich die qualitativ hochwertigen Daten durch Änderungen und neu hinzugefügte Datensätze kontinuierlich verschlechtern. Hierzu gibt es technische Optionen wie die einfache Qualitätsprüfung bei Schreibzugriffen oder eine differenzierte Dubletten- und Logikprüfung über IT-Services. Auch die organisatorische Freigabe durch Datenqualitätsbeauftragte kann ein denkbarer Weg sein, sofern die Verzögerung akzeptiert wird und der produktiven Verwendung nicht entgegensteht.

FAZIT

Datenqualität lässt sich nicht mit rein technischen Lösungen durchsetzen. Ergänzend dazu muss im Unternehmen der Wert von hochwertigen Daten kommuniziert werden. Ein Verständnis für hochwertige Stammdaten erfordert nicht zuletzt die Unterstützung des Managements. Insbesondere in amerikanischen Unternehmen hat sich hierfür die Rolle des Data Steward etabliert. Dies ist eine Person oder Abteilung, die die Etablierung sowie die konsequente und richtige Anwendung von global definierten Entitäten im Unternehmen verantwortet. Diese Aufgabe erfordert sowohl ein technisches und fachliches Verständnis als auch ein gewisses Durchsetzungsvermögen. Eine wichtige Teilaufgabe ist es beispielsweise, die genaue semantische Bedeutung einer Entität zu vermitteln.

Eine Schwierigkeit von Stammdatenprojekten ist zudem häufig, dass die Kosten, die durch schlechte Daten verursacht werden, dezentral in den Fachabteilungen anfallen und ihre Ursachen nicht richtig erkannt werden. Dies erschwert üblicherweise die Argumentation für die Notwendigkeit eines solchen Projekts, zumal die Implementierungskosten in der Regel vom IT-Haushalt bezahlt werden. Auch hierfür ist es wichtig, dass die Unternehmensleitung den Wert der eigenen Daten erkennt und alle Beteiligten auf dem Weg zu hochwertigen Daten mitnimmt.

WEITERE INFORMATIONEN

www.swm.iao.fraunhofer.de/Themenfelder/stammdaten.jsp

ZIVILE SICHERHEIT

AKTEURSÜBERGREIFENDE INTEGRATION VON IT-ANWENDUNGEN

WOLF ENGELBACH, SANDRA FRINGS, HEIKO ROSSNAGEL

Die Gewährleistung der Sicherheit von Personen, Gebäuden, Gütern und Infrastrukturen in einer offenen Gesellschaft ist eine Herausforderung, mit der sich zahlreiche Institutionen befassen, teilweise als originäre Aufgabe, teilweise aber auch im Zusammenhang mit anderen wirtschaftlichen oder gesellschaftlichen Anliegen. Damit diese Akteure effizient und effektiv zusammen arbeiten können, sind die Klärung von Zielen und organisatorischen Zuständigkeiten sowie kontinuierliche Schulungen und intensive Kommunikation erforderlich. Auf dieser Basis kann der geschickte und integrierte Einsatz moderner IT-Systeme helfen.

Beispielsweise bietet der öffentliche Personennahverkehr (ÖPNV) in deutschen Großstädten eine Infrastruktur, die individuell und flexibel von Bewohnern, Beschäftigten und Besuchern dieser Regionen verwendet wird. Dementsprechend hoch sind die Anforderungen an die Abwicklung des normalen Verkehrsgeschehens. In vielen Metropolregionen finden zudem immer häufiger Großveranstaltungen statt, bei denen enorme Besucherströme bewältigt werden müssen, was zu zahlreichen verkehrs- und sicherheitstechnischen Herausforderungen führen kann. Praktische Schwierigkeiten entstehen u.a. durch unzureichenden Informationsaustausch zwischen den Verantwortlichen, fehlende Informationsweitergabe an Teilnehmer und Fahrgäste, mangelhafte Schulungen des angeworbenen Sicherheitspersonals, uneinheitliches Datenmanagement der einzelnen Einsatzzentralen sowie eine späte Erkennung von Krisenfällen.

FORSCHUNG FÜR DIE ZIVILE SICHERHEIT

Ziel des durch das Bundesministerium für Bildung und Forschung im Rahmen des Programms »Forschung für die zivile Sicherheit« als Teil der HighTech-Strategie der Bundesregierung geförderten Forschungsprojekts »VeRSiert« (www.versiert.info) war es daher, eine bessere organisatorische und informationstechnische Vernetzung von Nahverkehrsgesellschaften, Einsatzkräften, Veranstaltern und Fahrgästen zu erreichen, um die Sicherheit im ÖPNV bei Großveranstaltungen zu erhöhen. Dafür wurden ein Informations- und Kooperationsportal, Plattformen zur Simulation, Videoanalyse und Mobile Dienste sowie Konzepte zur Mitarbeiterschulung, zur Sicherheitsbefragungen und zum

Verkehrsmanagement erarbeitet und erprobt. Diese Elemente funktionieren einerseits unabhängig voneinander, lassen sicher aber andererseits auch fachlich und informationstechnisch miteinander verbunden einsetzen. Die Nützlichkeit und Benutzbarkeit der einzelnen Elemente wurde darüber hinaus in Kooperation mit Praxispartnern bei realen Großveranstaltungen in Köln erprobt. Die Kölner Praxispartner des zugrunde liegenden Projekts waren die Kölner Verkehrsbetriebe (KVB), die Stadt Köln sowie der Nahverkehr Rheinland.

Dieser Beitrag stellt Anforderungen und Lösungsansätze für die organisationsübergreifende Integration von IT-Systemen vor und geht darüber hinaus auf die beiden konkreten IT-Module ein, die seitens des Instituts für Arbeitswissenschaft und Technologiemanagement IAT der Universität Stuttgart und des eng kooperierenden Fraunhofer IAO gestaltet wurden.

IT-GESAMTKONZEPTION

Mit Hilfe von leitfadengestützten Befragungen und veranstaltungsorientierten Prozessanalysen bei Kölner Akteuren konnte ein Überblick zur Planung, Durchführung und Nachbereitung von Großveranstaltungen gewonnen werden. Dabei bildeten die jährlichen Kölner Lichter, die Bundesligaspiele des FC Köln sowie als besondere Veranstaltung ein Kirchentag den gemeinsamen Bezugsrahmen zur Analyse der organisationsübergreifenden Zusammenarbeit und der dafür eingesetzten IT-Systeme.

Aus den unterschiedlichen Interessen und Anforderungen hinsichtlich einer informationstechnischen Unterstützung der eigenen Aufgaben sowie der Zusammenarbeit seitens der Veranstalter, der Genehmigungsbehörde, der Fachbehörden, der Verkehrseinrichtungen sowie der Sicherheitskräfte konnten einige gemeinsame Anliegen herausgearbeitet werden:

1. Es ist die Zusammenarbeit zahlreicher, teilweise wechselnder Organisationen zu unterstützen, die für den Verkehrsablauf oder für Sicherheitsfragen in einer Region oder für eine bestimmte Zeit verantwortlich sind. Innerhalb komplexer Zusammenhänge von Verkehrsnetzen und Stadtsystemen haben Entscheidungen einzelner Akteure gravierende Auswirkungen auf andere Verantwortungsbereiche und sollten entsprechend zwischen ihnen abgestimmt oder zumindest untereinander transparent sein.

2. Die dafür einzusetzenden IT-Systeme sollen nicht nur in Krisensituationen zum Einsatz kommen, sondern gerade auch im Normalbetrieb konkrete Vorteile bringen. Nur dann ist zu erwarten, dass in sie investiert wird und dass Benutzer mit diesen Systemen umgehen können. Für Verkehrsunternehmen sind dabei Vandalismus und Schlägereien als alltägliche Sicherheitsherausforderungen eher eine Motivation zum Handeln als ungewiss erscheinende Ereignisse wie terroristische Attentate. Generell sind daher für viele Risiken einsetzbare IT-Systeme gegenüber sehr spezialisierten zu bevorzugen.

3. IT-Systeme sollen untereinander flexibel verbindbar sein, um auch komplexere Fragestellungen behandeln zu können. Dabei ist die heterogene Ausgangslage hinsichtlich der vorhandenen IT-Infrastruktur bei den beteiligten Akteuren zu berücksichtigen. Zugleich können so die vielen möglichen zukünftigen Sicherheitslösungen einfacher integriert werden, egal ob Veränderungen durch andere Bedrohungslagen oder durch neue Arbeitsabläufe und organisatorische Zuständigkeiten bzw. moderne IT-Systeme initiiert werden.

IT-Systeme müssen dafür modular aufgebaut und einfach kombinierbar sein. Der gewählte Ansatz belässt allen Systemen ihre operative Eigenständigkeit und kommt ohne eine zentrale Integrationsschicht aus. Motiviert durch konkrete Verwendungsanliegen ist aufgrund definierter Standards trotzdem eine jeweils bilaterale Integration einfach möglich, beispielsweise zur Übernahme von automatischen Zähldaten in Simulationsprogramme.

Fachliche und informationstechnische Schnittstellen wurden für die Kölner Situation anhand konkreter Veranstaltungen und Ereignisszenarien festgelegt und demonstriert. Inhalte, Funktionalitäten oder Regeln einzelner Plattformen werden anderen Systemen so zur Verfügung gestellt, dass das Gesamtsystem insgesamt mehr Fragestellungen der Anwender beantworten kann als dies vorher möglich war.

INFORMATIONS- UND KOOPERATIONSPORTAL

Das Informations- und Kooperationsportal unterstützt die Zusammenarbeit der Personen, die für die Sicherheits- und Verkehrsaufgaben im Umfeld von Großveranstaltungen verantwortlich sind. Der Informationsaustausch für Großveranstaltungen geht dabei oft weit über die hoheitlichen Akteure hinaus und schließt Verkehrsunternehmen oder Veranstalter ein, die auf bestehende behördliche Lösungen häufig keinen Zugriff erhalten.

Für die Planung von Großveranstaltungen stehen den Organisationen heute standardisierte Bürosoftware sowie diverse Kommunikationswege (Telefon, Faxgerät, E-Mail, Funk) zur Verfügung, die in ihrer Gesamtheit jedoch nicht die gewünschten Informations- und Kommunikationsmöglichkeiten der Akteure abdecken. So können derzeit während der Veranstaltung selbst wichtige Arbeitsmittel, wie zum Beispiel Kartenmaterial oder Telefonlisten, oft nicht in einer aktuellen Fassung abgerufen werden.

Für die Veranstaltungsabwicklung sowie als Informationsbasis zur Vorbereitung auf ungeplante Ereignisse wie Unwetter oder Amoklauf wurde das Informations- und Kooperationsportal so konzipiert, dass es sich an bisherigen Prozessen der Zusammenarbeit in der Vorbereitung und Durchführung orientiert und als web-basierte Lösung eine einfache Zugänglichkeit für die Anwender gewährleistet. Die Kernfunktionalitäten lehnen sich an bekannte Portalfunktionalitäten an und umfassen Informationsaustausch (Dokumente, Hinweise etc.),

1 *Einstiegsseite eines Informations- und Kooperationsportals.*

Partnerüberblick (Telefonlisten, Zuständigkeiten etc.) sowie Kommunikation und Aufgaben- und Terminverwaltung.

PLATTFORM FÜR MOBILE DIENSTE

Mobile Mehrwertdienste können das Veranstaltungserlebnis für die Teilnehmer attraktiver gestalten und die zahlreichen professionellen wie ehrenamtlichen Helfer bei der Durchführung der Veranstaltung unterstützen. Hierbei kann es sich um Dienste mit einem direkten Veranstaltungsbezug handeln, wie z.B. Twitter-Nachrichten verschiedener Institutionen mit aktuellen Informationen zur Veranstaltung, ergänzt um eigene Kurznachrichten und Fotos der Teilnehmer.

Kommunikationsdienste wie Friend Finder oder Chats erleichtern darüber hinaus einer größeren Gruppe von Teilnehmern oder Helfern den Zusammenhalt, insbesondere wenn es sich um Veranstaltungen über einen längeren Zeitraum und eine komplexere Örtlichkeit handelt. Mobile Communities, die über eine Upload-Funktion für Fotos verfügen, können genutzt werden, um eine Dokumentation der Veranstaltung gemeinsam von den Teilnehmern erstellen zu lassen. Weiterhin bietet dieser Kanal die Möglichkeit, dem Veranstalter, den Verkehrsunternehmen oder auch Sicherheitskräften detaillierte Rückmeldungen zu Problemen bei der Veranstaltung zukommen zu lassen, z.B. bei entstehenden Schlägereien.

Solche mobilen Mehrwertdienste für Großveranstaltungen machen die Benutzer mit dem System vertraut. Dadurch sind diese Personen dann auch in kritischen Situationen in der Lage, damit umzugehen. Die gleiche Infrastruktur und dieselben Basisdienste können dann für Notfalldienste verwendet werden. So sind für die Teilnehmer und Helfer dann

2 *Einstiegsseite und Notfallmeldung bei Mobilen Diensten.*

beispielsweise Informationen und Handlungsanweisungen von Institutionen möglich; sie können aber auch ihre eigene Lage schildern und in Gruppen untereinander effizient kommunizieren. Darüber hinaus sind klar definierte Notfallmanager in der Lage, an alle Mobilfunknutzer Notfallmeldungen zu senden.

AUSBLICK

IT-Systeme für die Kooperation zwischen verschiedenen Akteuren erscheinen insbesondere dann erfolgreich, wenn sie die alltäglichen Aufgaben ebenso unterstützen wie Krisenszenarien. Eine intensivierte Zusammenarbeit ausgehend von bestehenden Systemen erleichtert die ersten Schritte und lässt Erfahrungen sammeln, die Investitionen in weitergehende Maßnahmen leichter rechtfertigen.

WEITERE INFORMATIONEN

www.swm.iao.fraunhofer.de/Themenfelder/it_zivile_sicherheit.jsp
www.versiert.info

INTERNET DER DIENSTE

INNOVATIVE GESCHÄFTSMODELLE ALS TREIBENDE KRAFT

NICO WEINER, HOLGER KETT, THOMAS RENNER

In den wichtigsten Industrieländern ist der Dienstleistungssektor der größte volkswirtschaftliche Sektor mit den höchsten Zuwachsraten. Zunehmend werden dabei Dienste über das Web angeboten. So kann grundsätzlich zwischen den Angeboten von drei Diensten unterschieden werden:

- Infrastrukturdienste: Bereitstellung von Hardwareressourcen über das Internet, wie z.B. Speicherplatz und Rechenkapazität.

- Plattformdienste: Aufbauend auf Infrastrukturdiensten werden weiterführende Dienste angeboten, die z.B. zur Abrechnung, Überwachung, Entwicklung und Authentifizierung genutzt werden.

- Anwendungsdienste: Softwareanwendungen, die auf Plattformdiensten aufsetzen und Software as a Service (SaaS) anbieten. In diesem Zusammenhang wird der herkömmliche Vertrieb von Lizenzen abgelöst und durch den Verkauf von Mietlösungen ersetzt.

Der hauptsächliche Vorteil seitens der Bezieher derartiger Dienste ist die Konzentration der Unternehmen auf ihre Kernkompetenzen, indem gezielt fehlende Kompetenzen und Ressourcen auf elektronischem Weg eingebunden werden. Andererseits erhalten Softwareanbieter durch Techniken der Virtualisierung und serviceorientierten Entwicklung die Möglichkeit, ihre Anwendungen zu entwickeln und über das Internet bereitzustellen, ohne die notwendige IT-Infrastruktur und Plattformdienste dafür bereitstellen zu müssen. Dies erhöht die Chancen und die Flexibilität von Softwareanbietern, deren direkten Konkurrenten und Unternehmen anderer Branchen, die aufgrund niedriger Markteintrittsbarrieren in Märkte drängen, gleichermaßen.

Für das Angebot und die Nutzung von Diensten über das Internet müssen daher besondere Fragestellungen seitens der Dienstanbieter gelöst werden. Für Dienstangebote werden aktuell die oben aufgeführten Bereiche zur Bereitstellung von Infrastrukturressourcen, zur Bereitstellung von Entwicklungs- und Angebotsplattformen und zur Bereitstellung von Softwareanwendungen in Betracht gezogen. Auf Basis dieser drei Dienstangebotsstufen können nun durch die Kombination vorhandener technischer Dienste und die Ergänzung mit nichttechnischen Diensten innovative Dienstleistungen entwickelt werden.

Als vollständige Ausbaustufe gilt das Cloud Computing. Darunter wird im weiteren Sinne die konzeptionelle Integration aller drei Teilbereiche verstanden: Die Bereitstellung von Hardwareressourcen, die Bereitstellung einer Plattform zur Entwicklung und den Betrieb von Softwareanwendungen sowie die Softwareanwendungen selbst. Mit diesem Konzept ist die notwendige Basis für die Entwicklung ganzer Dienstleistungen über das Internet geschaffen.

Aufgrund dieser neuen Strukturen des Internetmarkts für Dienstangebote müssen sich Dienstanbieter mit Überlegungen zu ihrem Geschäftsmodell auseinandersetzen. Insbesondere muss schon zu einem sehr frühen Zeitpunkt geprüft werden, ob eine Geschäftsidee in ein nachhaltiges, erfolgversprechendes Geschäftsmodell überführt werden kann, bevor signifikanter Aufwand in die Entwicklung gesteckt wurde. Dazu zählt z.B. die Prüfung, ob eine Kooperation mit anderen Dienstanbietern notwendig und realisierbar ist, ob Preismodelle an die Anforderungen von Zielkunden und Partnern angepasst werden können und die Aufteilung von Erlösen in einem Wertschöpfungsnetzwerk einvernehmlich vorgenommen werden kann. Das Fraunhofer IAO entwickelte hierfür eine Ontologie, mit der Geschäftsmodelle entwickelt und derartige Fragestellung methodisch strukturiert aufgearbeitet werden können.

1 *Fünf essenzielle Bereiche eines Geschäftsmodells.*

GESCHÄFTSMODELL-ONTOLOGIE

Durch die intensive Fokussierung der Unternehmen auf ihre Kernkompetenzen werden elektronische Dienste im Rahmen eines Partnernetzwerks angeboten. Daher gilt es Fragen zur Erstellung eines Geschäftsmodells im Partnernetzwerk zu besprechen. Die Fragen betreffen die in Abb. 1 dargestellten fünf Bereiche.

Jeder dieser Bereiche untergliedert sich in weitere Elemente, die in Beziehung zueinander stehen. So beinhaltet der Bereich des Nutzens zum Beispiel zusätzlich die Elemente Nutzenangebot an den Kunden, Nutzenangebot an Kooperationspartner sowie den tatsächlich wahrgenommenen Nutzen. Im Folgenden werden einige der wichtigsten Fragestellungen in den Bereichen aufgezeigt. Dabei gibt es Fragestellungen, die wichtig für jedes Unternehmen sind und Fragestellungen, die speziell für Dienstangebote im Internet wichtig sind (farblich markiert in Abb. 2).

Anhand eines auf die Problemstellung angepassten Fragenkatalogs wurde eine Geschäftsmodell-Ontologie abgeleitet. Die Ontologie unterstützt die Spezifikation aller relevanten Elemente eines

Nutzen	• Welcher Nutzen entsteht dem Kunden? • Welcher Nutzen entsteht einem Kooperationspartner, um das eigene Angebot zu ergänzen oder zu unterstützen?
Zielmarkt & Beschaffungsmarkt	• Welche Zielgruppen sollen angesprochen werden? • Welche Eigenschaften und IT-technischen Voraussetzungen kennzeichnen diese Zielgruppen? • Welche Partner werden für die Diensterbringung benötigt? • Wer sind direkte und potenzielle Wettbewerber? • Welche vergleichbaren elektronischen Dienste bieten die Wettbewerber an?
Produkt- & Dienstleistungsangebot	• Was ist das Alleinstellungsmerkmal des angebotenen elektronischen Dienstes? • Sollte der elektronische Dienst nach außen geöffnet werden? • Sollten Informationen Dritten nutzbar gemacht werden? • Welcher Service-Level wird dem Kunden angeboten?
Produkt- & Dienstleistungserstellung	• Welche (technischen) Kompetenzen und Ressourcen werden zur Erbringung des elektronischen Dienstes benötigt? • Welche Partner werden für die Bereitstellung fehlender Kompetenzen und Ressourcen benötigt? • Wie können Qualität, Performanz und Verfügbarkeit gewährleistet werden? • Welche Geschäftsprozesse müssen zur Entwicklung und zur Diensterbringung umgesetzt werden? • Wie sieht ein geeignetes Sicherheitskonzept aus?
Finanzielle Aspekte	• Welche kritische Nutzermasse wird für ein erfolgreiches Angebot benötigt? • Wie werden zwischen den Partnern die Umsätze aufgeteilt? • Welche Preismodelle werden angeboten? • Nach welchen Kriterien wird ein passendes Abrechnungsmodell ausgewählt?

2 *Ausgewählte Fragestellungen zu den einzelnen Geschäftsmodellbereichen.*

Rolle	Sicht (Abstraktionsebenen)	Beitrag
Business Stratege	strategisch-marktorientiert	Geschäftsmodell
Business Architekt	konzeptionell	Fachliches Konzept
Service Architekt	logisch-serviceorientiert	IT-Konzept
Service Developer	technisch	IT-Umsetzung

3 *Rollen, deren Sichten und Beiträge im Integrated Service Engineering (ISE).*

Geschäftsmodells in den fünf genannten Bereichen und ermöglicht auf diese Weise die IT-basierte Modellierung eines Geschäftsmodells. Dieses Geschäftsmodell kann als Grundlage für weiterführende Entwicklungen eines elektronischen Dienstes herangezogen werden.

MODELLBASIERTE DIENSTENTWICKLUNG

Eine mögliche Nutzung der Geschäftsmodell-Ontologie liegt in der modellbasierten Dienstentwicklung. Ziel ist es, schon in sehr frühen Phasen des Entwicklungsprozesses, wie z.B. Konzeption und Planung, Informationen strukturiert aufzunehmen und in weiteren Schritten bis hin zum programmierten Dienst zu detaillieren.

Basierend auf dem Ansatz modellbasierter Architekturen entwickelte das Fraunhofer IAO mit weiteren Projektpartnern im Theseus/TEXO-Projekt die Integrated Service Engineering Methodik (ISE). Da ein Dienst von mehreren Mitarbeitern und Partnern entwickelt wird, die meist unterschiedliche Rollen in diesem Entwicklungsprozess einnehmen, muss dies in einer Vorgehensweise Berücksichtigung finden.

Die ISE Methodik differenziert die vier Rollen des Business Strategen, Business Architekten, Service Architekten und Service Developers. Die vier Rollen, deren Sichten (Abstraktionsebenen) sowie deren hauptsächlichen Beiträge zum Entwicklungsprozess ist in Abb. 3 aufgeführt.

Im ISE Framework wird jede Sicht in fünf Dimensionen eingeteilt und jeder Dimension und Sicht werden Modelle zugeordnet, die von einem Mitarbeiter oder Partner mit der entsprechenden Rolle erstellt wird. Die Modelle werden miteinander verknüpft, indem ausgewählte Informationen von benachbarten Modellen von einer Dimension zur anderen oder von einer Sicht zur anderen transformiert werden (siehe Abb. 4). Ziel dieser Einteilung in Dimensionen und Sichten ist es, die Transparenz zu steigern, indem ein komplexer Dienst in kleine, überschaubare Teilbereiche untergliedert wird.

Auf diese Weise entsteht eine Matrix mit verknüpften Modellen, die den Dienstentwicklungsprozess Schritt für Schritt unterstützt. Eingebunden ist das ISE Framework in die Innovationssicht und die Betriebssicht. In der Innovationssicht werden interessante Dienstideen identifiziert, bewertet und nur einige wenige erfolgversprechende ausgewählt, für die dann im Rahmen von ISE ein Geschäftsmodell entwickelt wird.

Die Idee, ein Geschäftsmodell in diesem strukturierten Rahmen in den Entwicklungsprozess einzubinden und damit meist unstrukturiert vorliegende Informationen weiteren Schritten des Entwicklungsprozess zugänglich zu machen, bringt einige Vorteile im Vergleich zu traditionellen Entwicklungsmethoden:

- Höhere Transparenz: Informationen der strategisch-marktorientierten Sicht beeinflussen die weiteren Modelle der Dienstentwicklung. Je klarer diese Informationen strukturiert sind, desto deutlicher wird deren Einfluss auf die nachfolgenden Sichten, z.B. werden strategische Eigenschaften eines Dienstleistungsprozesses bei der fachlichen Konzeption berücksichtigt.

- Steigende Wiederverwendbarkeit: Ändern sich einige Voraussetzungen marktseitig, werden nur die Informationen der Modelle von der ersten bis zur letzten Sicht entsprechend angepasst, die von den Veränderungen betroffen sind ohne eine Neuentwicklung durchführen zu müssen.

- Größere Flexibilität: Aufgrund des modellbasierten Ansatzes liegen die Informationen strukturiert vor und können beim Auftreten neuer Anforderungen kurzfristig angepasst werden.

DER METHODISCHE GESCHÄFTSMODELLANSATZ IN DER UNTERNEHMENSPRAXIS

Fraunhofer IAO entwickelt derzeit weitere Anwendungsszenarien zur Geschäftsmodell-Ontologie sowie zur Implementierung eines integrierten Geschäftsmodell-Editors.

Damit arbeitet das Fraunhofer IAO an der Unterstützung verschiedenster Prozesse zur Nutzung und Verwaltung von Geschäftsmodellen in Partnernetzwerken. Das gesamte Know-how zu Geschäftsmodellen wird dabei zu einem Paket mit drei

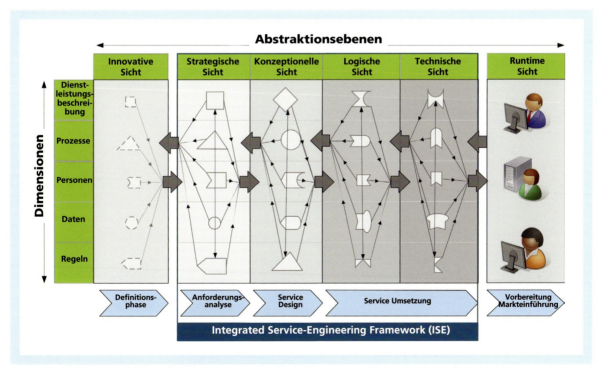

4 *Aufbau des Integrated Service Engineering Frameworks (ISE).*

Kernkomponenten gebündelt. Eine ausführliche Beratung zur Erstellung, Verwaltung und Bewertung von Geschäftsmodellen geschieht deshalb auf Basis einer strukturierten Vorgehensweise zur Entwicklung von Geschäftsmodellen, einer Geschäftsmodell-Ontologie zur Modellierung von Geschäftsmodellen, sowie eines integrierten Softwarewerkzeugs zur Erstellung, Verwaltung und Überwachung von Geschäftsmodellen.

LITERATUR

Weiner, N.; Renner, T.; Kett, H.: Geschäftsmodelle im »Internet der Dienste« – Aktueller Stand in Forschung und Praxis, Stuttgart: Fraunhofer Verlag, 2010. Online verfügbar unter: www.itbusinessmodels.org

Weiner, N.; Renner, T.; Kett, H.: Geschäftsmodelle im »Internet der Dienste« – Trends und Entwicklungen auf dem deutschen IT-Markt, Stuttgart: Fraunhofer Verlag, 2010. Online verfügbar unter: www.itbusinessmodels.org

Kett, H.; Scheithauer, G.; Weiner, N.; Weisbecker, A.: Integrated Service Engineering (ISE) for Service Ecosystems – An Interdisciplinary Methodology for the Internet of Services. In: Cunningham, P. (Hrsg.): eChallenges. Dublin: IIMC, 2009.

Kett, H.; Scheithauer, G.; Weiner, N.; Weisbecker, A.: Integrated Service Engineering (ISE) for Service Ecosystems – An Interdisciplinary Methodology for the Internet of Services. In: Cunningham, P. (Hrsg.): eChallenges. Dublin: IIMC, 2009.

Kett, H.; Voigt, K.; Scheithauer, G.; Cardoso, J.: Service Engineering in Business Ecosystems. In Ganz, W.; Kicherer, F.; Schletz, A. (Hrsg.): European Association for Research on Services -RESER-: New horizons for the role and production of services. Stuttgart: Fraunhofer IRB Verlag, 2008.

WEITERE INFORMATIONEN

www.itbusinessmodels.org
www.e-business.iao.fraunhofer.de
www.theseus-programm.de

WEB INTELLIGENCE

ANALYSE UNTERNEHMENSSTRATEGISCH RELEVANTER INFORMATIONEN

JAN FINZEN, MAXIMILIEN KINTZ, HARRIET KASPER

Das World Wide Web hat sich zu einer wichtigen Quelle unternehmensstrategischer Informationen entwickelt. Schwerpunkte professioneller Internetrecherche liegen neben der Sammlung aktueller technischer Informationen zum Geschäftsfeld des jeweiligen Unternehmens auf der Informationssammlung über Kunden und Anwender, Wettbewerber und Zulieferer und somit im Bereich der Marktbeobachtung und -forschung. Klassische Marktforschung, etwa durch Studien und Kundenbefragungen, ist das typische Mittel, die Kundenwünsche in der eigenen Entwicklung besser berücksichtigen zu können. Das Internet und insbesondere seine derzeitige Entwicklung in den Bereichen der semantischen Inhaltserschließung (»Semantic Web«) und der Benutzerzentrierung (als Hauptmerkmal der »Web 2.0«-Bewegung) eröffnen viel weitergehende und mitunter weitaus mächtigere Möglichkeiten.

Der Informationsbeschaffende sieht sich konfrontiert mit dem multidimensionalen Wachstum des Webs. Nicht nur die Gesamtdatenmenge des Internets steigt weiterhin rasch an, auch die Anzahl aktiver Teilnehmer, relevanter Informationsquellen und unterschiedlicher Kommunikationskanäle wächst ungebremst. Kunden sind heutzutage oftmals stark vernetzt. In Diskussionsforen und sozialen Netzwerken tauschen sie sich über Erfahrungen mit Produkten und Dienstleistungen aus. Die Kundenbewertung ist zu einem unverzichtbaren Bestandteil jedes Webshops geworden. Testportale erfreuen sich zunehmender Beliebtheit. Darüber hinaus gibt es Portale und Communities, in denen die Mitglieder der Zielgruppen von Unternehmen neue Ideen und Erfahrungen veröffentlichen, also Informationen, die Impulse für erfolgreiche neue Produkt- oder Serviceideen liefern können.

Das Fraunhofer IAO führte im Jahr 2009 eine Unternehmensbefragung unter Innovationsakteuren und

-experten deutscher Unternehmen durch. Es stellte sich heraus, dass die Befragten insgesamt nicht zufrieden mit den Möglichkeiten der von ihnen eingesetzten Werkzeuge zur Informationsbeschaffung sind und Verbesserungsbedarf in vielerlei Hinsicht besteht. Zudem scheinen die relativ neuen Quellen des Social Webs derzeit noch nicht das Maß an Aufmerksamkeit zu genießen, das sie aufgrund ihrer zunehmenden Bedeutung für die Wirtschaft und die Gesellschaft insgesamt verdienen.

Am Fraunhofer IAO werden daher nun gezielt Methoden und Werkzeuge entwickelt, um die Prozesse der Informationsbeschaffung gerade in kleineren Unternehmen systematisch zu verbessern.

WEB INTELLIGENCE HERAUSFORDERUNGEN

Die bestimmenden Faktoren des Webs sind Größe und Dynamik. Das Web stellt eine riesige Menge hochaktueller Information zu einem großen Teil kostenlos oder kostengünstig zur Verfügung. Dadurch haben kleine und mittlere Unternehmen erstmals die Chance, auf dasselbe Wissen zuzugreifen wie größere Unternehmen, die zuvor aufgrund ihrer Ressourcen einen Wettbewerbsvorteil genossen, etwa durch eigene Rechercheabteilungen und Bibliotheken.

Informationsmenge und -dynamik

Die Menge und Dynamik der Information treiben die Prozesskosten der Informationsbeschaffung in die Höhe: Das ungebremste Wachstum und vor allem der Trend zu einer höheren Benutzeraktivität machen es zunehmend schwierig, aus der Menge der verfügbaren Daten die relevanten herauszufiltern und in unternehmensstrategische Informationen umzuwandeln. Der oben skizzierte Wettbewerbsausgleich wird hierdurch relativiert

– wieder sind größere Unternehmen im Vorteil, denn sie können dem Problem der Informationsfilterung durch gezielte Weiterbildungen, spezielle Recherche-Mitarbeiter (oder ganze Abteilungen) und nicht zuletzt durch die Anschaffung teurer Softwarewerkzeuge begegnen.

Web 2.0-Paradigmenwechsel

Die Kundenvernetzung hat in Diskussionsforen und anderen Communities stark zugenommen. Dort erfolgt ein Erfahrungsaustausch über Produkte und Dienstleistungen. Das »Social Web« gewinnt auch für ein erfolgreiches Bestehen von KMU am Markt zunehmend an Bedeutung. Die oben genannte Unternehmensbefragung brachte jedoch zutage, dass unter den Befragungsteilnehmern ein systematischer Zugriff auf Web 2.0-Informationsquellen nur sehr selten erfolgt. Oftmals fehlt es ganz einfach an der nötigen Kenntnis der Quellen.

Langfristiges Informationsbedürfnis

Die Nutzung der Informationsquellen erfolgt heute noch größtenteils ad-hoc, obgleich die Informationsbedürfnisse meist eher langfristiger Natur sind. Am Markt sind – insbesondere für den Bereich des Social Webs – eine wachsende Anzahl von Werkzeugen für die Automatisierung von Rechercheprozessen verfügbar. Diese unterscheiden sich allerdings erheblich in ihrer Ausrichtung, Leistungsfähigkeit und vor allem in ihren Kosten. Für KMU, die ihre Suchprozesse durch Automatisierung optimieren wollen, bedeutet dies wiederum erhöhte Kosten und Risiken bei der Anbieter- und Produktauswahl.

WEB INTELLIGENCE THEMENFELDER

Ein strukturiertes Vorgehen bei der Informationsbeschaffung in Verbindung mit einem möglichst hohen

1 *Web Intelligence Themenfeder und Abteilungen.*

Automatisierungsgrad zur Identifikation neuer relevanter Informationen in Echtzeit ist für viele unternehmensstrategisch wichtige Anwendungsfelder essenziell. Im Folgenden werden drei dieser Anwendungsfelder vorgestellt und diskutiert.

Strategisches Innovationsmanagement

Innovative Ideen können das Ergebnis formaler oder unstrukturierter Suchprozesse sein und aus verschiedensten Quellen stammen. Neben unternehmensinternen Quellen wie den Forschungs- und Entwicklungs-, Marketing- und Vertriebsabteilungen spielen externe Quellen wie Kunden, Universitäten und Forschungseinrichtungen, Berater, Wettbewerber, Investoren usw. eine wichtige Rolle:

- Neue Technologiefelder lassen sich durch gezielte Analyse von Patentschriften und wissenschaftlichen Veröffentlichungen erkunden.
- Durch die Überwachung einschlägiger Online-Medien lassen sich technologische Trends und wichtige Ereignisse frühzeitig erkennen.
- Experten, Early Adopters und Lead-Users können durch die Analyse von Diskussionsstrukturen im Social Web identifiziert werden.
- Geographische Kompetenz-Cluster lassen sich durch statistische Auswertungen von Pressemitteilungen bestimmen.
- Die Observation (teil-)offener Ideenportale wie »InnoCentive« oder »My Starbucks Idea« ermöglicht das Erkennen von neuen Ideen und Auffinden von Verbesserungsvorschlägen für bestehende Produkte und Dienstleistungen.

Wettbewerbsbeobachtung

Das gezielte und stete Überwachen der Aktivitäten der Konkurrenz (»Competitive Intelligence«) gewinnt durch den verschärften Wettbewerb zunehmend an Bedeutung. Gleichzeitig bietet das Web heute weitreichende Möglichkeiten der Wettbewerbsbeobachtung:

- Marktereignisse wie Produkteinführungen, strategische Partnerschaften, Übernahme-Absichten, (drohende) Insolvenzen usw. werden frühzeitig in Pressemitteilungen angekündigt. Noch früher

Potenzialermittlung	Konzeption	Umsetzung	Nachverfolgung
Ideen Anforderungen Quellen	Quellenanalyse Technologieanalyse Umsetzungskonzept	Interne Lösungen Externe Services Einführung	Feedback Anpassung Optimierung

2 Vorgehensmodell zur Optimierung webbasierter Informationsbeschaffungsprozesse.

lassen sich ggf. entsprechende Gerüchte im Social Web, z.B. in den gängigen Technologieblogs aufspüren.
- Kampagnen der Konkurrenz lassen sich verfolgen, Patentanalysen lassen Rückschlüsse auf die Produktstrategie der Wettbewerber zu.
- Die (Un-)Zufriedenheit der Kunden von Wettbewerbern wird in Diskussionsforen und Blogs geäußert.

Online Reputation Management

Online Reputation Management ist ein strategisches Themenfeld, das in vielen deutschen Unternehmen heute noch nicht etabliert ist. Zwar sind 60 der 100 größten Marken in Deutschland bereits aktiv im Social Web, jedoch ist eine umfassende Social Media-Strategie als Teil des Reputationsmanagements noch die Ausnahme. Dabei bieten diese Kanäle hervorragende Chancen, den Kunden direkt anzusprechen, um ihn gezielt positiv zu beeinflussen. Die Beobachtung und Analyse von Benutzeräußerungen im Internet wird zunehmend essenziell, da negative Kritik im Social Web eine bislang unerreichte Diffundierungsgeschwindigkeit erreichen kann. IT-gestütztes Social Media Monitoring kann hierbei in vielfältiger Hinsicht unterstützen:

- Kritische Beiträge werden (rechtzeitig) aufgefunden. Ereignisse und Diskussionen, die dem eigenen Image schaden könnten, werden frühzeitig erkannt.
- Die Exploration der Kommunikationsstrukturen in sozialen Netzen ermöglichen die Identifizierung von Meinungsführern und Early Adopters.
- Der (Miss-)Erfolg von Kampagnen kann getrackt werden.

Informations- bedürfnis identifizieren	Informationen sammeln	Ergebnisse verarbeiten	Analysieren und interpretieren	Verbreiten und handeln
- Wettbewerber - Technologien - Produkte - Ausschreibungen - Events - Kampagnen - …	- Interne Daten - Wettbewerber-Website - Patent-Datenbanken, wissen. Veröffentlichungen - Blogs, Foren, … - …	- Text- und Data Mining - Semantische Annotation - Statistische Verfahren - …	- Dashboards/Cockpits - Trends und Events - Reporting - …	- Monitoring - Automatische Notifikation (E-Mail, SMS, RSS) - Kollaboration & Integration - …

3 Prozessmodell – Standard-Webminig-Prozess.

VORGEHEN

Fraunhofer IAO unterstützt Unternehmen bei der Optimierung ihrer webbasierten Informationsbeschaffungsprozesse und nutzt dabei das in der Abb. 2 dargestellte Vorgehensmodell.

Basis des Vorgehens ist eine individuelle Anpassung des in der Abb. 3 dargestellten Standard-Webmining-Prozesses an die spezifischen Bedürfnisse des jeweiligen Unternehmens.

Das Vorgehen erlaubt die Untersuchung der folgenden Fragestellungen:

- Welche Potenziale lassen sich mittels Webmining-Techniken erschließen? Ausgangspunkt ist eine Analyse des Informationsbedürfnisses: Welche Fragestellungen für das Unternehmen sollen (und können) anhand von Web-basierten Informationen geklärt werden? Welche Stärken und Schwächen hat die derzeitige Informationsbeschaffung im Unternehmen?
- Wie sollte der Webmining-Prozess gestaltet werden? Welche sind die relevanten Quellen (Webseiten, Datenbanken etc.), die eingebunden werden müssen und welche technischen Hilfsmittel können zu deren Erschließung eingesetzt werden? Welche Analysemethoden stehen zur Verfügung? Ergebnis dieses Arbeitsschritts sind eine an die Anforderungen des Unternehmens angepasste Strategie und ein Konzept inkl. eines Maßnahmenkatalogs.
- Wie können die Maßnahmen effektiv umgesetzt werden? Kann auf externe Services zurückgegriffen werden? Und wie können die durch das

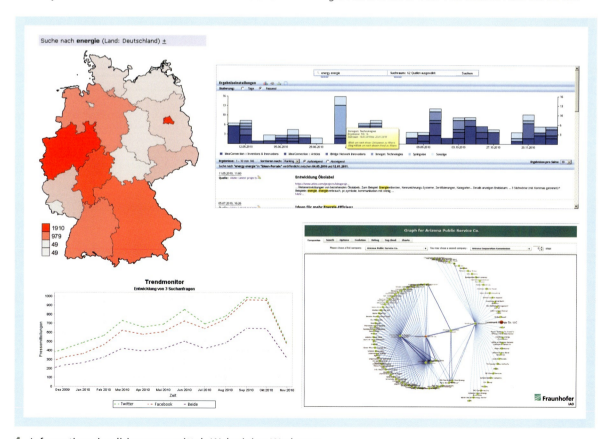

4 *Informationsvisualisierungen mittels Webmining-Werkzeug.*

Webmining-Projekt gewonnenen Erkenntnisse optimal in die Geschäftsprozesse des Unternehmens integriert werden?

Ein wesentlicher Aspekt bei der Optimierung der Informationsbeschaffungsprozesse ist die Auswahl geeigneter Werkzeuge. Zu diesem Zweck wurden und werden verschiedene eigene Marktstudien durchgeführt, etwa zu kommerziellen und freien Social Media Monitoring-Lösungen (Kasper et al., 2010) und webbasierten Plattformen zur Sammlung und Analyse von Anwenderideen (Finzen et al., 2010).

Am Fraunhofer IAO wurde eine eigene Webmining-Software entwickelt. Diese erlaubt neben einer Automatisierung der Informationsbeschaffung durch Suchagenten fortgeschrittene Möglichkeiten zur Eingrenzung der Suchergebnismenge. Analyseergebnisse lassen sich auf vielfältige Weise visualisieren und neue Erkenntnisse werden über Alerting-Mechanismen automatisch an den Benutzer propagiert. Abb. 4 zeigt Screenshots der Anwendung.

LITERATUR

Finzen, J.; Kintz, M.; Kobes, S.: A Comparative Study of Publicly Accessible Web-Based Idea Portals. Proceedings of The XXI ISPIM Conference, Bilbao, 2010.

Finzen, J.; Krepp, T.; Heubach, D.: Web Searching in Early Innovation Phases: a Survey among German Companies. Proceedings of the 2nd ISPIM Innovation Symposium, New York, 2009.

Finzen, J.; Kasper, H.; Kintz, M.: Innovation Mining – effektive Recherche unternehmensstrategisch relevanter Informationen im Internet. Fraunhofer Verlag, Stuttgart, 2010.

Kasper, H.; Dausinger, M.; Kett, H.; Renner, T.: Marktstudie Social Media Monitoring Tools. Fraunhofer Verlag, Stuttgart, 2010.

WEITERE INFORMATIONEN

www.innovation-mining.net
Twitter: @webintelligenz

REGIONALES INTERNET

MARKETING FÜR KLEINE UND MITTLERE UNTERNEHMEN

HOLGER KETT, CLAUDIA DUKINO

Die steigende Bedeutung des Internets bei der Auswahl und beim Kauf von Produkten seitens Kunden bedeutet für viele kleine und mittlere Unternehmen (KMU) unterschiedlicher Branchen eine große Veränderung, deren Bedeutung für das eigene Unternehmen oft nicht erkannt wird. Kunden nutzen zunehmend das Internet, um sich über Produkteigenschaften und -qualität zu informieren. Die dabei gefundenen Produktinformationen, aber auch Meinungen und Erfahrungen anderer Kunden, spielen bei der anschließenden Kaufentscheidung eine wichtige Rolle.

KMU halten oft an traditionellen Marketing- und Vertriebswegen fest und vernachlässigen dabei das Internet als weiteren Informations- und Kommunikationskanal. Als Problem wird dabei die weltweite Ausrichtung des Internets erachtet, da bei KMU häufig der regional ausgerichtete Zielmarkt im Fokus steht. Dass eine regionale Ansprache über das Internet möglich und notwendig ist, ist vielen Unternehmen jedoch nicht bekannt.

Eine regionale Ausrichtung der eigenen Internetaktivitäten ist wichtig, um
- in der Vielzahl von Angeboten im Internet gefunden zu werden,
- potenzielle Kunden nicht mit Informationen zu überladen und
- eine Effizienzsteigerung der Internet-Marketingmaßnahmen und damit eine Reduzierung der Marketingausgaben bei Steigerung des Nutzens zu erzielen.

Im Projekt »Regionales Internet-Marketing« im Rahmen des Netzwerks elektronischer Geschäftsverkehr (gefördert vom Bundesministerium für Wirtschaft und Technologie, www.ec-net.de) werden geeignete Methoden erarbeitet, wie KMU das Internet für Marketing und Vertrieb nutzen können:

- Online-Ratgeber: Mittels dieses Instruments (http://rim.ecc-ratgeber.de) ist es möglich, die aktuelle Unternehmenssituation online aufzunehmen, zu analysieren und Handlungsempfehlungen zu erhalten. KMU sind somit in der Lage, sich über das Thema regionales Internet-Marketing zu informieren.

- Leitfaden: Ergänzend wurde ein Leitfaden (Download unter www.ecc-stuttgart.de, Kategorie: Broschüren/Vorträge) entwickelt, der ein vereinfachtes Vorgehen bei der Planung und Umsetzung von Marketinginstrumenten im Internet bietet, relevante Internet-Marketinginstrumente beschreibt und Empfehlungen bei der Umsetzung und Optimierung dieser Marketinginstrumente unter Berücksichtigung regionaler Aspekte liefert.

In diesem Zusammenhang werden die folgenden Fragestellungen beantwortet:
- Welche alten und neuen Internet-Marketinginstrumente eignen sich zur regionalen Ansprache potenzieller Kunden und zum Vertrieb von Produkten?
- Welche Methoden existieren zur regionalen Ansprache von potenziellen Kunden?
- Wie sieht eine Vorgehensweise zur Umsetzung und Planung von Internet-Marketinginstrumenten zu einem Marketing-Mix für das Unternehmen aus?

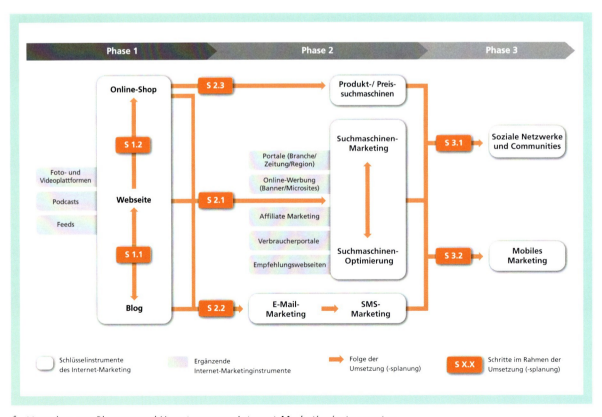

1 *Vorgehen zur Planung und Umsetzung von Internet-Marketinginstrumenten.*

VORGEHEN ZUR PLANUNG UND UMSETZUNG VON INTERNET-MARKETING-INSTRUMENTEN

Welche Internet-Marketinginstrumente für ein Unternehmen interessant sind, hängt ganz von dessen Rahmenbedingungen ab, wie Branche, Produkte, Dienstleistungen, Kunden, Wettbewerber etc.

Im Projekt »Regionales Internet-Marketing« entwickelte das Fraunhofer IAO ein vereinfachtes Vorgehen für KMU zur Planung und Umsetzung von Internet-Marketinginstrumenten (siehe Abb. 1). Damit wird in drei Phasen und sieben Schritten (Aktivitäten) geprüft, welche Instrumente für die Umsetzung im Unternehmen sinnvoll sind:

Phase 1: Aufbau Webpräsenz

- **S1.1:** Zum Aufbau einer Webpräsenz bestehen zwei grundlegende Möglichkeiten: der Aufbau einer Webseite, welche Informationen zum Unternehmen darstellen oder einen Blog der stets aktuelle Informationen zu Ihrem Unternehmen aufgreift, die für potenzielle Kunden interessant sein könnten. Der Vorteil eines Blogs besteht in seiner Aktualität und somit einem besseren Ranking (Position) in Suchmaschinen. Dies soll jedoch nicht bedeuten, dass nicht auch beide Instrumente gleichzeitig genutzt werden können. Zu beachten ist dabei, dass nicht die gleichen Inhalte im Blog und auf der Webseite verwendet werden. Eine Verlinkung der Instrumente aufeinander ist in der Regel für die Suchmaschinen-Optimierung von Vorteil.

- **S1.2:** Um Produkte über das Internet zu verkaufen, sollte über einen Online-Shop bei Standardprodukten bzw. ergänzend über einen Produktkonfigurator bei komplexen, konfigurierbaren Produkten nachgedacht werden.

Phase 2: Steigerung der Öffentlichkeitsarbeit

- **S2.1:** Die Webpräsenz muss neben den traditionellen Medien auch im Internet vermarktet werden. Ziel dabei ist die Steigerung der Nutzerzahl und damit die Ansprache weiterer (potenzieller) Kunden der relevanten Zielgruppe. Daher ist es notwendig, das Ranking der Webpräsenz in Suchmaschinen zu verbessern. Dies erfolgt mittels Suchmaschinen-Marketing (z.B. durch Mieten von Suchbegriffen, so dass eine Anzeige mit Verlinkung auf die eigene Webpräsenz bei der Eingabe eines festgelegten Suchbegriffs in der Suchmaschine (anorganische Suche) angezeigt wird) oder mittels Suchmaschinen-Optimierung, welche Onsite eine Optimierung der Inhalte der Webpräsenz bedeuten und Offsite durch die Generierung von Backlinks (z.B. über Portaleinträge) erfolgt. Dadurch ist ein besseres Ranking in Suchmaschinen bei der organischen Suche zu erreichen.

- **S2.2:** Um Kunden direkt über das Angebot des Unternehmens zu informieren, eignen sich E-Mails bzw. SMS, je nach dem ob Unternehmen oder Konsumenten angesprochen werden sollen. Beide Internet-Marketinginstrumente unterstützen die Direktwerbung.

- **S2.3:** Über Produkt- und Preissuchmaschinen kann der Bekanntheitsgrad von Produkten gesteigert und qualifizierter Traffic (Datenverkehr) generiert werden, Dabei werden die Produkte über Preisvergleichsseiten angezeigt und auf die jeweiligen Online-Shops verlinkt. Eine andere Möglichkeit sind Einträge in Shoppingsuchmaschinen, auf diese Art und Weise können Produkte dort vollständig präsentiert und zum Verkauf angeboten werden.

Phase 3: Nutzung von innovativen Internet-Marketinginstrumenten

- **S3.1:** Die Bedeutung von Sozialen Netzwerken und Communities ist in den letzten Jahren deutlich gestiegen, die Unternehmen im Rahmen von Diskussionen in Foren aber auch als Adressverteiler (z.B. Xing) nutzen können.

- **S3.2:** Mobile Anwendungen öffnen einen weiteren Kanal zur Ansprache potenzieller Kunden. Hier entwickeln sich Lösungen, die aktuell noch nicht flächendeckend etabliert sind, jedoch Möglichkeiten bieten, sich als Unternehmen von Angeboten der Konkurrenz abzuheben.

METHODEN ZUR REGIONALISIERUNG

Die oben aufgeführten Internet-Marketinginstrumente können unter regionalen Aspekten genutzt und optimiert werden. Hierfür existieren drei Möglichkeiten:

- Verwendung von regionalen Inhalten z.B. zur Suchmaschinen-Optimierung
- Auswertung von ortsbezogenen Informationen z.B. Analyse von IP-Adressbereichen und GPS-Koordinaten (unter Berücksichtigung der Datenschutzgesetze)
- Nutzung von Benutzerprofilen (Nutzung von Adressinformationen zur Ansprache von Benutzern einer Region beispielsweise über E-Mail)

INTERNET-MARKETINGINSTRUMENTE

Mittlerweile hat sich eine Vielzahl von Internet-Marketinginstrumenten entwickelt, deren Nutzung für KMU von Interesse ist. In Abb. 2 werden relevante Internet-Marketinginstrumente, deren Zielsetzung und anwendbare Methoden zur Regionalisierung des jeweiligen Instruments, aufgeführt.

Internet-Marketing-instrument	Zielsetzung	Regionale Inhalte	Ortsbezogene Inhalte	Benutzer-profile
Webseiten	Kunden u.a. über Organisation, Unternehmen, Produkte und Dienstleistungen informieren.	●	●	○
Blog	Positionierung im Internet als Experte zu einem bestimmten Thema.	●	●	○
Online-Shops	Kunden über Waren informieren und ergänzend zur Webseite über das Internet verkaufen.	●	●	●
Feeds / Podcasts	Informieren der Zielgruppe über aktuelle Themenstellung u.a. durch Einsatz von Audio und Video-Inhalten.	●	○	○
Suchmaschinen-Marketing	Verbesserung der Sichtbarkeit des Unternehmens in anorganischen Ergebnislisten von Suchmaschinen.	●	●	○

2 *Internet-Marketinginstrumente (Fortsetzung folgende Seite).*

Internet-Marketinginstrument	Zielsetzung	Regionale Inhalte	Ortsbezogene Inhalte	Benutzerprofile
Suchmaschinen-Optimierung	Verbesserung der Sichtbarkeit des Unternehmens in organischen Ergebnislisten von Suchmaschinen.	●	○	○
Portale (Branche, Zeitung, Region)	Verbesserung der Sichtbarkeit des Unternehmens auf weiteren zielgruppenrelevanten Portalseiten und zur Optimierung der Webseite in Suchmaschinen.	●	○	○
Online-Werbung (Banner, Microsites)	Dienen der Umsatzsteigerung, Erhöhung der Marktanteile bzw. des Bekanntheitsgrads und ggf. auch der Verbesserung des Unternehmensimages.	○	●	○
Affiliate-Marketing	Vermarkten und Vertreiben der eigenen Produkte über einen kommerziellen Anbieter, der im Erfolgsfall z.B. durch Provision vergütet wird.	○	○	○
Verbraucherportale	Bereitstellung von Informationen und Bewertungen zu Produkten und Dienstleistungen.	●	○	○
Verbraucherportale und Empfehlungswebseiten	Benutzer kann Produkte, Geschäfte und Dienstleistungen bewerten, beschreiben und kommentieren, wodurch andere sich dann vor dem Kauf näher über ein Produkt informieren können.	●	○	○
E-Mail Marketing	Stärkung der Kundenbindung durch personalisierte Kundenansprache und Informationen zu aktuellen Themenstellungen, wie z.B. neue Produkte und Sonderangebote.	●	○	●
SMS-Marketing	Konsumenten und (potenzielle) Kunden über mobile Endgeräte möglichst direkt erreichen und zu einem bestimmten Verhalten motivieren.	●	○	○
Produkt- und Preissuchmaschinen	Vermarkten und Vertreiben von Produkten im Online-Shop über ein zentrales Portal, das Kunden den anbieterübergreifenden Vergleich von Produkten und Preisen ermöglicht.	●	○	○
Soziale Netzwerke und Communities	Aufnehmen der aktuellen Meinungen, Eindrücke und Erfahrungen u.a. zur Unterstützung bei akuten Problemstellungen der Zielgruppe mit Produkten des Unternehmens.	●	○	○
Mobiles Marketing	Den (potenziellen) Kunden möglichst am jeweiligen Ort direkt erreichen, zu einem bestimmten Verhalten führen und nachhaltige Kundenbeziehungen aufbauen.	●	●	○

2 *Internet-Marketinginstrumente (● = geeignet, ○ = nicht geeignet).*

Die meisten Internet-Marketinginstrumente ermöglichen die Regionalisierung durch eine entsprechende Ausrichtung der Inhalte. Zwei Instrumente, Online-Werbung sowie Affiliate-Marketing (z.B. über Affiliate-Netzwerke ist eine regionale Ausrichtung der Aktionen nicht möglich), sind für eine regionale Ansprache von Kunden nicht geeignet.

Wie bei der Regionalisierung der Internet-Marketinginstrumente vorgegangen werden sollte, hängt vom jeweiligen Instrument ab. Das oben genannte Projekt »Regionales Internet-Marketing« bietet hierfür einen Leitfaden, wie ein methodisches Vorgehen der Regionalisierung im Einzelnen aussehen kann.

FAZIT

Kunden informieren und kaufen zunehmend Produkte und Dienstleistungen über das Internet. Unternehmen müssen diesen Trend für ihre Zielmärkte erkennen und entsprechend ihre Kundenansprache über das Internet optimieren. Neben der Auswahl und Umsetzung der geeigneten Internet-Marketinginstrumente spielt oft die regionale Ausrichtung der Kundenansprache eine wichtige Rolle. Dies ist mit den oben aufgeführten Methoden und Techniken möglich.

Fraunhofer IAO unterstützt mit dem Netzwerk elektronischer Geschäftsverkehr kleine und mittlere Unternehmen bei der Planung und Einführung eines regionalen Internet-Marketings. Hierzu stehen ein Online-Ratgeber, ein Leitfaden, zukünftig auch Praxisbeispiele von KMU für KMU sowie weiterführende Informationen zur Verfügung.

WEITERE INFORMATIONEN

www.e-business.iao.fraunhofer.de/publikationen/marketing/beschreibungen/rim.jsp
www.ecc-stuttgart.de

PROZESSMANAGEMENT

AGILES PROZESSMANAGEMENT IN DER CLOUD

MONIKA WEIDMANN, THOMAS RENNER, KREŠIMIR VIDAČKOVIĆ

Cloud Computing ist einer der wichtigsten Trends in der IT-Branche. Je nach Definition liegt der Fokus auf der Virtualisierung von Hardware (Sicht der Hardwarehersteller), des Angebots von Software über das Internet (Sicht der Softwareanbieter) oder auf einer auf den eigenen Bedarf abgestimmten Kombination dieser Konzepte (Sicht der IT-Anwender).

In der aktuellen Studie »Cloud Computing in der Versicherungsbranche« des Fraunhofer IAO wurden Trends bezüglich des Einsatzes von Cloud-basierten Lösungen aus Sicht von IT-Anbietern und Anwendern (Versicherungsunternehmen) untersucht. Cloud Computing und Business Process Management gehören zu den wichtigsten Zukunftstrends aus Sicht von IT-Anbietern. Aus Anwendersicht ist Business Process Management der wichtigste Trend.

In vielen Branchen stellt sich die Frage, wie die aktuellen Entwicklungen im Bereich des Cloud Computing das Prozessmanagement der Zukunft beeinflussen. Das Fraunhofer IAO hat diese Themenstellungen im Rahmen des Forschungsprogramms »THESEUS« untersucht. In den Projekten TEXO und openXchange wurden Grundlagen einer IT-Infrastruktur für die Dienstleistungswirtschaft im Internet entwickelt, Monitoringlösungen für Prozesse konzipiert und Cloud-basierte Lösungen, auch mit und für Unternehmen aus dem Mittelstand, umgesetzt.

In weiteren Projekten für Versicherungen konnte das Fraunhofer IAO neue IT-Dienste entwickeln, die als Cloud-Services im Internet und im Netz der Versicherungswirtschaft genutzt werden. Dazu zählen beispielsweise Dienste zur Prozesssteuerung, regelbasierte Lösungen zur automatisierten Prüfung sowie Informations-, Monitoring- und Analysedienste. Dieses Cloud-basierte Dienstangebot bietet eine umfassende Automatisierung und Beschleunigung der Prozesse und steigert Effizienz sowie Effektivität.

ANFORDERUNGEN

Die Projekterfahrungen zeigen drei wesentliche Anforderungen an das zukünftige Prozessmanagement in Unternehmen:

- Adaption: Die Unternehmensprozesse müssen flexibler gestaltet und einfacher angepasst werden können. Dies ist nicht nur für eine schnelle Einführung neuer Produkt- und Dienstleistungsangebote erforderlich, sondern ermöglicht auch eine kontinuierliche Anpassung an sich ändernde Bedingungen, wie zum Beispiel neue Gesetze. Einfach konfigurierbare Prozessvarianten sind ein wichtiges Element zukünftiger Lösungen.

- Transparenz: In vielen Unternehmen sind insbesondere komplexe oder variantenreiche Prozesse nicht ausreichend dokumentiert und nicht vollständig IT-gestützt. Die Prozessdurchführung wird teilweise unzureichend gemessen und überwacht. Die detaillierte Auswertung von Kenngrößen zur weiteren Optimierung ist nur selten möglich. Analysen und Fakten müssen zukünftig schnell und einfach verfügbar sein, um damit bessere und zeitnahe Entscheidungen treffen zu können.

- Kontinuierliche Optimierung: Auf Basis der Transparenz und der Adaptivität der Prozesse sollen diese sowohl auf Basis konkreter Messwerte als auch auf Basis der Zielvorgaben besser optimiert werden. Ergänzend zur seither üblichen, manuellen Um- oder Neugestaltung von Prozessen sollen zukünftig automatisierte Verfahren eine kontinuierliche Prozessverbesserung ermöglichen.

Bei der Gestaltung von Prozessen müssen für die Adaption die veränderlichen Parameter eines Prozesses festgelegt und die Prozesselemente definiert werden, die ausgetauscht oder verändert werden können. Um die Transparenz zu gewährleisten, ist es notwendig, Key Performance Indikatoren (KPIs) zu definieren und zu verfolgen sowie diese als Eingabe für die Optimierung zu verwenden.

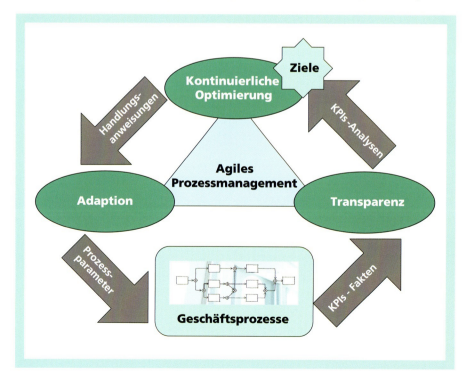

1 Adaption, Transparenz und Optimierung im agilen Prozessmanagement.

Zur Optimierung des Prozesses wird eine klare Definition der Ziele in Bezug auf den Prozess genutzt. Im Laufe der Optimierung können die Parameter und KPIs angepasst werden. Hierzu werden historische Prozessdaten ausgewertet, um Zusammenhänge zwischen Parametern, KPIs und den definierten Zielen zu analysieren. Abb. 1 zeigt, wie diese Elemente zusammenspielen und somit das agile Prozessmanagement ermöglichen.

Bisher wurden diese Anforderungen nicht oder nur teilweise in Unternehmen umgesetzt. Typische Schwierigkeiten bei der Umsetzung sind:

- Business-IT-Gap: Aufgrund unterschiedlicher Modellierungssprachen für Prozesse sowie der verteilten Zuständigkeit werden Prozesse redundant modelliert. Dadurch wird eine Adaption der Prozesse erschwert. Die Konsistenz der Prozessmodelle ist nicht zu jedem Zeitpunkt gegeben.

- Technologie-Gap: Die Einführung einer geeigneten Infrastruktur zum Prozessmanagement sowie der Prozessausführung ist aufwendig und teuer. Bei der Festlegung auf eine Technologie führt die Integration mit weiteren Technologien (z.B. andere Softwaresysteme im Unternehmen, Software von Kooperationspartnern) zu einem Mehraufwand.

- Transparenz-Gap: Die Überwachung der Prozesse wird durch die verteilte Datensammlung oder die Nicht-Verfügbarkeit von benötigten Daten erschwert. Typische Schwierigkeiten sind dabei die Identifikation relevanter Daten sowie deren übersichtliche Darstellung, beispielsweise in Dashboards. Unterschiedliche Softwaresysteme, in denen die relevanten Daten vorliegen, stellen Analysekapazitäten bereit, die häufig sehr mächtig und komplex sind. Die Nutzung dieser Möglichkeiten erfordert jedoch die Unterstützung von IT-Bereichen und Fachabteilungen.

Diese Schwierigkeiten führen dazu, dass Prozesse wenig flexibel sind und schlecht überwacht werden können. Aktuell nutzen viele Unternehmen nur einen Bruchteil der technischen Möglichkeiten. Organisatorische Probleme erschweren die Zusammenarbeit der involvierten Entscheidungsträger bei der Gestaltung einer Geschäftsprozessstrategie.

LÖSUNGSBAUSTEINE

Die Entwicklungen im Bereich des Cloud Computing bieten neue Möglichkeiten, die Prozesse in der Zukunft zu gestalten. Unter »agil« werden Prozesse verstanden, die adaptiv und transparent sind und sowohl in Echtzeit als auch durch iterative Analysezyklen an sich ändernde Rahmenbedingungen angepasst werden können bzw. sich selbständig durch entsprechende Algorithmen anpassen. Um agiles Prozessmanagement in der Cloud zu ermöglichen, werden folgende Lösungsbausteine benötigt:

- Prozessrepositories: Prozesse und Prozessbausteine werden in der Cloud erstellt und verwaltet. Standardisierte Vorlagen für wiederkehrende Anwendungsfälle können von Dienstleistern kostenpflichtig oder durch Standardisierungsgremien frei zur Verfügung gestellt werden. Ergänzend verwenden Unternehmen und Unternehmensnetzwerke eigene Prozessrepositories, welche von außen nicht zugänglich sind. Auf Basis dieses verteilten Wissenspools können Unternehmen adaptive unternehmensübergreifende Prozesse gemeinsam gestalten.

- Prozessengines: Insbesondere für mittlere und kleine Unternehmen (KMU) bieten Prozessengines in der Cloud den Zugang zu einer ausführbaren Prozesslandschaft. Mit einer standardisierten Schnittstellendefinition laufen Prozesse verteilt ab – im Unternehmen intern sowie bei IT-Dienstleistern, die »Process as a Service«

anbieten. Zusätzlich können externe Services eingebunden werden, die bestimmte Prozessschritte unterstützen.

- Monitoringlösungen: Um die Transparenz der erteilten Prozesse sicherzustellen und Daten für die weitere Optimierung zu analysieren, müssen diese überwacht werden. Hierzu werden typischerweise Event-basierte IT-Lösungen eingesetzt. Lösungen für »Monitoring as a Service« (aus der Cloud) bilden eine schnelle und einfach nutzbare Basis. Der Vorteil liegt in der Unabhängigkeit von den darunterliegenden Technologien (Prozessengines). Dadurch wird es ermöglicht, Prozessteile zu überwachen und transparent werden zu lassen, die (noch) nicht durch ausführbare Prozesse unterstützt werden.

- Vorgehensmodell: Bei einer unternehmensübergreifenden Abstimmung von Geschäftsprozessen ist es notwendig, den Ablauf der Prozessgestaltung sowie die beteiligten Rollen genau zu definieren. Für adaptive Prozesse sind Entwurfsmuster notwendig, die beschreiben, wie bestimmte Anforderungen an Flexibilität erfüllt werden können. Dasselbe gilt für die Monitoringlösungen.

- Optimierungsmodell: Für eine Optimierung der Prozesse ist es notwendig, die Ziele klar zu definieren. Hierfür müssen auf fachlicher Ebene Hilfestellungen entwickelt werden, die es den Unternehmen erleichtern, die Parameter und KPIs für ihre Prozesse zu identifizieren. Besonders in diesem Bereich sind branchenspezifische Lösungen notwendig, die, je nach Anforderung der einzelnen Unternehmen, auf die Unternehmensziele hin angepasst werden.

- Auditierbare Sicherheit und Datenschutz: Wenn Cloud-basierte Lösungen genutzt werden, ist es

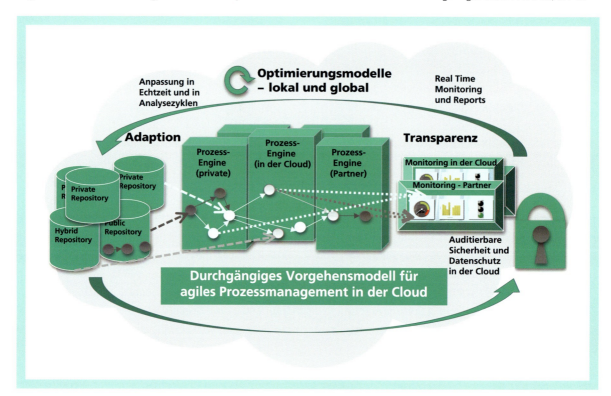

2   Lösungsbausteine ermöglichen agiles Prozessmanagement in der Cloud.

notwendig nachzuweisen, dass die Anforderungen an Sicherheit und Zuverlässigkeit vollständig erfüllt werden. Die dafür erforderlichen Technologien sind vorhanden. Best-Practice-Lösungen, in denen die Technologien in eine Gesamtlösung eingebunden sind, die (mindestens) die Sicherheit unternehmensinterner Lösungen bietet, müssen noch in einer größeren Anzahl geschaffen und an eine breitere Öffentlichkeit kommuniziert werden.

In Abb. 2 sind die genannten Lösungsbausteine und ihre Interaktion dargestellt.

Nachdem Lösungsbausteine des agilen Prozessmanagements der Zukunft beschrieben wurden, soll nun ein Vergleich mit dem »traditionellen« Prozessmanagement das Bild vervollständigen. Abb. 3 zeigt einen Vergleich bezüglich der grundlegenden Infrastruktur, der Adaption, der Transparenz sowie der Optimierung.

UNTERNEHMEN NUTZEN AGILE PROZESSE IN DER CLOUD

Die vorgestellten Entwicklungen im agilen Prozessmanagement werden Schritt für Schritt geschehen. Dabei sind heute bereits Teillösungen verfügbar, die einige der oben genannten Herausforderungen

	Prozessmanagement heute	Agiles Prozessmanagement in der Cloud
Grundlegende Infrastruktur	• Unternehmen besitzen teilweise eigene Prozessengines zur Ausführung ihrer Prozesse • Dokumentation von nicht-ausführbaren Prozessen häufig in nicht-standardisierten Formaten, die keine Weiterentwicklung zur Ausführbarkeit hin erlauben • Unternehmen haben keine Möglichkeit, unternehmens-übergreifende Prozesse gemeinsam zu entwickeln und zu optimieren • Häufige redundante Mehrfachmodellierung von Prozessen	• Verteilte Landschaft von Prozessengines ermöglicht es, Teile von Prozessen extern auszuführen (Process as a Service) • Prozesse werden in standardisierten Datenformaten ausgetauscht, welche die verschiedenen Anforderungen abdecken und sich komplementär zueinander verhalten • Unternehmen können in spontan entstandenen Geschäftsbeziehungen gemeinsam Prozesse abstimmen • Die Infrastruktur unterstützt eine durchgängige Modellierung von Prozessen
Adaption	• Unternehmen modellieren die eigenen Prozesse vollständig selbst • Softwareanbieter unterstützen mit Standardprozessen für häufige Geschäftsvorfälle • Einmal modellierte Prozesse sind aufgrund des Business-IT-Gaps schwer zu ändern	• Eine verteilte Infrastruktur ermöglicht es, standardisierte Prozessbausteine zu nutzen • Adaption von Geschäftsprozessen ermöglicht die unternehmensspezifische Gestaltung auf Basis von Prozessbausteinen und Varianten • Die Anpassung von Geschäftsprozessen wird durchgängig auf Fach- und IT-Ebene unterstützt
Transparenz	• Ausführbare Prozesse können je nach eingesetzter Software überwacht werden • Nicht-ausführbare Prozesse werden zumeist mit Hilfe von vorhandenen Systemen (ERP, CRM) dokumentiert und mit Hilfe von Business Intelligence analysiert	• Übergreifende Lösungen ermöglichen die Prozessüberwachung unabhängig von der eingesetzten Software und Modellierungssprache • Ein übergreifendes Konzept zur Echtzeitüberwachung und detaillierten Analyse über längere Zeiträume ist verfügbar • Monitoring as a Service ermöglicht schnelle und einfache Prozessanalyse in Wertschöpfungsnetzwerken
Optimierung	• Unternehmen optimieren ihre Prozesse in Iterationen (z.B. Plan-Do-Check-Act-Zyklus)	• Unternehmen können auf Basis neuer Überwachungstechnologien und adaptiver Prozesse diese laufend optimieren • Die Prozessoptimierung umfasst ganze Wertschöpfungsnetzwerke

3 *Prozessmanagement heute im Vergleich zu morgen.*

4 Angebote für Unternehmen bei der Durchführung von agilem Geschäftsprozessmanagement.

adressieren. Um von diesen Entwicklungen zu profitieren, können Unternehmen bereits heute wichtige Schritte auf dem Weg zum Prozessmanagement der Zukunft durchführen. Abb. 4 zeigt, wie das Fraunhofer IAO agiles Prozessmanagement in Unternehmen unterstützt.

Der Wandel hin zu einer agilen Prozesslandschaft im eigenen Unternehmen kann in mehreren Phasen erfolgen. Hierfür werden gegenwärtig weitere Lösungsbausteine entwickelt. Das Fraunhofer IAO führt Forschungs- und Industrieprojekte im Bereich »agile Prozesse in der Cloud« durch, um Unternehmen auf ihrem Weg zum Prozessmanagement der Zukunft zu unterstützen und die Wettbewerbsfähigkeit der Wirtschaft weiter zu steigern.

LITERATUR

Spath, D. (Hrsg.); Weisbecker, A. (Hrsg.); Drawehn, J. (Hrsg.): Business Process Modeling 2010 – Modellierung von ausführbaren Geschäftsprozessen mit der Business Process Modeling Notation, Stuttgart: Fraunhofer Verlag, 2010.

Vidačković, K.; Renner, T.; Rex, S.: Marktübersicht Real-Time Monitoring Software – Event Processing Tools im Überblick, Stuttgart: Fraunhofer Verlag, 2010. Online verfügbar unter: www.e-business.iao.fraunhofer.de/publikationen

Weidmann, M.; Renner, T.; Rex, S.: Cloud Computing in der Versicherungsbranche – IT-Trends im Internet der Dienste aus der Sicht von Anwendern und Anbietern, Stuttgart: Fraunhofer Verlag, 2010. Online verfügbar unter: www.e-business.iao.fraunhofer.de/publikationen

WEITERE INFORMATIONEN

www.e-business.iao.fraunhofer.de
www.theseus-programm.de
www.cloud.fraunhofer.de

SELF CKECK-IN

USABILITY ENGINEERING BEI DER DEUTSCHEN LUFTHANSA

MATTHIAS PEISSNER, SANDRA SPROLL

Gründe für die Umsetzung des Projekts für ein kundenorientiertes Self-Check-in bei der Deutschen Lufthansa sind der weltweite Wettbewerb in der Luftverkehrsindustrie, der daraus resultierende globale Kostendruck sowie der weltweite und branchenübergreifende Trend zur Prozess- und Serviceautomatisierung.

In Prognosen der IATA (International Air Transport Association) wurde bereits im Jahr 2005 für die weltweite Luftverkehrsindustrie eine grundlegende Veränderung der Check-in-Prozesse beschrieben. Zu dieser Zeit erfolgte der Check-in-Prozess noch vorwiegend personenbedient am Schalter. Self-Service-Angebote über das Internet und an Kiosksystemen waren nur vereinzelt anzutreffen. Damals wurde prognostiziert, dass bereits im Jahre 2015 nur noch ein Anteil von 10 Prozent der Check-in-Prozesse aufgrund besonderer Umstände oder außergewöhnlicher Problemfälle persönlich am Schalter bedient wird. Der Großteil soll dann durch ein flächendeckendes Self-Service-Check-In-Angebot bedient werden. Dabei wird der Schwerpunkt auf dem Online-Check-in liegen, während der Anteil des Kiosk-Check-in im Vergleich zu heute zurückgehen wird.

Grundlegendes Ziel des hier beschriebenen Projekts war es, Lufthansa-Kunden eine einfachere und schnellere selbstbediente Check-in-Möglichkeit anzubieten. Dabei wurde der benutzungsfreundlichen Gestaltung der Check-in-Dialoge am Self-Service-Kiosk und im Internet eine Schlüsselrolle zugeordnet. Auch für gelegentliche und seltene Nutzer sollte der selbstbediente Check-in-Prozess intuitiv, komfortabel und zügig bedienbar sein. Insgesamt sollte durch den neuen Kundendialog ein positives Service-Erlebnis geschaffen werden.

In einem Projekt der Deutschen Lufthansa mit dem Fraunhofer IAO wurden für die Gestaltung der Kundendialoge die folgenden konkreten Zielsetzungen umgesetzt:

- Einheitliches »Look & Feel« für Kiosk- und Online-Check-in, um den Kunden einen hohen Wiedererkennungswert und einen leichten Transfer zwischen beiden Service-Kanälen zu bieten. Dabei betrifft die Einheitlichkeit sowohl das grafische Erscheinungsbild als auch die Interaktion und die Bedienprozesse.

- Erweiterter Funktionsumfang im Vergleich zu den bestehenden Lösungen, insbesondere in den Bereichen der Kundenidentifikation und der Unterstützung von Ausnahmefällen.

- Effizienter Bedienprozess: Im Standardfall kann der Kunde zukünftig in drei Schritten zu seiner Bordkarte gelangen: Identifizieren – Bestätigen – Drucken (»drei Schritte zur Bordkarte«).

- Optimierte Nutzerführung durch eine übersichtliche und modulare Menüführung, eine gezielte Unterstützung der Orientierung und ein kundenfreundliches Design.

- Wirtschaftliche Entwicklung und Pflege durch eine gemeinsame technische Basis für Kiosk- und Online-Check-in sowie eine klar gegliederte und gekapselte Softwarearchitektur.

Das Fraunhofer IAO unterstützte den Entwicklungsprozess durch verschiedene Maßnahmen des Usability Engineerings über den gesamten Entwicklungsprozess hinweg.

KONZEPTION

Auf Grundlage erster Überlegungen und Anforderungen der Lufthansa zur Ablaufgestaltung des Check-in-Prozesses wurde gemeinsam mit einer Designagentur ein Grobkonzept entwickelt.

1 *Usability als Schlüsselfaktor für einen kundenfreundlichen und effizienten Self Check-in Dialog (Quelle: Lufthansa).*

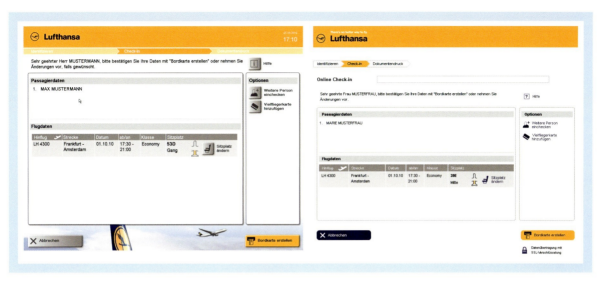

2 Check-in Dialog am Kiosk (links) und im Web (rechts): Einheitliche Gestaltung schafft Bediensicherheit und Wiedererkennungswert (Quelle: Lufthansa).

Wesentliches Gestaltungsprinzip war dabei die effiziente Unterstützung des Standard-Check-in-Prozesses in nur drei Bedienschritten (Identifizieren – Bestätigen – Drucken). Nur bei Sonderwünschen wie beispielsweise der Änderung des vorbelegten Sitzplatzes werden zusätzliche Dialogschritte erforderlich.

Grundsätzliche Fragestellungen der Oberflächengestaltung wurden gezielt in Alternativvarianten ausgearbeitet, um im nachfolgenden Benutzertest die beste Gestaltungsalternative zu bestimmen. So wurden zum Beispiel zwei Layoutvarianten erstellt, die im Benutzertest bezüglich Übersichtlichkeit, Aufmerksamkeitslenkung und Attraktivität systematisch verglichen wurden.

Ein weiterer wichtiger Grundsatz der Grobkonzeption war die maximale Konsistenz der beiden Interaktionskanäle Web und Kiosk. So sollte über beide Kundenschnittstellen ein einheitlicher Markenauftritt gewährleistet werden und dem Kunden der Erfahrungstransfer von einem auf den anderen Kanal erleichtert werden.

Ergebnis der Konzeptionsphase war ein interaktiver Oberflächenprototyp, anhand dessen ausgewählte Nutzungsszenarien aus Kundensicht durchgespielt werden konnten.

BENUTZERTEST IM USABILITY LABOR

Im Usability Labor des Fraunhofer IAO wurde ein Benutzertest mit insgesamt 24 Probanden durchgeführt.

Die Testziele umfassten den systematischen Vergleich unterschiedlicher Designvarianten, die Identifikation von Verständnis- und Bedienproblemen und die Entwicklung von Ansätzen zur Optimierung. Außerdem sollte festgestellt werden, inwieweit die potenziellen Kunden die beiden Check-in-Dialoge trotz unterschiedlicher Zugänge über Web bzw. Kiosk als einheitlich empfinden.

Um verschiedene relevante Zielgruppen abzudecken, wurden zu gleichen Anteilen Vielflieger, Wenigflieger mit umfangreicher Computererfahrung sowie Wenigflieger mit geringer Computererfahrung beteiligt. Die Bediensituation am Kiosk wurde durch einen vergleichbaren Aufbau mit einem PC-basierten interaktiven Prototypen und einem einfachen Touchscreen nachgestellt. Für den Webdialog wurde eine typische Schreibtischsituation geschaffen. Die Probanden wurden aufgefordert, anhand ausgewählter Bediensituationen die Check-in-Dialoge zu erproben und dabei ihre Eindrücke und Gedanken laut zu äußern (»Think Aloud«). Die Interaktion wurde zur nachträglichen Auswertung per Video aufgezeichnet.

Die grundsätzliche Bedienlogik wurde von allen Probanden gut verstanden. Die beiden Interaktionskanäle (Web und Kiosk) wurden als sehr ähnlich bewertet. Bezüglich der gezielten Testfragen zur Bevorzugung der einen oder anderen Gestaltungsvariante konnten aufgrund der Testergebnisse eindeutige Empfehlungen formuliert werden. Zur Frage der Layout-Gestaltung hat sich gezeigt, dass durch eine Kombination der beiden ursprünglichen Varianten eine optimale Lösung erzielt werden kann. Darüber hinaus konnten Optimierungsempfehlungen zur Benennung einzelner Funktionen, zur Farb- und Icongestaltung sowie zur Nutzerführung und Transparenz abgeleitetet werden.

ABSCHLIESSENDER FELDTEST

Bei der technischen Implementierung der Check-in-Dialoge konnten die Testergebnisse vollständig berücksichtigt und die empfohlenen Veränderungen realisiert werden. Mit dem Ziel einer abschließenden Validierung des Designs wurde im Rahmen einer Pilotphase an einzelnen Check-in-Terminals des Frankfurter Flughafens ein weiterer Benutzertest im realen Nutzungskontext und am Echtsystem durchgeführt. Hierfür wurden Passagiere gebeten, ihren Check-in-Prozess direkt am neuen System

durchzuführen. Eine Hälfte der Probanden sollte dabei zunächst den Kiosk-Dialog nutzen, die andere Hälfte den Online-Dialog. Danach wurden die Probanden noch mit der jeweils anderen Variante konfrontiert, um, wie im Labortest, eine Bewertung der wahrgenommenen Einheitlichkeit vornehmen zu können.

FAZIT

Das Projekt der Deutschen Lufthansa ist ein gutes Beispiel für die praktische Umsetzung eines Human-Centered-Design-Prozesses (vgl. ISO 9241-210). Während der gesamten Projektlaufzeit wurden die Belange der zukünftigen Nutzer in den Mittelpunkt der Betrachtungen gestellt. In einem interdisziplinären Team von IT- und Prozessexperten, Designern und Usability Experten wurden gezielt Maßnahmen zur iterativen Optimierung der Bedienqualität durchgeführt. Dadurch entstand ein Self-Service-Angebot, das nicht nur den Unternehmenszielen der Wirtschaftlichkeit und Prozessautomatisierung gerecht wird, sondern auch für die Kunden der Lufthansa durch einen effizienten und komfortablen Check-in-Prozess einen echten Mehrwert schafft. Die gemeinsame technische Basis beider Interaktionskanäle ermöglicht die Minimierung der Entwicklungs- und Betriebskosten. Zusätzlich bietet sie ideale Voraussetzungen für eine einheitliche Service-Wahrnehmung auf Kundenseite. Durch die geplante Einbindung des mobilen Check-in-Services wird zukünftig der Nutzen auf Kunden- und Betreiberseite weiter gesteigert. Eine erste Würdigung der hohen Servicequalität fand das neue Check-in System in der Nominierung für den »Smart Service Award 2010«.

INTERVIEW

MIT BERND RATTEY

Bernd Rattey,
Direktor IT-Stationssysteme,
Deutsche Lufthansa AG

Fraunhofer IAO *Sehr geehrter Herr Rattey, Lufthansa hat Ende vergangenen Jahres eine neue Self-Service-Oberfläche eingeführt. Was waren die Hintergründe?*

Bernd Rattey Lufthansa bietet ihren Kunden bereits seit Mitte der 90er Jahre die Möglichkeit, am Flughafen über Automaten selbst einzuchecken. Ungefähr zehn Jahre später kam die Möglichkeit des Online-Check-in über die Lufthansa Internetseite hinzu. Bei beiden Produkten handelte es sich um zwei unabhängig voneinander entwickelte Applikationen. In mehrfacher Hinsicht machte es Sinn, diese getrennten Check-in-Applikationen in einem neuen Self-Service-Produkt zusammenzuführen.

Fraunhofer IAO *Sie meinen, um Kosten für den Betrieb von zwei Systemen und Doppelentwicklungen zu vermeiden?*

Bernd Rattey Aus IT-Sicht waren das natürlich Entscheidungskriterien für eine neue Applikation. Aber unsere Projekte haben in der Regel sowohl einen IT- als auch einen Kunden- und Prozessaspekt. Auch bei diesem Projekt haben wir mit unseren prozessverantwortlichen Fachkollegen eng zusammengearbeitet. Denn Hauptziel des Projekts war es, unseren Kunden sowohl am Automaten als auch im Internet dasselbe »Look & Feel« zu präsentieren. Damit möchten wir neue Nutzergruppen, insbesondere Wenigflieger, für unsere Self-Service-Produkte begeistern. Die Wiedererkennbarkeit der Oberfläche und der Prozessschritte spielen dabei eine entscheidende Rolle. Das erleichtert dem Kunden dann zum Beispiel auch den Wechsel vom Automaten zum Web-Check-in und später auch zum mobilen Check-in über ein Smartphone. Neben der Oberflächenentwicklung war es dazu von IT-Seite notwendig, veraltete Mainframe-Technologie durch eine flexible und mehrkanalfähige Plattform zu ersetzen. Eine klar strukturierte Mehrschichtarchitektur ermöglicht es uns jetzt, unseren Passagieren neue Funktionalitäten auf allen Kanälen schneller bereitzustellen.

Fraunhofer IAO *Welche Vorteile hatte für Sie die Zusammenarbeit mit dem Fraunhofer IAO?*

Bernd Rattey Einerseits der neutrale Blick von außen auf die neue Oberfläche. Andererseits natürlich der Transfer von aktuellem Forschungswissen in unsere praktische Arbeit. Insgesamt ist am Ende durch das unterschiedliche Know-how aller Projektbeteiligten eine schnell und intuitiv zu bedienende Check-in-Benutzeroberfläche entstanden, die unsere Kunden gerne nutzen.

Fraunhofer IAO *Herr Rattey, vielen Dank für das Gespräch.*

HUMAN MACHINE INTERFACE

ERGONOMISCHE BEDIENUNG VON ABFÜLL- UND VERPACKUNGSANLAGEN

JANINA BIERKANDT, MATTHIAS PEISSNER, MICHAEL SCHLEGEL (KHS GMBH)

Im industriellen Umfeld werden Human Machine Interfaces (HMI) zur Steuerung und Überwachung von Anlagen und Maschinen eingesetzt. Klassische Benutzungsschnittstellen werden speziell für einzelne Maschinen entworfen und zeichnen sich durch funktionale Aspekte aus. Ästhetische Gesichtspunkte werden dabei bisher kaum berücksichtigt. Darüber hinaus können Weiterentwicklungen der Anlagen und Maschinen die Gesamtkomplexität steigern und somit erhöhte Anforderungen an die Bediener stellen. Intensive Schulungen sind deshalb notwendig, um die Bediener entsprechend zu qualifizieren.

DESIGN UND USABILITY IM EINKLANG

Das Fraunhofer IAO nimmt die Herausforderung an, dieser Entwicklung durch die Gestaltung intuitiv bedienbarer und leicht erlernbarer HMI entgegenzuwirken. Im Mittelpunkt der Gestaltung der HMI stehen dabei die Menschen. Ausgehend von ihren Bedürfnissen und Anforderungen werden Lösungen erarbeitet, die neben einer Effizienzsteigerung und der leichteren Erlernbarkeit (Usability) gezielt positive Nutzungserlebnisse (User Experience) schaffen, um die Freude an der Arbeit und damit auch die Motivation und Leistungsbereitschaft der Bediener zu steigern.

Das Fraunhofer IAO erweitert bei der Neugestaltung den Blickwinkel: Es steht nicht nur das Interface, sondern immer das Gesamtkonzept aus Anlagen und Maschinen und den daraus resultierenden Möglichkeiten im Zentrum der Überlegungen. Bei dem Design des HMI werden zudem höchste Ansprüche gestellt, um Funktionalität und ästhetische Wirkung in Einklang zu bringen. Die Benutzungsschnittstelle kann so zum innovativen Alleinstellungsmerkmal werden.

Die KHS GmbH ist ein international tätiger Hersteller von Abfüll- und Verpackungsanlagen für die Getränkeindustrie und beauftragte das Fraunhofer IAO mit der Gestaltung eines HMI für stationäre und mobile Geräte. Die unterschiedlichen Maschinentypen der KHS GmbH werden sowohl als Einzellösung zur Integration in bestehende Produktionslinien als auch als Gesamtlösungen verkauft, vor Ort aufgebaut und in Betrieb genommen.

Während des Betriebs müssen die komplexen Herstellungs- und Verpackungsprozesse ständig überwacht und gesteuert werden. Das zuständige Personal verfügt über unterschiedliche Qualifikationen und ist meist für mehrere Maschinen in einer Linie zuständig, die auf Grund ihrer Größe zum Teil mehr als 50 Meter voneinander entfernt stehen.

GESTALTUNG DES HUMAN MACHINE INTERFACE (HMI)

Die Gestaltung des HMI für die KHS GmbH folgte dem »Human-Centered Design«-Prozess (ISO 9241-210). Dieses iterative Vorgehen stellt zu jedem Zeitpunkt der Entwicklung die Belange des späteren Benutzers in den Mittelpunkt und bezieht diese systematisch bereits frühzeitig ein. In einer ersten Analysephase werden Aufgaben und Benutzergruppen, genauso wie der jeweilige Arbeitskontext, im Zusammenspiel mit dem Gesamtsystem untersucht. Die daraus entstehenden Anforderungen werden mit technischen und anderen relevanten Anforderungen abgeglichen und bewertet. Darauf aufbauend erfolgt die Entwicklung eines Konzepts. Je nach Kontext, Art des HMI und Möglichkeiten im Gesamtsystem werden auch in dieser Phase zukünftige Nutzer einbezogen. Anschließend erfolgt die Bewertung und Optimierung des Konzepts, ebenfalls unter Beteiligung typischer Nutzer. Durch

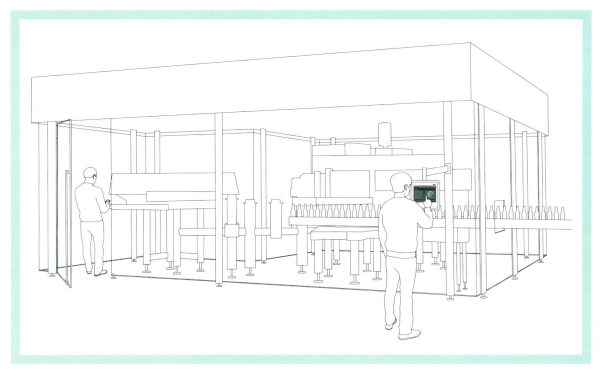

1 *Human Machine Interface einer Abfüll- und Verpackungsanlage für die Getränkeindustrie.*

2 Beispielhafte Bildschirmgestaltung für eine Abfüll- und Verpackungsanlage (Programmstart).

dieses Vorgehen und das systematische Einbeziehen der Bedürfnisse der Nutzer wird eine ideale Grundlage für eine intuitive Bedienung und hohe Akzeptanzrate geschaffen.

Anforderungsanalyse

In einem ersten Schritt der Analyse stellte die KHS GmbH umfassend verschiedene Maschinentypen und deren Besonderheiten vor. Das Fraunhofer IAO führte zudem Arbeitsplatzanalysen direkt vor Ort in mehreren Kundenbetrieben durch. Dabei wurden typische Benutzer in ihrem Arbeitskontext beobachtet und befragt. Die strukturierten Interviews und Beobachtungen dienten der Erfassung wesentlicher Eigenschaften der Benutzer, häufiger Aufgaben und Arbeitsabläufe sowie der Analyse des zugehörigen Kontexts.

Darüber hinaus führten die Experten des Fraunhofer IAO eine Evaluierung der bestehenden Benutzungsoberflächen hinsichtlich ihrer ergonomischen Qualität durch. Ziel der Evaluation war die Identifikation von Bedienproblemen und Best-Practice-Lösungen. Gleichzeitig wurden Rückmeldungen und Anforderungen der Kunden analysiert und hinsichtlich ihrer Relevanz und Durchführbarkeit bewertet.

Konzeption

Aufbauend auf den Ergebnissen der Analyse wurde ein erstes Konzept für die zukünftigen Benutzungsschnittstellen der KHS-Maschinen entwickelt. Der Fokus der Konzeption lag insbesondere auf der Harmonisierung bzw. der Definition von Standards, die für die vielen unterschiedlichen Anwendungsgebiete und Maschinentypen eine optimale und konsistente Gestaltung ermöglichen. Im ersten Schritt wurden dazu drei heterogene Maschinentypen aus unterschiedlichen Anwendungsbereichen identifiziert, die zunächst im Fokus der Entwicklung standen.

Die anschließende Feinkonzeption und die grafische Ausgestaltung unterstützte die Designagentur Projekttriangle Design Studio, die vom Fraunhofer IAO und der KHS GmbH aus mehreren Designagenturen ausgewählt wurde.

Um auch den Anforderungen der Entwicklungsumgebung und den technischen Möglichkeiten

3 *Beispielhafte Bildschirmgestaltung für eine Abfüll- und Verpackungsanlage (Parametereinstellung).*

der KHS GmbH gerecht zu werden, wurde in der Konzeptionsphase verstärkt Rücksprache mit den späteren Entwicklern gehalten. Dadurch konnten frühzeitig neue Anforderungen an die Entwicklungsumgebung identifiziert, im Laufe des Projekts analysiert und teilweise auch umgesetzt werden. So wurde gewährleistet, dass die spätere Umsetzung des Konzepts nahezu ohne Einschränkungen erfolgen kann.

Evaluierung

Zur Evaluierung des Konzepts führte das Fraunhofer IAO bereits frühzeitig internationale Benutzertests durch. Im Fokus der Tests stand die Identifikation von Bedienproblemen ebenso wie die Abschätzung der Akzeptanz bei den späteren Nutzergruppen.

Ziel der Evaluierung war insbesondere die Überprüfung der entwickelten Navigations- und Orientierungsmechanismen und der Informationsarchitektur, da diese nicht auf den Mechanismen der bestehenden HMI aufbauen, sondern komplett neu entwickelt wurden und auch andere Maschinen in der Produktionslinie einbeziehen. Ebenso wurden die Interaktionsmöglichkeiten, die grafische Gestaltung sowie die textuellen Bezeichnungen und die Symbole überprüft.

Die Tests wurden in fünf Kundenbetrieben der KHS GmbH durchgeführt. Prototypen simulierten das Verhalten des HMI so, dass die Probanden typische Aufgaben bearbeiten konnten und Diskussionen über die Inhalte des Konzepts möglich waren. Die Probanden wurden gezielt so ausgewählt, dass eine möglichst große Abdeckung der verschiedenen Zielgruppen stattfand.

Aufbauend auf den Ergebnissen der Tests wurden einzelne Bereiche angepasst und zum Teil durch zusätzliche Hinweise textlich und grafisch ergänzt. Größere Bedien- und Akzeptanzprobleme konnten in der Evaluierung aber nicht festgestellt werden. Es wurde deshalb im Anschluss mit der detaillierten Umsetzung des Konzepts begonnen.

Umsetzung

Für die Umsetzung des Konzepts entwickelte die KHS Templates, die in Zukunft für die Gestaltung

4 Beispielhafte Bildschirmgestaltung für eine Abfüll- und Verpackungsanlage (Statistik).

der HMI verwendet werden. Zusammen mit dem vom Fraunhofer IAO entwickelten detaillierten Styleguide und den von Projekttriangle entworfenen Design-Elementen ist so eine optimale Grundlage für die Neugestaltung der HMI geschaffen worden. Gleichzeitig wird auf diese Weise eine einheitliche Gestaltung sichergestellt und die Verwendung von übergreifenden Mechanismen garantiert.

Zusätzlich unterstützt das Fraunhofer IAO die KHS GmbH während der Umsetzung, so dass das Konzept auf neue Gegebenheiten angepasst bzw. um zusätzliche Aspekte erweitert werden kann. Ebenso steht die Designagentur Projekttriangle weiterhin zur Verfügung, um beispielsweise die Gestaltung neuer Icons zu unterstützen.

»RED DOT: BEST OF THE BEST« FÜR DAS HUMAN MACHINE INTERFACE DER KHS GMBH

2010 wurde das im Auftrag der KHS GmbH entwickelte HMI mit dem »red dot: best of the best« in der Kategorie Interface Design prämiert. Die grafische Gestaltung des HMI wurde von Projekttriangle Design Studio vorgenommen. Der jährlich vom Design Zentrum Nordrhein Westfalen ausgeschriebene »red dot award« gilt als einer der größten international anerkannten Designwettbewerbe. 2010 wurden im Bereich communication design 6 369 Arbeiten aus 44 Ländern eingereicht. 610 dieser Arbeiten prämierte die Jury mit dem red dot, 62 Mal wurde die Auszeichnung »red dot: best of the best« vergeben.

FAZIT

Das in Zusammenarbeit mit der KHS GmbH entwickelte HMI der KHS GmbH stellt eine einheitliche Lösung für die gesamte Prozesskette der Abfüll- und Verpackungsanlagen bereit. Auf diese Weise ist das Steuern und Überwachen einzelner Maschinen und kompletter Produktionslinien in einer Benutzungsoberfläche möglich. Das innovative HMI verbindet Usability und Design optimal miteinander und stellt auch komplexe Prozesse äußerst verständlich da. Die mehrstufige Gestaltung unterstützt die Nutzer optimal, da sie Zugriff auf unterschiedlich detaillier-

5 Beispielhafte Bildschirmgestaltung für eine Abfüll- und Verpackungsanlage (Service).

te Ansichten und Bedienebenen erhalten. Zudem stellt ein Hilfesystem insbesondere in Situationen, in denen Handlungsbedarf besteht, detaillierte Informationen und Handlungsanweisungen zur Verfügung. Durch die schnelle Identifizierung via ID-Cards können Nutzer spezifische Profile aufrufen, die sie optimal bei ihren Aufgaben unterstützen. Das Konzept sieht zudem mobile Geräte vor, die in Zukunft eine standortunabhängige Steuerung und Überwachung ermöglichen werden.

Das Projekt mit der KHS GmbH zeigt deutlich, dass durch die Entwicklung in einem interdisziplinären Team nach den Regeln des Human-Centred Design-Prozesses (ISO 9241-210) hervorragende ergonomische und ästhetisch ansprechende Interaktionskonzepte geschaffen werden können. Die entwickelte Lösung wird in den nächsten Jahren Grundlage für die HMI der KHS GmbH sein und so eine einheitliche Steuerung und Überwachung für die Bediener von Maschinen bereitstellen und diese optimal bei der Bearbeitung ihrer Aufgaben unterstützen.

IWARD

TEAM VON SERVICE-ROBOTERN BRINGT NEUEN SCHWUNG INS KRANKENHAUS

SIMON THIEL

Wenn in der Produktion oder Logistik langfristige Aufträge anstehen, dann können die einzelnen Prozessschritte im Voraus geplant und aufeinander abgestimmt werden. Aktuelle Software unterstützt diese Planung oder übernimmt sie teilweise ganz. Anders ist die Situation bei Aufgaben, die kurzfristig entstehen, wie es für den Dienstleistungsbereich oder z.B. die Werkstattfertigung charakteristisch ist. Diese Aufgaben müssen dynamisch vergeben werden. Ihre Abfolge kann oft nur zur Laufzeit optimiert werden. Die zur Verfügung stehenden Ressourcen (z.B. Arbeitsstationen oder Roboter) sollten dabei möglichst optimal ausgelastet werden, ohne die sich in Bearbeitung befindlichen Aufgaben unnötig zu verzögern oder gar zu unterbrechen. Die Zuordnung von Aufgaben zu Ressourcen stellt ein komplexes Problem dar, das nur mit exponentiellem Aufwand optimal zu berechnen ist. Daher kommen in der Praxis Heuristiken zum Einsatz, die ein optimiertes Ergebnis auf effiziente Weise berechnen können. Um eine verzögerungsfreie Zuordnung zu gewährleisten, arbeitet das Fraunhofer IAO an Lösungen, die über einen verteilten Ansatz eine besonders effiziente Zuordnung ermöglichen.

EFFIZIENTE AUFGABEN-VERTEILUNG UND OPTIMIERTE KOORDINATION

Kurzfristige Aufgaben, wie sie typischerweise im Dienstleistungsbereich entstehen, charakterisieren weitere Merkmale, die sowohl für Planung als auch Ausführung der Aufgaben hohe Relevanz haben: Der Einfluss von Mensch-Maschine-Interaktion und die oft unsichere und kurzfristige Verfügbarkeit von Ressourcen. Typische Aufgaben beinhalten Eingaben oder Abfragen, die ein Mitarbeiter oder Kunde interaktiv vornimmt. Die dafür benötigte Zeit ist jedoch von vielen Faktoren abhängig und daher schwer vorhersagbar. Gravierende Abweichungen von ermittelten Durchschnittswerten sind häufig und müssen in der Zuweisung der Aufgaben berücksichtigt werden. Daher muss auch nach der Zuweisung einer Aufgabe ihre Ausführung koordiniert werden und gegebenenfalls eine Neuplanung angestoßen werden.

In diesem Zusammenhang führte das Fraunhofer IAO das Forschungsprojekt IWARD durch, in dem der Einsatz eines Roboterteams für Servicetätigkeiten im Krankenhaus entwickelt und getestet wurde. Neben den zentralen Aspekten einer effizienten Aufgabenverteilung und optimierten Koordination der Service-Roboter wurden auch Fragen der Erweiterbarkeit und Mensch-Roboter-Interaktion behandelt.

Insgesamt entwickelten zehn Forschungspartner aus sieben europäischen Ländern innerhalb von drei Jahren ein Team von Service-Robotern für den Einsatz im Krankenhaus. Die Konzeption des IWARD-Systems zeichnet sich insbesondere durch die Kombination zweier innovativer Ansätze aus: Einerseits durch die Idee eines kooperativen, sich selbst organisierenden Service-Roboter-Teams und andererseits durch die Erweiterung des Serviceangebots der einzelnen Roboter mit Hilfe austauschbarer Module. Diese Kombination trägt der Kernidee des IWARD-Projekts, die Effizienz der einzelnen Roboter zu steigern, in doppelter Hinsicht Rechnung. Sowohl durch Kooperation der einzelnen Roboter innerhalb des Teamverbunds wie auch der idealen Bestückung der Roboter mit den entsprechenden Servicemodulen, kann die Leistungsfähigkeit der Roboter optimiert werden. Im Rahmen der im Projekt durchgeführten Evaluation wurde das Roboter-Team von potenziellen Nutzern bewertet.

Die Forschungsschwerpunkte des Fraunhofer IAO lagen dabei im Bereich der intelligenten Kommunikation zwischen den Robotern und der Mensch-Roboter-Interaktion.

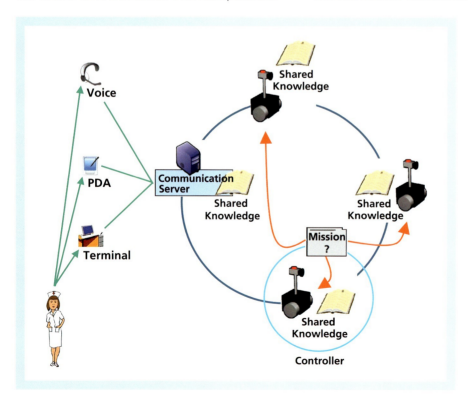

1 *Kommunikationsnetz des Roboter-Teams.*

DAS KOOPERIERENDE SERVICE-ROBOTER-TEAM

In IWARD kommt eine verteilte Planungsstrategie zur Aufgabenzuweisung innerhalb des Service-Roboter-Teams zum Einsatz. Die Grundlage für das kooperative Verhalten des Roboter-Teams bildet ein Kommunikationsnetz (Peer-Netzwerk), in dem alle Roboter eingebunden sind. Alle für das System relevanten Informationen werden in einer gemeinsamen Wissensbasis, dem »Shared Knowledge«, gespeichert. Diese wird von allen Robotern im Netzwerk genutzt und kontinuierlich aktualisiert. Informationen zu den Robotern, deren Status und zugeteilte Aufgaben sind somit jederzeit für alle kooperierenden Roboter im Netzwerk verfügbar. Darüber hinaus entsteht durch das Prinzip des »Shared Knowledge« ein robustes System, welches selbst den Ausfall einzelner Roboter kompensieren kann und dessen bereits zugeteilte Aufgaben an noch aktive Roboter übergibt.

Das Krankenhauspersonal kann nun Service-Aufgaben an das Roboter-Team übermitteln. Ein Roboter übernimmt dabei die »Controller«-Rolle, eine Art temporärer Teamleiter, und ermittelt bei eingehender Aufgabe, welcher Roboter des Teams am besten für dessen Bearbeitung geeignet ist. Dazu erfragt er von jedem Roboter eine Aufwandsabschätzung für die optimale Einbindung der neuen Aufgabe in dessen bestehenden Arbeitsplan. Berücksichtigt werden hierzu unter anderem Energiereserven, Position und Modulkonfiguration des Roboters. Anhand dieser Ergebnisse ermittelt der Teamleiter den idealen Roboter zur Bearbeitung der Aufgabe. Sollte der aktuelle Controller ausfallen, so wechselt die Rolle des Teamleiters automatisch auf einen anderen Roboter.

Neben herkömmlichen Serviceaufgaben werden auch Multi-Robot-Missionen unterstützt, bei denen mehrere Roboter gleichzeitig für die Durchführung einer Aufgabe benötigt werden. In diesem Fall bestimmt der Controller mehrere Roboter für die gemeinsame Bearbeitung der Aufgabe. Die Synchronisation der Roboter wird dabei durch das System überwacht.

2 *Service-Roboter-Team IWARD.*

3 Testfeld des Service-Roboter-Teams IWARD.

MODULARITÄT FÜR EIN ERWEITERBARES SERVICE-ANGEBOT

Die Standardausrüstung jedes Roboters umfasst einen On-Board-Computer mit einem Funkmodul, einer Kamera, einem Touchscreen und einem I-Button-Reader zur Authentifizierung des Krankenhauspersonals. Diese Grundausstattung genügt, um Videokonferenzschaltungen zwischen Robotern aufzubauen und Notfälle, wie z.B. gestürzte Personen, oder kritische Situationen, wie z.B. nichtautorisierte Personen in einem bestimmten Bereich, zu erkennen. Der modulare Plug-and-Play-Ansatz der Servicemodule erlaubt die Servicepalette des IWARD-Systems mit geringem Aufwand, durch die Entwicklung zusätzlicher Module, zu erweitern. So befähigt zum Beispiel die Ausstattung eines Roboters mit einem verschließbaren Transportmodul diesen zur Auslieferung von Medikamenten. Darüber hinaus wurden weitere Servicemodule entwickelt, um Schmutz zu beseitigen, Patienten von A nach B zu begleiten sowie Umgebungsparameter wie Rauchentwicklung oder Feuchtigkeit zu erkennen. Durch die während des Betriebs flexibel austauschbaren Module entsteht ein heterogenes Team von Service-Robotern, das optimal an die Bedürfnisse des Krankenhauses angepasst werden kann.

DIE MENSCH-ROBOTER-INTERAKTION

Der Arbeitsalltag im Krankenhaus erfordert eine hohe Flexibilität beim Zugriff auf Serviceleistungen von verschiedenen Arbeitsstationen. Daher sind in IWARD verschiedene Kommunikationskanäle vorgesehen, über die das Krankenhauspersonal benötigte Serviceleistungen in Anspruch nehmen kann. Dieser multimodale Ansatz ermöglicht die Auftragserteilung über eine Web-Applikation auf einem herkömmlichen Computer, einem mobilen Gerät oder über ein Sprachdialogsystem. Serviceaufträge können somit jederzeit und an jedem Ort an das Roboter-Team zur Abarbeitung übermittelt werden. Auch das Mitwirken des Krankenhauspersonals bei der Durchführung einiger Serviceleistungen ist dabei von entscheidender Bedeutung, z.B. um angelieferte Medizin entgegenzunehmen. Intuitive Schnittstellen vereinfachen die Erlernbarkeit und Bedienbarkeit und ermöglichen somit eine schnelle und unkomplizierte Interaktion mit dem System.

4   Steuerung des IWARD-Systems über unterschiedliche Endgeräte.

Alle für die Serviceleistung relevanten Daten werden über die serviceorientierten Benutzungsschnittstellen abgefragt. Dem Benutzer bleiben technische Prozesse verborgen wie auch die Abstraktion vom einzelnen Roboter auf das Roboter-Team. Die Serviceorientiertheit sowie die Abstraktion über den einzelnen Roboter hinaus bilden dabei die Säulen des neuartigen Konzepts zur Mensch-Roboter-Interaktion in IWARD.

DIE EVALUATION DES IWARD-SYSTEMS

Zentraler Aspekt bei der Evaluation des IWARD-Systems ist die Ermittlung des Nutzens der angebotenen Serviceleistungen des Roboter-Teams für den Anwender. Die Komplexität der Beurteilung wird dabei durch die Unterscheidung in verschiedene Kategorien deutlich: Erstens, durch die Bewertung der unterschiedlichen Kommunikationskanäle, zweitens durch die Beurteilung der Interaktion mit dem Roboter und schließlich anhand der Beurteilung der unterschiedlichen Serviceleistungen und Funktionen der Roboter. Neben der Bedienbarkeit des IWARD-Systems wird darauf geachtet, dass das Service-Roboter-Team für den Krankenhauseinsatz unter realistischen Bedingungen getestet wird. Insbesondere die Durchführung der Evaluation mit Probanden aus entsprechenden Berufsgruppen in einer Krankenhaus ähnlichen Umgebung, die

Berücksichtigung sicherheitsrelevanter Anforderungen spezifisch für den Krankenhaussektor sowie die gleichzeitige Benutzbarkeit des Systems durch mehrere Nutzer sind Schlüsselfaktoren hinsichtlich der Akzeptanz des IWARD-Systems. Das in IWARD verwendete Evaluationskonzept berücksichtigt diese Punkte. Potenzielle Nutzer, wie z.B. Krankenschwestern, wurden aus dem Krankenhausumfeld rekrutiert. Sie führten mehrere der Serviceleistungen in einem Umfeld, ähnlich zu ihrem aus dem Alltag gewohnten, durch, bewerteten diese und schilderten ihre Eindrücke während der Nutzung des entwickelten Prototyp-Systems sowie bei der Interaktion mit den Robotern. Dabei wurden klassische Bewertungsmethoden wie Fragebögen, Interviews in Form von »offenen Fragen« sowie die »Thinking-aloud«-Methode genutzt und durch festgehaltene Beobachtungen des Moderators ergänzt. Mehrere Probanden evaluierten dabei zeitgleich verschiedene Aspekte des IWARD-Systems.

16 Probanden nahmen an der Evaluation in einem klinischen Trainingscenter in Großbritannien sowie 20 weitere in einem Pflegeheim und Rehabilitationszentrum für Körperbehinderte in Spanien teil. Benutzerfreundlichkeit und Erlernbarkeit des Systems wurden insgesamt positiv bewertet. Bei den Services schnitten der »Transport von Medikamenten« sowie das »Führen von Patienten« von A nach B am besten ab. Auch die Möglichkeit, Roboter während Nachtschichten auf Patrouille schicken zu

können, war für viele wünschenswert. Im Bereich der Interaktion wurde die Auswahlmöglichkeit aus verschiedenen Eingabegeräten von den Probanden als Mehrwert betrachtet. Zur Idee, durch ein Service-Roboter-Team bei bestimmten Routineaufgaben unterstützt zu werden, gab es alles in allem durchweg positive Rückmeldungen. Die meisten Probanden konnten sich jedoch den realen Einsatz eines solchen Systems im Krankenhaus gegenwärtig noch nicht vorstellen.

ZUKÜNFTIGE EINSATZ-MÖGLICHKEITEN UND POTENZIALE

Der innovative Ansatz kooperativer und sich selbst organisierender Teams verspricht weitere Einsatz- und Entwicklungspotenziale. Neben dem hier vorgestellten Szenario sind auch Anwendungsszenarien im Einzelhandel denkbar, wie z.B. in großen Einkaufszentren, in der Industrie und im Bereich der Produktions- oder Lagerlogistik. Die verteilten Planungsalgorithmen der Servicerobotik finden so z.B. Eingang in die Personaleinsatzplanung, die mit der Produktionsprogrammplanung kombiniert wird.

Ein konkretes Beispiel betrifft die dynamische Planung von Produktionsressourcen in der Werkstattfertigung, etwa im Automobilbau. Fehlmontagen und Produktionsfehler müssen hier flexibel nach Aufkommen und somit nicht planbar nachgearbeitet werden. Die dynamische Feinplanung erlaubt hier eine optimale Ausnutzung der vorhandenen Ressourcen sowie das zeitnahe Erkennen entstehender Engpässe. Eine optimierte Abfolge der Arbeitsschritte sowie der punktgenaue Einsatz von zusätzlichen Arbeitskräften (Springern) ermöglichen es, die umsatzkritische Zeitspanne der Nacharbeit eines Produkts auf ein minimales Maß zu reduzieren.

Darüber hinaus lassen sich auch Konzepte zur Mensch-Roboter-Interaktion gut auf diesen Bereich übertragen. Schon heute nutzt das Fraunhofer IAO die gewonnenen Ergebnisse und Erfahrungen in zahlreichen Industrieprojekten in den Bereichen Produktion und Mensch-Maschine-Interaktion.

IWARD (Laufzeit: 2007-2009) wurde durch die Europäische Kommission im 6. Forschungsrahmenprogramm gefördert.

WEITERE INFORMATIONEN

www.iward.eu

ERLEBNIS AUTOMAT

NEUE ANSÄTZE ZUR KUNDENINTERAKTION IM SELF-SERVICE

WOLFGANG BEINHAUER, ELISABETH BÜLLESFELD

Automaten und Selbstbedienungsterminals haben eine enorme Bedeutung im Kundenkontakt: Richtig eingesetzt können Automaten und Kiosk-Systeme Nähe zum Kunden herstellen, eine hohe Servicequalität garantieren und dabei die Vertriebskosten senken. Falsch eingesetzt hingegen sind sie immer wieder Grund für verärgerte Kunden, ineffizienten Vertrieb und Anlass für Spott der Konkurrenz. Mit »Erlebnis Automat« hat das Fraunhofer IAO einen der wichtigsten Industriezirkel Europas zur Erforschung des Automaten der Zukunft initiiert. Grundidee des seit 2010 zusammenarbeitenden Kreises ist es, Hersteller, Betreiber und Dienstleister von Automaten und Filialbetrieben zusammenzuführen, neue Konzepte für den Automat der Zukunft zu entwickeln, prototypisch umzusetzen und nach außen zu transportieren. Zu den Projektteilnehmern gehören Betreiber, Hersteller und Serviceanbieter rund um Automaten und Filialkonzepte. Mit der Deutschen Bahn, Gauselmann, IBM, Hoeft&Wessel, Lufthansa, Media Saturn, Postbank, Wincor Nixdorf und vielen weiteren führenden Unternehmen tragen in der laufenden Forschungsphase herausragende Innovationstreiber zum Erfolg des Verbundprojekts bei. In regelmäßigen Projektmeetings werden Ergebnisse in einzelnen Forschungsthemen vorgestellt, diskutiert und bewertet sowie strategische Weichenstellungen vorgenommen. In Abstimmung mit den Projektpartnern werden themenspezifische Workshops organisiert. Ausgewählte Ergebnisse werden der breiten Öffentlichkeit und Presse im Rahmen von Veröffentlichungen, Veranstaltungen und Messen präsentiert.

HINTERGRUND: TRENDS IM SELF-SERVICE

Denkt man zurück an die ersten Warenautomaten, wird deutlich, welch enorme Dynamik im Feld der Automaten und Self-Service-Angebote steckt. Bei dem Begriff »Automat« nur an eine Maschine zu denken, die auf Knopfdruck eine Ware ausgibt oder eine einfache Dienstleistung erbringt, wird dem Potenzial eines Automaten nicht gerecht. Immer breitere Produktpaletten und komplexere

Dienstleistungen lassen sich über Automaten oder Self-Service-Terminals anbieten und werden von Kundenseite nachgefragt. Wie aber entwickelt sich dieser Markt?

»Erlebnis Automat« geht dieser Frage auf den Grund: In einer Studie werden aktuelle Trends und deren Auswirkungen systematisch erfasst und bewertet. Hierzu werden zukünftige Entwicklungen vor dem Hintergrund vier verschiedener Einzelfaktoren betrachtet: Menschen, Technologien, Dienste und Märkte.

Galt es bislang, die Benutzungsschnittstellen von Automaten so einfach wie möglich zu gestalten, um auch wenig technikaffinen Nutzern eine problemlose Bedienung zu ermöglichen, gehen die Menschen inzwischen jedoch in der Mehrzahl mit einer gewissen technischen Vorkenntnis an Automaten heran. Ihr Nutzungsverhalten unterscheidet sich deutlich von Technik-Novizen, besonders ihre Erwartungshaltung gegenüber der Funktionalität und Effizenz des Automaten. Unter Umständen wird die Anonymität des unpersönlichen Service am Automaten sogar als Qualitätsmerkmal geschätzt, während in anderen Fällen eine Fehlfunktion des Automaten nicht dem Interface, sondern der mangelnden Service-Qualität des Anbieters selbst attribuiert wird. Ausgehend von einer Reihe verschiedener Soziotypen konnten im Rahmen einer breit angelegten Nutzerstudie auf diese Weise neue Zielgruppen und ihre Erwartung an Self-Service-Angebote identifiziert werden. Von besonderer Bedeutung ist dabei die große Dynamik innerhalb der einzelnen Gruppen, auf die sich Anbieter von Dienstleistungsangeboten genauso wie Hersteller von Automaten einstellen müssen.

Der zweite Treiber bei der Fortentwicklung von Automaten sind verfügbare Technologien. So erhält die Automatenbranche insbesondere von der Wechselwirkung mit mobilen Diensten und Ablöseszenarien neue Impulse, während am Gerät selbst Nutzererkennung und Personalisierung Einzug halten. So kann ein Self-Service-Terminal seiner Doppelrolle als Werbefläche und Transaktionsabwickler besser gerecht werden. Im Rahmen der ersten Forschungsphase des Verbundprojekts »Erlebnis Automat« wird hierzu ein Technologie-Radar durchgeführt, in dem das Potenzial der einzelnen Technologien im Hinblick auf die neuen Anforderungen und sich verändernden Nutzungsgruppen analysiert wird.

Schließlich werden zukünftige Anforderungen und Markttrends im Rahmen einer Marktstudie erarbeitet. Interessant ist beispielsweise die Frage, inwieweit verschiedene Automatenbetreiber gemeinsam ihre Dienste auf einer Plattform betreiben möchten, wie sich dies auf die Kundenwahrnehmung auswirkt und inwieweit dies von den Herstellern gewollt ist. Derartige tief integrierte Serviceketten könnten Kunden zentrale Anlaufpunkte ermöglichen und gleichzeitig die Vertriebskosten der Einzelunternehmen weiter senken.

AM AUTOMATEN ETWAS ERLEBEN

Der Automat übernimmt in vielen Fällen die Funktion eines persönlichen »Ansprechpartners« und ist das Gesicht zum Kunden in Bezug auf Unternehmens- und Markenwahrnehmung. Die Anforderungen und Erwartungen an die Benutzungsschnittstelle zwischen Mensch und Maschine sind folglich mittlerweile erheblich gestiegen.

Das Forschungsfeld »Interaktion mit Automaten« liefert seinen Beitrag zu den genannten Fragestellungen mittels Erforschung der Bereiche Usability Engineering, neue Interaktionstechniken, Barrierefreiheit und User Experience. Mit dem Leitfaden »Qualitätsmerkmale« macht Fraunhofer IAO einen Schritt in Richtung allgemeingültiger Prinzipien für Designguidelines und Normen.

Eng verknüpft mit diesem Thema ist die Accessibility, d.h. das Ziel, Informationen und Technologien für jeden Nutzer zugänglich zu machen, unabhängig von technischen Voraussetzungen und Einschränkungen. Ferner müssen bei Automaten insbesondere auch die Umgebung, das Hardwaredesign und das Interaktionsdesign in Bezug auf Barrierefreiheit geprüft und bedacht werden. Eine der interessanten Herausforderungen ist dabei, Konzepte zu entwickeln, wie man der größtmöglichen Schnittmenge von Menschen mit unterschiedlichen Voraussetzungen den Umgang mit einem Automaten erleichtern kann.

Eine positive »User Experience« ist ein entscheidender Erfolgsfaktor für interaktive Produkte und Services. Im Sinne einer ganzheitlichen Betrachtung geht es dabei neben einer effektiven und effizienten Nutzung insbesondere um ein positives subjektives Erleben einer Interaktion. Dies gilt sowohl für den Umgang mit dem Automaten als auch für die Wahrnehmung des Automaten selbst. Darüber hinaus erscheint es aufschlussreich, zu erforschen, mit welchen Zielen und Erwartungen Benutzer an Automaten treten. Vielversprechende Bereiche sind dabei: Emotionale Nutzungsfaktoren, Nutzerbedürfnisse und Nutzungsmotive, Ästhetik, Spaß bei der Nutzung, Kundenbindung und Markenwahrnehmung, Wiedererkennungswert, Vertrauen und gefühlte Sicherheit.

VOM KUNDEN LERNEN

Das Forschungsfeld »Data Mining für Automaten« beschäftigt sich weniger mit dem Frontend als mehr

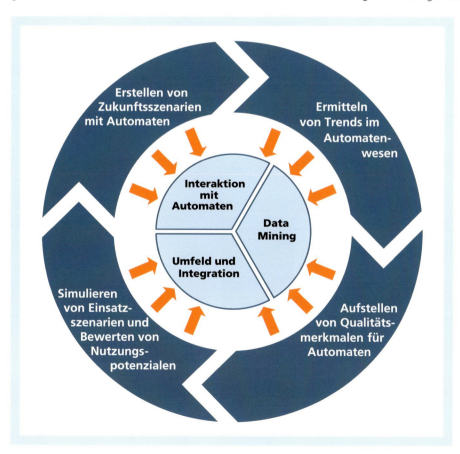

1   Drei Forschungsfelder im Verbundprojekt »Erlebnis Automat«.

mit dem Backend von Automaten und untersucht, wie Eingabedaten sinnvoll verwendet werden können.

Data Mining am Automaten ermöglicht das Extrahieren von impliziten, noch unbekannten Informationen aus den Eingabedaten. Maschinelle Lernverfahren stellen dabei die Werkzeuge und Techniken zur Verfügung, um einen Computer in die Lage zu versetzen, Datenbanken automatisch nach Gesetzmäßigkeiten und Mustern zu durchsuchen und einen Abstraktionsprozess durchzuführen, der als Ergebnis aussagekräftige Informationen liefert. Verschiedene Interaktionstechniken, die an unterschiedlichen Automaten zum Einsatz kommen können, ermöglichen auch vielfältige Benutzereingaben. Zunächst einmal gilt es demnach, die unterschiedlichen Eingabeformate und die dabei anfallenden Daten zu kategorisieren, um die Frage zu beantworten: Welche »Rohdaten« fallen an einem Automaten an und in welcher Form können sie gespeichert werden, um eine Weiterverarbeitung zu ermöglichen?

Data Mining-Verfahren auf diese »Rohdaten« anzuwenden, bietet das Potenzial, nicht nur statistische Erhebungen von Eingabedaten in einem Automaten zu sammeln, sondern diese auch auszuwerten und Korrelationen beteiligter Variablen aufzudecken.

Von besonderem Interesse sind Ergebnisse, auf die in einem nächsten Schritt unmittelbar reagiert werden kann. Dies ist zum Beispiel in Form von einer verbesserten Benutzerführung oder dem Angebot neuer Produkte über den Automaten denkbar.

Bei der Erfassung von Benutzereingaben sowie der Auswertung und Verwendung dieser Daten dürfen die Aspekte Datenrecht und Datenschutz nicht unberücksichtigt bleiben. Im Hinblick auf Diskretion werden bei der praktischen Anwendung auch ethische Fragestellungen aufgeworfen: Welche der Attribute, die Nutzer beschreiben, könnten bei einer Korrelation problematische Rückschlüsse zulassen? Inwieweit ist Personalisierung, z.B. durch Kategorisierung von Benutzergruppen, vom Benutzer am Automaten überhaupt gewünscht?

EIN AUTOMAT KOMMT SELTEN ALLEIN

Im Forschungsfeld »Umfeld und Integration« wird untersucht, welche Einflussfaktoren von außen auf Automaten wirken und wie die Funktionalitäten eines Automaten in eine bestehende Infrastruktur eingebettet werden können. Eine entscheidende Rolle bei der Betrachtung des Umfelds von Automaten spielen die (zukünftigen) Nutzer der Automaten.

2 *Automaten im Interaktionslabor des Fraunhofer IAO.*

Eine Nutzeranalyse beinhaltet das Ermitteln und Bewerten der Bedürfnisse und Fähigkeiten der zukünftigen Nutzer sowie eine Kategorisierung in Nutzergruppen.

Neben der Nutzeranalyse stellt bei der Nutzungskontextanalyse der Aufstellungsort eines Automaten einen essenziellen Untersuchungsgegenstand dar. Dabei gilt es Aspekte wie z.B. räumliche Beschaffenheit, Infrastruktur und Zugänglichkeit zu berücksichtigen. Gerade bei Automaten sind externe Einflüsse wie Witterung, Sonneneinstrahlung und Lärm wichtige Kriterien für die Umfeldanalyse, da sich diese erheblich auf die Interaktion mit dem Automaten auswirken können.

Aktuelle Entwicklungen weisen darauf hin, dass Automaten zukünftig insofern mobiler und dynamischer gestaltet sein können, dass z.B. schon aus größerer Distanz und beliebigen Richtungen mit ihnen kommuniziert werden kann bzw. der Automat als solcher nur noch virtuell vorhanden ist. Neben den messbaren Standortfaktoren müssen somit auch die Anforderungen einer dynamischen Automatengeneration in Betracht gezogen werden.

An Überlegungen bzgl. des räumlichen Umfelds eines Automaten schließt sich die Frage der Integration an, das heißt in welche bestehenden Lösungen oder in welche Konstellation von anderen Automaten der Automat eingegliedert werden kann oder muss. Interessant ist es hier, sich mit Themen wie Prozessänderungen, Umstellung auf neue Technologien, Wandlung von Daten-Formaten, Wechsel grundlegender Software und Umzug auf andere Server auseinanderzusetzen. Darüber hinaus bieten die Migration auf und die Vernetzung mit dem Internet spannende Forschungsaspekte. Immer mehr Dienstleistungen werden mittlerweile mit Unterstützung durch das Internet angeboten oder sind sogar ausschließlich im Web erhältlich. Welche Dienstleistungen werden auch in Zukunft ausschließlich am Automaten angeboten und wie können Internet und Automat gewinnbringend kommunizieren bzw. kooperieren?

ZUKUNFTSSZENARIEN

Prototypische Umsetzung, Evaluation und Demonstration

Auch angewandte und praxisnahe Forschung muss regelmäßig in Visionen denken, um die richtigen Entscheidungen für die nahe Zukunft treffen zu können. Der Industriezirkel ist daher fortwährend darauf bedacht, zukünftige Entwicklungen und Ideen zu skizzieren und nach Möglichkeit auch prototypisch umzusetzen. Hierzu gehören die Skizzierung einzelner Szenarien bis hin zur Aufstellung und Evaluation einzelner Automatenprototypen in einer Testlandschaft. Mit den Prototypen der Projektpartner und den hauseigenen Laboren stehen beste Möglichkeiten zur Umsetzung auch ausgefallener Ideen zur Verfügung. Neue Lösungsansätze und Ergebnisse können im Projekt begleitend umgesetzt, evaluiert und verifiziert werden. In die Zukunftsprojektion fließen die Erkenntnisse aus den Arbeiten der zuvor beschriebenen Forschungsfelder unmittelbar ein.

WEITERE INFORMATIONEN

www.hci.iao.fraunhofer.de

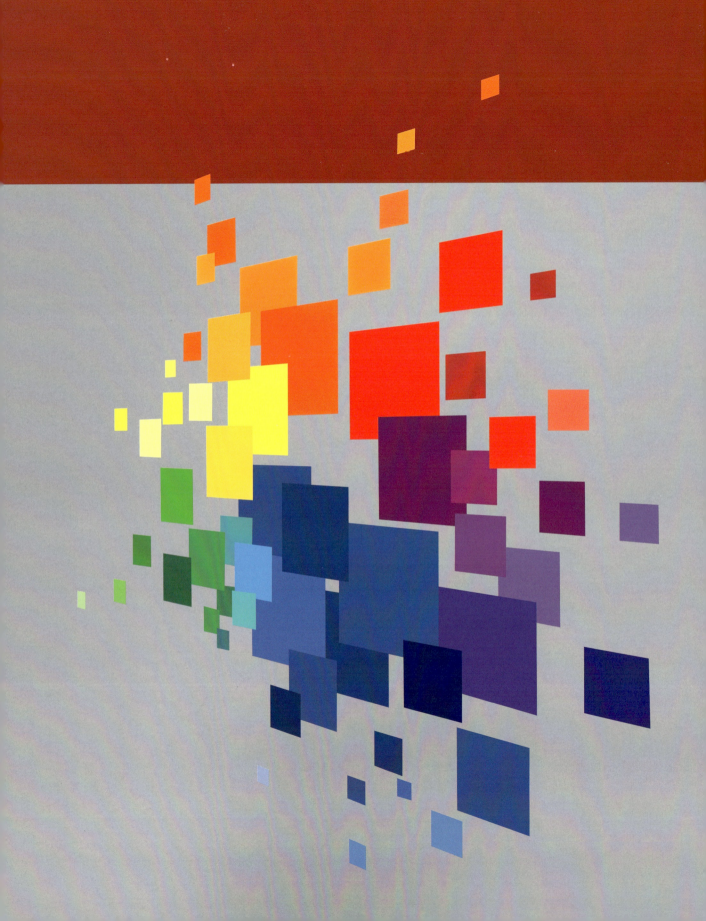

TECHNOLOGIE- UND INNOVATIONSMANAGEMENT

JOACHIM WARSCHAT (GESCHÄFTSFELDLEITER)

INNOVATIONSFÄHIGKEIT NACHHALTIG STÄRKEN

Innovationen sind der Motor unserer Wirtschaft. Mit neuen Produkten, Dienstleistungen und Verfahren stärken Unternehmen ihre Wettbewerbsfähigkeit auf den globalen Märkten. Wie kann die Innovationskraft nachhaltig gestärkt, wie kann das Innovationstempo erhöht werden? Wir unterstützen Unternehmen dabei, Handlungs- und Verbesserungspotenziale systematisch zu identifizieren. Gemeinsam erarbeiten wir Strategien und Lösungen zur nachhaltigen Steigerung der Innovationsfähigkeit.

TECHNOLOGIESTRATEGIEN GEZIELT ENTWICKELN

Technologische Entwicklungen frühzeitig zu erkennen und die Potenziale neuer Technologien für Innovationen zu nutzen sind zentrale strategische Erfolgsfaktoren. Nicht zuletzt aufgrund der wachsenden Dynamik des technologischen Fortschritts wird es für Unternehmen aber immer schwieriger, die für sie relevanten technologischen Trends zu erkennen, ihre Potenziale abzuschätzen und die richtigen Entscheidungen zu treffen. Wir bewerten neue Technologien, monitoren deren Veränderung, identifizieren mögliche Anwendungen und erstellen Technologieroadmaps sowie Technologiestrategien.

FORSCHUNG & ENTWICKLUNG ERFOLGREICH OPTIMIEREN

Verkürzung der Produktlebenszyklen, steigende Komplexität von Produkten und Prozessen, Vernetzung und technologische Vielfalt: Die Anforderungen an eine moderne Forschung & Entwicklung (F&E) werden immer größer, Schnelligkeit und Flexibilität immer wichtiger. Mit unseren umfangreichen Erfahrungen, Methoden und Werkzeugen begleiten wir Unternehmen erfolgreich bei der Optimierung ihrer F&E-Aktivitäten. Das Aufgabenspektrum umfasst sowohl organisatorische und strategische Fragestellungen für effiziente F&E-Strukturen als auch die Unterstützung von Entwicklungsprozessen mit innovativen IT-Anwendungen und vorausschauenden Analysen der Unternehmensentwicklung.

UNSERE SCHWERPUNKTTHEMEN

- Entwicklung und Umsetzung von Innovations- und Technologiestrategien
- Steigerung der Innovationsfähigkeit von Unternehmen
- Effektive und effiziente Organisation der F&E mit schnellen und schlanken Prozessen
- Früherkennung der Potenziale und Bewertung des Einsatzes neuer Technologien
- Aufbau und Begleitung von Technologie- und Innovationsnetzwerken
- Intellectual Property: IP für Innovation
- IT-Unterstützung des F&E-, Technologie- und Innovationsmanagements

TECHNOLOGIEANALYSE

STRATEGISCHE BEWERTUNG VON DIGITALDRUCKTECHNOLOGIEN

HELGE SPINDLER, MARC RÜGER

Das Kundenunternehmen ist einer der weltweit führenden Spezialisten für die Herstellung von Materialien zur Oberflächenbeschichtung von Holzwerkstoffen. Das Angebot umfasst überwiegend bedruckte Dekorpapiere und dekorative Flächenfolien, die mit unterschiedlichen Fertigungstechnologien hergestellt werden. Der Konzern produziert weltweit und seine Kunden finden sich hauptsächlich in der nationalen und internationalen Möbelindustrie mit den Schwerpunkten Büro-, Küchen- und Badhersteller. Für die Stärkung der langfristigen Wettbewerbsfähigkeit stehen die Sicherung und der Ausbau der Kostenführerschaft ganz oben auf der Agenda. Die Situation in den wichtigsten Märkten des Unternehmens ist durch eine hohe Wettbewerbsintensität gekennzeichnet, der bei gleichzeitig vergleichsweise niedrigpreisigen Produkten überwiegend durch Kosteneinsparungen und Produktivitätszuwächse begegnet werden kann. Letztere lassen sich im konventionellen Druckbereich zu einem großen Teil durch den Einsatz von Technologien erzielen, die ein hohes Potenzial zur Leistungssteigerung und Rationalisierung aber weniger Innovationspotenzial wie beispielsweise die digitalen Drucktechnologien aufweisen.

MOTIVATION FÜR DAS PROJEKT

Zu einer langfristigen Sicherung der Wettbewerbsfähigkeit in diesem Marktumfeld musste das Unternehmen im Rahmen seines Strategieentwicklungsprozesses auch Bedrohungspotenziale durch Substitutionstechnologien erfassen und registrierte bereits Signale für eine zunehmende Bedeutung der digitalen Drucktechnik im industriellen Anwendungsbereich. Deshalb hatte sich das Unternehmen für ein Projekt zur Unterstützung technologiestrategischer Richtungsentscheidungen im Kontext der verstärkt aufkommenden Digitaldrucktechnik entschieden. Mit Unterstützung des Fraunhofer IAO sollte untersucht werden, inwieweit die fortschreitende Entwicklung der digitalen Drucktechnik eine mögliche Bedrohung der bestehenden Kompetenzen des Unternehmens in der konventionellen Drucktechnik (Tiefdruck) durch technologische Substitution darstellt. Mögliche Auswirkungen der Digitaldrucktechnik auf die Wettbewerbsstruktur in den Hauptmärkten und auf das Geschäftsmodell des Unternehmens sollten analysiert und bewertet werden.

VORGEHENSWEISE

Eine umfassende Bewertung der Digitaldrucktechnik in Bezug auf ein bestehendes Geschäftsfeld erfordert eine fundierte Untersuchung des technologischen Reifegrads der am Markt vorhandenen oder noch in der Forschung befindlichen Facetten verschiedener digitaler Drucktechnologien. Parallel zu dieser Technologieanalyse wurden die aktuellen Anwendungsfelder des digitalen Druckens und solche, die sich erst im Markt abzeichnen, identifiziert. Die Informationen zum aktuellen Entwicklungsstand sowie zu Trends und Innovationsansätzen in den einzelnen Technologiebereichen und Anwendungsfeldern flossen in Technologieszenarien ein und wurden um einen unternehmensspezifischen Wirtschaftlichkeitsvergleich zwischen konventioneller und digitaler Drucktechnologie ergänzt. Die Szenarien bildeten die Grundlage für eine strategische Bewertung der Digitaldrucktechnologie, bei der einerseits potenzielle Substitutionsrisiken abgebildet wurden und andererseits sich ergebende Chancen jenseits der bestehenden Geschäftsfelder bzw. Geschäftsmodelle des Unternehmens systematisch erfasst wurden. Die Handlungsoptionen zur Formulierung einer entsprechenden Technologiestrategie wurden aus den Chancen- und Risikokonstellationen abgeleitet und konkretisiert.

1 *Projektvorgehensweise.*

EXTERNE TECHNOLOGIE-ANALYSE

Das Projekt startete mit einer umfassenden Analyse der technologischen Aspekte digitaler Druckverfahren, begleitet von der Erfassung der bereits im Unternehmen vorhandenen Kenntnisse und Kompetenzen zu diesen Technologien. Das Technologiefeld Digitaldruck wurde in geeignete Suchfelder heruntergebrochen, die Teiltechnologien, Parameter und Kriterien umfassten, welche eine spätere Vergleichbarkeit der Technologieinformationen zwischen digitalen und konventionellen Drucktechnologien ermöglichten. Die Technologieanalyse wurde für sämtliche Forschungs- und industriellen Anwendungsbereiche des Digitaldrucks und seiner Teiltechnologien durchgeführt und der aktuelle Entwicklungsstand, die technologischen Zusammenhänge und die relevanten Technologie- und Markttreiber mit aufgenommen. Existierende und sich erst in Aufbau und Entwicklung befindliche Anwendungsfelder wurden ebenso identifiziert.

Am Ende der Technologieanalyse wurden diejenigen Digitaldrucktechnologien ausgewählt, die nach einer ersten Abschätzung mittelfristig das größte Entwicklungspotenzial besitzen. Die größte Technologieattraktivität besaßen hierbei die Inkjet-Druckverfahren, deren Einsatz in den wichtigsten bestehenden Anwendungsfeldern, vor allem im Business-to-Business-Bereich aber auch im Business-to-Consumer-Bereich dokumentiert wurden.

TREND- UND INNOVATIONSANALYSE

Innerhalb der bereits identifizierten Einsatzbereiche (z.B. Print-on-Demand für Werbeerzeugnisse) und neuen Anwendungsfelder (z.B. Bedrucken industrieller Güter wie Möbelkomponenten) des Inkjet-Digitaldrucks wurden die Parameter und technologischen Einflussgrößen als Ausgangspunkte für die Untersuchung von Trends und Innovationsansätzen genutzt. In einer iterativen Vorgehensweise wurden auf Basis der Ergebnisse der externen Technologieanalyse und unter Verwendung umfangreicher Sekundärliteratur Interviews durchgeführt. Gesprächspartner waren Technologiehersteller (Marktführer und Nischenanbieter) sowie Anwender von Inkjet-Drucktechnologien in unterschiedlichen Branchen. Hierbei wurden strukturierte Experteninformationen zu zukünftigen Schlüsseltechnologien und -verfahren im Inkjet-Digitaldruck, zu Marktentwicklungen in bestehenden und neu entstehenden Anwendungsbereichen sowie zu damit zusammenhängenden Produkt- und Verfahrensinnovationen erhoben. Für aktuelle und neue Anwendungsfelder wurde herausgearbeitet, welches die jeweils treibenden Kräfte sind: Technologien oder Applikationen im Sinne von »Technology push« oder »Market pull«.

SZENARIOBILDUNG UND WIRTSCHAFTLICHKEITSBETRACHTUNG

Für fundierte Aussagen über den zukünftigen Chancen- oder Risikocharakter digitaler Inkjet-Technologien für das Kundenunternehmen wurden

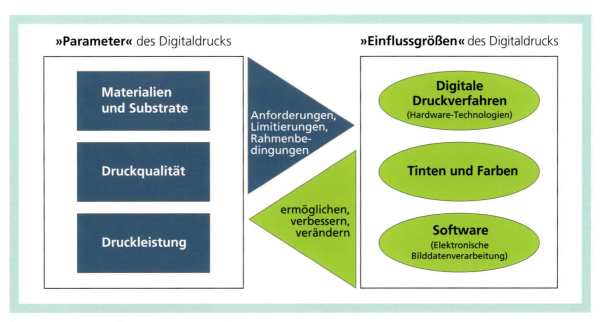

2 *Parameter und Einflussgrößen des Digitaldrucks.*

die Wechselwirkungen zwischen technologischen Entwicklungen und Trends im Digitaldruck und den vielfältigen bestehenden oder sich am Markt abzeichnenden Anwendungsmöglichkeiten gemeinsam mit Führungskräften und Fachleuten des Unternehmens in Umfeld- und Technologieszenarien abgebildet. Ausgangspunkt der Szenarienerstellung war ein erster Wirtschaftlichkeitsvergleich zur Abschätzung des ökonomischen Substitutionspotenzials, in dem anhand einer umfassenden Kostenvergleichsrechnung festgestellt wurde, für welche Produktionslosgrößen sich bereits ein Substitutionspotenzial der Inkjet-Technologien ableiten lässt. Auf Basis des ökonomischen Vergleichs wurden Zukunftsszenarien entwickelt, deren Kern mögliche Technologieentwicklungen waren, in denen sich unterschiedliche Entwicklungsmöglichkeiten der maßgeblichen technologischen Einflussfaktoren widerspiegelten. Die Umfeldszenarien erweiterten die Technologieszenarien um die Wirkungszusammenhänge zwischen Digitaldrucktechnologien, deren Anwendungen, ihren Marktsegmenten und Kundengruppen sowie den potenziellen Wettbewerbern und deren Geschäftsmodellen. Am Ende des Erstellungsprozesses wurde das Szenario ausgewählt, das den Projektbeteiligten und dem Top-Management auf Grund der dahinter liegenden Annahmen, Expertenmeinungen und Prognosen als das wahrscheinlichste erschien.

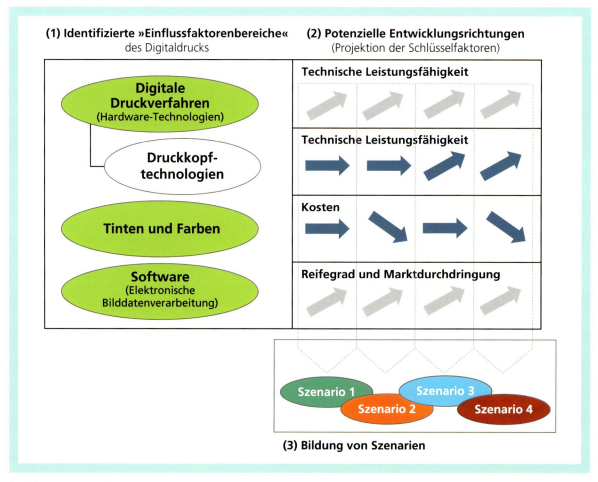

3 *Bildung von Technologieszenarien.*

BEWERTUNG VON CHANCEN UND RISIKEN

Mit dem Ziel, Form und Qualität einer eventuellen Bedrohung des aktuellen Geschäftsmodells bzw. neue Möglichkeiten darüber hinaus erkennen zu können, wurde eine Einfluss- und Auswirkungsanalyse des gewählten Szenarios bezüglich des Leistungsspektrums und der Marktpositionierung des Unternehmens durchgeführt, um anschließend für die gebildeten Bewertungsalternativen technologie- und wettbewerbsstrategischen Optionen ableiten zu können. Neben einer Bewertung der technischen Eignung produktionstechnologischer Alternativen wurden Wettbewerbergruppen und Einzelwettbewerber unter die Lupe genommen, die für die zukünftige Wettbewerbspositionierung des Unternehmens relevant sein könnten. Im Mittelpunkt standen Wettbewerber aus den aktuellen Kundengruppen des Projektauftraggebers, die als bisherige Käufer von Dekordruckerzeugnissen zukünftig eine Rückwärtsintegration durchführen und technologisches Know-how bspw. über Kooperationen mit Anbietern von digitalen Inkjet-Drucktechnologien erwerben könnten. Es wurden Wahrscheinlichkeit, Qualität und Umfang des durch den Einsatz von Digitaldrucktechnologien neu entstehenden Wettbewerbspotenzials in Relation zum Geschäftsmodell des Projektauftraggebers bewertet und das Risikopotenzial für das Unternehmen qualifiziert. Das Ergebnis war ein gemischtes Bild der Bedrohungslage durch den Digitaldruck, das bis hin zur Bedrohung der Geschäftsmodellgrundlagen eines umsatzträchtigen Geschäftsfelds reicht.

HANDLUNGSOPTIONEN

Für eine Grundsatzentscheidung zum zukünftigen Umgang mit den digitalen Drucktechnologien wurden für die Bewertungsalternativen adäquate Handlungsoptionen entwickelt. Sie beinhalten systematische Rückschlüsse darauf, mit welcher Wettbewerbspositionierung das Unternehmen zukünftig in den analysierten Geschäftsfeldern den identifizierten Veränderungen und Bedrohungen begegnen könnte, um die technologische und wirtschaftliche Überlebensfähigkeit des Unternehmens zu sichern und sich darüber hinaus neue Chancen und Geschäftsfelder im Bereich des Dekordrucks zu eröffnen.

Für alle Bewertungsalternativen erwies sich der Aufbau eigener technologischer Kompetenzen im Unternehmen als unumgänglich. Für eine nachhaltige Verankerung des Themas Digitaldruck im Unternehmen wurde ein Umsetzungskonzept für die technologiestrategischen Optionen entwickelt. Das Konzept umfasste ein Kompetenzzentrum als Plattform für den internen Aufbau von Digitaldruckkompetenzen im Unternehmen als eigenständige Organisationseinheit mit einer internen Dienstleistungsfunktion für die vom Digitaldruck profitierenden Unternehmensbereiche. Für dieses technologiestrategische Umsetzungskonzept entwickelte das Projektteam des Fraunhofer IAO gemeinsam mit dem Projektleiter des Unternehmens ein vollständiges Geschäftsmodell mit kurz- und langfristigem Betrachtungs- und Planungshorizont, das als Grundlage für die nachfolgende Erstellung eines Businessplans diente.

FAZIT

Durch den vom Fraunhofer IAO verwendeten integrierten Ansatz konnte für den Projektauftraggeber eine technologiestrategische Entscheidung über eine rein technologie- und funktionsorientierte Perspektive des Digitaldrucks als Substitutionstechnologie hinaus vorbereitet werden. Durch das systematische Zusammenführen von Informationen über Technologien sowie Markt- und Geschäftsentwicklungen wurde ein Projektergebnis erzielt, das für das

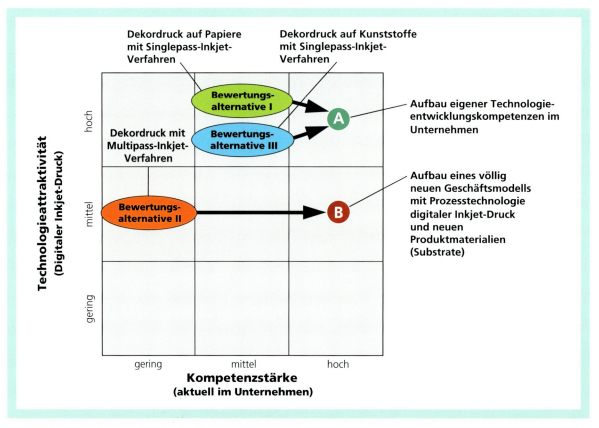

4 *Bewertungsoptionen und technologiestrategische Handlungsoptionen.*

Unternehmen neben einer qualifizierten Risikobetrachtung durch das Aufzeigen von Chancen durch Digitaldrucktechnologien im Sinne neuer und modifizierter Geschäftsfelder auch einen kommunizierbaren Nutzen hatte. Vorgehensweise und Ergebnisse lieferten eine »Blaupause« für einen wiederholbaren strategischen Technologiebewertungsprozess im Unternehmen, mit dem auch nach Projektabschluss eine Weiterentwicklung und Ergänzung der erarbeiteten technologiestrategischen Handlungsoptionen und des Umsetzungskonzepts möglich waren. Zusammenfassend hatte der Projektauftraggeber nun mit einer organisatorischen Implementierung der Vorgehensweise und dem Umsetzungskonzept die Möglichkeit, sich auch weiterhin in seinen Märkten die Kostenführerschaft zu sichern und diese um die Perspektive einer zukünftigen Innovationsführerschaft im Bereich der Digitaldrucktechnologien im Dekordruck zu erweitern, um die Zukunft in dieser Sparte aktiv mitzugestalten.

WEITERE INFORMATIONEN

www.innovation.iao.fraunhofer.de
http://eftek.de

Das EFTEK Zentrum Technologiemanagement ist eine Kooperation des Fraunhofer IAO mit der Zeppelin Universität Friedrichshafen zur Unterstützung von Unternehmen in Fragen der technologischen Zukunft.

TECHNOLOGIESTRATEGIE

HILFE FÜR DEN MITTELSTAND AM BEISPIEL DER PAUL VAHLE GMBH & CO. KG

ANTONINO ARDILIO, MICHAEL PAVLIDIS (PAUL VAHLE GMBH & CO. KG)

Paul Vahle GmbH & Co. KG ist Spezialist für mobile Energie- und Datenübertragung mit Sitz in Kamen. Deutschlandweit verteilen sich 13 Vertriebsbüros und gegenwärtig verfügt Vahle über mehrere Tochterfirmen im Ausland sowie weitere Vertretungen in 52 Ländern der Welt.

Das Unternehmen liefert bedarfsgerechte Energie- und Datenübertragung für diverse Anwendungsgebiete. Bevorzugte Einsatzbereiche sind hierbei die Krantechnik (allgemein), Lager- und Sortiertechnik, Fertigungsautomatisierung, Hafentechnik und sonstige Fördertechnik.

Die Produktpalette reicht von Stromschienen mit Kupferkopf, isolierten Stromschienen, Sicherheitsschleifleitungen, Kunststoffschleifleitungen, Schleifleitungskanälen, Leitungswagen, Feder- und Motorleitungstrommeln über Batterieladekontakte bis hin zur digitalen Datenübertragung sowie dem zukunftsweisenden System einer berührungslosen Energieübertragung.

Kennzeichnend für das Unternehmen ist die ausgeprägte Orientierung am Kunden. Hierbei kann die Paul Vahle GmbH & Co. KG auf einen fast 100-jährigen Erfahrungsschatz in der mobilen Energieübertragung zurückgreifen.

Technologien sind für das Unternehmen von jeher eine sehr wichtige Komponente des Erfolgs. Durch zahlreiche Innovationen, wie z.B. das weltweit leistungsstärkste induktive Energieübertragungssystem für Straßenbahnen, die Energieversorgung für den »Singapore Flyer«, das größte Riesenrad der Welt oder die Transrapid-Stromschienen hat es die Paul Vahle GmbH & Co. KG geschafft, sich eine sehr gute Wettbewerbsposition im Weltmarkt aufzubauen.

AUSGANGSSITUATION

Das Unternehmen erkannte, dass die stetig steigenden Kundenanforderungen bezüglich Variantenvielfalt, Schnelligkeit und Flexibilität in bestehenden Märkten sowie neue potenzielle Märkte mit zusätzlich erforderlichen Kompetenzen adressiert werden müssen.

Das Fraunhofer IAO wurde beauftragt, diese teils schon konkreten aber auch antizipierten Marktveränderungen heute und vor allem in Zukunft mit einer entsprechenden Vorgehensweise zu adressieren. Hierbei war es notwendig, diese Marktanforderungen zu identifizieren und von technologischer Seite aufzugreifen, zu übersetzen und in den Entwicklungspfad des unternehmensinternen Technologieportfolios (Technologiestrategie) zu überführen.

VORGEHEN

Im ersten Schritt wurden in einer unternehmensinternen und -externen Analyse mögliche Zukunftsfelder für das Unternehmen identifiziert. Im zweiten Schritt konnten für diese Zukunftsfelder mit Hilfe der Szenariotechnik potenzielle Applikationen generiert und bzgl. ihrer Relevanz für das Unternehmen priorisiert werden. Für die vielversprechendsten Applikationen wurden die dazu assoziierbaren Technologiefelder analysiert und durch Expertenbefragungen Technologie-Roadmaps abgeleitet. Aus den Technologie-Roadmaps konnten Technologieentwicklungsoptionen erarbeitet und daraus schließlich die Technologiestrategie formuliert werden (siehe Abb. 1).

Für die Unternehmensanalyse wurden die Kompetenzen des Unternehmens aufgenommen und in Funktionen übersetzt.

Die funktionale Beschreibung der Technologie unterstützt die Identifikation potenzieller, neu adressierbarer Märkte und Ersatztechnologien (»Technologie erfüllt Funktion, Funktion wird vom Markt gefordert«).

Auf Basis der Funktionen werden im nächsten Schritt Zukunftsfelder identifiziert. Ein Zukunftsfeld stellt eine Chance dar, die ein finanzielles Potenzial für die Paul Vahle GmbH & Co. KG beinhaltet. Unterstützt wird diese Suche durch unterschiedliche Szenarien, die das Unternehmen dazu zwingt,

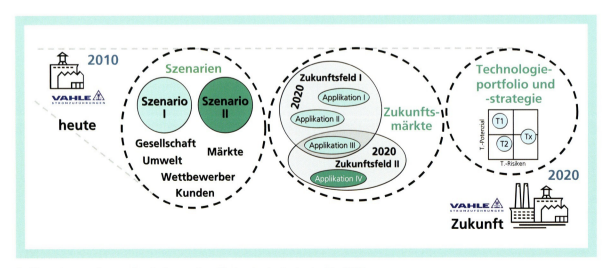

1 *Vorgehensweise zur Erarbeitung einer Technologiestrategie für KMU.*

die Auswirkung von Trends (wie zum Beispiel der demographische Wandel) auf den Markt und die eigene Produktwelt zu vollziehen, um dadurch auf neue Zukunftsfelder zu stoßen.

Die Zukunftsfelder werden priorisiert und daraus innerhalb eines Kreativitätsworkshops mögliche neue Vahle-Produkte identifiziert. Die Vielzahl der gefundenen Applikationen werden ebenfalls nach Relevanz für Vahle priorisiert.

Für die relevanten Applikationen werden die benötigten Technologien analysiert. Diese Technologien wurden fundiert recherchiert und nach deren Integrationspotenzialen in das Unternehmen diskutiert. Für die relevanten Technologien wurden Technologie-Roadmaps erstellt (Beispiel siehe Abb. 2).

Aus den Technologie-Roadmaps wurde die Technologiestrategie abgeleitet, d.h. der Zeitplan für die Technologieintegration der einzelnen Technologien in das Unternehmen erarbeitet (siehe Abb. 3).

NUTZEN FÜR DAS UNTERNEHMEN

Die Durchführung des Projekts »Technologiestrategie für den Mittelstand« hat dazu geführt, dass drei grundlegende Nutzungsaspekte für Vahle generiert wurden. Der erste Nutzen resultiert aus den Vahle-relevanten Zukunftsfeldern, die aus technologischer Sicht (berührungslose Energieübertragung etc.) oder Marktsicht (z.B. Energie- und Datenübertragung innerhalb medizinischer Instrumente) neue Anwendungsgebiete kennzeichnen. Den zweiten Nutzen stellen die ausgearbeiteten zukünftigen

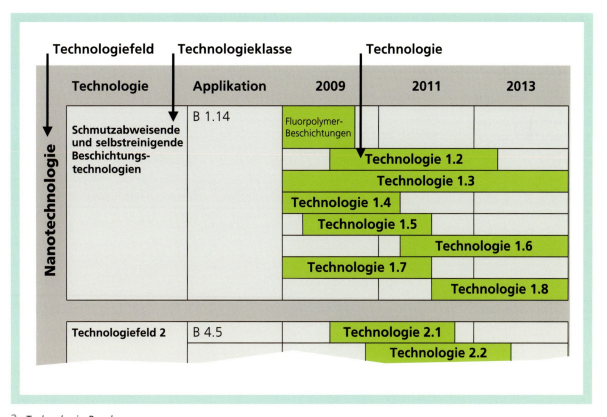

2 *Technologie-Roadmaps.*

Technologie	Fluorpolymer-Beschichtungen
Handlungsoption	Technologie anwenden
Vahle-Verantwortlicher	Herr xx
Bearbeitungsbeginn	xx.xx.20xx
Beobachtungsfrequenz	Alle x Monate
Aktionsfelder	1. Aufnahme der Anforderungen für die relevanten Applikationen 2. Kontaktaufnahme mit Experten, um Machbarkeit und Rahmenbedingungen abzufragen 3. Evaluation der »konkurrierenden« Technologien für die Eignung als Beschichtung 4. Eventuell Aufbau eines Versuchsstandes zur...
Parameter	Kontinuierliche Analyse der existierenden Beschichtungstechnologien nach – Langzeitstabilität > xx Jahre, etc... – Kosten: € / m² < x,xx €
Experten	xxx

3 *Technologie-Strategie (Ausschnitt).*

Anwendungen innerhalb der relevanten Zukunftsfelder (z.B. berührungsloses Aufladen von Elektroautos) dar. Diese beiden Elemente sind wichtig für die Unternehmensstrategie, ohne deren Berücksichtigung die Entwicklung einer Technologiestrategie nicht möglich ist. Schließlich ist die eigentliche Technologiestrategie mit den Vahle-spezifischen strategischen Aktionen zur Technologieintegration der dritte Nutzen.

INTERVIEW

MIT MICHAEL PAVLIDIS

Michael Pavlidis,
technischer Geschäftsführer,
Paul Vahle GmbH & Co. KG

Fraunhofer IAO *Was war Ihre Motivation, sich bei der Entwicklung Ihrer Technologiestrategie vom Fraunhofer IAO unterstützen zu lassen?*

Michael Pavlidis Die Fraunhofer-Gesellschaft ist uns als renommierte Institution mit wissenschaftlicher Basis aber auch Praxisbezug bekannt. Das Fraunhofer IAO habe ich auf einem Innovationsforum kennengelernt. Die auf dem Forum dargestellten Themen und die vorgestellten erfolgreich durchgeführten Projekte fand ich sehr überzeugend! Vor allem die vorgestellte strukturierte Methode, im zunehmend dynamischen Umfeld die bestehenden aber auch zukünftig zu entwickelnden Technologien für das Unternehmen zu erkennen, fand ich absolut spannend.

Fraunhofer IAO *Wie empfanden Sie die Vorgehensweise und den Ablauf des Technologiestrategie-Projekts?*

Michael Pavlidis Die Fraunhofer-Mitarbeiter wiesen eine sehr fundierte fachliche aber auch methodische Kompetenz auf. Dadurch konnte das Projekt effizient und innerhalb des gesetzten Zeitrahmens erfolgreich umgesetzt werden. Das Fraunhofer-Team übte die Funktion des Moderators aus, war Herr über die Vorgehensweise und brachte die dringend benötigte externe Sichtweise von Technologieexperten aus der Fraunhofer-Gesellschaft mit ein, aber auch aus anderen Forschungseinrichtungen wie der Max-Planck-Gesellschaft und diversen Universitäten. Die an das Unternehmen Vahle angepasste und strukturierte Vorgehensweise hat auch die Vahle-Mannschaft eingebunden und überzeugt!

Fraunhofer IAO *Welchen Nutzen konnten Sie und Ihr Unternehmen durch das Projekt letztendlich ziehen?*

Michael Pavlidis Erstmals in der fast 100-jährigen Geschichte der Firma Vahle existiert eine ganzheitlich abgesicherte, im Unternehmen akzeptierte Technologiestrategie, fundiert durch Vahle-relevante Zukunftsfelder und Zukunftsapplikationen. Bestehende Marktpositionen können so absichert und neue erarbeitet werden, um den langfristigen Unternehmenserfolg zu sichern. Vor allem die Definition der Zukunftsfelder – auf Basis dessen die Technologiestrategie abgeleitet wurde – und die externen Expertenmeinungen aus der Forschung sowie die detaillierte Technologierecherche haben überzeugt und dem Unternehmen neue Erkenntnisse gebracht. Konkret konnte die Technologiestrategie im Unternehmen über Vorentwicklungs- und sogar Entwicklungsprojekte schon implementiert werden. Auch bei der Organisation der Technologieadoption unterstützte uns das Fraunhofer IAO, so wurden unter anderem zu wesentlichen Technologiefeldern Vahle-interne Technologiescouts benannt, die in definierten Abständen Neuerungen bei den identifizierten Technologieexperten einholen.

Fraunhofer IAO *Wo sehen Sie die Stärken des Fraunhofer IAO?*

Michael Pavlidis Die fundierte Methodenkompetenz gepaart mit fachlich versierten Projektmitarbeitern und -leitern ist sicherlich eine Stärke. Aber auch die gute Vernetzung in die »Fraunhofer-Welt« stellt einen entscheidenden Vorteil dar, um schnell und effizient an relevante Informationen bzgl. Technologien und deren Entwicklungspotenziale zu kommen. Letztlich ist aber die fühlbare Erfahrung mit Technologieprojekten ein klarer Vorteil!

Fraunhofer IAO *Wir danken Ihnen für das Gespräch.*

RESSOURCENEFFIZIENZ

DURCHFÜHRUNG EINES »RESSOURCENEFFIZIENZRADARS«

MICHAEL BUCHER, NICO PASTEWSKI, FRIEDER SCHNABEL

In Zeiten einer steigenden Rohstoffnachfrage und gleichzeitig zunehmenden Instabilität der Rohstoffmärkte werden Maßnahmen zur Sicherung der Rohstoffversorgung in der industriellen Produktion zunehmend notwendig. Eine Möglichkeit ist die effizientere Verwendung der eingesetzten natürlichen Ressourcen, um den Energie- und Materialbedarf gezielt zu senken. Das RessourceneffizienzRadar bietet dazu die Möglichkeit, die passenden ressourceneffizienten Technologien zu identifizieren.

VORGEHENSWEISE

Das RessourceneffizienzRadar stellt Instrumente zur Verfügung, um methodisch, organisatorisch und konzeptionell Technologietrends zu identifizieren und zu bewerten sowie davon ausgehend innovative Produktideen und Geschäftsfelder zu erschließen. Das RessourceneffizienzRadar berücksichtigt dabei stets die spezifischen Anforderungen des jeweiligen Unternehmens (Lang-Koetz et al., 2008). Das Vorgehen lässt sich in vier Phasen unterteilen (vgl. Abb. 1).

Phase 1: Ermittlung von Ideen für Ressourceneffizenzpotenziale

Ausgehend von der Auswahl einer oder mehrerer typischer Anwendungen im Unternehmen wird das vorhandene Ressourceneffizienzpotenzial identifiziert. Hierzu werden folgende Arbeitsschritte durchgeführt:

1. Definition des Bewertungskontexts: Der Bewertungskontext umfasst die Definition der Zielsetzungen und der wesentlichen thematischen Parameter. Letztere sind die relevanten Ressourcen (z.B. Stahl, Wärmeenergie), die relevanten Möglichkeiten der Ressourceneffizienzerhöhung (z.B. Reduktion des Energieverbrauchs, Substitution von Stoffen, Verlängerung der Lebensdauer) und die relevanten Phasen des Lebenszyklus sowie die Systemgrenzen.

2. Sammlung der anwendungsbezogenen Informationen zu relevanten Materialien und Prozessen (Schwachstellen): Analyse der Hauptkomponenten und -funktionen auf Basis vorhandener

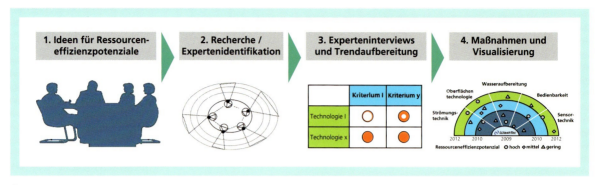

1 *Die vier Phasen des RessourceneffizienzRadars.*

Quellen und Erfahrungen. Beschreibung der wichtigsten Prozesse (Input/Output-Bilanzen), ausgehend von vorhandenen Daten z.B. aus Stoff- oder Energiestromanalysen.

3. Ideenfindung: Unter Berücksichtigung der gesammelten Informationen werden die Komponenten nach ihrem Ressourceneffizienzpotenzial beurteilt und klassifiziert. Darüber hinaus werden erste Lösungsvorschläge erarbeitet und spezielle Anforderungen, wie etwa eine geforderte Übereinstimmung mit speziellen Richtlinien, aufgenommen.

4. Priorisierung, Auswahl und Clusterung der identifizierten Themen: Ausgehend von Schritt 3 werden die relevanten Ideen (z.B. bestimmte Technologien) für die nächsten Phasen nach ihrem Ressourceneffizienzpotenzial und geschätzten Kosten-Nutzen-Verhältnis ausgewählt.

Die Ergebnisse aus Phase 1 werden in einem sogenannten Technologiebedarfsprofil formuliert, um das weitere methodische Vorgehen daran auszurichten.

Phase 2: Recherche und Expertenidentifikation

Ausgehend vom Technologiebedarfsprofil wird eine Technologie- und Trendrecherche durchgeführt. Dabei werden zunächst die Forschungslandschaft innerhalb der Fraunhofer-Gesellschaft und darüber hinaus (Universitäten, industrielle FuE) untersucht sowie relevante Trends ermittelt. Hierzu werden einschlägige Studien, Veröffentlichungen, Datenbanken u.a. mithilfe von IT-Tools ausgewertet. Auf dieser Basis werden potenziell interessante Technologien und Lösungsansätze sowie führende Experten und Leitprojekte in der angewandten Forschung und Entwicklung identifiziert. Die Ergebnisse der Recherche werden gemeinsam mit dem Unternehmen nach ihrer Übereinstimmung mit den anfangs definierten Zielsetzungen und ihrer Relevanz vorbewertet und priorisiert.

Phase 3: Experteninterviews und Trendaufbereitung

Ziel dieser Phase ist es, die erarbeiteten Ergebnisse im Kontext des betrachteten Unternehmens und unter Einbeziehung der ermittelten Experten zu bewerten und in das spezifische Marktumfeld einzuordnen. Hierbei wird das Potenzial ausgewählter Technologien für das Unternehmen unter Berücksichtigung der technischen Funktionalität, der Ressourceneffizienz und der Lebenszykluskosten beurteilt, wobei die o.g. Parameter berücksichtigt werden.

Die Bewertung der Ressourceneffizienz einer Technologie kann dabei je nach Aufwand und gewünschtem Detaillierungsgrad mithilfe verschiedener Methoden geleistet werden. Beispiele für bestehende Methoden sind Ökobilanz (ISO 14040), vereinfachte Ökobilanz (Christiansen, 1997) und Material-Input pro Serviceeinheit (MIPS) (Schmidt-Bleek, 1998). Die MIPS-Methode hat sich bereits im industriellen Kontext als anwendbar erwiesen. Sie quantifiziert die Materialintensität eines Produkts oder einer Dienstleistung durch die Zusammenfassung des gesamten Materialinputs, der benötigt wird, um ein Produkt herzustellen oder eine Dienstleistung anzubieten. Dies wird in Kilogramm pro Serviceeinheit gemessen. Der Materialeinsatz wird für fünf Kategorien kalkuliert: Abiotische Rohstoffe, biotische Rohstoffe, Wasser, Erosion und Luft.

Die technische Funktionalität und die Lebenszykluskosten können im Vergleich zur Ressourceneffizienz relativ einfach abgeschätzt werden. In Bezug auf das RessourceneffizienzRadar hängt die Auswahl passender Methoden für die Evaluation einer Technologie von den speziellen Anwendungsgebieten, dem internen Informationsstand und den verfügbaren Daten ab.

Die Ergebnisse der 3. Phase ermöglichen es Unternehmen, Technologien nach ihrer technischen Funktionalität, der Ressourceneffizienz und den Lebenszykluskosten zu bewerten.

Phase 4: Maßnahmen und Visualisierung

Ausgehend von den Ergebnissen der ersten drei Phasen werden nun potenzielle Maßnahmen abgeleitet und im Detail diskutiert. Je nach vorhandenem Vorwissen über eine spezielle Technologie oder Anwendung umfasst dieser Prozess verschiedene Stufen des Technologielebenszyklus. Beispiele für Maßnahmen, die eine Verbesserung des Technologielebenszyklus durch die Anwendung ressourceneffizienter Technologien anstreben, sind normalerweise Aktivitäten des operativen Technologiemanagements, können aber auch längerfristige strategische Maßnahmen sein. Dazu könnte beispielsweise die Weiterentwicklung einer bestimmten Technologie, die Aneignung externen Wissens durch Kooperationen oder das Übernehmen ausgereifter Technologien für spezielle Produkte, Dienstleistungen und Prozesse gehören.

Zur besseren Kommunikation und weiteren Verwendung werden die Ergebnisse in Form eines Radarschirms visualisiert (Abb. 2). Diese Darstellungsform bietet die Möglichkeit, relevante Technologien und Prioritäten aus unterschiedlichen Feldern zu berücksichtigen. Sie ermöglicht weiterhin einen Überblick über den Zeitrahmen in dem die jeweilige Technologie Marktreife erlangen kann. In der Visualisierung des Radars stellt der Abstand zum Mittelpunkt die Anwendungsreife einer Technologie dar. Je näher eine Technologie am Mittelpunkt liegt, desto kürzer ist die Zeitdauer bis zur Anwendung. Zusätzlich wird die Zugehörigkeit zu Technologiebereichen durch die Einordnung in Kreissektoren im Technologieradar dargestellt. Diese Informationen können sowohl für die Entwicklung einer besonderen Technologie als auch für unternehmensspezifische Technologie-Roadmaps weiterverwendet werden.

ANWENDUNG IN DER PRAXIS

Die WashTec AG ist weltweit führend auf dem Gebiet der Fahrzeugwäsche. Die Steigerung der Ressourceneffizienz ist bei der WashTec AG für den Erhalt der Wettbewerbsfähigkeit von großem Interesse. Für ein bestehendes Produkt, eine Selbstbedienungswaschanlage, konnten sowohl neue ressourceneffiziente Technologien identifiziert als auch deren Ressourceneffizienzpotenziale im Vergleich zu konventionellen Lösungen bewertet werden. Beispielsweise ergaben sich im Bereich der Nanotechnologie mit bestimmten Oberflächenbeschichtungen und der Biotechnologie mit speziellen enzymatischen Waschlösungen konkrete umsetzbare

2 *Beispiel »RessourceneffizienzRadar« (vereinfachte Darstellung des TechnologieRadars der WashTec AG).*

Technologieoptionen. Die WashTec AG verfügt mit diesen Ergebnissen über eine produktspezifische Bewertung relevanter Technologien und ist damit in der Lage, diese in die weitere Technologieplanung der Selbstbedienungswaschanlage zu überführen.

FAZIT

Unternehmen, die sich für die Anwendung des RessourceneffizienzRadar entscheiden, erlangen Fortschritte hinsichtlich finanzieller Einsparungsoptionen, Rohstoffsicherheit und verminderten Umweltwirkungen, aber auch die Möglichkeit, neue innovativere Lösungen für ihren konkreten Bedarf zu ermitteln. Die Beurteilung erfolgt in vier methodischen Phasen und geschieht abgestimmt auf die spezifischen Bedürfnisse des Unternehmens. Die Visualisierung in Form eines Radarmodells ermöglicht einen Überblick über den Zeitrahmen bis zur Marktreife einer Technologie sowie über das Ressourceneffizienzpotenzial in der konkreten Anwendung. Die Erfahrungen des Fraunhofer IAO in der Zusammenarbeit mit produzierenden Unternehmen verdeutlichen die Möglichkeiten, die sich für die Anwendbarkeit des RessourceneffizienzRadars in Unternehmen ergeben. Die Ergebnisse liefern einen Ausblick über neue Technologiefelder und die Möglichkeit, künftige Produkte darauf aufbauend ressourceneffizienter zu entwickeln und sich so einen langfristigen Wettbewerbsvorteil zu sichern.

LITERATUR

Lang-Koetz, C.; Ardilio, A.; Warschat, J.: TechnologieRadar. Heute schon Technologien für morgen identifizieren. In: Bullinger, H.-J.: »Fokus Technologie. Chancen erkennen, Leistungen entwickeln«, München: Hanser, 2008, pp. 133-146.

Christiansen, K.: Simplifying LCA: Just a Cut?, Society of Environmental Toxicology and Chemistry (SETAC) Europe, Brussels, 1997.

Schmidt-Bleek, F.: Das MIPS-Konzept. Weniger Naturverbrauch – mehr Lebensqualität durch Faktor 10, München: Droemer-Knaur, 1998.

KREATIVE SEITENSPRÜNGE

INNOVATIONSPOTENZIAL ANDERER BRANCHEN FINDEN UND NUTZEN

SABINE BRUNSWICKER, ULRICH HUTSCHEK

Ein richtungweisendes Schlagwort in den aktuellen Diskussionen im Innovationsmanagement lautet »Open Innovation«. Es umschreibt neue Innovationsstrategien, um dem Innovationsdilemma des heutigen Innovationszeitalters Abhilfe zu verschaffen: Rasante technologische Veränderungen, die Verkürzung der Produktlebenszyklen, beständig steigende Entwicklungskosten, eine Intensivierung der Arbeitsteilung und ein zunehmend globaler Wettbewerb zwingen Unternehmen heute dazu, ihre Innovations- und Wachstumsstrategien zu überdenken. Sie müssen nun auch neue Wege gehen, um ihr Innovationspotenzial zu stärken.

Vertreter aller Unternehmensgrößen haben inzwischen den Wert externer Innovationsquellen erkannt und starten Initiativen, um Impulse außerhalb der Unternehmensgrenzen zu suchen. Die bekanntesten Beispiele für die erfolgreiche Umsetzung von Open-Innovation-Strategien von Innovationspionieren wie P&G, IBM oder Henkel zeigen, wie externes Know-how zum Innovationserfolg beitragen kann. Die genannten Unternehmen setzen auf das offene Innovationsmodell und neue Innovationsprozesse. Anstatt alle Innovationsaktivitäten hierarchisch zu kontrollieren und sich anderen Unternehmen zu verschließen, erkennen sie den Wert von externen Innovationsquellen für den eigenen Innovationserfolg. Nach Chesbrough (2006) bedeuten solche Open-Innovation-Strategien einen Paradigmenwechsel im Innovationsmanagement, der sich nachweislich positiv auf die Leistungsfähigkeit von Unternehmen auswirkt. P&G konnte durch die strategische Öffnung des Innovationsmodells seine Erfolgsrate von neuen Produkten mehr als verdoppeln und die FuE-Produktivität um beinahe 60 Prozent steigern (Huston, 2006).

INNOVATIONSPOTENZIAL VON BRANCHENFREMDEM KNOW-HOW

Bei einer Reihe von erfolgreichen Innovationen, wie zum Beispiel dem »iDrive« von BMW, waren die Impulse und das Know-how aus anderen Disziplinen und Branchen für den Erfolg des neuen Produkts oder der Dienstleistung maßgebend. Eine frische, neue Sichtweise auf Probleme, die branchenintern immer aus derselben Perspektive betrachtet wurden, ist nur einer der Gründe, warum sich der Blick über die eigenen Branchengrenzen hinaus lohnt. Technologien und Lösungsansätze einer Branche, die in ihren ursprünglichen Anwendungsbereichen bereits etabliert und erprobt sind, stellen in einer anderen Branche häufig eine Quelle für neue Anwendungen dar. Cross-Industry-Innovationen führen so nicht selten zu größeren Innovationsschritten. In der Tat kann die Kombination von sehr unterschiedlichen und auf den ersten Blick voneinander weit entfernten Kompetenzen zu völlig neuen Innovationsanstößen führen. Die Umsetzung dieses Prinzips ist jedoch eine Herausforderung. In der Praxis stellen sich für den Innovationsmanager mehrere Fragen:

- Wie kann Betriebsblindheit überwunden werden?
- Wie lässt sich die Öffnung hin zu branchenfremden Innovationsquellen in der Praxis realisieren?
- Wie können externe Potenziale von Beginn an in den Innovationsprozess integriert werden?
- Mit welcher Suchstrategie findet man die passende Innovationsquelle?
- Wie identifiziert man erfolgreich neue Konzeptideen, basierend auf Lösungsansätzen und Know-how aus fremden Branchen?

CROSS-INDUSTRY-INNO-VATIONEN MIT INNOWAVE

Cross-Industry-Innovationen entstehen bislang selten nach einer bestimmten Systematik, da es bislang keine entsprechenden Vorgehensmodelle und Methoden zur Einbindung von branchenfremden Unternehmen gibt. Die vorhandenen Ansätze sind wenig verbreitet und beruhen auf einem eher »reaktiven« Leitgedanken: Sie suchen für konkrete technologische Probleme in anderen Branchen analoge Lösungsmöglichkeiten und kommen demnach erst in der Detaillierung des Produktkonzepts zum Einsatz. Doch warum sollen Unternehmen die Möglichkeiten des Transfers von branchenfremdem Know-how erst dann nutzen, wenn sie bereits durch die Begrenzung auf technologische Fragestellungen eingeschränkt sind? Warum soll man auf das kreative Potenzial anderer Branchen in den frühen Innovationsphasen verzichten?

Der vom Fraunhofer IAO entwickelte INNOWAVE-Ansatz schließt diese Lücke und bietet Unternehmen die Möglichkeit, das Potenzial branchenfremder Innovationen bereits in den frühen Innovationsphasen zu nutzen. Die Methode verfolgt den Grundsatz, kreative Seitensprünge systematisch und proaktiv auszuschöpfen. Dabei werden durch ein hohes Maß an Interaktion auch die Kreativität und das Know-how von anderen Branchen genutzt.

INNOWAVE basiert auf einem vierdimensionalen Entscheidungsmodell. Es unterstützt die systematische Entwicklung einer interaktiven Cross-Industry-Sourcing Strategie. Es setzt auf eine aktive Einbindung von Experten aus entfernten Branchen und Wissensdomains. Innovationsverantwortliche und strategische Entscheider können mit Hilfe dieses Modells in der Planungsphase die entscheidenden Fragen stellen und auf dieser Basis eine systematische Suchstrategie nach branchenfremden Innovationsbeiträgen entwickeln:

1. Transfer und Suchfeld (Wo?): Die Frage, in welchem Themenfeld sich Unternehmen öffnen sollten, ist aus strategischer Sicht zentral. Die Entscheidung dazu sollte sich an den technologischen Kompetenzen und der Marktattraktivität der Themenfelder orientieren. So gelingt es, die Innovationsfelder zu priorisieren und ein angemessenes Suchfeld zu definieren.

2. Innovationsquelle (Welche?): Die Identifikation geeigneter Branchen für die Suche nach potenziellen Innovationsquellen schließt sich an die Auswahl des Suchfelds an. Ein wesentliches Entscheidungskriterium ist hierbei der technologische Abstand der Branchen zueinander. Liegen die Branchen weit auseinander, erhöht dies zwar

die Wahrscheinlichkeit, dass völlig neue Ideen generiert werden – andererseits steigt das Risiko, das Potenzial von branchenfremdem Know-how nicht zu erkennen bzw. nicht transferieren zu können. Je weiter die Branchen voneinander entfernt sind, desto schwieriger gestaltet sich die Übertragung von Ideen.

3. Reifegrad des Innovationsbeitrags (Was?): In den frühen Innovationsphasen gilt es zu entscheiden, welche Art von Innovationsbeitrag aus fremden Branchen übertragbar ist. Dabei reicht das Spektrum von der groben Idee bis hin zu marktreifen Produkten. Die Wahl des gewünschten Reifegrads ist abhängig von Kriterien wie akzeptiertes Risiko, Kosten der Suche sowie Geschwindigkeit und Kosten des Transfers. Das Modell ermöglicht es, den gewünschten Reifegrad festzulegen. Dabei beschränkt sich der INNOWAVE-Ansatz nicht nur auf technologische Ideen, sondern verbindet diese mit neuen Produktfunktionalitäten, die durch die Einbindung von branchenfremden Unternehmen in den frühen Phasen des Innovationsprozesses identifiziert werden.

4. Suchmethode (Wie?): Bei der Suche nach Lösungsansätzen und möglichen Produktfunktionalitäten in fremden Branchen spielt die richtige Gestaltung der Suche eine wichtige Rolle: Bei offenen Ausschreibungen und Wettbewerben wendet sich das Unternehmen an eine geschlossene oder offene Community. Für komplexe Fragestellungen empfiehlt der INNOWAVE-Ansatz eine überschaubare Anzahl an bekannten Akteuren. Das suchende Unternehmen sollte in solchen Fällen gemeinsam mit dem Zielunternehmen aktiv nach neuen Ideen suchen.

DER INNOWAVE-PROZESS

Der INNOWAVE-Prozess besteht aus zwei Hauptphasen, die jeweils in fünf Teilschritte gegliedert

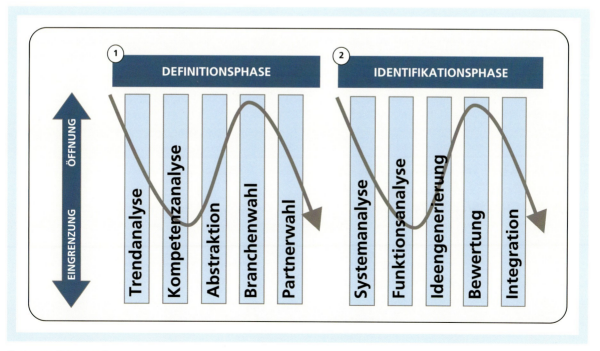

1 *Der INNOWAVE-Prozess.*

sind (Abb. 1). In der Definitionsphase geht es darum, den Projektgegenstand festzulegen sowie branchenfremde Zielunternehmen zu definieren. In der darauf folgenden Identifikationsphase stehen die Generierung und die Ausgestaltung von Transferideen im Mittelpunkt. Beide Phasen verlaufen ähnlich: Ein breites Lösungsfeld wird zunächst eingegrenzt, um es dann in einem Abstraktionsschritt wieder zu öffnen und somit die Anzahl der Erfolg versprechenden Lösungen zu vergrößern. Als Ergebnis beider Phasen erhält man somit die jeweils potenzialreichsten Alternativen. Der besondere Nutzen besteht in der zweimaligen Erweiterung des Lösungsraums.

EXTERNE WISSENSTRÄGER UND INTERNETBASIERTES SOURCING

Um Potenziale aus anderen Disziplinen und Branchen zu identifizieren, bedarf es neuer, frischer Perspektiven von einer Vielzahl von kreativen Köpfen und Experten. Daher setzt der INNOWAVE-Ansatz auf das Potenzial externer Wissensträger und neuer Internettechnologien. Je nach Problemstellung werden beispielsweise Lead User, Technologie- oder Marktexperten in die Ideengenerierung eingebunden und Social Media-Technologien eingesetzt.

INNOWAVE IN DER PRAXIS: VOM OPERATIONSSAAL IN DEN SPORTWAGEN

Der INNOWAVE-Ansatz wurde erfolgreich mit der Dr. Ing. h.c. F. Porsche AG getestet. Um bekannte Denkmuster eigener Branchendogmen zu durchbrechen, hat Porsche neue Wege beschritten und gemeinsam mit dem Fraunhofer IAO ein Projekt mit dem Ziel initiiert, in anderen Branchen Innovationsideen zu identifizieren. Diese bewusste Öffnung der Innovationsprozesse und die Einbindung von branchenfremden Unternehmen nach dem INNOWAVE-Ansatz des Fraunhofer IAO führte die Projektpartner in die Medizintechnik, genauer gesagt in den Operationssaal.

Mit den Anregungen aus dem OP-Umfeld hat das Projektteam Konzepte entwickelt, die – richtig umgesetzt – auch aus Sicht des Sportwagenherstellers einen neuen Produktnutzen darstellten. So bot beispielsweise eine im OP-Saal eingesetzte Bildverarbeitungstechnologie neue Produktfunktionalitäten hinsichtlich der Erfassung von Fahrbahnbeschaffenheiten. Darüber hinaus dienten Technologien zur intelligenten Anpassung der OP-Bildschirme an die jeweilige Aufgabe als Impuls für neue Konzepte im Bereich »Cockpitvariabilität«. Der INNOWAVE-Ansatz ermöglichte es so, kreative Seitensprünge systematisch zu verwirklichen.

LITERATUR

Brunswicker, S.; Hutschek, U.: Kreative Seitensprünge in den frühen Innovationsphasen: Innovationspotenzial anderer Branchen erfolgreich finden und nutzen. White Paper, Fraunhofer IAO, Stuttgart, 2010.

Chesbrough, H. W.; Vanhaverbeke, W.; West, J. (Hrsg.): Open Innovation – Researching a New Paradigm. Oxford: Oxford University Press, 2006.

Enkel, E.; Gassmann, O.: Neue Ideenquellen erschließen – Die Chancen von Open Innovation. In: Marketing Review St. Gallen, Heft 2, 2009, S. 6-11.

Huston, L.; Sakkab, N.: Inside Procter & Gamble's New Model for Innovation. In: Harvard Business Review, Heft 3, 2006, S. 58-66.

VORSPRUNG DURCH INNOVATION

MIT DEM INNOAUDIT® GEMEINSAM DIE INNOVATIONSFÄHIGKEIT STEIGERN

ANNE SPITZLEY, ALEXANDER SLAMA

Die Steigerung der Innovationsfähigkeit ist einer der wichtigsten Hebel für mehr Wachstum und Profit. Zur Stärkung der Innovationskraft der eigenen Region hat die IHK Lahn-Dill deshalb gemeinsam mit dem Fraunhofer IAO ein Innovationsforum für mittelständische Unternehmen ins Leben gerufen. Die teilnehmenden Firmen sind Baumann Maschinenbau Solms, C+P Möbelsysteme, Elkamet Kunststofftechnik, Hailo, HEDRICH vacuum systems, Klingspor, LTi DRiVES GmbH sowie Reinhard Bretthauer.

Die teilnehmenden Unternehmen treffen sich regelmäßig zu gemeinsamen Workshops sowie zum Austausch über Innovationsthemen. Die Expertinnen und Experten des Fraunhofer IAO moderieren diese Innovationsworkshops und vermitteln die neuesten Erkenntnisse aus der angewandten Forschung.

Weiterhin analysiert das Fraunhofer IAO die Innovationsfähigkeit jedes einzelnen teilnehmenden Unternehmens mit der Benchmarking-Methodik InnoAudit®. Das InnoAudit® bietet eine systematische Messung, Bewertung und Steigerung der Innovationsfähigkeit von Unternehmen. Darüber hinaus kann durch den dabei ermittelten InnoScore® das eigene Ergebnis mit dem der Unternehmen der Benchmarking-Datenbank oder mit dem der anderen Unternehmen des Innovationsforums verglichen werden.

DURCHFÜHRUNG DES INNOAUDITS®

Zur Messung der Innovationsfähigkeit des Unternehmens wird zunächst ein Stärken-Schwächen-Profil erstellt. Dazu werden Experteninterviews mit ausgewählten Beschäftigten verschiedener Unternehmensbereiche geführt. Die Interviews orientieren sich an den neun Gestaltungsfeldern für exzellentes Innovationsmanagement, die in Abb. 1 dargestellt sind. Das Modell basiert auf dem EFQM-Modell for Business Excellence, das eine breite Sichtweise im Hinblick auf Organisationen ermöglicht. Die vom Fraunhofer IAO entwickelte Innovationskarte erlaubt erstmals die ganzheitliche Identifikation

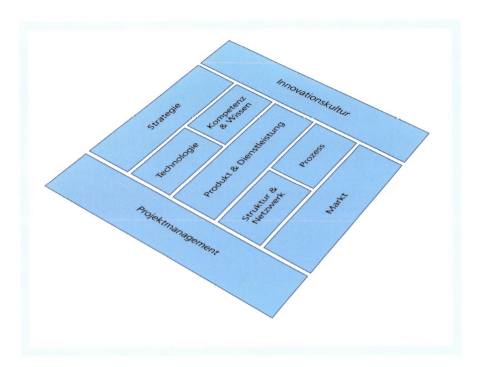

1 *Die neun Gestaltungsfelder der Innovationskarte.*

und Strukturierung der entscheidenden Stellgrößen für mehr Innovativität. Vor allem die Fähigkeit, radikale beziehungsweise disruptive Innovationen hervorzubringen wird mit dieser Karte ermöglicht, denn die kollektive Intelligenz aller dafür relevanten Bereiche wird aktiviert und berücksichtigt. Bei der Unternehmensanalyse wird das Zusammenspiel aus Market-Pull und Technology-Push durch die Felder Strategie, Technologie, Produkt und Markt untersucht. Die Felder Kompetenz & Wissen, Struktur & Netzwerk und Innovationskultur adressieren die Aspekte Neuheitsgrad einer Innovation und das Entstehen von Innovationen an Grenzflächen von Wissensdomänen. Die Fähigkeiten zur Komplexitätsbeherrschung werden in den Feldern Prozess und Projektmanagement betrachtet.

Durch die Analyse der Interviews erhält das Unternehmen mit dem InnoScore® einen Wert für die eigene Innovationsfähigkeit. Neben dieser Gesamtbewertung bekommt das Unternehmen außerdem eine Bewertung für jedes Gestaltungsfeld. So können dem Unternehmen die Bereiche aufgezeigt werden, die es verbessern kann, wie auch jene Bereiche, in denen seine besonderen Stärken liegen.

DER VERGLEICH MIT DEN BESTEN

Durch das spezifizierte Berechnungsschema und das standardisierte Indikatorenbündel ist neben der Bewertung der eigenen Innovationsfähigkeit auch ein Vergleich mit anderen Unternehmen möglich. Für diesen Vergleich liegen die Werte besonders innovativer Mitgliedsunternehmen des VDMA (Verband Deutscher Maschinen- und Anlagenbauer) und des ZVEI (Zentralverband Elektrotechnik und Elektronikindustrie) vor. Die Vergleichsgruppe kann frei nach Unternehmensgröße und Branche gewählt werden. Als Teilnehmer des IHK-Innovationsforums ist es für die Unternehmen außerdem möglich, sich selbst mit den anderen Teilnehmern zu vergleichen.

In der Abb. 2 wird das Stärken-Schwächen-Profil eines Beispiel-Unternehmens dargestellt.

Die Bewertung der Innovationsfähigkeit des Beispiel-Unternehmens wird dabei insgesamt wie auch in den einzelnen Gestaltungsfeldern einer Vergleichsgruppe gegenübergestellt.

Ein grüner Performance-Balken zeigt dem Unternehmen, dass es über dem Wert der Vergleichsgruppe liegt. Ein roter Performance-Balken zeigt an, dass das Unternehmen unter dem Wert der Vergleichsgruppe liegt und somit ein hoher Handlungsbedarf in diesem Bereich besteht. Zusätzlich zum Stärken-Schwächen-Profil erhält das Unternehmen eine anonymisierte Zusammenfassung aller geführten Gespräche, die auf Wunsch im Kreis aller interviewten Personen präsentiert wird und Gelegenheit zur unternehmensinternen Diskussion der Ergebnisse bietet. Zur Steigerung der eigenen Innovationsfähigkeit wird das sich ergebende Stärken-Schwächen-Profil durch erste Handlungsempfehlungen und herausragende Beispiele aus der industriellen Praxis ergänzt.

GEMEINSAM AUS DEN ERGEBNISSEN LERNEN

Die Vorteile des InnoAudits® und die Durchführung im Rahmen eines Innovationsforums sind zahlreich. Durch das InnoAudit® erhalten die Unternehmen systematisch Transparenz über die Stärken und Schwächen ihrer Innovationsfähigkeit. Es wird zum einen aufgezeigt, wo das Unternehmen im Vergleich zur Branche steht. Zum anderen werden auf das Unternehmen zugeschnittene Handlungsempfehlungen zur Steigerung der Innovationsfähigkeit entwickelt. Dadurch werden die Unternehmen befähigt, zuverlässiger erfolgreiche Neuerungen hervorzubringen, wodurch sie ihre Wettbewerbsfähigkeit und ihren Profit deutlich steigern können. Neben der Diskussion im eigenen Unternehmen haben die Teilnehmer darüber hinaus die Gelegenheit, sich im Rahmen des Innovationsforums mit den anderen Unternehmen gezielt über die Ergebnisse des InnoAudits® auszutauschen. Dies bietet die Möglichkeit, sich gegenseitig von der eigenen Praxis

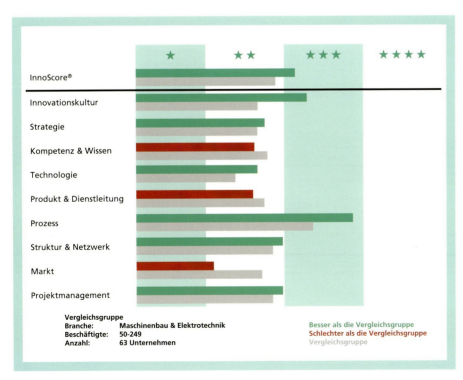

2 *Das InnoAudit® liefert ein Stärken-Schwächen-Profil mit Benchmark.*

zu berichten und so voneinander zu lernen. Neben dem Austausch und der Vernetzung der Teilnehmer werden gemeinsam mit dem Fraunhofer IAO innovationsrelevante Themen erarbeitet. Die Expertinnen und Experten des Fraunhofer IAO begleiten die Workshops mit Fachvorträgen und moderieren den Erfahrungsaustausch der Teilnehmenden.

Die Themen der Innovationsworkshops werden durch den Bedarf sowie die Interessen der teilnehmenden Unternehmen bestimmt. Eines der Themen ist die »Beschleunigung von Innovationsprozessen und Innovationsprojektmanagement«. Dabei werden typische Beschleunigungspotenziale in Innovationsprojekten aufgezeigt und Maßnahmen zur Verkürzung erarbeitet. Nach Einschätzung der Teilnehmer kann der Innovationsprozess durch die prozessorientierte Ausrichtung der Aufbaustruktur enorm verkürzt werden. Viele Unternehmen haben in den letzten Jahren ihre Prozesse deutlich verbessert, aber ihre Struktur noch nicht daran angepasst. Weiteres Beschleunigungspotenzial sehen die Teilnehmer im Projektmanagement. Entlang der Innovationspipeline sind die einzelnen Projekte klar zu priorisieren und an die Beteiligten zu kommunizieren.

Ein weiterer Workshop behandelt neue Werkzeuge und Methoden für das »Technologiemanagement«, wie z. B. Technologieroadmapping, TechnologieRadar, Ressourceneffizienzanalyse und White-Spot-Analyse für Patente.

Den Abschluss bilden die Themen »Kundenmanagement und Open Innovation«. Dabei werden neueste Studienergebnisse zu den Vorteilen der vernetzten Wertschöpfung sowie erfolgreiche Ansätze zum Öffnen des Innovationsprozesses und zum Einbinden von Kunden durch Customer-Relationship-Management vorgestellt. Ganz im Sinne von Open Innovation bietet das Innovationsforum gute Möglichkeiten, sich zu vernetzen.

STATEMENTS

Ralf Hedrich, Geschäftsführer, HEDRICH vacuum systems

»Uns hat sowohl die Mitarbeit im Innovationsforum als auch der Austausch mit den anderen Teilnehmern außerordentlich viel gebracht. Es war ein voller Erfolg.«

Jürgen Rühl, Leiter Technologiemanagement und Patentwesen, LTi DRiVES GmbH

»Durch das InnoAudit hat sich unser Blick für mögliche Verbesserungen im Innovationsprozess geschärft. Und gerade das ist für uns ein wichtiges Ergebnis.«

DAS INNOVATIONS-POTENZIAL VON DIVERSITY

NEUE PRODUKTE DURCH KUNDENGRUPPENMANAGEMENT

ANNE SPITZLEY, PETER OHLHAUSEN

Um seinen Markterfolg nachhaltig zu sichern, muss ein Unternehmen schneller ans Ziel gelangen als seine Konkurrenz. Entsprechend muss ein Unternehmen neue Produkte und Dienstleistungen schnell und erfolgreich am Markt platzieren. Um dies zu ermöglichen, müssen in allen Phasen des Innovationsprozesses optimale Bedingungen geschaffen werden. Der Schlüssel dazu liegt jedoch nicht nur in der gezielten Steuerung der Faktoren, die die Innovationsfähigkeit eines Unternehmens bestimmen, sondern auch im Einsatz der Fähigkeiten aller Beschäftigten. Die Nutzung des Potenzials von Frauen, älteren Mitarbeiterinnen und Mitarbeitern oder Beschäftigten unterschiedlichster Herkunft bedeutet für ein Unternehmen mehr kreative Ideen, erweiterte Blickwickel und neue Herangehensweisen. Dies führt nicht nur zu verbesserten Entscheidungen und Entwicklungen, sondern insgesamt zu einer besseren Nutzung der Innovationschancen, zu einer offeneren Innovationskultur, zu mehr innovativen Produkten und damit letztlich zu mehr Wachstum.

DIVERSITY, DIVERSITÄT UND VIELFALT

Der englische Begriff »Diversity« beschreibt gleichzeitig die Verschiedenheit, Ungleichheit, Andersartigkeit, Heterogenität, Individualität oder auch Vielfalt der Menschen. Diversity meint damit das Phänomen, dass alle Menschen aufgrund zahlreicher Unterschiede einmalige Individuen sind. So ist jeder Mensch durch verschiedene Faktoren geprägt, die er selbst mehr oder weniger beeinflussen kann. Die demographischen Faktoren, die einem Menschen angeboren sind und kaum verändert werden können, bilden dabei die internen Dimensionen. Neben diesen internen Dimensionen wird jede Persönlichkeit durch weitere Faktoren des täglichen Lebens beeinflusst. Die verschiedenen Dimensionen von Diversity sind in Abb. 1 zu sehen.

Um die Vielfalt bzw. Diversity zu nutzen, bedarf es spezieller Lenkung und Führung – sprich einem

1 *Dimensionen von Diversity.*

Management der Vielfalt. Diversity Management als Instrument der Unternehmensführung beschreibt dabei die Gesamtheit der Maßnahmen, die dazu führen, dass Unterschiedlichkeiten in und von einer Organisation anerkannt, wertgeschätzt und als positive Beiträge zum Erfolg genutzt werden. Dies beschränkt sich nicht nur auf die Personen im Unternehmen, es schliesst auch die Kundinnen und Kunden der Produkte und Dienstleitungen mit ein.

DER NUTZEN VON DIVERSITY

Angesichts unterschiedlicher Geburtenraten und weiterer Migration gehen Experten davon aus, dass sich die ethnisch-kulturelle Vielfalt in Deutschland in ca. 20 Jahren verdoppeln wird und damit ungefähr der heutigen US-amerikanischen Situation entsprechen wird. Je vielfältiger eine Belegschaft ist, desto höher sind die Kosten für eine mangelnde Integration und Einbindung. Zum einen wird das Potenzial dieser Arbeitskräfte nicht in vollem Maße ausgeschöpft und zum anderen geht ein nicht unerheblicher Anteil an Arbeitsenergie, der für die Leistungserstellung genutzt werden könnte, durch Demotivation und durch den Zwang zur Anpassung verloren.

Damit Unternehmen in einer immer stärker durch Vielfalt geprägten Welt bestehen können, muss nicht nur eine Sensibilisierung gegenüber anderen Kulturen durch Steigerung der Wahrnehmung und Wertschätzung anderer Kulturen stattfinden, sondern auch eine Nutzung kultureller Unterschiede. Das Schaffen einer von Offenheit und Respekt geprägten Unternehmenskultur kann dem

Unternehmen helfen, den Trends der globalen Welt gerecht zu werden und auf Veränderungen der Umwelt flexibel zu reagieren.

Unternehmen sehen sich jedoch nicht nur mit einer immer vielfältigeren Belegschaft konfrontiert, sondern auch mit einer vielfältiger werdenden Kundschaft. Durch die zunehmende Globalisierung und zunehmende Internationalisierung der Märkte werden Unternehmen immer häufiger mit anderen Kulturen und damit neuen Herausforderungen konfrontiert. Dabei kann das Leben von Multikulturalität im Inneren einer Organisation zu einer besseren Zusammenarbeit mit anderen Ländern und Kulturen führen sowie letztendlich auch zu besseren, d.h. marktfähigeren Produkten. Wenn die Beschäftigten gelernt haben, kulturelle Vielfalt positiv zu würdigen und auch mit Menschen, die anders sind als sie selbst, vorurteilsfrei und konfliktfrei zusammenzuarbeiten, erleichtert dies das Einstellen auf eine vielfältige oder bislang unbekannte Kundschaft.

So sind einer Entwicklerin die Bedürfnisse von weiblichen Kunden in ganz anderer Weise bewusst als einem männlichen Entwickler. Und ein Entwickler mit ähnlichem kulturellem Hintergrund, wie die Kunden des neu zu erschließenden Markts, bringt andere Erfahrungen mit als sein deutscher Kollege. Entsprechend wird die Entwicklung für den neuen Markt geeigneter sein und größeren Markterfolg haben. Diese Erfahrungen sowie ein Verständnis für die Kultur im Absatzmarkt und das Beherrschen der Landessprache spielen auch bei der Kenntnis über die Wettbewerbssituation und die Akteure im Absatzmarkt eine Rolle.

DIVERSITY IN DER PRODUKTENTWICKLUNG

Bei dem Unternehmen handelt es sich um ein mittelständisches Unternehmen, das Leiternprodukte entwickelt, fertigt und vertreibt. Sowohl die Entwicklung als auch die Fertigung findet an den Standorten in Deutschland statt. Aufgrund der vollautomatisierten Fertigung und Logistik werden vor allem angelernte Arbeitskräfte beschäftigt.

Das Unternehmen sieht sich mit einem gesättigten Markt konfrontiert. Neben den traditionellen bekannten Markenherstellern drängen auch immer mehr Hersteller aus Niedriglohnländern auf den europäischen Markt. Bislang fand beim Unternehmen wie auch bei allen anderen Herstellern der Branche keine Differenzierung der Kundengruppen statt. Die Kunden wurden als homogene Masse betrachtet. Die Produkte wurden deshalb nur für verschiedene Anwendungsmöglichkeiten nach Leiternlänge variiert.

Um weiterhin am Markt bestehen zu können, will das Unternehmen weiter wachsen. Aufgrund der starken Marktsättigung kann ein Ausbau der Marktanteile jedoch nur über neue und innovative Produkte erfolgen. Aus strategischen Gründen hat das Unternehmen sich deshalb dafür entschieden, seine Kundengruppen zu differenzieren und kundengruppenspezifische Produkte anzubieten. Die verschiedenen Kundengruppen sollen nicht nur identifiziert werden. Vielmehr soll ein nachhaltiges Verständnis für kundengruppenspezifisches Verhalten aufgebaut und in den Produktentwicklungsprozess integriert werden. Die Leitfragen sind dabei: Gibt es Unterschiede im Nutzungsverhalten in Bezug auf das Geschlecht oder das Alter des Kunden? Wird das Produkt z.B. in Italien anders genutzt als in Deutschland?

Kunde, Kundin und der Markt

Das Verständnis für das Nutzungsverhalten verschiedener Kundengruppen konnte durch Marktbefragungen und besonders gut durch persönliche Gespräche gewonnen werden. Dabei stellte sich heraus, dass Kundinnen beim Kauf vor allem auf ein niedriges Gewicht, gute Handhabbarkeit und ein ansprechendes Design achten. Männliche Kunden bevorzugen große Produkte im Sinne eines Statussymbols. Beim Kauf wählen sie bevorzugt die Variante, die sich am weitesten ausziehen lässt – egal ob diese Länge benötigt wird oder nicht. Auch bei der Betrachtung des Nutzungsverhaltens verschiedener Nationen ergaben sich Unterschiede. Stereotypisiert ergibt sich folgendes Bild: Ein schwäbischer Streuobstwiesenbesitzer pflegt seine Produkt und verwahrt es sorgfältig in seinem Gartenhaus. Wenn das Produkt in einem süditalienischen Olivenhain zum Einsatz kommt, muss es den Witterungsbedingungen trotzen und möglichst durch ein Schloss vor Diebstahl geschützt werden. Aus diesen Erkenntnissen ergeben sich unterschiedliche Anforderungen an die Entwicklung und Produktion.

Die aus den Gesprächen und der Marktbefragung abgeleiteten Anforderungen wurden in einem modifizierten Lastenheft formuliert. Die Anforderungen werden von der Produktentwicklung über die Produktion bis zur Vermarktung herangezogen. Somit werden die Produkte nicht nur für die spezifischen Kundengruppen entwickelt, sondern es werden auf die Kundengruppen abgestimmte Marketing- und Vertriebswege gefunden.

Arbeitsalltag und Auswirkungen der Differenzierung

Die Umstellung des Produktportfolios auf differenzierte Kundengruppen hat einige Veränderungen im Unternehmen mit sich gebracht. So wurde als Folge der Differenzierung die bisherige Lagerfertigung weitgehend auf »production on demand« umgestellt. Entsprechend wird nur noch auf Bestellung produziert, was zu einer starken Verkleinerung der Lagerbestände und somit auch der Lagerhaltungskosten geführt hat.

Weiterhin wurde eine Flexibilisierung der Fertigung und der Fertigungslogistik notwendig. Außerdem erhöhte sich die Komplexität in der Logistikplanung und der Logistikabwicklung. Neben den bislang vor allem angelernten Arbeitskräften werden nun für die höherwertigen Arbeitsplätze in der Produktion und Logistik vor allem Facharbeiter eingestellt.

Um die Anforderungen der spezifischen Kundengruppen nicht aus den Augen zu verlieren, wird der Kontakt zum Kunde gehalten und kontinuierlich ausgebaut. Die Kunden werden dafür systematisch und frühzeitig in den Produktentwicklungsprozess mit einbezogen. Das Unternehmen führt zu diesem Zweck Innovationsworkshops mit den Hauptkunden durch und testet seine Muster und Prototypen mit ausgewählten Kunden. Darüber hinaus wird der Kontakt zu Kunden durch Messen, vor allem aber durch persönliche Gespräche gehalten.

FAZIT

Durch die Differenzierung der Produkte nach verschiedenen Kundengruppen konnte das Unternehmen seinen Marktanteil trotz des gesättigten Markts ausbauen. Neben der erstklassigen Qualität seiner Produkte unterscheidet das Unternehmen sich nun auch noch durch seine kundengruppenspezifische Entwicklung und Vermarktung von der No-Name-Konkurrenz und den Herstellern aus Niedriglohnländern. Diese Sicherung der Marktposition wiegt die Kosten der notwendigen Flexibilisierung mehr als auf. Das Unternehmen ist durch seine neuen und innovativen Produkte besser für die Zukunft gerüstet. Es kann durch seine hervorragenden Kontakte zu seinen Kunden auf die sich ändernden Wünsche und Anforderungen seiner vielfältigen Kundschaft schnell und gezielt reagieren.

TEXT-MINING

DIE STETIG WACHSENDE INFORMATIONSFLUT BEWÄLTIGEN

YVONNE SIWCZYK, NGUYEN-TRUONG LE

Täglich nimmt die Menge an Informationen und Wissen unaufhaltsam zu, die als Basis für Analysen im Innovations- und Technologiemanagement dient. Eine manuelle Auswertung der Daten wird immer aufwendiger und zeitintensiver, weshalb eine Zuhilfenahme von IT-Unterstützung und damit Text-Mining-Methoden immer unerlässlicher wird. Wie solche Methoden am Fraunhofer IAO erfolgreich eingesetzt werden, zeigen die folgenden zwei Beispiele.

IT-GESTÜTZTE WHITE-SPOT-ANALYSE

Mit Patentinformationen FuE-Potenziale aufdecken

Patente sind nicht nur ein wertvolles Instrument, um das eigene Know-how gegen Wettbewerber abzusichern. Immer häufiger werden Patente von Unternehmen regelmäßig als Informationsquelle für neue Produktideen oder Weiterentwicklungen genutzt. Denn nahezu jedes Patent beinhaltet die detaillierte Beschreibung einer Erfindung, die ein technisches Problem löst. Diesen Tatbestand macht sich die IT-gestützte White-Spot-Analyse des Fraunhofer IAO zunutze: Patente innerhalb eines Technologiesektors werden auf unpatentierte Lücken und damit Entwicklungspotenziale hin untersucht, d.h. auf mögliche, nicht patentierte Lösungen verschiedenster Problemstellungen. Damit lässt sich die White-Spot-Analyse nutzen, um beispielsweise Lösungsideen für eigene Problemstellungen zu identifizieren, denn nicht immer muss das Rad neu erfunden werden. Zusätzlich können mit Hilfe der Methode neue Anwendungsfelder für eigene Lösungen ermittelt werden.

Für eine solche Analyse werden jedoch meist hunderte oder gar tausende von Patenttexten benötigt, um eine verlässliche Aussage treffen zu können. Daher wurde vom Fraunhofer IAO in Kooperation mit der TEMIS Deutschland GmbH eine Text-Mining-Lösung entwickelt, die gezielt Patenttexte analysiert: die Patent Skill Cartridge™ nutzt die gute Strukturierung von Patenttexten und erfasst anhand von Keyphrasen die im Text beschriebenen Probleme und Lösungen und stellt diese für eine

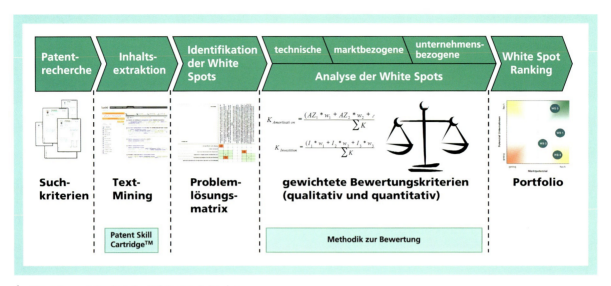

1 *Vorgehensweise bei der White-Spot-Analyse.*

weitere Analyse zur Verfügung. Beispielsweise kann nach der Phrase »unvorteilhaft bei bestehenden Ausführungen« mit sehr hoher Wahrscheinlichkeit eine Problemstellung beschrieben werden, weshalb eine Erfindung getätigt wurde. Ebenso werden nach der Phrase »erfindungsgemäß wird die Aufgabenstellung dadurch gelöst« wesentliche Kernelemente der Erfindung beschrieben. Eine Vielzahl solcher Keyphrasen lassen sich allgemein und unabhängig von der jeweiligen Technologie in Patentschriften finden und die Patent Skill Cartridge™ wächst mit jedem neuen Patent um weitere Phrasen an. Die Abb. 1 zeigt im Detail die einzelnen Schritte der White-Spot-Analyse des Fraunhofer IAO.

Es werden systematisch die Patente eines Technologiebereichs auf ihre beschriebenen Lösungen und Probleme untersucht und sogenannte White Spots, also »weiße Flecken«, auf der Patentlandkarte aufgedeckt. Die Patentlandkarte ist dabei eine Matrix, erstellt aus der Gegenüberstellung von beschriebenen Lösungen und zugehörigen Problemstellungen. Pro Patent lässt sich mindestens eine Problemlösungskombination ermitteln, die mindestens ein Feld in der Matrix belegt. Alle leeren Felder, also die White Spots, stellen neue Problemlösungskombinationen dar, die sich aus der Gegenüberstellung der Parameter ergeben. Bei den White Spots handelt es sich, wie beschrieben, um nicht patentierte Ideen mit Potenzial für eigene Weiter- oder Neuentwicklungen. Jedoch bieten nicht alle White Spots automatisch ein großes Entwicklungspotenzial und sind es gleichermaßen wert, umgesetzt zu werden. Um abschätzen zu können, welche Potenziale sich für ein Unternehmen bieten, muss jeder White Spot im ersten Schritt auf seine technische Machbarkeit geprüft werden. Ist die technische Machbarkeit gegeben, werden im nächsten Schritt das Marktpotenzial sowie mögliche Trends in den relevanten Marktsegmenten untersucht. Nach erfolgter technischer und marktbezogener Bewertung werden abschließend die Ressourcen analysiert, die zur Umsetzung der White Spots bis zu einem marktreifen Produkt zur Verfügung stehen. Denn, was nützt die beste Idee, wenn das entsprechende Know-how und die notwendige Infrastruktur fehlen, um sie wirtschaftlich sinnvoll umzusetzen?

Mit Hilfe der IT-gestützten White-Spot-Analyse des Fraunhofer IAO erhalten Unternehmen einen Überblick über mögliche Handlungsfelder für die Forschung und Entwicklung. Sie können frühzeitig Marktpotenziale realisieren und auf Technologietrends reagieren. Zusätzlich profitieren Unternehmen von einem Überblick über die Akteure und damit über die Wettbewerbssituation in den relevanten Technologiebereichen.

BIOPS®

Suchwerkzeug im Ideenreservoir der Natur

Unternehmen, die eine Spitzenposition auf dem globalen Markt anstreben, müssen systematisch nach neuen Produktideen Ausschau halten und innovative Entwicklungsvorhaben schnell und effizient durchführen. Ein Weg, um diese beiden Ziele zu erfüllen, ist der Ansatz, Ideen der Natur in technische Lösungen zu übertragen.

Die Natur ist ein unerschöpflicher Ideengeber für die Entwicklung innovativer technischer Produkte und Verfahren. Expertenschätzungen zu Folge sind über 95 Prozent der Vorlagen aus der Natur noch nicht erschlossen. Dementsprechend groß ist das Potenzial, neue, biologie-inspirierte Ansätze zu finden.

Um dieses vorhandene Potenzial zu erschließen, kann die Biologiefachliteratur genutzt werden.

Jedoch sind die in den Biologiedatenbanken hinterlegten Informationen sehr von der biologischen Sprache geprägt. Ein Ingenieur, der Bremssysteme entwickelt, muss die in der Biologie vergleichbaren Begriffe kennen. Um Ingenieuren den Zugang zum enormen Lösungspotenzial der Natur zu erleichtern, hat das Fraunhofer IAO mit dem Werkzeug BIOPS® ein Technik-Biologie-Wörterbuch entwickelt. BIOPS® steht dabei als Akronym für BIOlogy inspired Problem Solving (Biologie-inspiriertes Problemlösen).

Kern dieses Werkzeugs ist ein umfangreiches Technik-Biologie-Wörterbuch mit ca. neun Millionen Begriffen, das mittels statistischer und linguistischer Verarbeitung mehrerer Millionen Dokumente erstellt wurde. Mithilfe dieses Wörterbuchs kann der Nutzer Suchbegriffe der Technik eingeben. Das Tool ermittelt daraus relevante Lösungsideen der Biologie. Über die Verlinkungen mit Literaturdatenbanken kann der Nutzer dann nach weiterführenden Informationen recherchieren.

BIOPS® wird in der jetzigen Testphase sowohl Fraunhofer-intern als auch von einigen Lead-Usern aus der Industrie für Projekte unterschiedlicher Themenfelder eingesetzt. Alexander Karos, Gruppenleiter am Fraunhofer-Institut für Grenzflächen- und Bioverfahrenstechnik IGB berichtet: »Das Werkzeug

2 *Finden von Lösungsideen der Natur mit dem Werkzeug BIOPS®.*

ist besonders hilfreich, um festgefahrene Denkmuster aufzubrechen. Besonders wertvoll ist der Einsatz von BIOPS® im Team-Meeting. Das Werkzeug liefert neue Denkanstöße und regt dadurch die Diskussion des Teams an.«

Auch Martin Werner, Konzeptentwickler bei der Daimler AG, ist vom Nutzen dieses Suchwerkzeugs überzeugt: »Das Tool ist einfach zu bedienen und liefert ausgewählte Informationen als Quelle potenzieller Konzeptideen. Für den engagierten Ingenieur oder Designer eine wichtige Hilfe, wenn es darum geht, in kurzer Zeit unkonventionelle Lösungen zu finden.«

Mit dem Suchwerkzeug BIOPS® des Fraunhofer IAO haben Unternehmen ein neues Werkzeug in der Methoden-Toolbox des modernen Innovationsmanagements, um neue Ideen für innovative Produkte zu finden. Das Werkzeug soll in Projekten zur Findung neuer Produkt- oder Lösungsideen eingesetzt werden, die das Fraunhofer IAO im Auftrag von Industrieunternehmen durchführt.

Hierbei wird neben der Projektarbeit die optimale Anwendung des Suchwerkzeugs an die Mitarbeiter des Unternehmens vermittelt. Bei Bedarf kann das Suchwerkzeug auf die spezifischen Anforderungen jedes einzelnen Unternehmens angepasst werden. Auf diese Weise wird der maximale und nachhaltige Wissenstransfer gewährleistet.

LITERATUR

Spath, D. (Hrsg.); Siwczyk, Y.: »IT-gestützte White-Spot-Analyse – Potenziale von Patentinformaionen am Beispiel Elektromobilität erkennen«, Fraunhofer Verlag, 2010.

WEITERE INFORMATIONEN

www.nature4innovation.com

TECHNOLOGIE-ROADMAP

OBERFLÄCHEN- UND BESCHICHTUNGSTECHNOLOGIEN FÜR HAUSHALTSGERÄTE

SVEN SCHIMPF, MEHMET KÜRÜMLÜOGLU, JUDITH FINGER

Die Firma Arçelik A.Ş. gehört zur KOC Gruppe und ist mit mehr als 18 000 Mitarbeitern einer der weltweit führenden Hersteller von Haushaltsgeräten mit Produktionsanlagen in der Türkei, Rumänien, China und Russland. In Europa ist Arçelik A.Ş. der drittgrößte Anbieter, unter anderem mit den Marken Blomberg, Elektra Bregenz, Grundig und Beko. Im Forschungs- und Entwicklungszentrum in Tuzla, Istanbul arbeiten mehr als 800 Mitarbeiter, um die Produkte beständig entsprechend der Vision »Respect to Globe, Respect Globally« auf dem aktuellsten Stand der Technik zu halten und weiter zu entwickeln.

Für Haushaltsgeräte spielt der Bereich der Oberflächen- und Beschichtungstechnologien eine wesentliche Rolle, da sich durch das äußere Erscheinungsbild die wahrgenommene Wertigkeit der Produkte maßgeblich beeinflussen lässt. Darüber hinaus sind die Oberflächen zum Teil extremen Belastungen durch hohe Temperaturen oder Reinigungsmittel ausgesetzt und sollen durch eine relativ lange Produktlebenszyklusdauer eine lange Zeit beständig sein. Durch die zunehmende Wettbewerbsintensität im Bereich von Haushaltsgeräten, vor allem aus Asien, gewinnt der Einsatz neuester Produkt- und Produktionstechnologien zunehmend an Bedeutung. Im Rahmen der integrierten Technologieplanung bei Arçelik A.Ş. galt es daher, relevante Technologien im Zeithorizont einzuordnen, um deren kurz- und mittelfristigen Einsatz sowie mittel- und langfristige Entwicklungsprojekte zu planen.

Um beim Aufbau und der Implementierung von Technologie-Roadmaps eine möglichst breite Perspektive abzudecken, wurde das Fraunhofer IAO als Vermittler zwischen Arçelik A.Ş. und verschiedenen europäischen Forschungseinrichtungen sowie aufgrund der fundierten Kompetenz im Bereich der Technologieplanung mit der Durchführung eines gemeinsamen Projekts beauftragt. Ziele des Projekts waren sowohl die Identifikation relevanter Techno-

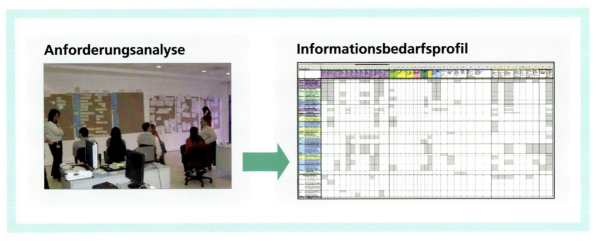

1 *Anforderungsanalyse auf Basis relevanter Märkte, Produkte und Technologien.*

logien als auch deren Bewertung und Einordnung in Technologie-Roadmaps zur verbesserten Planung von FuE- und Produktmanagement-Aktivitäten bei Arçelik A.Ş. Um diese Ziele zu erreichen, wurde die Vorgehensweise in drei Module untergliedert:

1. Anforderungsanalyse – »Worin bestehen die Anforderungen an Oberflächentechnologien für Haushaltsgeräte bei Arçelik A.Ş.?«

2. Technologieanalyse – »Welche Technologien können die Anforderungen von Arçelik A.Ş. heute und in der Zukunft erfüllen?«

3. Implementierung – »Wie werden relevante Technologien in der Technologie-, Produkt- und Programmplanung von Arçelik A.Ş. berücksichtigt?«

ANFORDERUNGEN AN OBERFLÄCHENTECHNOLOGIEN FÜR HAUSHALTSGERÄTE

Um die Anforderungen zu identifizieren und damit den Rahmen für Technologie-Roadmaps bei Arçelik A.Ş. festzulegen, wurden relevante Produkte, Funktionalitäten sowie deren wichtigste Anforderungen an Technologiefelder in einem 2-Tages-Workshop überprüft und für das weitere Projekt festgelegt. Hierzu wurden Anforderungen aus den Bereichen Märkte, Produkte und Technologien berücksichtigt und im Bezug auf deren zukünftige Entwicklung überprüft. Darüber hinaus wurden Technologiefelder entsprechend des Informationsbedarfes von Arçelik A.Ş. kategorisiert, um Schwerpunkte für das Modul der Technologieanalyse festzulegen.

Als Ergebnis der Anforderungsanalyse wurden die identifizierten Technologien entsprechend der Relevanz für Arçelik A.Ş. priorisiert und durch mögliche Ansprechpartner aus Forschung und Industrie in einem Informationsbedarfsprofil ergänzt (siehe Abb. 1).

IDENTIFIKATION RELEVANTER TECHNOLOGIEN

Zur Identifikation weiterer relevanter Technologien wurde im ersten Teil des Moduls der Technologienanalyse in vorhandenen Informationsquellen wie Technologie-Markt-Studien, wissenschaftlichen Zeitschriften, Patenten und sonstiger Literatur recherchiert. Durch diese Recherche konnte die Anforderungsanalyse durch weitere relevante Technologien sowie durch mögliche Ansprechpartner ergänzt werden. Im nächsten Schritt wurde die Analyse vorhandener Informationsquellen durch Interviews mit ausgewählten Technologie-Experten erweitert. Hierzu wurden europaweit mehr als 20 Interviews durchgeführt und für die Auswertung entsprechend dokumentiert. Die Vernetzung des Fraunhofer IAO in der Fraunhofer-Gesellschaft sowie in der nationalen und internationalen Forschungslandschaft spielte eine wesentliche Rolle für die erfolgreiche Durchführung der Interviews. Insbesondere die branchenübergreifende Vernetzung ermöglichte die Einbindung hochrangiger Experten aus Forschungseinrichtungen und Industrie (z.B. Automobil, Stahlindustrie, Prozessindustrie).

Aus den Ergebnissen der Interviews wurden in einem nächsten Schritt die Ergebnisse in Technologie-Datenblättern zusammengefasst und einer Technologie-Funktions-Matrix integriert (siehe Abb. 2). Die Technologie-Datenblätter beinhalten sowohl Zusammenfassungen der Hauptmerkmale einer bestimmten Technologie als auch deren Bewertung bezüglich des Einsatzes bei Arçelik A.Ş. Die Übersicht über verschiedene Einsatzbereiche der Technologien in Bezug auf die benötigten Funktionen wurde dann durch die Erstellung der Technologie-Funktions-Matrix zur Verfügung gestellt.

TECHNOLOGIE-, PRODUKT- UND PROGRAMMPLANUNG

Für die Überleitung der Ergebnisse in Technologie-Roadmaps bei Arçelik A.Ş. war es notwendig, die Ergebnisse der Anforderungs- und Technologieanalyse in die interne Technologie-, Produkt- und Programmplanung einzubinden. Hierzu wurden in einem weiteren Workshop mit Teilnehmern aus der Forschung und Entwicklung und dem Management Kriterien zur Technologiebewertung ausgewählt sowie in fünf Hauptkriterien gewichtet und zusammengefasst. Über diese Bewertung hinaus wurden Technologien entlang der Zeitachse eingeordnet. Zusätzlich wurde sie entsprechend des technologischen Reifegrades als Gegenstand der Forschung und Entwicklung oder der Implementierung zugeordnet.

Die bewerteten Technologien inklusive der zeitlichen Einordnung wurden dann in Technologie-Roadmaps abgebildet (siehe Abb. 3). Durch die Verlinkung von

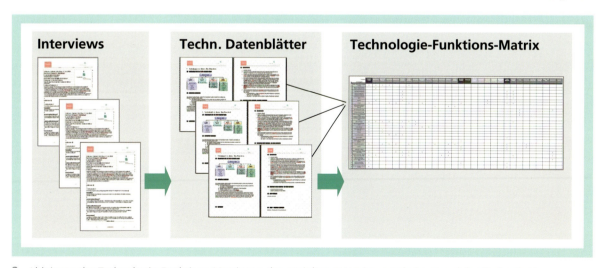

2 *Ableitung der Technologie-Funktions-Matrix aus den erzielten Interviewergebnissen und den Technologie-Datenblättern.*

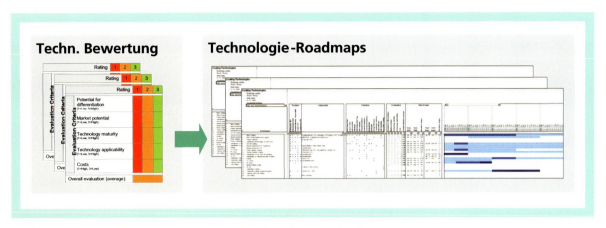

3 *Technologie-Bewertungsschema in der Arçelik A.Ş. Technologie-Roadmap.*

Technologie-Roadmaps mit technischen Bewertung und Technologie-Datenblättern konnte die Transparenz über technologische Entscheidungen sowie deren langfristige Aktualisierung maßgeblich gesteigert werden.

Zur Unterstützung der langfristigen Implementierung von Technologie-Roadmaps wurden abschließend Softwaresysteme zur IT-Unterstützung der Prozesse in der Technologie-, Produkt- und Programmplanung betrachtet und Empfehlungen ausgesprochen.

FAZIT

Durch die Entwicklung von Technologie-Roadmaps im Bereich Oberflächentechnologien für Haushaltsgeräte konnte die Programm-, Produkt- und Technologieplanung bei Arçelik A.Ş. durch ein strukturiertes Informations- und Planungsinstrument ergänzt werden. Das Ziel einer verstärkten Zusammenarbeit mit europäischen Industrie- und Forschungseinrichtungen wurde über die Nutzung des Fraunhofer-Netzwerks mit einem langfristigen Zeithorizont in die Wege geleitet. Der Nutzen des Projekts liegt jedoch nicht nur in der Implementierung eines bestimmten Instruments der Technologieplanung, sondern auch in der transparenten Kommunikation mit Technologie-Experten sowie einer verstärkten Vernetzung im europäischen und weltweiten Forschungsnetzwerk. Durch den regelmäßigen Kontakt und Austausch von Informationen im Bezug auf Anforderungen und neue technologische Möglichkeiten können Chancen besser genutzt werden und neue Entwicklungen frühzeitig in die Programm-, Produkt- und Technologieplanung einfließen.

INTERVIEW

MIT DEN MANAGERN DER ARÇELIK A.Ş.

Mrs. Iffet Iyigün Meydanlı,
R&D Systems Development Manager, Arçelik A.Ş., Türkei

Mr. Fatih Özkadı,
R&D Manager, Arçelik A.Ş., Türkei

Fraunhofer IAO *What was major motivation for Arçelik A.Ş. to start a project about Technology Roadmapping?*

Arçelik A.Ş. The major motivation for Arçelik was first of all the preparation of a long term vision for technology planning. As a R&D department, long term technology planning and integration are critical success factors for making the right decisions on investments and the development of specific products or technologies. Furthermore, Technology Roadmapping is a tool that helps us to improve these activities.

Fraunhofer IAO *How did you get in contact with Fraunhofer IAO and what was the main reason for this collaboration between Arçelik A.Ş. and Fraunhofer IAO?*

Arçelik A.Ş. We saw Fraunhofer IAO's activities within a presentation of our former sister company Grundig-Elektronik A.Ş. The described research topics and services did really fit into our needs, because we were active in Technology Roadmapping and were looking for additional experiences in this methodology. Furthermore, we heard about good references of Fraunhofer IAO from other companies. Based on this we decided that a collaboration would be very beneficial for Arçelik.

Fraunhofer IAO *Can you describe the highlights encountered during this collaboration between Arçelik A.Ş. and Fraunhofer IAO?*

Arçelik A.Ş. There were several highlights that we encountered during the collaboration. First of all, the collaboration enabled knowledge transfer which would not have been possible without the participation of Fraunhofer IAO. On the one hand, the project brought together internal and external experts in the area of surface and coating technologies. On the other hand, it enabled the creation of a critical information network within and beyond the sector. A further highlight was the very systematic approach on developing Technology Roadmaps and the infrastructure provided by Fraunhofer IAO on this method. While working together a great common understanding was created due to a disciplined working principle. Finally, it was a trustworthy collaboration following clear ethical principals – we never felt being in an uncomfortable situation.

Fraunhofer IAO *Will you continue to work on the area of Technology Roadmapping and what is major impact from the project?*

Arçelik A.Ş. We will continue to work on Technology Roadmapping at Arçelik A.Ş. since we did not yet cover all critical technological areas in our central R&D department. The major impact of the project with Fraunhofer IAO was that the Technology Roadmap helped us to better prioritise the project options. By calculating the impact on the product and through the information on the technology and linked technology experts, we are able to choose the most important technologies and projects based on a transparent evaluation scheme and timeline. In addition to that we were able to enhance our knowledge network on coating technologies and our competence on Technology Roadmapping. This enables us to implement the systematic approach for other Technology Roadmapping studies on our own, in areas such as refrigeration cycles or nanomaterials.

Fraunhofer IAO *From your experience, how would you describe the major benefit of the collaboration with Fraunhofer IAO?*

Arçelik A.Ş. The major benefit of the collaboration is the reliable relationship and partnership in many different topics and areas. After completing this project with Fraunhofer IAO we will continue to collaborate with the Fraunhofer knowledge network – which is beneficial for all sides, Arçelik A.Ş. and KOC Group as well as for Fraunhofer.

Fraunhofer IAO *Thank you for your cooperation, we appreciate your time.*

PRODUKTENTWICKLUNG

NEUE PRODUKTE FÜR EINEN WELTMARKTFÜHRER

FLAVIUS STURM, ANTONINO ARDILIO, FRANK WAGNER

Das Unternehmen Embraco, eine Tochter des US-amerikanischen Whirlpool Konzerns, ist Spezialist für Kältelösungen. Seit seiner Gründung im Jahr 1971 hat Embraco ein stetiges Wachstum verzeichnen können. Mittlerweile beschäftigt das Unternehmen in Fertigungsstätten in Brasilien, Italien, China und der Slowakei knapp 10 000 Mitarbeiter, die ca. 25 Prozent aller weltweit verkauften hermetischen Kühlkompressoren herstellen. Damit ist es der Marktführer in diesem Marktsegment. Ein wesentlicher Grund für den kommerziellen Erfolg von Embracos Produkten liegt in ihrer technischen Leistungsfähigkeit und Zuverlässigkeit. Hinter diesen Errungenschaften verbergen sich intensive Forschungs- und Entwicklungsaktivitäten, die fast vollständig am Hauptsitz des Unternehmens in Joinville (Brasilien) erbracht werden.

Der Markt für Embracos Hauptproduktlinien ist durch eine zunehmende Wettbewerbsintensität gekennzeichnet. Insbesondere neue asiatische Wettbewerber drängten in den vergangenen Jahren zunehmend auf den internationalen Markt und üben Druck auf das bestehende Preisniveau aus. Hinzu kommt, dass auch die eingesetzten Kerntechnologien zunehmend ausgereift sind. Unter diesen Gesichtspunkten kann weiteres Wachstum nur über die schnellere Entwicklung von neuen Technologien und Produkten realisiert werden, die auch außerhalb des Stammmarkts eingesetzt werden. Mit Hilfe des Fraunhofer IAO sollten Anwendungsfelder identifiziert sowie Produktideen generiert werden, um langfristig mit neuen Produkten in neuen Märkten Fuß zu fassen. Gemäß dem dritten Quadranten der sogenannten Ansoff-Matrix war hierdurch der Projektnahme geboren: »NMPD – New Markets Product Development« (Abb. 1).

PROJEKTVORBEREITUNG

Im Vorfeld des Projekts hatte Embraco im Rahmen seiner technologischen Vorausschau bereits zahlreiche Trends identifiziert, die Hinweise auf zukünftige Wachstumsmärkte geben sollten. Unter anderem kristallisierte sich heraus, dass im Bereich der Elektronik ein bedeutsames Wachstum zu erwarten sei. Ebenso gab es einen deutlichen Trend hin zur Miniaturisierung von Kühltechnologien (z.B. für mobile Anwendungen). Letzteres war bereits als

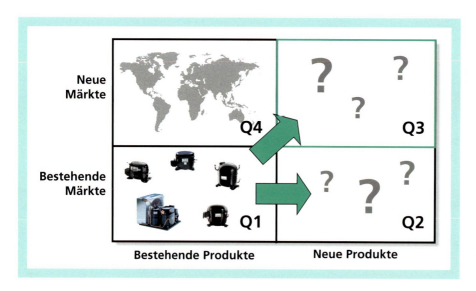

1 *Ansoff-Matrix: Suche nach neuen Produkten für neue Märkte.*

Anlass genommen worden, um in Zusammenarbeit mit dem Chiphersteller INTEL den Prototyp eines miniaturisierten Kompressors zu entwickeln, der beispielsweise zur Kühlung von Laptops oder Docking-Stationen zum Einsatz kommen könnte. Diese Erfahrung motivierte das Unternehmen, die Suche nach neuen Anwendungsfeldern zu intensivieren und zwar in Form zweier simultan durchzuführender Pilotprojekte. Während das erste Projekt ergebnisoffen Produktkonzepte im Bereich der Elektronikkühlung hervorbringen sollte, wurde das zweite Projekt für spezielle Anwendungen von Mini-Kompressoren angelegt.

VORGEHENSWEISE

Dem Projekt lag eine dreistufige Vorgehensweise zugrunde (Abb. 2). Da Embraco bis zu jenem Zeitpunkt keinen eindeutigen Prozess zur Identifikation branchenfremder Marktchancen etabliert hatte, wurde zunächst große Sorgfalt auf die Projektvorbereitung gelegt (Phase 1). Anschließend begann die eigentliche Identifikation und Konkretisierung von Marktchancen (Phase 2), bevor die Ausarbeitung und Bewertung von Produktideen ins Auge gefasst wurde (Phase 3).

PROJEKTINITIALISIERUNG

Einzelne Projekte zur Generierung von Innovationen wurden bei Embraco bereits in der Vergangenheit durchgeführt, leider jedoch nicht immer mit zufriedenstellenden Ergebnissen. Aus diesem Grund wurde eine gut organisierte Vorgehensweise im Projekt als wesentlicher Erfolgsfaktor für das Vorhaben betrachtet, diese sollte insbesondere durch das Fraunhofer IAO sichergestellt werden. Neben einem Kennenlernen der Projektteilnehmer, die überwiegend aus dem Entwicklungs-, aber auch aus marktnahen Bereichen stammten (Vertrieb, Marketing), stand somit beim Projekt-Kickoff im Vordergrund, sich sowohl der Erwartungshaltungen der Projektteilnehmer, aber auch der möglichen Projektrisiken bewusst zu sein. Ein besonders wichtiges Anliegen für Embraco – und ein wichtiges Auswahlkriterium für die Zusammenarbeit mit dem Fraunhofer IAO – war es, dass das Unternehmen in die Lage versetzt werden sollte, in Zukunft ähnliche Vorhaben eigenständig durchführen zu können. Im Laufe des Projekts sollten nicht nur neue Marktchancen identifiziert, sondern auch so aufbereitet werden, dass die Projektdokumentation anderen Mitarbeitern zukünftig als Anleitung zur Verfügung stehen konnte.

»QUICK-SCAN« DER ANWENDUNGSFELDER

Da Embraco zu jenem Zeitpunkt selbst über nur wenig branchenfremdes Wissen verfügte, lag ein wesentlicher Knackpunkt in der frühzeitigen Auswahl vielversprechender Branchen bzw. Applikationsfelder, die im weiteren Projektablauf berücksichtigt werden sollten. Ein erster »Quick-Scan« sollte eine möglichst aussagekräftige Beurteilung liefern, ob bestimmte Branchen überhaupt interessant genug waren, um vertieft untersucht zu werden. Je nach Größe und Bekanntheit des Suchfelds kann zu diesem Zweck auf unterschiedliche Hilfsmittel zur Informationssuche zurückgegriffen werden. Zur Ermittlung der Bereiche, in denen die Kühlung von Elektronikkomponenten relevant ist, sind im Laufe des Projekts beispielsweise die folgenden Quellen herangezogen worden:

- Markt- und Branchenstudien, um unmittelbar mehr über die wichtigsten Marktsegmente, Unternehmen und zukünftige Marktentwicklungen zu erfahren.

- Veröffentlichungen von Verbänden, da diese sich ebenfalls mit zukünftig relevanten Themen (z.B. Normierung) befassen.

- Produktklassifikationsstrukturen zur Identifikation der wichtigsten Produktklassen.

- Branchenstatistiken zur Abschätzung der Größe bestimmter Märkte bzw. Marktsegmente.

- Wissenschaftliche und halb-wissenschaftliche Veröffentlichungen zu dem Thema »Wärmemanagement«, z.B. auf den Internetseiten entsprechender Konferenzen, ausgewählter Lehrstühle, Special-Interest Portalen o.ä. Wissenschaftliche Publikationen sind u.U. besonders hilfreich, da sie oft existierende Lösungen mit neuen Konzepten vergleichen.

- Produktangebote von etablierten Unternehmen, die bereits auf dem Segment der Elektronikkühlung tätig sind.

Die notwendigen Informationen konnten durch gezieltes Suchen auf diese Weise zügig gesammelt und geordnet werden. Im Fall verhältnismäßig großer Anwendungsfelder – z.B. der Kühlung von Elektronikkomponenten im Automobil – folgte ein weiterer Filterprozess, in dem die wesentlichen möglichen Einsatzgebiete nochmals reduziert wurden. So gibt es beispielsweise im Automobil etliche Bereiche, in denen die erforderliche

2 *Vorgehensweise im »NMPD – New Markets Product Development« Projekt.*

Kühlleistung schlicht zu hoch bzw. zu niedrig ist oder andere Rahmenbedingungen eine wesentliche Einschränkung darstellen (z.B. Widerstandsfähigkeit gegenüber Vibrationen), so dass diese eine weitere Betrachtung ausschlossen.

Einige Anwendungsgebiete und Märkte waren wiederum so speziell bzw. zersplittert, dass ausschließlich eigene Recherchen einen zu hohen Zeitaufwand bedeutet hätten. In diesem Fall war es ratsam, auf ausgewählte Experten zurückzugreifen, die sich in ihrer Domäne besonders gut auskennen. In diesem Zusammenhang wurde beispielsweise ein Experte zum Thema »Kühlung des menschlichen Körpers« identifiziert. Dieser konnte dem Projektteam Hinweise auf die speziellen Herausforderungen geben, die in diesem Themengebiet vorhanden sind. Darüber hinaus konnte das Fraunhofer IAO mehr als einmal von anderen Fraunhofer-Instituten profitieren, die sich bereit erklärten, mit Ihrem Know-how unterstützend zur Verfügung zu stehen.

IDENTIFIKATION VON MARKTCHANCEN

Durch den »Quick-Scan« konnte die Anzahl der betrachteten Branchen um etwa die Hälfte auf

3 *Impressionen aus den Ideenworkshops mit Professoren und Studenten der ortsansässigen Universität.*

eine handvoll von Industriezweigen reduziert werden. Der nächste wesentliche Schritt bestand in der eigentlichen Suche und Formulierung neuer Marktchancen. Diese wurde im Wesentlichen durch die Durchführung von Interviews mit ausgewählten Firmen der Zielbranchen und weiteren Experten bewerkstelligt. Die zukünftigen Anforderungen der Unternehmen an das Thema Kühlung wurden in konkrete Ideen transformiert. Aus knapp 80 Einzelinterviews, überwiegend mit Firmen aus Mitteleuropa sowie den USA, entstanden insgesamt 38 solcher »Opportunities«, die anschließend einem interdisziplinären Team, bestehend aus Vertretern verschiedener Funktionsbereiche, präsentiert wurden. Ein erster Vergleich der Marktchancen geschah jeweils innerhalb der jeweilig betrachteten Branche, anschließend wurden die besten übriggebliebenen Produktideen über Branchen hinweg bewertet. Maßgeblich für die Bewertung waren einerseits die Potenziale, die man sich von der jeweiligen Idee versprach, z.B. die Größe des Markts. Als ebenso wichtig galten der Aufwand und die Risiken, die mit Erschließung neuer Märkte einhergehen. Dazu gehörten z.B. das technologische Risiko, aber auch die Menge an bereitzustellenden Ressourcen. Das Ergebnis des vom Fraunhofer IAO moderierten Bewertungsprozesses war schlussendlich ein Portfolio von Produktideen, dass das Potenzial der jeweiligen Idee den damit verbunden Risiken gegenüberstellte.

IDEENGENERIERUNG UND -AUSWAHL

Im ersten Bewertungszyklus geschah die Bewertung auf Basis verhältnismäßig grober Schätzungen. Je weiter Produktideen und -konzepte in dem sogenannten Innovationstrichter voranschreiten, desto wichtiger ist es, detaillierte Aussagen zur angestrebten Lösung und ihrer Machbarkeit, aber auch zum zu erwartenden Marktpotenzial zu treffen. Zu diesem Zweck wurden zunächst drei separate Teams gebildet, die die ausgewählten Marktchancen technisch analysieren und Lösungskonzepte erarbeiten sollten. Mit Hilfe verschiedener Problemlösungs- und Kreativitätstechniken arbeiteten unter der Anleitung des Fraunhofer IAO zwei Teams bei Embraco, sowie eines an einer benachbarten Universität an konkurrierenden Lösungen (Abb. 3). Die Vorschläge wurden im Anschluss zusammengeführt und durch eine detailliertere Marktanalyse ergänzt und bewertet. Für die aussichtsreichsten Lösungen wurden Budgets bereitgestellt, so dass letztlich die eigentliche Produktentwicklungsphase beginnen konnte.

FAZIT

Über die mehr als einjährige Gesamtlaufzeit des Projekts konnten eine Vielzahl neuer Impulse und ein deutlich geschärftes Bewusstsein für die Bedürfnisse anderer Branchen in das Unternehmen getragen werden. Mittlerweile kümmert sich ein dezidiertes »New Business«-Team um das Management innovativer Vorhaben. Das erste Produkt aus der Innovationsoffensive, eine nachrüstbare Klimaanlage für Lastkraftwagen, ist inzwischen in Brasilien eingeführt. Weitere Produkte, u.a. eine Produktfamilie miniaturisierter Kompressoren, stehen kurz vor der Marktreife. Somit hat sich zum wiederholten Mal die Zusammenarbeit zwischen Embraco und dem Fraunhofer IAO als Erfolgsgeschichte erwiesen.